연희전문학교의 학문과 동아시아 대학

연세학풍연구총서 3

연희전문학교의 학문과 동아시아 대학

연세학풍사업단·김도형 외

초판 1쇄 발행 2016년 4월 13일

펴낸이 오일주
펴낸곳 도서출판 혜안

등록번호 제22-471호
등록일자 1993년 7월 30일

주소 (우)04052 서울시 마포구 와우산로 35길 3(서교동) 102호
전화 3141-3711~2
팩스 3141-3710
이메일 hyeanpub@hanmail.net

ISBN 978-89-8494-555-5 93370

값 28,000 원

* 본 저작물은 연세대학교 글로벌특성화사업비의 지원으로 연구되었음

연세학풍연구총서 3

연희전문학교의 학문과 동아시아 대학

연세학풍사업단 · 김도형 외

혜안

책머리에

　급격한 사회 변화와 학문 분화 속에서 우리는 대학의 정신이 점차 약화되고 있다고 우려하고 있다. 한국의 근대학문을 만들었던 연세가 느끼는 위기는 더 강하다. 이런 위기에 공감하는 십여 명의 교수들은 연세 역사에서 축적된 창립 정신과 학풍을 되새기기 위해 자발적인 연구팀인 '연세학풍사업단'['화충 (和衷)의 연세학 사업단']을 만들었다. 마침 이런 뜻을 받아들인 학교의 지원으로 연구 및 자료 수집 작업을 행하고 있다. 이 책은 연세학풍사업단의 세 번째 연구논집이다.

　연세의 학문은 근현대 한국 사회의 격랑 속에서 한국의 근대학문을 형성, 발전시킨 터전이었다. 1885년 제중원 창립 이후, 일제 강압 속에서 꽃을 피운 연희전문과 세브란스의전의 학문은 물론, 1945년 해방 이후의 새로운 학문 형성이 모두 연세인의 노력으로 이루어졌다고 해도 과언이 아니다. 연희전문학 교의 교육방침이기도 했던 "기독교주의 하의 동서고근 사상의 화충"의 학풍을 사회 속에서 발전시킨 결과였다.

　그동안 우리 연세학풍사업단에서는 연전에서 이룩한 '화충의 학풍'의 단면이 라도 보기 위해 노력하였다. 그리하여 작년(2015)에 연희전문학교 100주년을 기념하는 의미에서 『일제하 연세학풍과 민족교육』(연구총서 1), 『해방 후 연세학 풍의 전개와 신학문 개척』(연구총서 2)이라는 연구논집을 간행하였고, 또한 몇 권의 자료집도 편찬하였다.

　이제 펴내는 세 번째 연구논집에서는 연희전문학교의 학문을 다시 돌아보았다. 우선, 연희전문학교 시절에 재직하였던 여러 교수들을 재조명하였다. 전년도에 이어 우리는 그동안 잘 알려지지 않은 학자 혹은 졸업생에 주목하였고, 다음으로 한국에 와서 봉사한 서양 선교사들을 다루었다. 이 책에서는 이관용(李灌鎔, 1891~1933), 이윤재(李允宰, 1888~1943) 교수를 다루었고, 또한 베커(Arthur Lynn Becker, 白雅德, 1879~1978), 로즈(Harry Andrew Rhodes, 魯解理, 1875~1965), 피셔(James Earnest Fisher, 皮時阿, 1886~1989) 등의 선교사 교수, 그리고 수물과 1회 졸업생으로 미국에 유학하여 유학생 조직을 주도한 장세운(張世雲, 1895~?) 등의 학문과 활동을 싣게 되었다. 앞으로도 이런 인물을 지속적으로 발굴하여 연세의 학문이 가지는 의미를 다시 새기려고 한다.

다음으로 우리 사업단에서는 연세의 학문이 다른 '대학'에 비해 어떤 특징이 있는지도 살펴보고, 동시에 다른 대학들이 자신들의 대학 역사를 어떻게 정리, 활용하는지도 참고하고자 하였다. 이에 우리는 대학원의 특별 지원으로 베이징 대학, 도시샤 대학, 그리고 일제하의 관립전문학교의 역사와 학문을 다룬 국제학술회를 열었다. 외부에서 초빙된 교수들은 동아시아의 고등교육이 각 국가에서 어떤 의미로 전개되었는지, 또한 각 대학이 그런 전통을 어떻게 기억하고, 이어가는지를 발표하였다. 특히 북경대학에서 이루어지고 있는 학교사 관련 연구, 도시샤 대학에서 행하고 있는 설립자에 대한 교양교육 등이 흥미로웠다. 우리 연세가 갈 방향을 살펴본다는 점에서 이 논고들을 「특별기고」의 형식으로 이 연구 논집에 함께 실었다.

본 연구서의 성과는 당연히 집필자의 몫이다. 많지 않은 연구비에도 불구하고 기꺼이 원고를 작성해준 필자들에게 감사를 드린다. 특히 김태웅 교수(서울대), 왕위안주 교수(베이징대), 오가와라 교수(도시샤대)께 더 많은 고마움을 전한다.

이 사업은 대학원의 글로벌특성화사업의 지원으로 이루어졌다. 매우 고맙게 생각한다. 출판을 맡아준 혜안출판사의 오일주 사장께도 감사를 드린다. 학교 관계자도 잘 사지 않을 책을 연세사학도라는 책임감에서 연속으로 이를 기꺼이 출판해 주었다(사장과 편집진, 모두 연세 사학과 출신이다). 기한을 너무 독촉해서 생긴 서운함을 풀어주기를 바란다. 마지막으로 좋은 사진 자료를 찾아준 박물관의 이원규 박사, 또 잡다한 일을 마다하지 않은 이현희 의사학과 연구원, 이정윤 사학과 석사생에게도 고마움을 전한다.

우리 사업단의 연구가 점차 소홀해져 가는 연세 정신과 역사를 다시 살리고, 우리가 앞으로 나아갈 좌표가 되기를 바랄 뿐이다. 역사는 미래로 가는 길임을 잊지 않으려 한다.

2016년 3월
연세학풍사업단을 대표하여
문과대 사학과 교수 김도형

목 차

| **특별기고** | 동아시아 '대학'의 역사와 활용

베커(A. Becker)와 연희전문학교

1. 머리말

베커(Arthur Lynn Becker, 白雅德, 1879
~1978)는 연희전문학교가 창설될 때부터
일제 말에 이 학교가 폐교되고 해방 후에
연희대학교로 재건될 때까지 '연희'의 이름
과 운명을 같이했던 미국 북감리교 소속의
교육선교사였다. 베커는 의료, 교육 전문
선교사가 필요하던 시기인 1903년에 교육
선교사로 내한하였다. 내한 이후 처음 10년
동안에는 평양의 숭실학당과 숭실대학의
창설에 협력하고 부교장으로서 학교발전
에 기여하였다. 특히 물리학을 비롯한 서구
근대과학을 한국에 처음 소개하고 가르친
선구자의 역할을 하였다.

베커(Arthur Lynn Becker, 白雅德,
1879~1978) 교수

이후에는 연희전문을 공적 활동의 무대로 삼았다. 서울에 새 대학을 설립하는
일로 주한 장로교와 감리교 선교사들의 견해가 둘로 나뉘어 대립하였다. 베커는
처음부터 언더우드의 대학설립 취지에 찬동하고 협력했으며, 감리교의 대표격

이 되어 언더우드의 대학설립을 최일선에서 도왔다. 1914년부터는 서울 배재학당 대학부에서 행정 책임을 맡아 새 대학의 설립을 예비하였고, 학교 설립 초기부터 교수, 학감, 부교장, 이사 등의 보직을 맡아 학교 발전에 중요한 역할을 하였다. 연희에서도 거의 독자적으로 서구 근대과학 교육을 실시하여 이학교육의 초석을 놓았다. 이러한 대학 창립 전후의 활동으로 북감리교의 한국선교회를 대표하여 연희전문에서 가장 오랜 기간 봉사한 자가 되었다.

베커는 숭실, 배재, 광성 등 한국 중등교육기관의 발전을 위해서도 공헌했으며, 외국인학교의 행정도 담당하였다. 강제로 추방된 후에는 인도의 럭나우(Lucknow) 대학에서 잠시 교편을 잡기도 했으나, 그의 삶과 활동의 주 무대는 역시 연희전문학교였다.

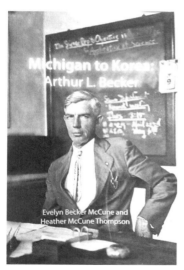

Michigan to Korea : Arthur Lynn
Becker 1899-1926 표지

그가 남긴 기록으로 1902년부터 1945년까지 북감리교 선교부에 보낸 500여 쪽이 넘는 편지들이 감리교 문헌보관소에 소장되어있다. 그의 일기, 저널, 다른 자전적인 기록의 사본들이 프린스턴 신학교 도서관 마펫 컬렉션 중의 Arthur L. Becker's 파일에 들어 있다. 또한 주로 그의 설교를 모은 *Superman or The Possibilities of Life* (Seoul : Chosen Christian College, 1926)란 소책자가 영어로 출판되어 있고, 한국어로 쓴 글로는 「성공의 요소」(『신학세계』 3, 1918.9)가 있다. 주한 선교사들의 월간지인 『코리아 미션 필드(The Korea Mission Field)』에는 5편의 글이 실려 있다.[1] 한편 하디(E. Hardie)와 쿤즈(W. Koons)와 더불어 *Information*

---

1) A. L. Becker, "A Trying Trip," *The Korea Mission Field*(이하 KMF), Vol.II No.6 (1906.4) ; ___, "An Educator's visit To Chosen," *KMF*, Vol.X. No.2 (1914. 2) ; ___, "Scheduled and notice

*Concerning the Union Christian College for All Korea*란 간행물을 제작하여 숭실학당을 외국에 홍보하였다. 왓슨(A. W. Wasson) 맥큔(G. S. McCune)과 공저한 "A Christian Educational Association of Korea"(*The Korea Mission Field*, Vol.V. No.10 (1909.10))란 글도 남겼다.

베커에 관한 저술로는 그의 딸 에벌린(Evelyn McCune)이 부친의 글들을 편집한 *Michigan and Korea 1899-1914*(San Francisco, 1977, 출판서지 사항 없음)와 그녀가 톰슨(Heather McCune Thompson)과 함께 부친의 글들을 바탕으로 저술한 *Michigan to Korea : Arthur Lynn Becker 1899-1926*(2009, 출판서지 사항 없음)라는 전기가 있다.

베커에 관한 연구는 극히 미진한 상태이다. 나일성의 「알비온(Albion)에서 온 두 과학자」(『東方學志』 46·47·48 합집, 1985)와 안종철의 「아더 베커(Arthur L. Becker)의 교육활동과 '연합기독교대학'설립」(『한국기독교와 역사』 34) 등이 있을 뿐이다.

본고의 기본 관심사는 베커가 연희에서 어떤 역할을 했으며 어떤 영향을 미쳤는지를 살피고 나아가 학풍형성에 어떤 영향을 미쳤는지를 추론하는 데에 있다. 이 일을 위해 그의 글들을 중심으로 먼저 그가 어떠한 경로로 선교사가 되어 내한하여 평양에서 활동하게 되었는지를 간략하게 살펴보려 한다. 다음에 숭실학당에서 부교장으로 활동하며 10여 년간 과학교육의 이상을 펼치던 그가 서울에서 대학설립에 나선 배경과 그 과정에서 맡았던 역할이 어떠했는지를 살피고 대학에서 여러 직책들을 맡으면서 학교발전에 어떠한 영향을 끼쳤는지를 고찰하려 한다.

---

of Language Class," *KMF*, Vol.X. No.3 (1914.3) ; ___, "A Christian Lower School System in Korean City," *KMF*, Vol.X. No.10 (1914.10) ; ___, "Growing Pains : Process of Development," *KMF* Vol.XXXIV. No.8 (1938.8).

2. 베커의 선교준비와 내한

베커는 1879년에 미시간 주의 리딩(Reading)에서 농부의 아들로 태어났다. 농촌에서 자라면서 농사짓고 농기구를 다루는 것도 익숙해져서 무엇이나 할 수 있다는 자신감도 얻게 되었다. 그는 1899년에 리딩고등학교를 수석으로 졸업하고, 졸업생들을 대표하여 '산티아고의 영웅(The Hero of Santiago)'이란 제하의 연설을 하였다.2) 그 지역의 감리교 목사 마틴(Martin)은 베커에게 인근지역에 있는 감리교계 학교인 알비온 대학(Albion College)에 진학하도록 권고하였다.3) 알비온 대학에서 베커는 수학과 자연과학을 전공하였다. 가르치는 것에 흥미를 가져 교육학도 공부했다. 장래의 희망은 해외 선교지에 가서 교육자가 되는 것이었다. 여러 스포츠를 좋아했지만, 특히 농구선수로 활동하였다.

베커가 해외선교를 지망하게 된 한 계기는 미국교계의 부흥운동과 해외선교운동의 여파로 생겨난 학생선교자원운동(Student Volunteer Movement)이었다. 이 단체는 1886년 매사추세츠 주의 헐몬산에서 열린 무디(D. L. Moody) 부흥집회에 참가한 100여 명의 대학생들과 신학생들에 의해 새 세기가 오기 전에 기독교의 복음을 온 세계에 전하자는 취지로 시작되었다. 그들은 해외선교 자원자들이 프린스턴 서약(Princeton Pledge) 문서에 서명한 후에 사명감을 갖고 선교지로 나가게 하였다. 이 운동은 미국 전역으로 확산되어 1936년경까지 지속되었다. 정치적으로도 공화당 루즈벨트(Theodore Roosevelt)의 집권 이래 기독교 문명의 확산을 '자비로운 팽창(benevolent expansion)'이라고 여기는 여론이 득세하여

---

2) Evelyn B. McCune and Heather M. Thompson, *Michigan to Korea : Arthur L. Becker* (2009), 2. 477쪽의 부피가 큰 책인데도 서지 기록이 없다.

3) Albion College는 1835년에 창립되었고 북감리교단 소속의 대학이다. 중서부에서는 1861년부터 남녀 공학을 실시하였다. 19세기 중-20세기 초에 미국 중서부에서 여러 교파들이 신학교 진학을 위한 예비과정으로 많은 소규모 대학들을 세웠다. George Marsden, *The Soul of American University*(NY, Oxford : Oxford University Press, 1994), pp.79~84. 그 가운데 초기 한국선교사들이 많이 다닌 Hamilton, Park College 등이 있다.

해외선교를 한층 더 뒷받침하였다. 이러한 상황에서 학생선교운동에 공감한 베커는 의사, 교사, 과학도가 필요한 곳으로 나가서 기독교 복음을 전하기 위해 지식을 나눠야 한다는 선교관을 갖게 되었다.

그가 가장 먼저 맞은 기회는 중국의 광동대학(Canton Christian College)으로 가는 것이었다. 그러나 1903년 1월에 북감리교의 무어(David H. Moore) 감독과 해외선교부 총무 올드햄(Joseph H. Oldham)이 알비온 대학의 학생자원회(Student Voluntary Society)에 와서 한국선교의 중요성에 대해 강연한 것을 듣고 감동을 받아 한국선교로 선회하였다.[4] 또한 베커는『코리언 리파지토리(*The Korean Repository*)』에 실린 배재학당과 이화학당에 관한 기사들과 감리교인들로서 육영공원의 교사로 활동한 헐버트, 길모어, 벙커가 쓴 기사들을 보고 한국에 현대과학을 가르칠 교사가 필요하다는 점에 공감하게 되었다. 당시 미국 북감리회는 기독교문화 선교의 차원에서 학교, 병원, 출판 분야에서 활동할 전문 선교사를 파송하는 선교정책을 집행하고 있었다. 그리하여 베커와 함께 크리체트(Carl Critchet), 무어(John Moore II), 루퍼스(Carl Rufus), 사프 (Robert Sharp)가 한국에 교육선교사로 파송되었다. 베커는 요코하마 행 시베리아 호를 타고 샌프란시스코를 출항하였다. 그는 동행한 무어 감독과 선상에서 나눈 대화를 통해 교육경험을 지닌 선교사가 부족한 한국에서 학교를 세우고 교사를 양성하는 일에 헌신하겠다고 하는 구체적인 비전을 갖게 되었다.[5]

그는 내한한 후에도 자기 전공분야에서 학업을 계속해나갔다. 자신이 몸담고 있던 평양의 숭실학당에 화학을 가르칠 사람이 없었기 때문에 석사과정에서 화학을 공부하고, 안식년 동안에도 계속 학업을 연마하여 1910년 6월에 미시간 대학(University of Michigan)에서「동양의 고등학교에서 사용할 화학의 기초」라는 논문으로 화학분야의 석사학위를 받았다. 그 후 또 다른 안식년 기간인 1921년에는 미시간 대학에서 물리학 박사학위를 취득하였다. 박사후 과정에서

---

4) Evelyn B. McCune and Heather M. Thompson, *Michigan to Korea*, pp.36~38.

5) *Michigan to Korea*, pp.92~99.

는 핵물리학으로 오펜하이머의 지도를 받았다. 그는 수학, 화학, 물리학을 두루 공부하여 그에게서 배우는 학생들에게 폭넓은 학문의 기회를 주고자 하는 의도를 품고 이처럼 계속 학문연구에 매진하였다.

3. 평양 숭실학교 활동

베커는 미국 북감리교 선교사로서 1903년 4월 9일에 한국에 도착하였다.[6] 이듬해 1904년에 러일전쟁이 발발하였고, 1905년 전쟁 말미에 미일 간 가쓰라-태프트 밀약으로 한국에 대한 일본의 지배가 미국에게 용인되었으며, 연말에는 한국이 외교권을 박탈당하였다. 이러한 국내외 정세 속에서 서구식 교육을 통한 국권회복이 한국인들 사이에서 절박한 시대적 과제로 부각되었다.

내한 직후에 베커는 감리교 선교사 존스(H. Jones, 조원시)의[7] 안내로 2개월간 서울에서 머물며 언더우드, 에비슨 등 여러 선교사들을 만나 한국선교담을 들었다. 그는 신학교를 나오지 않았기 때문에 의도적으로 목사로 파송된 선교사들과 많이 접촉하면서 선교사의 기본소양을 갖추려고 노력하였다. 당시 배재와 이화에는 모두 50여 명의 학생들이 있었다. 많은 학교들이 생겨났지만, 학교교육은 여전히 크게 미흡하였다. 과학도인 그는 이러한 상황을 보고 한국인들에게 필요한 것은 '영적이고 과학적인(spiritual and scientific)' 진리라고 생각하였다.

---

6) Evelyn B. McCune and Heather M. Thompson, *Michigan to Korea : Arthur L. Becker*, pp.36~38(이하 *Michigan to Korea*). 베커와 함께 John Z. Moore(1874~1963), Carl W. Rufus(1876~1946), Robert Sharp(1872~1906)도 동행하였다. 그들은 모두 교육 분야에서 활동하였다. 교육담당 선교사로는 대학만 졸업하고 신학교를 졸업을 하지 않았어도 선발하였다. 샤프는 배재학당에서 일하다가 1906년 공주지역 순회전도 중에 발진티푸스로 사망하였다.

7) 그는 한국인의 하와이 이민을 소개하였다. 인천의 내리교회, 서울의 정동교회에서도 사역했고 최초로 한국교회사 강의를 드루 대학에 개설하였고 그 교재인 「The Rise of Korean Christianity」(타이핑 본)를 최근 옥성득이 번역하여 『한국교회형성사』란 제목으로 출판하였다.

그는 성경과 과학이 하나님의 뜻을 동시에 보여주고 있다고 믿었다. 곧 성경의 계시와 자연의 계시를 동시에 수용하는 신학사상을 지고 있었다.[8]

베커는 언더우드를 처음 만났을 때 즉시 그가 교육선교 분야에서 중요한 역할을 하게 될 것을 알았다. 언더우드로부터 서울의 대학설립계획에 대한 의견을 듣고 장래에 협력해줄 것을 요청받기도 하였다. 그는 언더우드의 교육관과 비전에 공감하였지만,[9] 감리교 연회와 감독은 그를 평양으로 발령하였다. 이는 그 당시에 평양에서 장·감 연합교육을 적극 역설하고 나오면서 그곳에 갈 사역자가 필요해졌기 때문이었다. 그는 첫 임지인 평양에서 교육에 관심이 많은 감리교 선교사 노블(W. A. Noble)의 집에 머물면서 어학선생인 오기선으로부터 한국어를 배우기 시작하였다. 그의 사역은 감리교 교회학교에서 영어와 산수를 가르치는 일부터 시작되었지만, 그의 주 분야는 역시 과학이었다.

베커는 1905년에 회집된 북감리교 한국선교연회의 결의에 따라 배재학당의 벙커(Dalzel L. Bunker)와 이화학당의 프라이(Lulu E. Frye)와 더불어 북감리교 한국선교회 산하 교육위원회의 위원이 되었다.[10] 그는 이후에 이 교육위원회를 이끌면서 감리교 진영의 선교교육정책을 수립하고 실행하는 역할을 하게 되었다.

1905년에는 주한 장로교의 4개 선교회, 감리교의 2개 선교회가 한국복음주의 선교회연합공의회(The General Council of Protestant Evangelical Missions in Korea)를 구성하고 갖가지 연합사업들을 추진하기 시작하였다. 북감리교 선교회 측의 당면과제는 독자적인 학교의 설립과 운영이었지만, 재정과 교사의 부족으로 이행이 불가하였다. 이에 1905년 6월 24~25일에 모인 관계자 모임에서 9월에 조직하게 될 연합공의회의 정신에 따라 북장로교 선교회의 숭실학당 운영에

---

8) 안종철, 「아더 베커(Arthur L. Becker)의 교육활동과 '연합기독교대학'설립」, 『한국기독교와 역사』 34 (2011.3), 254쪽.

9) Evelyn McCune, *Michigan and Korea, 1899-1914*(San Francisco : The McAllister Street Press, 1977), pp.59~60 ; *Michigan to Korea*, pp.128~131.

10) Evelyn B. McCune and Heather M. Thompson, *Michigan to Korea : Arthur L. Becker 1899-1926*, p.191.

북감리교 선교회가 참여하기로 결정하였다. 베커는 장로교 선교회의 교육위원인 베어드(William Baird, 裵偉良, 1862~1931)를 만났다.

당시에 장·감 연합전선이 펼쳐진 데에는 국내외적 사유가 있었다. 일본이 청일전쟁과 러일전쟁에서 강대국들을 연이어 이긴 것을 목격한 한국인들이 오랜 중화 중심의 사고에서 벗어나면서 서구식 신교육에 대한 수요가 급등하였다. 그러나 교육시설과 교사가 너무나 부족하였고, 그런 사정은 선교사들 편에서도 마찬가지였다. 이에 주한 장로교와 감리교 선교회들이 공동 운영을 꾀하게 되었다. 한편 서구국가들의 선교정책도 변화를 겪고 있었다. 19세기 말부터 급격하게 세계선교 열풍이 일어나 미국의 각 교파 교회들도 경쟁적으로 선교사를 파송하는 가운데 피선교지들에서 선교를 위한 에큐메니즘이 대두되었다. 그리하여 1900년에 뉴욕에서 열린 세계선교대회와 1910년에 에든버러에서 개최된 세계선교대회에서 선교지 내의 과다경쟁을 피하기 위해 연합 사역을 꾀하게 되었다. 두 선교대회 이후에 세계 선교정책의 추세는 선교지 선교회들 간의 연합 사업을 권장하는 것이 되었다. 이러한 선교연합정신을 구현하기 위해 한국에서 장로교와 감리교 선교회들이 숭실학당 연합사역에 동참하게 되었다.

1893년부터 한국에서 활동해온 베어드는 장로교회를 대표하는 교육전문 선교사로 인정받고 있었다. 그는 평양에서 1897년부터 시작해오던 '사랑방학교(Pyeng Yang Academy)'를 1900년부터 5년제 중등학교로 개편하여 숭실학당을 운영하고 있었다. 첫 졸업생은 1904년에 배출되었다. 장로교 선교회는 감리교 선교회의 동참을 바라고 요구하였다. 양 선교회의 협력 결의에 따라 베커는 1905년부터는 숭실학당 운영에 참여하면서 대학설립도 같이 추진하게 되었다. 베어드 외에 맥큔(George S. McCune, 尹山溫, 1873~1941) 등의 장로교 선교사들도 연합 고등교육기관의 설립을 위해 노력하였다. 그리하여 숭실학당 대학부가 1906년에 대학 설립인가를 받았다. 교명은 숭실대학이었고, 영어로는 장·감 선교회가 협력한다는 의미에서 연합기독교대학(Uinon Christian College, 합성숭실대학)이었다. 1908년에는 숭실대학에서 최초로 2명의 학사를 배출하였다.[11] 숭실은 대한제국 학부로부터 최초로 인가를 받은 대학이었으나, 일제의 교육령에 따라 1925년에 다시 숭실전문학교로 인가를 받아야 하였다. 장로교의 베어드가 숭실대학 교장이었고, 감리교의 베커는 숭실학교 교장과 숭실대학 부교장 그리고 과학 교사로서 초창기 숭실대학의 설립과 발전에 공헌하였다.

베커가 숭실에서 이룬 최대의 외적인 공헌은 미국 감리교의 협조로 격물(格物) 학당이란 과학관을 건립한 것이었다. 그것은 그 당시 평양 최대의 건축물이었다. 내적으로는 매주 22시간 과학교육에 전념하여 교육 선구자의 역할을 한 것이었다. 과학에는 국경도 없다는 주관을 갖고 교파의 벽을 넘어 한국의 교육현장에 임하면서 진리 전파를 위해 노력하였다. 과학은 학생들에게도 새롭고 매혹적이었다. 그는 과학도, 기독교도 처음 접하는 한국인에게 "영적이고 과학적인 진리"가 필요하다는 인식과[12] 성경과 과학 탐구의 양립이 가능다고 보는 신앙적 견해를 가지고 교육 현장에 임하였다. 또한 수학, 물리, 화학, 삼각법 등을 가르치며 과학의 소개와 발전에 기여하였다. 대학 시절에 농구선수였던 그는 서구 스포츠를 한국에 소개하는 일에도 기여하였다. 1907년에는 학생들과 함께 평양 최초의 전화 가설 공사를 지도하였다. 방학 때는 평양 일대는 물론 신천과 다른 지역들을 다니며 사범강습회를 베풀고 교사들을 양성하여 부족한 교사들을 보충하기 위해 노력하였다. 교내에서도 숭실학당에 500여 명, 대학에는 50여 명의 학생들이 있었는데, 베커는 두 학교에서 다 강의해야 했기 때문에 주당 35시간의 수업을 감당하였다.

베커는 1910년에 첫 안식년을 맞아 미국으로 돌아가면서 영국 스코틀랜드의 에든버러에서 열린 세계선교대회에 참석하여 역동적인 한국 선교현장에 대해 보고하였고, 아울러 피선교지 연합교육사역의 필요성을 재확인하였다.

---

11) Evelyn McCune, *Michigan and Korea, 1899-1914*, Introduction. 그들은 변린서와 김두화였다.
12) Evelyn B. McCune and Heather M. Thompson, *Michigan to Korea : Arthur L. Becker 1899-1926*, p.143.

4. 연희전문학교 활동

1) 베커의 대학설립 준비

(1) 언더우드와의 만남

베커는 1903년 내한하고 맞은 첫 주일에 정동 감리교회에 갔다가 언더우드를 처음 만났다. 그날 오후에 배재학당 채플에서 서울 거주 선교사들의 연합예배가 열렸는데, 언더우드가 예배를 인도하였다. 베커는 직감적으로 그를 범상치 않은 인물이라고 느꼈다. 언더우드의 설교는 유창한 한국어로 열정적으로 진행되었다. 베커는 그의 언어실력을 부러워하였고, 참석했던 많은 한국인들도 감탄하였다. 예배 후에 베커는 존스의 소개로 언더우드와 대화를 나누었다. 존스는 베커에게 언더우드가 한국에 대학을 세우려고 최근에 미국에서 모금 활동을 했다는 사실도 알려 주었다. 베커는 그와 만나고 싶어 인터뷰를 요청하였고, 언더우드는 다음날 오후 4시 티타임에 초청하였다. 언더우드는 이미 무어 감독을 만나 교파연합의 대학설립에 대해 의견을 나누었기 때문에, 그를 통해 베커를 통해 알고 있었다. 언더우드는 베커에게 한국선교에서 무엇에 더 전념하고 싶은지를 묻고 과학을 공부한 사람이 필요하다는 말도 하였다. 베커는 언더우드를 영감 있는 지도자로 인식하고 함께 일하고 싶었다. 언더우드는 베커에게 우선 급한 것은 한국어 습득이라고 조언하면서 가급적 빠른 시일 내에 대학을 설립하려 하니 함께 일하자고 격려하였다.[13]

(2) 서울 전임과 정세 변화

그러나 베커는 전술한대로 임지가 평양으로 결정되었고, 장감 연합의 교육활동으로서 숭실대학에서 부교장직을 수행하다가 안식년을 맞아 귀국하였다. 안식년을 마치고 돌아온 베커는 새로운 비전을 품고 있었다. 이제까지는 고아와

---

13) *Michigan to Korea*, pp.127~131.

과부, 노년, 마약중독자와 같은 소외계층을 향한 선교가 수행되었지만, 앞으로는 한국의 젊은 청년들을 위한 사역이 필요하다고 보았다.[14] 이제는 한국인들에게 초·중등교육의 단계를 넘어 고등교육이 필요하다고 보았다. 그런데 베커가 안식년을 마치고 귀임했을 때는 한국이 일본에 병탄되어 있었다. 베커가 평양에서 펼쳤던 교육활동은 그의 젊음의 패기와 의욕과 선교의 열정 덕분에 전국에서 선두를 달렸다. 그러나 그가 미국에서 돌아왔을 때는 일제의 간여로 그간에 이룬 것들이 보람이 없게 되었다. 일본은 이미 1906년부터 대한제국의 교육정책에 관여하기 시작하여 1908년의 사립학교령(칙령 제62호, 1908.8.26)을 통해 학교설립 인허가, 교과서, 교사 등의 제반 교육문제를 완전히 통제하면서 그 통제를 더 강화해가고 있었다. 1911년 8월 23일에는 제1차 「조선교육령」을 공포하였다. 일제의 사학법은 기독교계 학교운영에 대해 외적인 시설규정을 강화하였고, 성경을 신학과 외에 정규 교과과정에서 가르칠 수 없게 규제하였으며, 일본어와 수신과목을 필수적으로 가르치게 하였다. 여기에는 그 당시 600여 개 이상의 기독교계 학교들에서 선교사들과 기독교의 영향을 배제하려는 의도가 있었다. 일제는 105인 사건을 조작하여 가시적인 기독교 탄압도 자행하였다. 베커는 선교사의 역할이 영혼구원이나 내세문제에만 국한되지 않고 현실문제에까지 미친다는 것을 무시하는 일제의 정책에 반감을 느꼈다. 교육선교사들에게는 일본어를 습득해야 하는 부담도 더해졌다.

(3) 대학문제에 대한 입장

베커가 안식년에서 돌아왔을 때는 주한 선교사들은 오래전부터 논의되던 서울에서의 새 대학 설립문제에 관해 여전히 대립하고 있었다. 1) 한국에 세울 대학이 하나여야 하는가 둘이어야 하는가, 2) 대학을 평양에 세워야 하는가 서울에 세워야 하는가, 3) 학생으로 기독교인들만 선발해야 하는가 비기독교인

---

14) E. McCune and H. Thompson, *Michigan to Korea*, p.436.

들도 받아들여야 하는가가 중요한 논제였다. 언더우드는 평양의 숭실은 그대로 두고 서울에 새 대학을 설립하자는 두 대학 안을 주장하였다. 그리고 학생을 기독교인과 비기독교인을 구별하지 않고 선발하자는 교육의 기회균등을 주장하였다. 반면에 마펫을 중심한 다수의 장로교 선교사들은 평양의 숭실 하나만 운영하고 학생은 기독교인으로 한정하자는 안을 지지하였다.

　남·북 감리교 선교회는 언더우드의 안에 동조하였다. 남북 감리교의 활동이 교계예양에 의한 협정으로 경기, 강원, 충청 지역에서 이루어지고 있으므로 그들은 서울에서 대학을 설립하는 것을 평양보다 더 타당하게 여겼다. 베커는 내한 초기부터 언더우드와 가진 교육문제 관련 대화에서 공감한 바가 많았다. 베커도 언더우드처럼 종합대학의 꿈을 가지고 있었다.[15] 베커는 숭실학교의 교장과 숭실대학의 부교장으로 활동해왔기 때문에 이미 고등교육의 경륜을 쌓고 있었다. 교육활동의 다음 단계로서 고등교육기관 설립의 필요성을 인지하고 있던 베커는 언더우드의 서울 연합대학 설립안에 동조하게 되었다. 처음 만났을 때 그런 요청을 받았고, 김리교 측의 교육사역을 위해서도 교육선교관과 이해관계가 통했기 때문이었다. 베커는 또한 교육사업을 위한 선교공의회에 북감리교 대표로 참여하면서 연합대학의 설립에 더 한층 관심을 갖게 되었다.

　7개 교단의 한국선교회들은 교육평의회(the Educational Senate)를 구성하여 새 사학법 등의 교육문제 현안들에 관해 일제 당국을 상대하도록 하였다. 베커는 이 회의 감리교 대표로 참여하였다. 감리교의 또 다른 교육선교사로 빌링스(Bliss Billings)가 1909년에 내한하였고, 루퍼스는 1907년에 왔으나 1911년에 병가로 돌아가고 없었다. 숭실학교에서는 장로교의 베어드가 안식년으로 떠나자 자연스럽게 감리교의 베커가 부교장으로 학교행정의 책임을 져야했다. 기독교계 학교로서 장로교 측에는 488개의 초등학교가 있었고, 감리교 측에는 134개가 있었다. 양 교단을 합해 17개 중등학교와 하나의 대학이 있었고, 도합

---

15) Arthur L. Becker Manuscript, p.85.

17,000명의 학생들이 있었다.

그런데 숭실학교 안에서는 장·감 선교사 간에 교육관의 괴리가 깊어가고 있었다. 대다수의 장로교 선교사들은 기독교인 학생들만 입학시킬 것을 주장하였다. 선교학교는 교회사역의 일부이므로 비기독교인에게는 대학교육보다 그리스도를 전하는 것이 우선이라는 입장이었다.[16] 특히 대학에 대해서는 신학교 진학을 위한 예과를 지향하였다. 그러나 베커를 비롯한 감리교 선교사들은 비신자에게도 교육문호를 개방하자는 교육의 기회균등을 주장하였다. 베커는 언더우드를 주축으로 서울에 새 대학을 교파연합으로 설립하여 비기독교인들에게도 문호를 개방하자는 제안에 동의하게 되었고, 다른 감리교 선교사들도 대부분 이에 찬동하였다. 이는 그들이 새 대학의 설립 이상을 실현할 장소로서 서울을 다른 곳보다 좋게 여겼기 때문이다.[17] 교육선교에 대한 이러한 견해차는 평양에서 연합활동이 어려움에 처하게 만들었다. 또 다른 이유로서 평양에서는 장로교 교세가 월등하게 강하여 감리교 측과의 연합사업이 그 기능을 다하지 못하고 마펫(S. Moffett)을 중심으로 서북계 장로교 선교사들이 교육과 재정을 일방적으로 운영하며 목회자 양성을 위한 기독교교육에 치중하는 것이 불만을 샀다. 베커와 루퍼스가 가르치는 과학 교과 시간을 줄인 것도 문제점으로 여겨졌다.[18]

이러한 상황에서 새 대학 설립문제를 둘러싸고 치러진 교육평의회 내부의 표 결과 서울 지지와 평양 지지가 6 : 6으로 나타났다. 베커를 비롯한 남·북감리교 선교사들은 서울안을 지지하였다. 장로교 선교사들의 다수는 평양의 숭실 하나로 족하다고 생각하였다. 그러나 이 문제에서는 본국 선교부들의 결정이 더 중요한 관건이 되었다.

---

16) cf. William M. Baird, "Educational Mission Problems," *The Korea Mission Field*, Vol.X(1914.10), pp.296~299.

17) *Missionary Correspondence of the M. C. E. in Korea 1912-1949*(미국 북감리교 선교보고서의 한국 부분만 발췌, 편집하여 Reprint, 서울 : 한국기독교역사연구소), p.213.

18) E. McCune and H. Thompson, *Michigan to Korea : Arthur L. Becker 1899-1926*, pp.367~368.

대학문제를 둘러싼 논란은 계속 가열되어갔다. 주일 장로교 교육선교사인 마르퀴스(Marquis)가 1911년 3월에 내한하여 교육사업의 연합을 역설한 후, 주한 선교사들이 1911년 4월 8~10일에 평양에서 '교육사업을 위한 선교사공의회(Federation of Missions for Education)'를 구성하였다. 회장으로는 언더우드, 총무로는 빌링스가 선출되었다. 교육과정의 일원화와 교육기금 확보가 이 회에서 다루는 주요 현안이었다. 여기에서 기존의 초·중등학교 교육을 비롯한 연합대학 설립문제가 대두되었다. 감리교 선교회는 이 일에 적극적이었다. 서울 측의 계획에 찬동하는 주한 장·감 선교사들은 연명으로 서울에 대학을 설립할 수 있게 해달라는 요청을 뉴욕의 한국교육을 위한 연합위원회에 제출하였다. 최종 결정이 뉴욕에 있는 관련 교단 해외선교부들의 합동위원회(Joint Committee)에 일임되었고, 서울 측의 권고안이 1914년 2월 14일에 채택되었다. 주한 장로교 측은 이미 1912년부터 경신학당에서, 감리교 측은 대한제국 시기부터 배재학당에서 예비적으로 대학과정들을 운영하고 있었다.

(4) 대학설립의 실행

베커는 1913년부터 자주 서울로 내왕하다가 1914년 2월 19일에 언더우드로부터 결정적인 협조 요청 서신을 받았다. 이튿날 베커는 대학설립에 협조할 의사를 언더우드에게 밝히고 서울에 가기로 결정했음을 알렸다. 첫 단계로 자기가 해야 할 일이 무엇인지, 그리고 평양에 있는 대학예비반의 학생들을 받아줄 것인지, 나아가 경신학교의 학생들이 대학 수학에 적합한지를 알아볼 수도 있는지를 물었다. 또한 해주에 간 신임 감리교 선교사 그로브(Grove)에게 평양에 올 수 있는지를 묻는 편지도 보냈다. 베어드와 빌링스에게도 자기의 계획을 전하고 이후의 일들을 논의하였다. 장로교 측의 생화학 분야 첫 교수로 부임한 모우리(Mowry)에게도 정중하게 지신의 거취에 대해 알렸다. 일본의 관계 부처와도 마무리하였다.

서울의 대학에서도 신입생을 선발해야 한다고 생각한 그는 시기를 놓치지 않기 위해 빌링스와 함께 1914년 2월 27일 밤 기차로 상경하였다. 언더우드와 조찬을 하고 남감리교의 하디, 크램과 함께 동대문 부근의 경신학교로 갔다. 그곳에서 대학을 개교할 수 있을지의 여부를 결정하기 위해서였다. 대학 개설 장소로서 그곳이 부적절하다는 견해가 공감을 얻자 언더우드는 종로에 신축한 YMCA로 그들을 안내하였다. 언더우드가 YMCA의 이사장이었고, 그곳이 신축 시설로서 공간적인 여유가 있었으며, 사용료를 포함한 제반 조건이 개교하기에 적절하다고 판단되었기 때문에 YMCA를 임시교사로 사용하자는 데에 의견이 일치되었다. 밤에는 베커가 하디의 집에서 새 대학을 위한 헌장 초안을 작성하였다. 이튿날 언더우드는 고양군 연희면의 연희궁 부근에 40에이커에 달하는 새 대학을 세울 후보지가 있음을 알려주었다. 밤에 평양으로 돌아가는 기차에서 베커는 남감리교 선교사 크램과 서울의 대학 설립에 관해 대화를 나누면서 고무되었다. 남감리교 선교회가 적극 지원하고 새로 온 남감리회의 왓슨도 교수업무에 동참할 수 있게 되었기 때문이었다. 크램은 베커에게 "서둘러 서울에 오라. 그렇지 않으면 일이 안 된다"라고 격려하였다. 베커는 다음 주에 다시 서울에서 북감리회의 해리스 감독과 노블 등의 동역자들을 만나 감리교 측이 새 대학에서 해야 할 일들에 대해 논의하였다. 베커의 서울 거처는 언더우드가 전에 살았던 300년이나 된 고택으로, 낡았지만 위치가 감리교 선교사들의 집들과 가깝고 미국 대사관과 테니스코트 등이 있어 적격지로 정해졌다.

베커는 빌링스와 함께 언더우드를 한 차례 더 만났다. 언더우드는 베커에 대해 가장 중요한 관건을 쥔 인물이고 대학을 시작하고 교수와 학생을 모으며 교과과정을 작성하는 일에 적임자라고 하였다. 대학이 무엇을 어떻게 해야 하는지를 알고 있고 그 일을 할 수 있는 이는 오직 베커이므로 그를 보내주기를 바란다고 빌링스에게 간곡하게 요청하였다. 그가 서울로 오기만 하면 서울에서 대학을 시작할 수 있다고 말하기도 하였다. 언더우드는 베커의 전공과 능력과 경험을 인정하여 그가 학생들과 교수들을 다 관리할 수 있다고 판단하여 빌링스에게 베커의 조속한 서울 합류에 협조해주도록 요청하였다.[19] 빌링스도 서울의 대학설립에 호의적이었기 때문에 언더우드에게 감리교 선교회가 이번 봄 학기가 끝나는 대로 숭실에서 베커를 다른 이로 대체시키기로 결정했다는 사실을 전하였다. 이 소식을 들은 언더우드는 대학이 사실상으로 이미 세워졌고 남은 것은 가구와 장비 같은 것뿐이라고 하며 환호하였다. 베커에게 "나의 할 일은 이제 다했고 앞으로는 당신에게 달렸다"고 하며 베커의 손을 붙들고 감격의 눈물까지 흘렸다.[20] 언더우드는 새 대학에 대한 그의 형 존(John T. Underwood)의 재정적인 도움의 소식을 전하였다.

1914년 3월 27일 밤 7~10시에 언더우드 집에서 새 대학을 위한 임시위원회가 열렸다. 각자 새 대학의 미래에 대한 꿈을 이야기하고 개학에 필요한 실제적인 문제들을 논의하였다. 언더우드가 개교의 총책임자가 되고 베커가 실무책임을 맡기로 하였다. 베커는 이 위원회에 대해 "언더우드와 노블은 주요 문제들을 제기한 반면에 크램은 타당한 안을 제시하였다"고 언급하였다.

평양에 돌아온 베커는 마지막 며칠 동안 학기말 시험, 졸업생 사정을 실시하고, 서울로 옮겨가서 YMCA 기숙사에 머물 근로 장학생과 서울의 대학에 전입하러 갈 학생들을 뽑았는데, 재정과 학업을 고려하여 20명을 선발하였다. 그 중에는 그가 신임하는 조교 노춘택, 임용필, 김인식이 포함되었다. 베커는 평양의 장로교 선교사들과 교육선교관이 달랐고 서울을 선호했지만 베어드와 맥큔을 비롯한 장로교 측의 동료들과 10여 년간 동고동락하던 생활을 정리하고 떠나는 것은 쉽지 않았다. 그는 사실 그와 맥큔의 자녀들이 후에 결혼할 정도로 장로교 동료들과도 친밀하게 지내고 있었다. 장로교의 웰스 의사는 마지막 날까지 만류하였다. 그러나 그는 그의 개인적인 생각은 물론 평양에서의 연합교육사역을 중단하기로 한 북감리교 선교회의 결정을 따를 수밖에 없었다. 감독의 발령에 따라 베커가 베어드에게 고별인사를 할 때 노년의 베어드는 눈물을 흘렸다. 그는 베커를 후임으로 생각하고 있었다.

---

19) E. McCune and H. Thompson, *Michigan to Korea*, p.395.
20) E. McCune and H. Thompson, *Michigan to Korea*, p.395.

베커는 1914년 3월 31일에 서울로 이주하였다. 이때 숭실대학의 감리교계 학생들도 같이 상경하였다. 그는 언더우드의 옛집의 수리가 끝날 때까지 노블의 집에 머물렀다. 그동안 서울의 새 대학설립은 계속 지연되고 있었다. 베커는 일단 4월 1일부터 대학예비반인 배재대학부(College Preparatory Classes in Pai Chai)에서 가르치기 시작하였다. 8시에 시작된 첫 수업은 물리학이었다. 엄선된 32명의 학생들에게 노춘택, 임용필, 김인식을 조교로 소개하였다. 영어, 일어, 성경 수업이 이어졌고, 오후에는 체육 수업이 있었다. 학생들은 모두 YMCA 건물에 마련된 기숙사에 입사해야 하였다.

베커는 4월 1일 오후 언더우드에게 경신학교(John D. Wells School)의 대학인가에 의거하여 새 대학의 개교를 총독부 학무국에 통보하라고 제언하였다.[21] 이렇게 하여 조선기독교대학 창립이 가시적이 되었다. 베커는 이화학당의 졸업식과 세브란스의학교의 졸업식에도 참석하였다. 세브란스에서 에비슨을 만나 의예과 수업도 해야 하는 것을 알게 되었다.

4월 8일에는 서울의 새 대학 예비과정에 40명의 학생들이 등록하였다. 학생들은 4명이 한방을 사용하였다. 4월 13일에는 수업장소를 YMCA로 옮겼다. 베커는 배재대학부에서 학감과 교장을 겸한 행정적인 책임도 맡게 되었다. 이 사실에 따라 연희전문의 개교일은 이때였다는 주장이 제기되기도 한다. 같은 날 제1회 서울의 대학 현지 이사회(Field Board of Managers for the Seoul College)가 열렸다. 북감리교의 베커, 노블, 빌링스, 남감리회의 크램(크램 대신 왓슨), 저다인, 하디, 북장로교의 언더우드, 에비슨, 게일이 참석하였다 언더우드가 교장 겸 설립자, 베커가 학감으로 선정되었다. 이때부터 두 사람은 공식적으로 동역자가 되었다. 다음 작업은 정부의 인가와 캠퍼스 부지의 확정이었다.

1914년 6월 3일부터 정동감리교회에서 감리교 연회가 개최되었다. 연회의 큰 관심사는 대학설립에 관한 건이었다. 미국에서 온 루이스 감독은 회기

---

21) E. McCune and H. Thompson, *Michigan to Korea*, p.397.

중에 존 티 언더우드의 희사로 구입된 연희궁 묘지 부근의 캠퍼스 예정 부지를 둘러보고 그곳은 이 대학을 설립하기 위해 하나님이 미리 준비하신 땅이며 새 대학은 위대한 대학이 될 것이라고 예언하였다.[22]

베커는 처음부터 초교파적인 새 대학을 세우자는 언더우드의 취지에 동감하고 있었기 때문에 건축의 책임을 맡아 대학을 가시화 시키는 일에 적극적으로 참여하였다. 1914년 7월에는 배재학교 교장 신흥우와 함께 도쿄에 가서 교재용 서적과 실험 장비를 구입하였다. 과학기자재 구입에 과도한 지출을 한 점이 우려되기도 했지만, 그 결과 연희전문은 한국에서 최고의 과학교육 기자재를 갖추게 되었다.[23] 일본에 있는 감리교 해리스(Merryman C. Harris) 감독의 주재로 일본 문부성 관리들을 만나고 연희동의 새 대학부지를 확보하는 절차도 밟았다.[24] 제국호텔에서 열린 환영파티에서 도쿄제국대학의 과학대학, 사범대학 등을 비롯하여 여러 산하 교육기관 종사자들과 교육상 도고(Togo)와 종교국장 시바타(Shibata), 그 외 여러 대학의 총장들도 만났다. 도쿄대학의 미츠타리 교수로부터 초기 실험단계에 있는 텔레비전에 대해 들었고, 감리교신문사를 방문하여 앞서가는 매체의 발달에 감탄하기도 하였다. 사범학교를 방문하여 수업을 시찰하고 실습기구들을 살펴보았다. 해리스 감독이 제국호텔에서 개최한 만찬에는 외무성 차관이자 마쓰이 청산학원의 총장인 타카지(Dr. Takaji) 일본 기독교서회의 웨인라이트(Dr. Wainwright) 등이 베커로부터 한국 교육의 발전상에 대해 듣고 모두 감탄하였다. 베커는 특히 와세다 대학의 설립자이고 일본 수상을 지낸 오쿠마(Okuma, 大隈重信) 백작으로부터 서울에 세워지는 대학에서 기독교의 훌륭한 교육이념을 지키고 조선 총독부 관계자들을 너무 의식하지 말라는 조언을 경청하였다. 이 조언은 후에 베커가 과학교육만 아니라 학교 전체를 효율적으로 경영하는 데에 영향을 주었다.[25] 그의 기본 관심은

22) E. McCune and H. Thompson, *Michigan to Korea*, p.403.

23) E. McCune and H. Thompson, *Michigan to Korea*, pp.409~411, 415.

24) E. McCune and H. Thompson, *Michigan to Korea*, pp.410~411, 419~423.

과학교육 기구의 확충이었기에 교토에 들러 실험장비들을 더 구입하고 귀국하였다. 이 무렵에 제1차 세계대전이 발발하여 선교사들도 경제적으로 긴축정책을 펼쳐야 하였다. 그러한 가운데에서도 해리스 감독은 베커를 격려하여 과학은 물론 대학까지 발전시켜 한국에서 교육선교가 잘 이루어지게 하는 후견인의 역할을 하였다.

1914년의 여름방학 때는 3주에 걸쳐 남녀 50여 명을 데리고 사범반을 운영하였다. 학생들은 처음 접하는 과학, 수학 과목에 경이로움을 느낀 데다 여선교사들의 협조로 여선생들이 함께 공부하게 되자 남녀를 평등하게 하였다고 하며 좋은 반응을 보였다. 그는 강화도를 위시한 지방교회들과 초등학교들도 순회하였다. 8월 30일에는 평양의 블레어(Blair)가 방문하여 평양으로 돌아오기를 간곡하게 요청했으나 베커는 불가능한 일이라고 사양하였다. 9월에는 서울에도 외국인 학교가 설립되었다.

베커는 1914년 11월 8일에 새로 설립될 대학을 위해 감리교 선교회의 재정담당자인 웰러(Weller)와 함께 조선총독부의 경기도 학무국장 세키야 테이자부로(關屋貞三郞)를 만나 교육과정에 대해 대화하였다. 베커는 새 대학이 일본식이 아니라 학생들의 자유로운 과목선택권을 우선시하는 미국의 교육방식을 택할 것이라는 점을 밝혔다. 세키야는 설치과목에 대해 상학과, 농학과, 문과(영어영문학과 등), 장래의 공과대학을 위한 실용과학과정을 제시하였다. 세키야가 베커에게 성경학교나 신학교도 원하느냐고 물었을 때는 베커가 신학교는 이미 다른 곳에 세워져 있다고 대답하였다. 장로교 선교사들로부터 문제시 되던 성경과 과학 과목을 개설하는 일에는 총독부 측의 이해를 얻었다. 이어진 다른 회동에서도 교과목들에 대한 의견을 교환하면서 베커가 산수, 대수, 기하, 삼각법, 미적분, 물리, 화학, 천문학 등의 교과 과목의 설치를 예시하자 세키야는 그에게 한국에서 그런 공부를 할 수 있는 머리를 가진 사람을 찾을 수 있겠느냐고

---

25) E. McCune and H. Thompson, *Michigan to Korea*, pp.409~410.

물었다. 베커는 이미 평양에서 7년 동안 40명의 A급 학생들을 가르쳤다고 응수하였다. 한국인은 비록 대부분 농부 출신이지만 가르치면 자기의 경우처럼 누구나 다 잘 하는 것을 보았다는 말을 부연하기도 하였다. 베커는 나아가 이학 분야를 발전시켜 공학과의 설치와 더 다양한 과목의 개설에 협조해주도록 부탁하였다. 이에 세키야는 과목들과 교원 명단의 구체적인 내용과 일본어 학교명을 제출하도록 요구하였다.

현지이사회의 임시 위원장인 하디와 노블은 새 대학과 주한 6개 교단 선교회들의 관계에 대해 호주장로교선교회와 남장로교선교회는 불참을 통보했고 캐나다장로교선교회는 아직 결정하지 못하였다고 통보해주었다. 그러나 대학설립은 뉴욕에 있는 여러 선교부들의 합동위원회에 의해 계속 추진되고 있었다. 현지이사회에는 언더우드, 노블, 크램이 선정되어 연희면에 있는 캠퍼스 부지의 구입문제를 매듭짓는 일에 대해 의견을 나누었다. 빌링스와 밀러는 대학헌장을 준비하는 위원이 되었다. 또한 언더우드, 하디, 베커는 예산위원으로 위촉되었다.

대학설립은 오랜 진통을 이겨내고 더한층 가시화 되었다. 베커는 1915년 1월 15일에 언더우드로부터 연희궁의 무덤 터 일대의 캠퍼스 부지 매입을 완료하였다는 소식을 듣고 고향집에도 그 소식을 전하였다. 새 캠퍼스의 지적도는 베커가 작성하였다.26) 이것이 뉴욕의 머피 앤 다나(Murphy & Dana) 건축회사에 보내어져 건축설계도가 완성되었다.

베커는 개교를 앞두고 1915년 3월에 언더우드와 더불어 대학의 한국명과 영어명 등에 관해 대화를 나누었다. 이 자리에서 언더우드가 과학교육 기재 구입을 위한 경비로 $5,000을 약속한 것은 베커를 감동시켰다. 언더우드는 감리교 선교회의 노스(Dr. North)로부터 실험실습 경비가 부족하다는 말을 들은 바 있어 준비해두고 있었다. 베커는 그 전해에 평양에서 서울로 임지를

---

26) E. McCune and H. Thompson, *Michigan to Korea*, p.427, 436.

옮기고 4월 1일에 대학의 예비과정인 배재 대학부에서 강의하는 등 한 해 동안 한 일들이 미국에서 10년을 보낸 것보다 더 분주하였다고 털어 놓았다. 베커는 일본이 새 대학의 학제와 진로를 좋아하지 않을지라도 미국식 학제를 따라 기독교청년들을 교육하여 기독교지도자를 양성해야 한다고 보고하여 언더우드의 호감을 얻었다. 언더우드는 베커가 일제 당국의 심한 관여를 우려하자 일본은 아이누족을 지배한 것 외에는 외국인을 지배해보지 못했기 때문에 그렇게 쉽게 되지는 않을 것이며 한국인들의 끝없는 저항과 성공적인 응수가 예상된다고 말하였다. 일본정부를 대하는 언더우드의 기본 입장은 가이사의 것은 가이사에게 주면서 뱀같이 지혜롭게 대처해야 된다는 것이었다.[27]

2) 베커의 연희전문 운영

(1) 연희전문 창설 공조

조선기독교대학(Chosen Christian College)은 마침내 1915년 4월 1일에 YMCA 건물에서 공식적으로 개교되었다. 이 학교는 대학부도 아니고 예비학교가 아닌 정규 대학으로 언더우드를 교장으로 베커를 학감으로 하는 체제를 이루었다. 4월 6일에는 입학시험과 예비반 소집이 실시되었다. 학생들은 대부분 1학년 신입생이었으나, 2, 3학년에 편입된 학생들도 있었는데, 그들은 베커가 평양의 숭실에서 가르치던 학생들이었다. 최종 등록된 학생은 모두 100여 명이었다. 4월 13일에는 개교기념식이 열렸다. 그들을 가장 환호하게 만들었던 것은 미국의 선교부가 새 대학을 위해 $100,000을 약정했다는 소식이었다. 뉴욕으로부터 축하사절들도 왔다.

학교 재단법인의 정관으로는 메이지 대학의 것을 거의 그대로 복제하여 사용하였다. 메이지 학원(明治學院)은 미국 장로교회가 일본에 세운 대학이었고

---

27) E. McCune and H. Thompson, *Michigan to Korea*, pp.425~426.

기독교인으로 메이지 학원 정관 입안자 중의 하나였던 와타나베가 서울의 고등법원판사로 부임하여 있었기 때문에 그의 조언을 받을 수 있었다. 그는 연전의 이사가 되어 총독부와의 제반 관계에도 도움을 주었다.

문제가 된 종교교육 문제는 총독부의 내무국장 겸 종교국장 우사미(宇佐美勝夫)와 학무국장 세키야 테이자부로(關屋貞三郞) 등이 언더우드에게 조언하여 신학과의 설치로 성경과목을 개설하고 모든 학생이 다 수강하도록 하는 방법으로 해결되었다.

베커는 그 해 말에 현지이사회(Field Board of Managers)의 이사장으로서 한해의 학사에 관해 60명의 등록학생 중 58명이 한해의 학과를 잘 이수했다고 보고하였다. 학과 별로 나누면 그 학생들의 약 40명이 영문과, 20명이 이과, 2명이 상과, 10여명이 예과였다. 이들 학생들에게 장학금과 근로 장학금을 마련하는 일도 그 책임이 베커에게 있었다. 교수진에는 한국인 2명과 일본인 2명 외에 루퍼스(Carl Rufus, 1876~1946)가 학기 초부터 합류하여 고등수학을 담당하였다. 언더우드가 철학, 그의 아들 원한경이 영어와 심리학을, 베커의 부인 루이스가 음악, 마우드(Maude)가 밴드, 밀러가 화학과 생물학을, 저다인(Jerdine)이 종교와 윤리를 담당하였다. 베커는 화학을 가르치면서 물리 과목을 세 반으로 나누어 예비반, 기계와 열, 전기와 자기 등을 가르쳤다. 예비반에서는 매주 2시간의 강의와 6시간의 실험시간이 있었다. 이 보고서에서 베커는 학과의 강의계획, 교재, 학생 출결사항, 기숙사 운영실태, 재정, 장학금 운영 등을 아주 소상하게 밝혔다.

베커는 언더우드의 과학교육 기자재 구입을 위한 투자로 한국의 다른 곳에는 없는 유일의 시설을 갖춤에 따라 에비슨이 요청한 의예과교육을 위한 물리, 화학 등을 첫 출발부터 비교적 충실하게 가르칠 수 있었다. 새로운 과학 기자재와 시설뿐만 아니라 아름다운 캠퍼스, 야구장, 축구장 같은 운동장들은 당시 한국의 어느 곳에서도 볼 수 없는 유일한 것들이었다.

두 번째 학년도를 맞이하기 전인 1916년 3월 27일, 언더우드는 이사회에 뉴욕 북장로교 선교부 총무 스피어 박사의 도움과 방문으로 대학헌장을 비롯하여 재단구성에 필요한 요건들을 모두 마무리 지었다고 보고했다. 그렇지만 교육평의회(Senate Committee)는 우사미 국장을 방문하여 새 학교는 총독부가 규정한 교육요건에 맞는 유일한 합법적이고도 대표적인 기독교 교육 기관이지만 미국 선교부 경영의 학교들은 어떤 학교든지 일본 정부가 제정한 사학법을 그대로 이행하지 않을 것이라고 한 점도 언급했다. 이후 총독부의 세키야가 내세운 세 가지 조건은 "1) 더 이상 예비반을 운영할 수 없고, 2) 순수과학 수업을 할 수 없고 응용과학만 가르칠 수 있으며, 3) 전문학교 범주를 넘어 3년 이상 수업을 할 수 없다"는 것이었다. 이에 언더우드와 해리스 감독은 헌장을 재검토할 것을 시사하였다. 논의 끝에 신학과, 상학과, 농학과, 문과, 응용물리·응용화학과를 4년제로 확정하였다.[28] 연전에 설치할 수 있는 학과는 10개였으나 학과 수의 결정은 총독부의 시책과 이사회 및 선교사 교수의 충원 여지에 따라 유동적이었다.

한편 과로와 분쟁으로 건강을 잃은 언더우드는 미국으로 돌아가 요양하다가 결국 1916년 10월 13일에 소천하였다. 해리스 감독과 천문학 과목의 루퍼스마저 미시간 대학 교수로 귀국하자 베커는 대학의 기둥과 후견인과 친구를 모두 떠나보내 크게 공백을 느꼈다. 그 후 웰치(Welch) 감독이 새로 부임하고, 장로교 측의 에비슨이 세브란스 의전과 교장을 겸직하며, 감리교 측의 빌링스가 부교장 직을 맡고, 베커는 학감 직을 계속 맡아 그런대로 체제가 유지되었다. 베커는 그러할지라도 자기를 신중하게 배려하고 지지하여 소신을 갖고 일하게 해준 언더우드의 공백을 메울 수 없다고 술회하였다. 베커는 언더우드의 이름으로 정부 관리들에게 학교문제에 관해 제안하던 특권이 없어진 것을 예리하게 느낄 수 있었다. 그럼에도 불구하고 그러한 공백을 넘어 새로 부임한 감리교 감독과 장로교 에비슨 교장과 더불어 한국의 젊은이들을 위해 무슨 일인가를

---

28) E. McCune and H. Thompson, *Michigan to Korea*, p.433.

해야 한다는 사명감으로 더한층 새 대학에 열정을 쏟았다.

1917년 4월 7일에는 조선총독부로부터 '사립 연희전문학교 기독교연합재단 법인'이 허가되었고, '연희전문학교'라는 한국교명으로 법인체 설립이 인가되었다.[29] 총독부는 조선에 대학령이 없다는 이유로 전문학교라고 규정했으나, 영어로는 'Chosen Christian College'라고 불리면서 대부분의 학과가 4년제로 종합대학의 편제를 지향하고 있었다. 연전의 학교정관은 성경에 근거하여 기독교주의에 따라 제정되었다. 베커는 이미 캠퍼스 지적도를 만들었고 과학교육의 책임을 맡았다.

1917년 11월에 모인 특별 이사회는 뉴욕의 해외 이사회를 인준하였다. 또 새 캠퍼스 부지에 임시 교사의 건축을 결의하고 베커를 건축위원장으로 선정하였다. 에비슨이 뉴욕에서 만난 존 티 언더우드로부터 $5,000의 희사금을 받게 되어 건축이 급속도로 진행되었다. 베커는 건축 진행에 일일이 관여하여 비용을 남겼다. 존은 남은 비용을 과학 기자재 구입에 사용하도록 허락하였다.

1918년 3월의 학기말 시험이 끝나고 며칠 쉬는 동안 학교가 종로에서 신촌의 새 캠퍼스로 이사를 하였다. 길도 제대로 나 있지 않지만, 베커는 수많은 일꾼들을 동원하여 짐을 날랐고, 빌링스는 교수들을 안내했으며, 원한경은 차를 이용하여 섬세하고 귀중한 장비를 날랐다. 베커는 운동장, 정구장, 큰 길과 작은 길 등을 구분하여 지형도를 완성시켰다. 이 지형도는 뒤에 뉴욕선교부에 보내져 학교건설에 참조되었다.

1918년 4월 1일의 새 학기부터는 신촌 캠퍼스의 치원관에서 수업을 하게 되었다. 체육시설로 YMCA 것을 그대로 사용하였다. 한편 새 캠퍼스에 운동장, 야구장, 정구장을 비롯하여 기숙사의 건립이 필요해졌다. 베커는 1918년에 학감, 행정, 학과장을 겸직하고 수행하였다.

---

29) 『조선총독부 관보』, 1917년 4월 10일.

(2) 연희전문 과학교육

베커는 이학 분야에서 총책임을 맡았다. 그가 맡은 과목은 전기공학, 다이나믹스(Dynamics), 천문학이었다. 밀러 교수는 화학, 수학, 전자화학(Electro-Chemistry)을 맡았고, 조교들로서 Root Lee가 화학을, 임용필이 물리학, 기계설계(Mechanical drawing)를, 다른 조교들이 삼각함수(Trigononometry), 전기학, 광학, 분석기하를, 이원철이 미적분학, 일반기하학, 물리를 맡아 가르치며 이학 분야의 터를 닦았다. 더 세분화된 과목으로 측량법, 천문학, 건축학, 지질학, 열역학(Thermodynamics), 물리학(Physical Opics), 원자학(Atomic Structure and Quanta), 역학(Mechanics,) 분광학(Spectroscopy) 등도 개설되었다. 평양에서 가르칠 때 신임했던 조교 노춘택, 임용필, 김인식을 포함한 상급반 학생 20명을 서울로 스카우트하여[30] 설립 초기에 수물학과가 농학과처럼 지원자가 없어 폐과되는 일을 면하게 하였다.[31]

1918년 10월 16일 에비슨 교장 사택에서 모인 이사회(Board of Managers)는 미국의 교회들을 대상으로 최소한 $50만의 기금을 모금하도록 결의하였다. 또한 신축건물의 난방시설 설치, 학생 기숙사의 신축, 수로 정비, 캠퍼스 인근의 부지 매입 등이 결의되었다. 로즈(H. A. Rhodes)는 교수 사택 10동의 건축을 제기하여 이듬해엔 몇몇 교수들이 입주할 수 있었다. 1918년이 끝나기 전에 행정 빌딩, 스팀슨 홀, 기숙사의 기초공사가 시작되었다.

연희전문학교는 3·1운동이 일어난 1919년 3월에 제1회 졸업식을 거행하게 되었다. 학교 안에도 독립만세운동의 열기가 가득 차 있었다. 베커는 3월 1일에 수업을 시작하고 나서야 분위기가 심상치 않음을 알았다. 연전학생인 김원벽과 박희도가 관련되어 있었고, 기독교인들이 민족대표 33인 중에 16명이나 참여하

---

30) E. McCune and H. Thompson, *Michigan to Korea*, p.ix & 396.

31) 그런 가운데 농학과의 유망한 교사였던 이치시마(市島吉太郞)가 수목과 240에이커의 땅과 작은 농장을 경작하여 채소와 딸기 등을 공급하기도 하였다. 여름 방학 때 원산의 명사십리 감리교 수양관에서 일본어 강습회도 열렸다.

연희전문 예비학생과 베커 교수(1919년 졸업앨범)

였는데도 진행상황을 전혀 모르고 있었던 것이다. 베커는 시민들과 학생들이
집에서 그린 태극기를 들고 만세시위에 동참하는 것을 목격했고 그의 딸 에벌린
(Evelyn)이 이화학당 시위대와 같이 행진하고 있는 것도 목격하였다. 시위대를
무자비하게 체포하고 구타한 무장 경찰들에게 베커의 학생인 홍기원이 심하게
당하기도 하였다. 경찰들은 기독교계 학교를 모두 수사하고 사전모의 증거를
찾으려 하였다. 연전 학생들도 여러 명이 붙잡혀 일주일이나 열흘간 고문을
당하면서 억지 자백을 강요받았다. 이때 베커는 자동차에 추방될 준비를 해두고
살아야 하였다. 일본인 교사들에게 중재를 요청하고 기도도 열심히 하였다.
베커는 인도에서도 비폭력운동이 일어났지만 한국에서는 사법구조가 일본·영
국과 다르고 인도의 간디 같은 인물이 없었다고 하며 애석해하였다.[32] 베커는

32) E. McCune and H. Thompson, *Michigan to Korea*, p.446.

맥크레논(MacLennon)의 글을 인용하며 한국인의 요구와 그들이 당하는 압제에 대해 동정을 표하였다.

3·1운동의 상황 속에서 베커 개인적으로 안식년을 계획하는 한편 학감과 행정책임자로서 차질 없이 소임을 다하였다. 졸업생은 21명으로 모두 우수하였다. 그들은 한국사회가 기대하는 인물들이었다. 베커가 더한층 깊은 감회를 느꼈던 것은 졸업생들이 대부분 베커가 1914년에 평양에서 상경할 때 따라온 학생들이었다는 점이었다.

베커는 1919년에 두 번째 안식년을 맞아 미국으로 돌아갔다. 그러나 한국인들이 당하는 고통으로부터 자기가 도피하고 있다는 느낌도 받았다. 그의 딸인 에벌린은 태극기를 여행 가방에 넣고 일본에서 뺏기지 않도록 잘 감추었다. 베커는 3·1독립선언서를 평생토록 간직하였다. 안식년이지만 가족과 떨어져 미시간 대학에서 물리학 박사학위를 위해 주로 연구실에서 그 기간을 보냈다. 그는 안식년을 1년 더 연장하여 연구를 마치고 학위논문의 마무리는 한국으로 돌아오는 여정 중에 완성하였다. 출판 등의 나머지 작업은 친구인 루퍼스에게 부탁하였다.

(3) 교육관과 종합대학 설립추진

3·1운동 뒤의 학내 분위기는 계속 어수선하였다. 봄 학기에는 학기 내내 수업이 불가능하였다. 제1차 세계대전의 여파와 러시아 공산혁명의 영향으로 세계가 크게 변화되고 있었다. 미국은 물론 한국에서도 교육에 대한 관심이 높아져 고등교육의 진학률이 높아졌다. 연전으로 돌아온 베커에게 에비슨 교장은 1921년 9월에 교장직무대리를 요청하였다. 미국에 가서 후원금을 모금하여 대학의 면모를 쇄신시키고 대학설립 문제로 함께 힘든 시간을 보낸 뉴욕 선교부와의 관계를 새롭게 다지기 위함이었다. 이 무렵 빌링스도 안식년을 맞았고, 노춘택, 임용필 등의 조교들도 미국 유학을 떠났거나 계획하고 있었다. 이런 와중에서도 베커는 장학금과 좋은 교수진이 있으면 대학이 계속 발전하리

라는 소신을 가졌다. 한국 청년들에게 과학교육을 실행하여 좋은 직장을 갖게 해야겠다는 비전도 품었다. 그의 책임 아래 새로운 과학관 건축과 그 자신의 박사학위 취득도 그런 면에서 도움이 되리라고 생각하였다.

1923년이 되자 학생수가 배가 되고 대학의 모습도 더 충실하게 갖추어져 갔다. 베커의 사택도 캠퍼스 안에 마련되어 서대문에서 통근하던 때보다 학교 보직들을 감당하기에 훨씬 편리해졌다. 보직 외에 맡은 수업시간은 주당 25시간 이었다. 일본에서는 그 해에 대지진이 일어나 요코하마를 비롯한 인구밀집지역 에서 수많은 인명피해가 발생하였다. 그로 인해 많은 일본인들이 서울로 이주해 왔고, 서울의 외국인 학교도 그 숫자가 늘어났다. 베커는 이 학교에서도 교장과 물리, 화학 등의 과학교사로 봉직하였다. 베커는 그 해에 조선총독부 사이토(齊藤 實)로부터 한국에서 20년간 교육에 끼친 공로로 표창장을 받았고, 그 기념품으로 불사조가 새겨진 큰 은제 화분을 받았다. 미국인으로서는 한국에서 일본 정부로 부터 처음 받는 공로 표창이었다. 총독관저에서 정무총감 등이 참석한 가운데 기념 만찬도 열렸다.

일본인들이 급증하자 1923년에는 대학설치령이 제정되었고 1924년에 경성 제국대학이 창립되었다. 베커는 창립식에 기조 연설자로 초빙되었다. 그가 비록 한국인을 위한 선교사 신분의 외국인이었지만, 그를 탁월한 교육자로 인정한 것이었다. 그의 연설은 "우리가 오늘 왜 여기서 만났습니까? 교육이 아주 중요하기 때문이 아닙니까? 그런데 왜 고등교육에 그 많은 비용을 지불해야 합니까? 교육이 우리 삶을 보다 더 가치 있게 살 수 있게 하리라는 기대 때문이 아닙니까? (……) 그렇다면 고등교육은 아주 필수적인 것입니다"라고 말문을 열었다. "우리는 몇 년 전 세상에서 일어난 일을 모르고 생각하고 살며 행동합니 다. 국가적인 성공은 물론 개인적인 성공의 열쇠도 우리가 사는 세상에 대한 적절한 지식을 습득하는데 있습니다. 한국에서 교육선교사로 지내는 한 대표로 서 총독의 이 대학설립을 축하드립니다"로 끝맺었다.[33] 삶의 질을 향상시키기 위한 고등교육의 필요성을 역설한 것이었다.

베커는 에비슨이 뉴욕에서 종합대학의 설립을 추진하도록 연희전문의 역사와 통계가 들어간 팸플릿을 작성하였다. 교과과정, 교수진, 예산과 건물 등에 관한 설명을 넣고 문과에서 15명의 교수와 94명의 학생, 상과에서 8명의 교수와 56명의 학생, 과학 분야에서 5명의 교수와 43명의 학생으로 10년 동안 장족의 발전을 보인 점을 부각시켰다. 그런데 언더우드관과 과학관이 완공되었지만 난방문제는 여전히 해결이 되지 않고 기숙사도 난방문제로 사용이 늦어지고 있으며 추운 겨울이면 대학이 휴교해야 될 정도라는 점을 또한 보고하였다. 에비슨이 타이프라이터와 사무기기 등을 보내준 것에 대한 기쁨도 전하였다. 언더우드의 형 존은 연전에 또 다시 $50만을 희사하였다. 1926년에는 축구부와 야구부가 전국 우승을 하여 온 캠퍼스가 승리의 기쁨을 누렸다.

베커는 교장 직무대리를 하는 한편으로 교수사역과 전도사역에도 심혈을 기울였다. 그의 친구인 천문학자 루퍼스는 베커가 과학연구를 이상화, 사회화, 영성화 하는 큰일에 도전하였다고 평가하였다. 배재학교와 외국인학교의 교장 직무까지 수행하기 위해 그는 하루에 5마일 이상을 걸으며 곡예 같은 삶을 살았다. 그런 가운데 많은 업무와 생활고에 시달렸다. 선교사 급여가 전혀 인상되지 않은 채 가족과 자녀교육비는 늘고 물가는 30%가량 급등했기 때문이었다. 그는 한국을 떠날 생각을 하였다. 선교사역을 한국인들에게 넘기고 연희전문의 일도 신흥우, 유억겸, 이춘호 등의 인물들로 대체시킬 수 있으리라고 여겼다. 1926년에 마지막 교수회의를 주재하고 원한경 사택에서 환송파티에 참석한 후 6월 10일에 서울을 떠났다. 가족의 교과 생활비 문제가 여전히 해결되지 않아 그는 자녀교육을 위해 1926~1927년에 조지아 공대에서 가르치기도 하였다.[34] 그러나 2년 후에 한국 학교 측의 요청을 받고 존 티 언더우드가 베커의 딸 에벌린과 아들 맥스의 버클리 대학 등록금을 지불한다는 조건으로 다시 돌아왔다.

---

33) E. McCune and H. Thompson, *Michigan to Korea*, pp.460~461.
34) E. McCune and H. Thompson, *Michigan to Korea*, p.469.

베커는 일제 말에 다른 미국 선교사들과 함께 강제 추방되었다. 선교적 소명에 따라 베커는 1940년에 인도의 럭나우(Lucknow) 대학에서 물리학을 가르치기 시작하였고, 1944년 11월 1일 선교사직에서 은퇴하였다. 2차 세계대전 중 한때는 워싱턴D·C에서 O.S.S. 한국자문위원으로 활동하기도 하였다. 그는 전후 1946년에 다시 내한하여 연희대학교의 이사로 봉직하였다. 1946년 8월에 주한 미군정청의 고문으로 위촉되었고, 국립 부산대학교의 창립책임자로도 일하다가 공산주의자들의 국대안 반대운동에 휘말려 1947년에 미국으로 돌아갔다.

그는 한국 최초의 고등교육기관들인 숭실전문과 연희전문, 두 학교에서 한국에서 처음으로 서구 근대 과학교육의 토대를 쌓았고, 두 학교의 부교장도 지냈다. 1923년에 조선총독부의 개정 조선교육령에 따라 연전에서 문과, 상과, 신과를 남기고 수물과가 폐쇄되자 1924년에 학칙을 개정하여 수물과가 다시 설치되도록 많은 노력을 기울였다. 한동안 배재고등학교장도 역임하였다. 그의 제자로는 인하공대 창립 학장인 이원철(李源喆), 서울대 총장과 문교부장관을 역임한 최규남, 연세대 총장서리 장기원 등이 있다. 베커는 이처럼 한국에 서구 근대과학을 처음 소개하고 인물들을 양성하여 한국과학의 토대를 쌓은 인물이었지만, 세간에 별로 알려져 있지 않다.

그는 학문 간의 통섭 교육도 실시하였다. 수물과의 교과목에는 수학, 물리학, 천문학, 화학, 측량법, 기계제도, 전기공학, 건축학, 공장기계, 지질학 등이 있었다. 그는 실험 실습도 강조하였다. 문과생도 자연과학, 동식물학, 생리학, 지질학, 천문학을 택하게 하였고, 신학과는 학생 모집을 하지는 않았지만 규정상 생화학, 동식물학, 지질학, 천문학을 이수하게 하였다. 전체 학생들에게 운동도 권장하였다. 경제적으로 어려운 학생들을 위해 자조장학을 장려하고 졸업생의 진로문제를 해결하기 위해서도 노력하였다. 수물과의 첫 졸업생들인 김술근(金述根), 이원철, 임용필(任用弼), 장세운(張世雲),35) 이 네 명을 모두 미국의 유수한 대학(각각 순서대로 하버드, 미시간, 맬크, 시카고)으로 유학을 보냈다. 이후에도 많은 유학생을 보내어 해방 후 과학 분야의 인물난 속에서 소중한 과학 발전의 밑거름이 되도록 준비시켰다. 여름방학 때는 수학과 과학 과목의 교사양성을 위한 사범반을 운영하였다.[36] 숭실에서도 과학관을 건립했던 그는 연전에서도 매사추세츠 주 피츠필드(Pittsfield) 감리교회의 재정지원을 받아 아펜젤러관을 건립하여 실험실을 확충하고 초기 한국 서양과학교육의 기초를 닦았다. 그는 과학교육의 실험장비를 갖추는 일에 많은 공을 들였다. 이 건물에다 실험실을 마련하고 뉴욕의 매켄지(A. C. McKenzie)가 기부한 $10,000을 가지고 교토의 시마즈 과학기기제작소(島津科學器機製作所)에 가서 실험 장비를 구입해와 서구 대학 못지않게 장비를 구비시켰다.

또한 물리학 교수이면서도 *A Superman or The Possibilities of Life*[37]라는 성공적인 삶에 관한 저서를 내기도 하였다. 11편의 설교와 강연문으로 된 이 책의 서론에서 그가 강조한 두 가지 힘의 원천은 과학과 종교였다. 과학은 규칙과 질서를, 종교는 명석한 사고와 깊은 감정과 현명한 행동을 이끌어준다고 주장하였다. 루즈벨트와 하딩 대통령이 모토로 삼은 "사람아, 주께서 선한 것이 무엇임을 네게 보이셨나니 여호와께서 네게 구하시는 것은 오직 정의를 행하며 인자를 사랑하며 겸손하게 네 하나님과 함께 행하는 것이 아니냐"라는 구약의 미가서 6 : 8을 인용하며 사람이 해야 할 일을 강조하기도 하였다.

베커는 『延禧』라는 교지의 창간호부터 6호까지의 발행인이 되었다. 그가 이 간행물에 남긴 글들은 제2호에 실린 베커 술(述), 신영묵 역의 「星과 電子論」과 제4호에 실린 「物理學 發達略史」이다. 그는 1929년에 연희전문학교 수리연구회의 기관지로 창간된 『과학』이란 저널의 편집 겸 발행인이기도 하였다. 그는 배재대학부 때부터(1914) 그가 일제에 의해 추방될 때까지 초대 수물과 과장,

---

35) 본서 수록 정용서의 글 참조.
36) E. McCune and H. Thompson, *Michigan to Korea*, p.414.
37) cf. A. L. Becker, *A Superman or the Possibilities of Life* (Seoul : Seoul Chosen Christian College, 1926).

이사(1915~1917, 1918~1920, 1924~1941), 학감(1915~1919, 1921~1924, 1938~1941), 부교장(1922~1927)을 역임하였고, 이사회에서 건축위원으로 봉사하였다. 그가 이사로 활동한 기간은 1918년, 1924~1932, 1934, 1936~1938, 1940, 1941년이었다. 또 그는 배재고등보통학교 교장(1923~1924)을 겸임하기도 하였다.

(4) 그의 주변 인물들

베커는 연전에서 봉사하는 동안 주변 인물들도 많이 도와주었다. 언더우드와 뜻이 맞아 적극 상부상조하였고, 그의 아들 원한경과도 보조를 같이하였다. 그의 아내 루이스 스미스 베커(Louise Smith Becker)는 연전 초기에 음악을 가르쳤다. 피아니스트인 그녀는 평양에서 최초로 피아노를 선보인바 있었다. 당시 한옥에 피아노를 들여 놓을 수 없어 마당에 피아노를 두고 연주를 하여 이웃 사람들의 관심을 끌기도 하였다. 1917년, YMCA 건물에서 수업하던 시절에 그녀는 채플 시간에 찬송가와 합창을 가르치며 서양음악을 소개하였다. 신촌으로 이전한 후에도 음악강사로 계속 활동하였다. 루이스는『코리아 미션필드』에 발표한 "Pioneering in Music," Vol.XXXIV. No.8(1938. 8)과 베어드 부인(Mrs. Baird)과 함께 발표한 "The Coming Song Book," Vol.X. No.3(1914.3) 등 두 편의 글을 남겼다.

베커 부부의 딸인 에벌린(Evelyn)은『코리아 미션필드』에 "Korea's Contribution to World Art," Vol.XXII No.8(1926.8)을 실어 한국의 예술을 서구에 소개하였고 후에 The Arts of Korea(Tokyo : Tuttle, 1962)라는 단행본으로 출판했다. 그리고 그의 아버지 베커의 글을 편집하여 그의 전기인 Evelyn McCune, Michigan and Korea 1899-1914(San Francisco, 1977. 출판서지 사항 없음)란 책을 저술하였다. 또 톰슨(Heather Thompson)과 함께 베커에 관한 전기인 Michigan to Korea : Arthur Lynn Becker 1899-1926(2009, 출판서지 사항 없음)를 저작 출판하여 아버지의 선교활동상을 정리하였다.

대학시절부터 베커의 친구였던 루퍼스는 이국땅에서도 동역자로서 평생 우정을 나누었다. 루퍼스는 숭실과 연희에서 같이 일하다가 도중에 미국으로 돌아갔다가 왔지만, 베커가 추진한 한국 과학교육의 가장 밀접한 동반자였다. 그는 알비온 대학에서 베커와 동숙하며 공부한 동기 동창이었고, 감리교 선교사로 함께 한국으로 파송 받아 과학교육 분야에서 함께 중요한 역할을 하였다. 교육사상도 상통하여 평양의 숭실에서는 물론 서울에서도 동조하였다.[38] 루퍼스의 전공은 천문학이었다. 그는 1915년의 조선기독교대학 개교와 함께 한국 최초로 천문학 강좌를 개설하였다. 경주의 첨성대를 한국 고대의 천문대라고 세계에 알린 것도 그였다. 중국의 북경대학을 설계했던 뉴욕의 머피 앤 다나 건축회사(Murphy and Dana Architects)가 작성한 연희전문 청사진 설계도에 천문대(Observatory) 계획이 들어 있는 것도 루퍼스의 아이디어였던 것으로 보인다. 한국 최초의 근대 천문대가 세워질 뻔했던 그의 꿈이 이루어지지 못했던 까닭은 그가 1917년 교수직에서 사임하고 미국으로 돌아갔기 때문이었던 것으로 짐작된다. 그는 총독부가 천문학 등 과학 분야의 수업시간을 줄이게 하고 성경교육을 금하는 교육정책을 펴는 것에 반대하다가 한참 동안 한국을 떠나 있었다. 미시간 대학에서 물리학을 가르치다가 1935년에 연희전문으로 돌아와 베커와 다시 합류하였다. 그는 "Korea Astronomy"란 글에서 서운관(書雲觀)에 있던 측우기를 소개하였다. 그는 이왕가 앞의 박물관에서 전시되는 측우기가 1442년에 각도에 배부되었으며 서양의 우량기보다 200여 년 앞섰다고 소개하였다. 그는 1915년부터 2년간 연전의 이사로도 봉직하였다.

---

38) 나일성, 「알비온(Albion)에서 온 두 과학자」, 『東方學志』, 585~606쪽 참조.

5. 맺음말

베커는 연희전문학교의 창설부터 일제 말 한국에서 강제추방 되고 이후에 '연희'라는 이름이 존속될 때까지 설립위원, 교수, 행정 책임자로서 '연희'와 역사를 같이하였다. 언더우드와 합일된 교육선교관을 갖고 감리교 선교회를 대표하는 입장에서 언더우드를 적극 도와 조선기독교대학 창설에 공헌하였다. 이후에도 부교장, 학감, 이사, 교수로서 연희전문학교의 기초를 놓는 데에 공헌했고, 특히 이학 분야에서 근대 고등교육의 선구자가 되었다. 그는 한국 최초의 고등교육기관인 평양의 숭실대학 또는 숭실전문에서도 부교장을 역임하고 서울의 연희전문에서도 부교장을 지내면서 한국의 대학행정과 과학교육의 초석을 놓고 발전시켰다. 이 대학들뿐만 아니라 평양의 광성학교와 서울의 배재학교에서도 활동하여 중등교육의 발전에도 기여하였다. 그 결과 과학 분야에서 많은 인재를 배출하였다.

그는 평양과 서울, 장로교와 감리교 선교사들과 교파의 장벽을 넘어 연합사역을 펼치기 위해 평생토록 노력하였다. 기독교 신앙에도 충실하여 설립정신을 좇아 선교사의 소임을 다하였다. 그의 가정의 모토는 "네가 하는 모든 일에서 주님을 인정하여라, 그러면 주님께서 네가 가는 길을 곧게 하실 것이다"(잠언 3 : 6)였다. 그는 한국에서 과학과 기독교를 한국에 전하려는 소명의 삶을 살았다.

베커의 최대 공헌은 언더우드와 힘을 모아 서울에서의 대학설립을 실현시킨 것이었다. 장로교 선교사들의 다수가 그 일을 반대할 때 그가 언더우드의 취지에 찬동했던 것이 그 일의 실현에 큰 힘이 되었다. 베커가 실무 역량을 지닌 거의 유일한 존재였기 때문이다. 그가 평양에서 서울로 옮겨간 것은 애초에 그의 기독교 교육 이상이 언더우드의 것과 같은 사실에서 기인하였다. 다수의 반대자들은 기독교대학의 사명과 선교방법에 관해 다른 견해를 갖고 기독교인 대상의 목회자 양성교육만 강조하며 교육사업의 확대와 비기독교인 학생들의 입학 허용을 반대하였다.

대학이 설립된 후에는 베커가 대학부지 구입 결행, 새 캠퍼스 건축 지적도 작성, 서구 근대과학교육 도입과 발전에 헌신하였다. 과학 분야를 전담했던 베커는 이학, 의예과 교육에 실로 큰 공을 세웠다. 물리와 화학과 같은 의예과 과목의 수준을 높여 세브란스 의전의 발전에 기여하였고, 교육에 충실을 기하기 위해 안식년을 이용하여 박사학위를 받으며 자기 계발을 위해 계속 노력하였다. 그렇게 하여 서구과학 한국이식의 선구자가 되었고, 전반적으로 오늘날 연세의 이학, 공학, 의예과 교육의 토대를 구축하였다.

그의 대일관은 개인적으로는 일제의 정책에 불만을 품기도 했지만, 선교사로서 감리회 전반의 입장과 궤를 같이하여 총독부의 교육정책을 따르는 한계를 보였다. 그는 일제 말에 강제 추방당했다가 해방 후에 다시 한국으로 돌아와 연희대학교의 과도이사로 활동하였다. 은퇴는 미국에서 맞았다. 부인 루이스는 1961년에, 그리고 베커는 1978년 12월 21일에 땅위의 삶을 마쳤다. 1879년에 태어난 후 백수를 이루기는 했지만, 그의 삶의 주 무대는 역시 연희전문학교였다.

참고문헌

| 자료 |

Arthur L. Becker's Manuscripts.

Becker, A. L. "A Trying Trip," The Korea Mission Field, Vol.II No.6, 1906.4.

_____, "An educator's visit To Chosen," The Korea Mission Field, Vol.X. No.2, 1914.2.

_____, "Scheduled and notice of Language Class,"The Korea Mission Field, Vol.X. No.3, 1914.3.

_____, "A Christian Lower School System in Korean City," The Korea Mission Field, Vol.X. No.10, 1914.10.

_____, "Growing Pains : Process of Development," The Korea Mission Field, Vol.XXXIV. No.8, 1938.8.

_____, & Wasson, A. & McCune, G. "A Christian Educational Association of Korea," The Korea Mission Field, Vol.V. No.10, 1909.10.

_____, Hardie, E. W. Koons, Information Concerning the Union Christian College for All Korea.

_____, Superman or The Possibilities of Life, Seoul : Chosen Christian College, 1926.

Mrs. Becker & Mrs. Baird. "The Coming Song Book," The Korea Mission Field, Vol.X. No.3, 1914.3.

Mrs. Becker, "Pioneering in Music," The Korea Mission Field, Vol.XXXIV. No.8, 1938.8.

Becker, Evelyn, "Korea's Contribution to World Art," The Korea Mission Field, Vol.XXII. No.8, 1926.8.

Baird, William M., "Educational Mission Problems," The Korea Mission Field, Vol.X, 1914.10.

McCune, Evelyn, Michigan and Korea 1899-1914. San Francisco, 1977(출판서지 사항 없음).

_____ & Thompson, Heather. Michigan to Korea : Arthur Lynn Becker 1899-1926. 2009(출판서지 사항 없음).

나일성, 「알비온(Albion)에서 온 두 과학자」, 『東方學志』 46·47·48 합집. 1985.

베커, 「성공의 요소」, 『신학세계』 3·5. 1918.9.

백낙준, 「고 베커박사 추도문」, 『연세춘추』 840호, 1979.3.12.

안종철, 「아더 베커(Arthur L. Becker)의 교육활동과 '연합기독교대학'설립」, 『한국기독교와 역사』 34, 2011.3.

이 현 희

1920년대 이관용의 사상 형성과 교육·언론 활동[*]

1. 머리말

1915년 연희전문학교가 '연합대학'으로 세워진 후, 연희전문학교는 선교사 중심의 교수진에서 벗어나 점차 조선인을 교수진으로 채용하였다. 이렇게 형성된 연전의 조선인 교수진은 각과에서 독특한 성격을 자랑하였다. 기독교적 바탕 아래 종교사와 철학, 교육학 등을 섭렵한 백낙준(白樂濬, 1895~1985)이 그러하였고,[1] 연전삼보(延專三寶)라고 불리었던 최현배(崔鉉培, 1894~1970)와 정인보(鄭寅普, 1893~1950), 백남운(白南雲, 1895~1979)은 각각 교육학과 국학, 유물론적 경제사학을 통해 연전 교수진의 다양한 학문적 스펙트럼을 자랑하였다.[2] 또한 경제학에서는 이순탁(李順鐸, 1897~?)과 노동규(盧東奎, 1904~?), 백상규(白象圭, 1883~1955) 등이 활약하였고,[3] 이학 계통의 이춘호(李春昊, 1893~1950?)는 우리나라 최초의 수학분야 석사학위를, 이원철(李源喆, 1896~1963)

---

* 『東方學志』 174집(2016.3)에 실린 필자의 논문 「이관용의 사상 발전과 현실 인식」을 일부 수정함.
1) 방연상, 「기독교주의하(下)에 동서고근(東西古近) 사상의 화충(和衷)」, 연세학풍사업단, 『일제하 연세학풍과 민족교육(연세학풍연구총서 1)』, 혜안, 2015, 57쪽.
2) 김도형, 「연희전문의 학풍과 민족문화운동」, 위의 책, 132~139쪽.
3) 이수일, 「1920~1930년대 한국의 경제학풍(經濟學風)과 경제연구(經濟研究)의 동향 : 연전(延專) 상과(商科) 및 보전(普專) 상과(商科)를 중심으로」, 『연세경제연구』 4-2, 1997.

은 한국 최초의 이학박사학위를 취득하면서 연희전문학교의 학문적 수준을 높였다.[4] 이러한 학문적 성과는 1932년, "기독교주의 하에 동서고근(東西古近) 사상의 화충(和衷)"을 이룬다는 교육방침으로 표상화되었다.

그러나 연세의 학문과 이념을 선도한 교수진 가운데에는 잊혀진 인물도 적지 않다. 작년 4월 저작집을 통해 다시 알려진 홍순혁(洪淳赫, 1899~1950?)을 비롯하여,[5] 본고에서 다루고자 하는 이관용(李灌鎔, 1891~1933)도 그러한 사례에 속한다. 이는 이관용이 연희전문에서 짧은 시기(1924~1926) 동안 재직하였고, 또한 연희전문학교의 교수인 동시에 『동아일보』와 『조선일보』의 특파원, 그리고 신간회의 주요 인사로서 교외에서 주로 활동하였던 점에 기인한 것으로 보인다.

이관용은 1891년 7월, 이재곤의 4남으로 태어나 1907년 관립한성학교를 졸업하고 일본으로 유학하여 동경부립 제4중학교를 다니다 중퇴하였다. 1910년 귀국한 그는 1913년 경성전수학교를 졸업하고 바로 영국으로 유학, 옥스퍼드 대학에서 정치사를 전공하고 학사과정을 졸업하였다. 1917년 스위스 취리히 대학에 입학하여 1921년 철학박사학위를 취득하고 조선에 돌아온 이관용은 유럽유학생 출신의 엘리트인 동시에 1919년 3·1운동 당시 임시정부의 파리위원부에서 활동하기도 한 실천적 지식인이기도 하였다.[6]

이관용은 연희전문학교 재직 중인 1925년 『동아일보』 특파원을 맡아 소련과 유럽을 다녀왔고,[7] 퇴임 후인 1927년부터는 신간회 활동에 참여하다가 1928년

---

4) 손영종, 「우리나라 근대과학의 동서화충(東西和衷)과 연희전문학교」, 앞의 책, 2015, 290~291쪽.
5) 연세학풍사업단, 『홍순혁 저작집(연세사료총서 3)』, 혜안, 2015.
6) 이관용의 삶과 행적에 대해선 다음을 참고할 것. 尹善子, 「李灌鎔의 생애와 민족운동」, 『한국근현대사연구』 30, 2004 ; 이태우, 「일제강점기 신문조사를 통한 한국철학자들의 재발견－김중세, 이관용, 배상하를 중심으로」, 『인문과학연구』 8, 2007 ; 이태우, 「일제 강점기 한국철학자 연구(II)－일성 이관용 연구를 위한 예비적 고찰」, 『동북아문화연구』 25, 2010.
7) 『동아일보』에서는 창립 50주년을 맞이한 1970년 4월 21일, 자사의 특파원을 소개하는

『조선일보』특파원을 맡아 중국을 다녀왔
다.8) 이처럼 이관용은 유럽과 소련, 중국과
일본을 넘나드는 다양한 경험을 하였다.

　종래 이관용을 다룬 연구는 주로 파리에
서의 독립운동과 신간회 운동을 살피는 한
편, 사상적인 측면에서 이관용이 사회주의
를 어떻게 인식하고 있었는지를 주로 평가
하였다. 이에 따라 그가 가지고 있던 세계관
과 현실인식은 제대로 드러나지 못하였다.
또한 철학자로서의 이관용을 분석한 연구
역시 그의 학문활동 전체를 살펴본 것이
아니라, 1929년에 있었던 이른바 유물-유심

이관용(1927년 연희전문학교 졸업앨범)

논쟁에 국한하여 이관용을 파악하고 그를 단순히 유물론자로 평가하는 데
그쳤다.9)

　그러나 이관용의 삶은 그의 수학시절부터 연전 재직시기, 그리고 소련 및
중국 기행시기에 이르기까지 학문적 일관성을 가지고 있었으며, 점차 그 수준이
깊어지는 과정을 거쳤다. 그리고 이는 비단 이관용 개인의 문제가 아니라
그가 재직하고 있던 연희전문, 나아가 식민지 시기 조선 사회의 지적 성취와
현실문제 인식의 심화를 보여주는 것이기도 하다. 이에 본고에서는 이관용의

　　특집을 마련한 가운데 이관용의 1925년 6월 14일 기사 「赤露首都 散見片聞」을 발췌
　　소개하였다. 당시 『동아일보』는 이관용의 전체적인 논지에 대해서는 언급하지 않은
　　채, 소비에트 러시아에 대한 비판적 기사로 이관용의 기사를 소개하였다.
　8) 중국 국민혁명에 대한 한국 언론계에 대해서는 김세호의 연구를 참고할 것. 김세호,
　　「1920년대 한국언론의 중국국민혁명에 대한 반응－동아일보 특파원 주요한의 '신중국
　　방문기' 취재를 중심으로」, 『중국학보』 40, 1999 ; 「북벌 직후 '신흥중국'에 대한 한국
　　언론의 일 시각－조선일보 특파원 李灌鎔의 취재(1928.10~1929.2)를 중심으로」, 『中國近
　　現代史研究』 61, 2014.
　9) 이태우, 「일제강점기 한국철학계의 '유물-유심 논쟁' 연구－논쟁의 전개과정과 성격,
　　의미를 중심으로－」, 『철학연구』 110, 2009.

삶, 특히 그가 조선에 돌아와 연희전문학교에 재직하던 시기 및 그 전후의 학문적 성과와 그 사상에 주목하고자 한다. 이를 위한 자료로는『동아일보』및『조선일보』등에 신문지면에 게재된 이관용의 특파원기고문,[10] 그리고 박사학위논문을 소개한 잡지『철학(哲學)』과『별건곤(別乾坤)』, 그의 연희전문학교 시절의 글이 들어 있는 교지『연희(延禧)』등을 참고하려 한다.

2. 철학론의 형성 : '의지(意志)'의 발견과 칸트에 대한 이해

1) 박사학위논문에 나타난 '주체적 인간'의 의지

이관용은 1916년 6월 프랑스 파리에서 1년간 프랑스어를 공부한 후, 1917년부터 스위스 취리히 대학에서 철학을 공부하였다. 1921년 8월 그는「의식의 근본 사실로서 의욕론(Das Wollen, als Grundtatsache des Bewusstseins)」이라는 제목의 논문으로 철학박사학위를 취득하였는데, 이 논문은 1927년과 1928년『별건곤』을 통해 간략히 소개되었다. 특이한 점은 이관용이『별건곤』제10호에 소개된 자신의 학위논문 내용에 이의를 제기하여,[11] 다음호인 제11호에 자신이 직접 그 내용을 정정하여 소개하기도 하였다는 점이다.[12] 이 논문은 이관용 사망 1년 후인 1934년, 철학연구회에서 발행한 한국 최초의 철학잡지인『철학』제2호에 다시 한번 소개되었다. 당시 이 논문을 소개한 김두헌(金斗憲, 1903~1981)[13]은 "일체 비판적 견해를 약(略)하고 될 수 있는 대로 그 본지를

---

10) 이태우, 위의 글, 2010 참고.

11)「博士論文公開(其一)」,『別乾坤』10, 1927.12.

12)「博士論文公開(其二)」,『別乾坤』11, 1928.2.

13) 김두헌은 1921년 대구고등보통학교, 1929년 일본 동경제국대학 문학부 윤리학과를 졸업하고 이화여자전문학교·중앙불교혜화전문학교(현 동국대학교)에서 교편을 잡았다. 해방 이전에는 주로 한국 전근대 사회 가족제도를 연구하였으며, 해방 이후는

그대로 소개"하며 총 15쪽 가량의 요약본을 기고하였다.[14]

논문의 제목에서 알 수 있듯이 이관용은 인간 내면에 침잠(沈潛)하여 형이상학적 차원에서 철학을 이해한 것이 아니라, 현실사회에서 참여할 수 있는 '의지'를 강조하며 철학을 논하였다. 이는 이관용이 정립한 철학론이 단지 학문적 영역에 그치는 것이 아니라, 현실문제에 대해 발언할 수 있는 기초가 되었다는 것을 보여준다. 또한『별건곤』에서의 일화를 통해서도 그가 언론을 통해 적극적으로 발언하였다는 점을 알 수 있는데, 이러한 그의 개성 때문인지 이관용과 함께 유학 생활을 하였던 김준연(金俊淵, 1895~1971)은 1922년『동아일보』에 이관용을 소개하면서 그를 '동적(動的)'이며 '급진적'이자 '정치적 열혈'을 갖춘 인물로 평가하였다.[15]

그렇다면 이관용은 어째서 급진적인 인물로 평가되었고, 또 그의 '동적'인 학문은 어떠한 논리구조 아래 성립된 것일까. 이를 위해 우선 그가 자신의 학문체계의 골격을 형성시킨 박사학위논문을 통해 살펴보고자 한다. 그의 학위논문은 이관용이 구축한 학문세계는 물론, 이후 그가 현실사회에서 발언을 하게 되는 배경이 되었다. 김두헌 역시 이 논문에 대해 "근래에 와서는 특히 유물사관에 많은 관심을 가지셨는 듯 한데, 그 근거는 이 심리학적 연구에 다소 배태(胚胎)하였는 듯도 합니다"라며 그의 세계관이 이미 1920년대 초반부터 형성된 것으로 추론하기도 하였다.[16]

『별건곤』에서 이관용 자신이 직접 소개한 학위논문의 요지는 다음과 같다. 그는『별건곤』제10호에서 소개된 지도교수 Gottlieb Friedrich Lipps의 학설에 착오가 있다고 지적하였다. 당시『별건곤』제10호에서는 '사람의 인식에는 주지주의(主知主義), 주정주의(主情主義), 주의주의(主意主義)가 있으며, 이는 따

반공주의적 입장에서 철학론을 전개하였다.

14) 金斗憲,「故李灌鎔博士 意欲論 –意識의 根本事實로서–」,『哲學』2, 哲學硏究會, 1934.
15)「社會의 病的 現像」,『동아일보』1922.10.4.
16) 金斗憲, 앞의 글, 1934, 130쪽.

로따로 활동하는 것이 아니라 서로 순환적 작용을 하는 과정'이라고 Lipps의 학설을 소개하고, 이관용은 이를 교육학적 측면에 적용시켰다고 정리하였다. 이에 대해 이관용은『별건곤』제11호를 통해 Lipps가 인간의 심리현상에는 '지정의(知情意) 3요소가 있지만, 사실 의식의 기본적 진상(眞相)은 오직 동작이며, 지정의(知情意)는 이런 동작의 세 가지 방면'이라고 덧붙였다. 이와 같은 Lipps의 학문론은 이관용의 학위논문에 있어 연구사 정리(Introduction)에 해당하는 것이라 할 수 있다.

이관용은 인간의 의지에 대해 고찰하면서, 먼저 연구사 정리의 일환으로 학계에서 의지를 어떻게 인식하고 있었는지에 대해 살펴보았다. 우선 그는 인간이 다른 것을 지각하거나 감정을 느끼면서 의지가 형성된다는 이질발생설(異質發生說)은 고대 그리스의 프로타고라스(Protagoras)[17] 이래 로크(J. Locke)[18]와 콩디약(Condilac)[19]이 제창한 것을 헤르바르트(J. F. Herbart)[20] 학파가 계승한 것이지만, 이 이론에서는 인간의 의지 혹은 의욕을 감각에 따른 부속현상이라고 본 점을 비판하였다. 또한 그는 감각에 따라 의지가 형성된다고 볼 경우, 인간의 의지 자체가 결과를 예상하고 생긴 "목적론적 측면"이 있다는 점을 비판하였다.[21]

---

17) 프로타고라스(B.C.490?~B.C.470?). 고대 그리스 최초의 소피스트. 프로타고라스는 당대 철학자들의 우주론적 사색에 반대하고 인간의 입장에서 여러 감각 기관을 통해 경험할 수 있는 것들만이 실재적이라고 주장하며, 철학의 관심을 인간세계에 옮겨왔다고 평가받는다.

18) 존 로크(1632~1704). 로크는『인간지성론』에서 "우리가 가진 대부분의 관념들의 이 거대한 원천을, 그리고 전적으로 우리의 감관(sense)에 의존하고 거기에서 도출되어 지성에 이르는 이 거대한 원천을 나는 감각(sensation)이라고 부른다"면서, 지각 자체를 감각에 대한 주목의 결과로 인식하였다.

19) 콩디약(1715~1780). 감각주의(sensism)의 주창자. 콩디약은 인간의 정신 활동은 감각적인 체험을 분석함으로써 서명된다고 파악하면서, 정신은 감각 체험의 산물이라고 주장하였다.

20) 헤르바르트(1776~1841). 철학자, 심리학자, 교육학자. 1806년『일반교육학』을 발표하여 서구에서 최초로 교육학을 근대적 의미의 학문으로 정립하였다.

21) 金斗憲, 앞의 글, 1934, 131쪽.

그는 인간의 의지가 충동(衝動)에서 발생하였다는 주정설(主情說)에 대해 주정설이 의욕을 감정활동과 결합시켜 설명하는 한편, 인간의 의지와 정의(情意)를 분리하지 못하는 요소로 설명한 점에 있어서 대상설(對象說=이질발생설)보다 한층 나은 견해라고 보았다. 그러나 이관용은 의욕을 감정에 따른 현상으로 보는 것에 대해서는 반대하였는데 이는 인간의 감정, 혹은 "충동은 본래 구쾌피고(求快避苦)의 욕구를 수반한 것"이라는 견해에 비판적이었기 때문이다.22)

그렇다면 이관용은 인간의 의지를 어떻게 형성된 것으로 보고 있었을까. 그는 자신의 의욕론은 주의설(主意說)의 한 종류로, 여기에서 의욕은 지각이나 감정에 부속되지 않는 완전히 독립된 제1요소로 파악하고 있었다. 즉 의욕은 활동을 일으킨 주체의 능동적 측면이며, 지각이나 감정은 주체의 수동성을 보여주는 부분이라는 것이다. 또한 그는 의지가 단순히 구쾌피고의 감정과도 다르다는 점을 강조하면서 "Socrates의 음독(飮毒), 기독(基督)의 십자가, 기타 위인열사의 죽음은 이 쾌락주의 원리로써 이해할 수 없음은 물론"이라고 밝혔다.23) 이처럼 이관용의 의욕론은 객관적 조건보다 인간의 의지라고 하는 주관적 조건을 더욱 강조하였는데, 여기에서 우리는 이러한 논리가 '주체적 인간에 의한 현실 개혁'이라는 이상주의적 세계관으로 발전할 가능성이 있다는 것을 발견할 수 있다.

이와 함께 주목할 점은 그가 민족의 집단기억, 혹은 민족의 정체성(nationality)까지 논하고 있다는 점이다. 그는 의욕을 "과거행동의 선편(先鞭)에 의하여 종족과 개인의 생활과정에 획득한 생활상태의 재생(再生)의 근거 위에서 주체적 생(生)의 동(動)을 의식"하는 것이라 정의하였다.24) 이러한 그의 인식은 인간의 활동을 일으키는 의욕 자체가 민족적 정체성, 혹은 역량 위에서 발현하는 것으로 본 것이다. 또한 그는 "우리의 기득체험의 내면적 상태는 현재의 대상적

---

22) 金斗憲, 앞의 글, 1934, 132쪽.
23) 金斗憲, 앞의 글, 1934, 139쪽.
24) 金斗憲, 앞의 글, 1934, 139쪽.

작용에 의하야 재생한다"고 하였는데,[25] 의욕에 따른 활동이 민족의 정체성을 바탕으로 재생된다고 보았다. 즉 이관용은 의지를 단순히 철학적인 차원에서 논한 것이 아니라, 그 자체가 독립적인 것이며 환경에 구애받지 않고 나아가 개인을 넘어선 민족의 차원에서도 현실을 바꿀 수 있는 근본적인 역량이라고 본 것이었다. 그렇기 때문에 그는 의지를 발전담지자(發展擔持者)라고 평하기까지 하였다.[26]

이처럼 이관용은『동아일보』에서 언급한 바와 같이 급진적이고 동적인 동시에, 세계에 대한 낙관적 시각을 갖추고 있었다. 또한 그는 주체적 인간의 의지(=의욕)를 통해 단순히 개인의 삶이나 철학 뿐 아니라, 민족과 같은 공동체의 현실까지도 개선할 수 있는 것으로 파악하고 있었다.

2) 연희전문학교 재직 시절 이관용의 칸트 해석

이관용이 생각하고 있었던 인간의 '의지'는 어디에 연원을 두고 있었던 것일까. 잘 알려진 바와 같이, 20세기 초반 조선에 수용되어 온 여러 서구 철학사조 가운데에서 임마누엘 칸트는 시기적으로도 빨랐을 뿐 아니라 가장 많은 연구와 소개서가 결실을 맺는 등 높은 위치를 차지하고 있었다.[27] 이관용 역시 칸트의 자장(磁場) 아래 놓여 있었다.

이관용은 조선사회에 여러 차례 칸트를 소개하였다.[28] 그의 칸트 해석을 알기 위해서는 우선 연희전문 재직 시절의 이관용을 살펴볼 필요가 있다. 이를 위해 우선 연희전문 재직 시절의 이관용을 살펴볼 필요가 있다. 1923년

---

25) 金斗憲, 앞의 글, 1934, 140쪽.

26) 金斗憲, 앞의 글, 1934, 141쪽.

27) 백종현 편저,『동아시아의 칸트철학』, 아카넷, 2014, 18쪽.

28) 이관용은 연희전문 시절의 기고와 함께『동아일보』지면을 통해 칸트에 대해 발표하였다.「平壤教育講演 第一館에서」,『東亞日報』1923.10.25 ;「칸트 誕生二百年」,『東亞日報』1924.4.21 ;「칸트의 人格」,『東亞日報』1924.4.22 ;「新刊紹介」,『東亞日報』1924.5.14.

2월, 유학을 마치고 조선에 돌아온 이관용은 1924년 4월부터 연희전문학교 문과에서 강의를 맡았다. 종래 그의 연희전문학교 재직 기간은 명확히 밝혀지지 않았었는데, 윤선자는 그가 1923년 5월부터 연전 문과에서 강의를 시작하였다고 보았으며, 이태우 또한 이관용이 1923년 5월부터 연전의 교사직을 맡은 것으로 이해하였다. 그러나 당시 『동아일보』에 따르면 이관용은 1924년 4월부터 연전의 문과를 담당한 것으로 기록되어 있다.

> 고양군 연희면에 있는 연희전문학교는 종교, 구제도로 두었던 상과(商科)와 수물과(數物科)의 학과 내용을 일층 개선하여 신교육령에 의지한 제도로 신학기를 맞고자 지난 1월 21일 당국에 인가신청을 하였던바, 지난 18일 날짜로 인가되었는데 상과는 종래 4년제가 3년제로 되는 동시에 학과과목을 인신한 것이며 조선학계에 유일한 수물과도 내용의 충실을 도모하여 오는 신학기부터 학생을 수용할 터이며, **문과(文科)도 금년부터는 철학박사 이관용씨 외 여러 유위한 교수가 담당하여** 사립학계의 권위가 되리라더라.(강조는 필자)[29]

이 기사에 따르면 이관용은 1924년부터 연희전문학교 문과를 담당한다고 명시되어 있다. 또한 연희전문학교 학생회에서 발행한 교지 『연희』 제3호(1924.5)에는 이관용이 기고한 「임마누엘 칸트」가 실려 있는데,[30] 이 글은 교지 발행 한 달 전인 1924년 4월 22일, 문과주최로 열린 '칸트' 탄생 200주년 기념강연회에서 이관용이 강연한 내용을 축약한 것이었다.[31] 또한 교지 맨 뒤쪽에 실려 있는 「소식란」에 따르면 "올해 봄부터 이관용과 안재홍이 전임교수

---

29) 「延禧敎內容革新」, 『東亞日報』 1924.3.22.
30) 李灌鎔, 「임마누엘 칸트」, 『延禧』 3, 1924.5.
31) 편집후기(「編輯을 마치고」)에 따르면, 『延禧』 제3호가 늦게 발행된 이유 중 하나에는 편집진 측에서 일부러 칸트 기념강연을 기다리지 않을 수 없었기 때문이라고 한다. 당시 칸트 기념강연에는 이관용을 비롯하여 盧正一, 金鼎卨 등도 강연을 하였으며, 이들의 강연 내용도 모두 지면상에 게재되었다.

로 (……) 새로 오셨다"고 명기됨에 따라[32] 이관용의 부임 시기는 1924년 4월로 확정할 수 있을 것이다.[33]

한편 이관용의 퇴임시기도 정확하지 않은데, 윤선자는 이관용이 1924년 5월 이전에 연희전문학교 강사직을 사임하고 『동아일보』의 촉탁 기자가 되었다고 보았으며 이태우는 1926년까지 연전 교편을 잡았다고 정리하였다. 이와 관련하여 교지 『연희』 제4호의 「소식란」에는 이관용의 퇴임이 언급되지 않은 가운데 단지 그가 '동아일보 특파원으로 본월(1925.3) 이십삼일 노서아로 향하엿더라'라고 언급되었을 뿐, 그의 퇴임여부는 명확하게 기록되어 있지 않다.[34] 현재 연세대학교 박물관이 소장하고 있는 연희전문학교 졸업앨범에는 이관용의 사진이 1927년도 앨범(1927년 3월 졸업)을 마지막으로 남아있지 않는데, 이를 통해 최소한 이관용이 형식상 1926년경까지는 연희전문학교에 재직한 것으로 볼 수 있을 것이다.

이관용은 철학과 윤리학, 심리학, 교육학과 영어 등을 강의한 것으로 알려져 있다. 1926년과 1927년 졸업 앨범에는 이관용의 수업 사진이 두 장 실려 있는데, 이 사진에 따르면 이관용은 철학 강좌와 윤리 강좌를 맡았으며, 수업내용으로는 "인식에서의 주객(主客)의 관계"(철학 강좌)와 "가치론(價値論)에서의 이론적 책임 및 평가적 책임, 주의주의와 주정주의, 그리고 보편성과 우연성"(윤리강좌)을 강의한 것으로 보인다. 이러한 강좌 내용은 앞에서 살펴본 그의 학위논문과도 밀접한 관계를 가지고 있으며, 또한 심리학과 교육학 등의 연관 분야까지도

---

32) 「消息欄」, 『延禧』 3, 1924.5 ; 연세학풍사업단 편, 『연희전문학교 교지 『연희延禧』(上) (제1호~제4호)』, 도서출판 선인, 2014, 497쪽.

33) 선행연구에서 이관용의 부임시기를 두고 착오가 생긴 이유는 다음과 같이 추정된다. 조선에 돌아온 뒤 이관용의 동정을 살펴보면, 그가 연전 부임 이전부터 연희전문학교의 주요 인사들과 끊임없이 관계를 맺고 있었다는 점을 알 수 있다. 한 예로 1923년 11월 연희전문학교에서 주최한 제1회 전조선 중등학교 육상경기대회에서 이관용은 이춘호, 밀러 등과 함께 심판부의 대회위원으로 활동하고 있었는데, 이러한 점이 그의 연전 부임 시기에 관한 논란을 일으킨 것이 아닌가 생각된다. ; 「오라! 城西로 오라 八校의 健兒가」, 『東亞日報』 1923.11.3.

34) 「消息欄」, 『延禧』 4, 1925.3, 194쪽.

1926년 졸업앨범 : 이관용의 윤리강좌 수업 사진

그가 담당할 수 있었던 사실을 보여준다.

　이관용의 연전 교육활동과 관련하여 살펴볼 수 있는 자료 가운데에는 그가 채플 시간에 강연한 「성(聖)」이라는 제목의 글이 있다.[35] 이 글에서 이관용은 종교철학은 곧 성(聖)이며, 성(聖)은 진(眞 ; 과학의 이상), 선(善 ; 사회의 이상), 미(美 ; 예술의 이상)라는 삼대(三大) 이상(理想)을 관통하는 곳에서 나타난다고 파악하였다.[36] 문제는 이러한 세 가지 기능이 서로 이율배반하고 있다는 점이었는데, 이관용은 이 세 가지의 가치가 충돌하는 부분을 '하지 아니치 못할 것(Must)'과 '당연히 할 것(Ought)'의 대립, 즉 법칙과 법칙과 위반되는 규범의 대립으로 보았다.[37] 그리고 이를 해결하기 위해 논리학과 심리학 그리고 이를 전체적으로 아우를 수 있는 성(聖), 혹은 이신론(理神論)이 있다고 파악하였다.

　결론적으로 그는 "모든 사회적 활동이 신의(神意)에 의한 발전동작이요, 모든 과학적 활동이 신의에 의한 정신생활이며, 모든 예술적 활동이 신의에

---

35) 李灌鎔 博士, 「聖」, 『延禧』 4, 1925.3

36) 李灌鎔 博士, 위의 글, 1925.3, 95~96쪽.

37) 李灌鎔 博士, 위의 글, 1925.3, 98쪽.

1927년 졸업앨범 : 이관용의 철학강좌 수업 사진

의한 신성한 유희(遊戱)"라고 보면서, 인간의 의지가 곧 신의 의지라고 파악하였
다.38) 그런데 신의(神意)라는 것이 이신론(理神論)을 의미한다는 점에 주목하여
본다면, 그의 종교철학론(宗敎哲學論)은 연전 부임 직후 다룬 「임마누엘 칸트」의
내용과 일맥상통한 부분을 가지고 있었다.39)

　　이관용은 칸트의 『순수이성비판』과 『실천이성비판』의 내용을 언급하면서
정언명령(Der kategoeische imperativ)에 대해 설명하였다. 그는 '도덕률은 실천적
법칙'이며 이를 실행하기 위한 인간의 자유, 그리고 이에 복종하기 위해 필요한
"지성(至聖), 전지(全知), 전능(全能)한 세계의 주재자 즉 신의 존재가 필요하다"고
정리하였다.40) 여기에서의 "신의 존재"는 일반적으로 '최고선을 확보할 필수적
전제로서 영혼의 불멸성, 신의 현존 같은 요청을 통해 나타나는 이성 신앙'이라
평가되는데,41) 이관용 역시 이러한 해석에 기초하여 다음과 같이 칸트를 평가하

---

38) 李灌鎔 博士, 앞의 글, 1925.3, 104쪽.

39) 李灌鎔, 「임마누엘 칸트」, 『延禧』 3 附錄, 1924.5.

40) 李灌鎔, 앞의 글, 1924.5 ; 연세학풍사업단 편, 앞의 책, 2014, 483쪽.

41) 박정하, 『칸트 『실천이성비판』』, 『철학사상』 별책 제2권 제6호, 서울대학교 철학사상연
　　구소, 2003, 5쪽.

였다.

> 이와 가티 자연 전체를 합목적성에 의하야 관찰하고 그 인과관계에 의하야
> 성취되는 기계적 동작 이면에 최고(最高)한 이성적 목적의 실현을 인정하였다.
> 그리고 이 목적은 실천이성의 상위인 도덕율에 불과한 것이다. 그래서 목적론적
> 고찰을 의하야 신적 세계의 영원한 질서의 도덕적 신앙을 인정하게 되었다. (……)
> 이와 같이 칸트는 그『순수이성비판』에서 현상계를, 그『실천이성비판』에서 이상계
> 를, 그『판단력비판』에서 의미계를 논정하야 그 철학적 체계를 완성하였다.[42]

이처럼 이관용은 자신의 종교철학론을 칸트의 철학에 기대어 설명하였다.
이러한 경향은 그의 철학론을 통해서 확인할 수 있는데, 「임마누엘 칸트」에서
이관용은 자신이 학위논문에서 다루었던 '의지'에 대해 초점을 맞추었다. 먼저
이관용은 "일 개인은 고립한 것이 아니"라면서 인간의 모습을 나무에 비유하였
다. 그는 한 개인의 모습은 과거의 역사적 배경 및 시대사조에 뿌리내린 가운데,
현재의 모습이 발현되어 그 결과가 미래에 나타난다고 보았다.[43] 이는 그가
칸트가 출현하게 된 배경인 18세기 계몽시대의 문화운동이 일어나고 있던
독일이라는 시공간적 배경을 설명하기 위한 것이었지만, 동시에 개인에서
비롯된 민족의 정체성까지 언급하는 것이라고 이해할 수 있을 것이다. 이어서
그는 계몽시대의 이성론(理性論)에 대해 설명하면서 칸트의 철학연구가 목표로
한 것을 "이성의 구극적 한도까지 철저화하야서 이 문화운동을 완성하고 또
비이성적인 의지의 세계를 발견"하였다고 정리하였다.[44]
이와 같은 이관용의 칸트 해석은 '비이성적인 의지'의 발견을 강조한 것으로
1920년대 전반 조선에서의 칸트 인식과 많은 부분 궤를 같이 하는 것이었다.

---

42) 李灌鎔, 앞의 글, 1924.5 ; 연세학풍사업단 편, 앞의 책, 2014, 484쪽.
43) 李灌鎔, 위의 글, 1924.5 ; 연세학풍사업단 편, 앞의 책, 2014, 479쪽.
44) 李灌鎔, 위의 글, 1924.5 ; 연세학풍사업단 편, 앞의 책, 2014, 481쪽.

주지하다시피 이 시기 조선의 철학계, 특히 독일철학은 일본의 사상적 흐름에 의해 크게 좌우되었다. 일본의 독일철학 '해설'을 바탕으로 한 그 일본적 변용이 조선에 수용되어 왔던 것이다.[45] 한 예로 이노우에 테츠지로(井上哲次郎)의 신칸트학파 해석은 이돈화를 비롯한 『개벽』의 여러 논자에게 영향을 미친 것으로 보이는데, 이때 이노우에가 강조한 것이 바로 의지였다. 허수에 따르면 이노우에는 그의 주저 가운데 하나인 『철학과 종교』에서 철학에 바탕하여 실재를 발견하고, 다시 현상을 거쳐 주체의 의지로 자신의 '현상즉실재론(現想卽實在論)'을 진행시켰다.[46] 이노우에 철학의 최종심급이 의지였다는 점을 고려할 때, 이관용의 칸트 해석은 당대의 일반적인 논지와 크게 벗어나지 않는다는 것을 알 수 있다. 그러나 중요한 점은 이관용의 칸트철학 인식이 비록 일본 학계와 대동소이한 점이 있을지라도, 이관용은 이를 일본을 통해 수용한 '이식된 근대문화'로서 받아들인 것이 아니라, 자신의 학문적 입론 가운데 만들어나갔다는 점이다. 이는 이관용이 칸트철학 자체에 대해 논하는 점에서 확인할 수 있다.

이관용은 칸트 이전 철학자들이 우주의 근본적 성질을 '순전히 이성적 사변(思辨)'에 의하여 해결하려 한 것에 비해, 칸트는 인간의 인식능력을 이루는 두 가지 요소인 '능지자(能知者)'와 '소지사물(所持事物)'에서부터 문제를 해결하려 하였다고 파악하였다. 이 가운데 철학적 인식을 담당하는 '능지자'의 경우, 홀로 완전한 존재가 아니라 '시간과 공간의 형식' 속에서 경험을 진행한다고 보면서, 시간과 공간은 이미 주어져 있는 '직관적 형식'이라고 보았다.[47] 이러한 해석은 칸트의 시공간 해석에서 공유되고 있는 것으로 보이는데, 이와 관련하여 코플스턴은 "인간 주체는 그 (본연의 성질로) 말미암아 시간과 공간 안에서

---

45) 백종현, 『독일철학과 20세기 한국의 철학』, 철학과현실사, 2000, 41쪽 ; 손유경, 「『개벽』의 신칸트주의 수용 양상 연구」, 『철학사상』 20, 2005, 90쪽.

46) 허수, 「1920년 전후 李敦化의 현실인식과 근대철학 수용」, 『역사문제연구』 9, 2002, 197~202쪽.

47) 李灌鎔, 위의 글, 1924.5 ; 연세학풍사업단 편, 앞의 책, 2014, 481쪽.

60

감성적 대상을 지각"되며, 인간이 무엇인가를 지각하기 위해서는 "순수직관 또는 공간과 시간의 '개념' 안에서" 지각된다고 설명하였다.[48]

한편 그는 인간이 사물을 지각하는 것과 관련하여 이를 감성의 직관(감정)과 오성의 사유(직관)로 나누어 이해하였다.[49] 학위논문에서 살펴보았듯이, 이관용은 주지주의를 비판하고 주정설의 한계를 지적하면서 그 둘이 지각의 두 가지 측면이라는 점을 언급하였다. 그런데 칸트 역시 "우리들 시대에 와서야 사람들은 진리를 나타내는 힘은 인식인 반면에, 선(善)을 지각하는 힘은 감정이 라는 사실과 이 양자가 서로 혼동되어서는 안된다는 사실을 깨닫기 시작했다"라 고 정리하였다.[50] 이러한 측면에서 이관용의 사상은 많은 부분을 칸트의 철학적 사유에 의존하였다는 점이 간접적으로나마 확인될 수 있을 것이다.

이처럼 이관용은 칸트의 철학적 명제에 대해서는 원론적인 수준에서 이를 정리하였다. 그러나 당시 식민지 조선의 여러 논자들이 '신칸트주의'적인 입장에서 칸트를 간접적으로 바라보고 있던 것에 비해,[51] 이관용은 칸트의 철학적 명제를 체계적으로 파악하였다는 점에서 독특한 측면을 가지고 있었 다. 더욱이 그는 칸트철학을 내면화하는 가운데, 자신의 학위논문을 통해 그 중에서도 의지라고 하는 부분을 강조하면서 자신의 철학관을 보다 발전시 켜 나갔다.

---

48) F. 코플스턴 지음, 임재진 옮김, 『칸트』, 중원문화, 2013, 40~41쪽. 이 책은 코플스턴의 『철학사(A history of Philosophy)』 제6권중 4부 칸트 편을 완역한 것으로, 역자는 이 책을 칸트철학 전반에 대한 단순한 해설 이상이라고 평가하기도 하였다.

49) "우리 마음의 固有한 作動形式은 上述한 直觀形式 卽 우리 마음의 感性이 事物을 直觀하는 形式에 對하야 우리 마음의 悟性이 對象을 思惟하는 形式이라 하는 것이다." ; 李灌鎔, 위의 글, 1924.5 ; 연세학풍사업단 편, 앞의 책, 2014, 481쪽.

50) F. 코플스턴 지음, 임재진 옮김, 앞의 책, 2013, 32쪽.

51) 윤상현, 「1920년대 초반 식민지조선의 자유주의와 문화주의 담론의 인간관·민족관」, 『역사문제연구』 31, 2014, 326쪽, 329쪽.

3. 사회 인식의 발현과 근대 문명사조의 이해

1) 낙관적 세계관과 '유물론'에 대한 비판적 시각

이관용은 칸트 철학에 기반하여 '의지'를 발견함으로써 자신의 학문적 입장을 구축하였으며, 이러한 그의 세계관은 식민지 조선이라는 사회를 만나면서 현실 사회에 대한 평가와 해석으로 이어지게 되었다. 이는 특히 그가 조선사회에 대중적으로 알려지게 된『동아일보』기고문「사회의 병적현상」(1922.10.4.~ 1922.10.20.)을 통해 잘 나타난다. 16회에 걸쳐 연재된 이 글에서 이관용은 자신의 학문적 지론에 기초한 사회론을 정리하였다.

우선 그는 이 글의 원 목적이었던 유학생회에서의 강연을 통해 유학생들의 활동 자체에 큰 의미를 부여하였다. 그는 조선인 유학생들이 '어느 대학, 어느 강당에 들어가던지, 어느 시가에서 어느 미술관을 방관(傍觀)하던지, 하다못해 어느 요리점에서 식사 한번 하여도 다 유사 이래 처음되는 생활'이라며 낙관적 세계관을 드러내는 한편, "졸업 후 귀국하야 (……) 직접으로 조선국민을 위하여 활동함은 간접으로 전 인류를 위하여 활동함인줄 안다"고 격려하였다.[52] 이러한 그의 언설에서 흥미로운 것은 그가 세계시민으로서의 면모도 일정부분 드러내고 있었다는 점인데, 주지하다시피 이는 3·1운동 당시 독립선언문의 세계관과도 상통하는 것이었다. 또한 주체의 활동(사업)을 강조하는 모습은 그의 학위논문에서 나타난 것과 유사하였다. 특히 그는 '개인 인격의 발전도 고난을 당한 시기에 성취'된다며, '전무(全無)하던 이 난시(亂時)'에 '할 일이 많고 풍부한' '우리 조선국민 같은 유복국(有福國)이 어디 있느냐'며 역설적인 주장을 펼치며, 식민지라는 현실적 어려움에도 불구하고 이를 극복하려는 모습을 드러내기도 하였다.

---

52) 哲學博士 李灌鎔,「社會의 病的現像(1)」,『東亞日報』1922.10.4.

이어 10월 6일부터 연재된 글은 그가 *Neue Zueriche Zeitung*에 기고한 글의 발췌본인데, 여기에서 그는 사회를 유기체로 파악하였다. 그는 사회유기체론을 '근세 사회학계'에 보급된 것으로, 특히 생물학의 발전과 함께 이러한 관념이 더욱 확산되었다고 보았다.[53] 그러나 이관용에게 더욱 중요한 것은 이와 같이 유기체적인 사회가 바로 정신체라는 점이었다. 따라서 그는 사회의 주요체를 물질체로 보기 어렵다면서, 만약 사회를 물질체로 보면 인류도 물질체에 불과하다는 유물론과 다를 바 없다는 인식 아래 이를 비판적으로 바라보았다.[54]

이관용의 비판적인 유물론 인식은 이후에도 나타나는데, 그는 마르크스를 언급하는 가운데 "칼 마르크스 같은 이는 경제적 병을 사회의 주요된 병이라 하고 심리적 병을 그 부속적 현상이라 하겠지만 우리는 이와 정반대로 (……) 그 병도 정신적"[55]이라고 본다고 평가하였다. 이는 그가 학위논문 취득 후 조선에 돌아오기 전까지 주의주의적인 자신의 학문적 논리에 바탕하여 유물론에 대해 물질과 정신의 대립이라는 이분법적 구도로 인식하고, 나아가 경제결정론적인 유물론에 대해 부정적인 시각을 가지고 있었음을 암시하는 것이었다.

이관용은 인류 사회의 구성을 '작용'과 '물질'이라는 측면에서 바라보았다. 그가 말하는 작용, 즉 행위는 주체의 의지(의욕)과 관계된 것이었다. 그는 사회도 작용에 의해 움직이며 그 작용은 다시 의지에 따른 것이라고 보면서, 이를 설명하기 위해 다음과 같은 해설을 제시하였다.

작용과 물질은 상리(相離)치 못할 진상(眞相)입니다. 물질이 유(有)한 연후에 존재법칙인 작용이 유하겠고 존재법칙인 작용이 유한 연후에 물질의 존재가 가능하겠습니다. 전체와 부분이 상대적 관념이므로 우리가 기(其) 상리한 상태를 상상키 불가능

---

53) 哲學博士 李灌鎔, 「社會의 病的 現像(2)」, 『東亞日報』 1922.10.6.

54) 哲學博士 李灌鎔, 「社會의 病的 現像(3)」, 『東亞日報』 1922.10.7.

55) 哲學博士 李灌鎔, 「社會의 病的 現像(5)」, 『東亞日報』 1922.10.9.

1920년대 이관용의 사상 형성과 교육·언론 활동 63

한 것 같이 물질과 작용도 불가상리(不可相離)할 상대적 진상입니다. 그런데 전체라 함은 그 부분인 각 구성개물의 호상관계적(互相關係的) 작용으로 성립되는 것인즉 그 **전체의 성질은 작용이라 하겠습니다.** (……) 연즉 극단유물론자가 관(觀)하는 순전한 육체만 유한 인(人)이라도 그 내적 호상관계를 인(因)하야 일차 사회라는 전체를 구성하면 사회자체는 정신이라 하겠습니다.(강조는 인용자)56)

이처럼 사회의 성질 자체를 작용, 즉 의지라는 점을 강조한 이관용에게 있어 '사회생활은 정신적 생활'에 추수(追隨)되는 것이었다. 그는 사회가 인간 사이의 상호종속적 관계로 성립되고 또 그 관계가 정신에 의해 조직된 것이라면, 사회적 생활은 즉 정신적 생활이라고 파악하였다. 문제는 사회가 병적상황에 놓여 있을 때인데, 이관용은 이를 '정신병적 상태'로 인식하였다. 그는 '사회가 이상생활(理想生活)에 부적(不適)하면 이를 적합하게 개조코자 진력함이 각인의 의무요, 책임일 뿐 아니라 건전한 정신을 가진 자의 자연적 요구'라면서, 유기체인 사회의 일개 원자인 인간이 이를 해결해 나가야한다고 강하게 주장하였다.57)

사회의 병적상황은 구체적으로 어떠한 것인가. 이관용은 '사회의 병은 객관표준이 없다'면서 정신병이라는 추상적 설명 아래 사회 일반의 모습을 병적 상황이라고 바라보았다. 1차대전 이후의 사회는 개인 대 개인, 계급 대 계급, 국민 대 국민, 인종 대 인종, 문명 대 문명 등 인류생활에 병적인 상황이 아닌 것이 없는데, 이러한 모습은 다름 아닌 18세기 이래 유럽사상계의 대표적인 모습인 '유물론의 극성시대'에 발현되었다는 것이었다. 이어서 그는 사상의 반동이란 18세기 이래의 자본주의·제국주의 정치경제사상과 20세기 이래 발전되어가는 사회주의 정치경제사상의 충돌이라고 보았다.58)

---

56) 哲學博士 李灌鎔, 「社會의 病的現像(4)」, 『東亞日報』 1922.10.8.
57) 哲學博士 李灌鎔, 「社會의 病的現像(5)」, 『東亞日報』 1922.10.9.
58) 哲學博士 李灌鎔, 「社會의 病的現像(15)」, 『東亞日報』 1922.10.19.

따라서 이관용이 언급한 유물론은 마르크스와 소비에트 러시아의 유물론이 아니라, 자본주의 물질문명 그 자체를 의미하는 것이었다. 그리고 같은 맥락에서 그가 언급한 '구주사상계의 반동적 현상'이란 바로 물질문명에 대한 비판적 시각을 가지고 있는 유심론적 인식을 말하는 것이었다.[59]

2) 주체적 서구문물 수용과 계급사회 타파를 위한 각성

이관용은 1922년 10월 12일부터 논지를 바꾸어 동아시아 사회에서의 서구문물 수용의 모습에 대해 지적하였다. 그는 슈펭글러를 언급하면서 '구주(歐洲)의 멸망(滅亡)과 동아(東亞)의 흥성(興盛)을 예언하는 자도 있지만', 실상은 동아가 구주에게 정복되었다고 서술하였다. 특이한 점은 유럽에서 오랜 기간 유학하며 서구적 문명의 세례를 흠뻑 받은 이관용이 유럽사회에 대해 비판적인 시각을 견지하고 있었다는 점이다. 즉 그는 '구주의 민주정체를 표준적 국체(國體)라 함은 공리적 진리'가 되었지만, 이는 '구주인의 사회제도나 생활방법이 완전무결'하기 때문이 아니며, 다만 우승(優勝)하기 때문에 '모든 건설적 활동의 표준'으로 정해진 것이 일반적 경향이라 지적하였다.[60]

나아가 그는 동아시아 사회가 유럽화되는 이유에 대해, '유럽문화가 동아시아의 그것보다 실제생활이 논리적으로 적합하고 발전함에 우승한가'라고 스스로 질문하고, 이에 대해 의문을 표시하였다. 그는 자어(自禦)를 위한 방책으로는 군함과 대포제조가 구미인에게 대항하는 제일 유효한 방법이고, 특히 일본인들

---

59) 한 예로 그는 1차대전 발발 이후 신칸트주의와 헤겔의 영향으로 유물론적 기풍이 충만하던 독일 예나대학에서는 유물론배척과 이상주의 갱신에 헌신한 오이켄 교수가 나타나는가 하면, 영국에서 유행하던 스펜서 철학은 幽經이 埋한 상황에 이르렀다고 지적하였다. 또한 사상계에서도 사실주의가 쇠약해지고 도스토예프스키의 문학과 성경의 신약, 『파우스트』 및 『짜라투스투라는 이렇게 말했다』 등이 애독되었다고 지적하였다. 哲學博士 李灌鎔, 「社會의 病의 現像(7)」, 『東亞日報』 1922.10.11.

60) 哲學博士 李灌鎔, 「社會의 病의 現像(9)」, 『東亞日報』 1922.10.13.

이 이 방면에 선각(先覺)하여 최근 50년간 능히 자수자보(自守自保)한 것은 앙모하는 바이지만, 유럽의 사회생활을 모방하는 것은 이러한 외계사정의 필요로 인한 것이라고 전제하였다. 이어 이관용은 사물의 성질을 내적으로 이해하는 것이 중요하며, 이러한 내적 이해가 없이 외관만을 따라가면 유럽 문화를 수입할 때 비평적 태도가 없을 뿐더러, 순전한 방효(倣效)에 불과하다고 평가하였다.[61]

이와 같은 인식의 기저에는 그의 학위논문에서도 간단히 언급되었던 민족의 정체성에 대한 평가가 깔려있었다. 그는 오랜 기간 동안 습관화한 고유한 사회생활을 불과 몇 십년 만에 없앨 수는 없다고 보았다. 오히려 한 민족의 사회생활은 그 민족의 고유한 성질로부터 외발되어 일정하게 형성되며, 그 민족성의 발전과 형성은 고유한 사회생활의 영향대로 된다고 파악하였다. 따라서 민족을 양육한 골육적 기초를 하루아침에 구의(舊衣)와 같이 탈기(脫起)함이 용이하지도 않고, 그 후에 우리와 성질이 다른 민족이 자신의 고유한 성질에 의하여 형성한 사회생활을 그대로 채용한다고 우리의 생활이 행복스러우며 우리의 발전이 자연적이 되겠느냐는 것이었다.[62]

이러한 이관용의 서구관은 식민지라는 조건 속에서 제국 일본을 추종하거나 일본에 맞서는 존재인 구미의 문화를 뿌리깊이 받아들이려고 한 세계관과 달리 한말 이래 한국사회의 주체적 문명수용의 흐름과 일치하는 것이었다. 또한 이는 이후 연희전문학교가 내세우게 되는 '동서고근 사상의 화충'의 학풍과 일치하는데, 당시 이관용이 가지고 있던 문명 인식은 근대 한국 사회의

---

61) "이 사람은 自想하기를 우리 東亞가 歐洲문화를 채용하게 됨은 전혀 自禦하기 위하여 된 것인데, 점차 自暗示的으로 숭배하게 되어 그 결과는 自禦가 아니라 도리어 歐洲에게 물질적으로 정복을 당하고 또 그 내용생활인 정신적으로 정복을 당하게 되었다 합니다." 哲學博士 李灌鎔, 「社會의 病的現像(10)」, 『東亞日報』 1922.10.14.

62) 哲學博士 李灌鎔, 「社會의 病的現像(12)」, 『東亞日報』 1922.10.16. 동시에 그는 이러한 시각에서 일본의 근대화는 '內化하지 못한 개화'라고 평가하며 비판적인 시각을 견지하였다. 哲學博士 李灌鎔, 「社會의 病的現像(13)」, 『東亞日報』 1922.10.17.

제일과제라 할 수 있는 반제(反帝)·반봉건(反封建)의 문제의식과 궤를 같이 하는 것이었다.

그렇다면 우리 사회의 '옳은 생활'은 무엇인가. 이관용은 이에 대해 『연희』 제5호에 「올흔 생활」이라는 기고를 통해 논하였는데, 그는 '악은 금하고 선은 행하라는 도덕적 교훈'만으로는 생활문제를 해결할 수 없다고 평가하였다. 또한 '모든 선악의 표준이 사회의 이익에 귀결'된다고 하지만, 그 실상은 다음과 같다고 지적하였다.

> "지금까지의 사회는 '민중 전체의 사회'가 아니요, 일정한 주인계급이 잇서왓습니다. 그래서 사회의 이익이라는 쇠기는 개념의 가면을 벱기고 보면 '사회의 주인의 이익'인 것이 분명합니다. 구한국시대에 우리 농민더러 충군애국하고 사회를 위하야 착한 일을 하라함은 곳 '너희들은 우리 양반계급의 이익을 위하야 노력을 다하라'하는 심입니다. 그때 그 사회는 양반의 사회이요 농민의 사회가 아님으로 농민들이 아모리 착한 일을 하야도 양반계급의 부패한 생활만 조장하얏지 민중 전체의 발전은 보지 못하얏습니다. 이러한 쇠김수가 엇지 구한국시대에만 유행되얏겟습니가. 고대브터 동서양 각 민족이 다 속아온 것입니다. (……) 즉 민중을 본위로 한 사회가 아니면 모든 도덕적 교훈에 허무맹랑한 사기에 불과합니다. 그래서 지금도 민중의 요구를 능히 이해하고 자기 개인의 생활에 민중 전체의 생활이 빗최게된 인격은 모든 전래적(傳來的) 도덕관념을 혁신하고 정신생활문제까지라도 사회적으로 해결코자 함입니다.[63]

이러한 그의 인식은 1920년대 중반 이후 통속도덕화되고 있던 철학론[64]을 비판하는 가운데 현실문제에 보다 적극적으로 나아가기를 주장하는 것이었고,

---

63) 李灌鏞, 「올흔 生活」, 『延禧』 5, 1925.10, 96~97쪽.
64) 최수일, 「1920년대 문학과 『개벽』의 위상」, 성균관대학교 국어국문학과 박사학위논문, 2002 ; 박현수, 「동일시와 차별화의 지식체계」, 『상허학보』 12, 2004 참조.

그 결과 계급이 타파된 이상사회와의 연대도 선택가능한 대안으로 나타나게 되었다는 점에서 큰 의의를 가지고 있다. 즉 이관용은 종래의 계급사회에 대한 비판을 강화하는 가운데 그 연장선상에서 사회주의 및 민족자결주의와 연대하여야 한다는 결론을 내렸다. 그는 1차대전 이후 식민지 조선의 사상계가 비평적 태도를 잃어버리게 되었던 것이 물질문명의 진보만 장려하는 자본주의(유물론)에 종속된 현상이라고 파악하고, "제국주의에 대항하여 우리의 자유발전을 보장하며 우리 동아의 운명을 자결(自決)"하기 위해 제국주의를 압복(壓服)하고 민족주의를 발양(發陽)하여 유전(遺傳)된 구상태(舊狀態)에서 발전된 신상태(新狀態)로 진전하면 인류사회가 발전할 것이라고 평가하였다.

정리하자면 1920년대 전반 이관용은 칸트철학에 기초한 박사학위논문을 통해 자기의 학문적 세계관을 구축하고, 이를 현실사회를 평가하는데 있어 주요한 기준으로 삼았다. 그는 무엇보다 인간의 의지를 중요하게 여기는 가운데, 이를 이익이나 구쾌피고와 같은 현실적 이해관계와 무관한 이상적 세계관을 가지고 있었다. 이관용은 식민지 조선이라는 객관적인 악조건 속에서도 이를 해결하려는 의지를 가지고 있었으며, 사회에 대한 참여를 강조하였다. 또한 그는 당대의 사회를 자본주의적 세계관의 파탄에 따른 병적 상황으로 인식하면서 이를 물질주의적 유물론이라 비판하는 가운데, 민족적 정체성을 잃지 않는 가운데 서구 문명을 숙성(熟省)하여 내화(內化)할 것을 주장하였다.[65] 이와 함께 그는 민족 전체의 자각과 이에 따른 사회의 평등을 주장하면서 사회주의 및 민족자결주의와의 연대를 강조하였다.

---

65) 이러한 시각은 『開闢』의 대표적인 논자인 李敦化에 의해서도 동일하게 나타났는데, 이돈화는 '大食主義'라는 표현을 사용하면서 외래문명을 '흡수하여 잘 소화'시키자고 주장하였다. 또한 당시 『개벽』의 여러 논자들은 '무계급적 민중중심의 理想的 사회라는 모델을 제시'하였는데, 이러한 『개벽』의 논리가 신칸트학파의 磁場안에 놓였다는 손유경의 평가는 이 시기 칸트 철학의 해석을 보여주는 하나의 사례가 될 수 있을 것이다. ; 손유경, 앞의 글, 2005, 82~83쪽, 98쪽.

4. 세계사의 인식 : 소련기행과 중국혁명 경험

1) 소련기행과 이상적 사회주의 인식

이관용은 1925년 3월, 『동아일보』의 러시아특파원으로 임명되어 시베리아 횡단철도를 이용하여 모스크바를 향하였다.[66] 그의 소련행은 1925년 당시 러일 양국 사이에 진행, 체결되었던 일소기본조약의 여파로 가능했던 것이다. 이관용은 이미 1925년 새해 벽두부터 「급전(急轉)한 태평양문제—최근 외교계의 추세」라는 글을 통해 이 문제에 대한 관심을 표현한 바 있다. 흥미로운 점은 그의 소련행, 그리고 뒤에 다룰 중국행을 통해 기고된 그의 글은 철학자의 그것이라기보다, 그가 옥스퍼드 시절 공부하였던 정치사적인 맥락에서 쓰여졌다는 점이다. 이러한 점에서 볼 때 유학생활을 통해 형성되었던 그의 경험이 귀국 후 조선에서 다양한 방면에서 사용되었음을 알 수 있다.

1925년 일소기본조약의 체결은 기본적으로 일본이 소비에트 러시아를 승인한다는 것이었다. 이는 워싱턴조약 체제를 통해 일본의 군사력에 대한 일정한 제약이 생긴 가운데, 일본정부가 이를 해결하기 위해 세운 여러 방책 가운데 하나였다.[67] 1923년 2월에 시작된 일소 국교수립을 위한 교섭은 같은 해 6월 정부간 비공식 교섭으로 발전한 끝에 1925년 1월 체결되었다. 조약은 7개조로 구성되었으며, 특히 외교관계 수립과 평화우호관계 유지를 중심으로 어업

---

66) 이관용의 행적은 다음과 같다.
 1925.3.26. 하얼빈 출발(11 : 55)→ 3.28. 치타 도착(15 : 00), 환승 후 출발(17 : 50)→ 3.29. 울란우데 도착(06 : 00)→ 3.29. 이르쿠츠크 도착(20 : 00), 출발(22 : 00)→ 3.30. 일란카스야 도착(13 : 00)→ 3.31. 마린스키 도착(12 : 00)→ 3.31. 노보시비리스크 도착(19 : 00)→ 4.1. 옴스크 도착(12 : 00)→ 4.2. 예카테린부르크 도착(11 : 20)→ 4.2. 페름 도착(21 : 30)→ 4.3. 비앙카 도착(13 : 00)→ 4.4. 다닐로프 도착(05 : 00)→ 4.4. 모스크바 도착(09 : 00) ;「赤露行—莫斯科 가는 길에」,『東亞日報』1925.5.6.
67) 酒井哲哉,『大正デモクラシー體制の崩壞』, 東京大學出版部, 1992 ; 코바야시 히데오,「러시아혁명과 만철조사부」,『아시아문화』19, 2003, 96~98쪽.

및 통상, 자원관련 조항이 포함되어 있었다.

일소간의 국교 성립에 대해 이관용은 장차 워싱턴조약 체제를 중심으로
한 영국과 미국, 그리고 이에 대응하는 세력으로서 일본과 소비에트 러시아,
독일을 대립적으로 보는 시각이 존재한다고 밝히면서,[68] '군주국 일본과 공산국
러시아가 성질상 물과 불처럼 어울리지 못하지만, 그 이해관계가 공동일치'한다
고 지적하였다.[69] 또한 이관용은 영미 대 일소의 대립이라는 구도 아래, 미군과
일본군의 군사행동에 대해서도 의미를 부여하였다. 「태평양(太平洋)에 전쟁연
습(戰爭演習)」이라는 제목의 기사에서, 그는 일본과 미국의 군사행동이 각각
상대방을 적국으로 상정하고 있다는 점에 관심을 가졌다. 그리고 소비에트
러시아와 독일의 바이마르 공화국이 향후 협상을 통해 일본과 러시아, 독일의
3국간 대륙동맹이 실현될 추세라고 파악하기도 하였다.[70]

이러한 그의 국제정세 인식은 상대적으로 추상적인 편이었으나,『동아일보』
특파원으로 소비에트 러시아로 향하면서 이관용은 최초의 사회주의 국가에
대한 관심을 구체적으로 표시하기 시작하였다. 주목할 만한 부분은 그가 자신을
신문기자로서 자리매김하기보다, 연구자로서 보다 심도 있는 분석기사를 제공
하겠다고 선언한 점이다.

　　노서아에 가서 정치와 사회사정을 시찰하고 오라하였음으로, 내 목적은 하루라도
　　바삐가서 듣고보는 대로 충실히 보고할 것입니다. 그럼으로 보고의 성질을 잃지

---

68) 이러한 시각은 1925년 2월에 발간된 『開闢』 56호에서도 잘 나타난다, 「日露協定과
　　今後의 國際政局」이라는 제목아래 쓰여진 이 기사에서는 일소기본조약과 의정서를
　　소개하였다. 이와 함께 '日露條約이 주는 各 方面으로의 影響'이라는 제목아래 '露獨日中
　　聯盟說'이라는 부제를 들기도 하였는데, 그 내용은 이관용이 다룬 바와 거의 유사하였다.
69) "일본의 발전을 저애하는 영미는 露國에 대하여 자본주의의 성벽이다. 영미세력의
　　멸망은 일본의 숙망인 동시에 露國의 세계혁명을 실현하는 대기회이다. 그래서 양국이
　　중국에서 서로 악수하는 것은 필연적 결과이다." 「急轉한 太平洋問題, 最近外交界의
　　趨勢」, 『東亞日報』 1925.1.1.
70) 「太平洋에 戰爭演習(上, 下)」, 『東亞日報』 1925.2.12.~1925.2.13.

않고 모든 것을 순전히 객관적으로 관찰하는 과학자의 태도를 유지하기 위하여 모든 주관적 감상을 제외할 것이다. 그러나 기차가 경성을 떠난 후에 나는 다시 한번 생각하였습니다. 향자(向者)에 일로협약이 성립되는 날 (……) 생각하였거니와 대저 무슨 이유로 내가 노국으로 혹한을 무릅쓰고 많은 비용과 아까운 시간을 버리고라도 이 길을 떠나게 되었는지. 노국의 정치적 활동과 사회적 조직과 문화적 건설을 시찰하고 연구하는 것은 나뿐 아니라 전세계 모든 정가(政家), 모든 실업가, 모든 학자가 다하고자 하는 바이니, 이것이 무슨 이유인지 알고 싶습니다. 그 이유를 한마디로 말하자면 노국이 붉을 "적(赤)"자로 스스로를 형용하는 까닭입니다. 그러면 이 "적"자에 무슨 뜻이 있습니까? 노국혁명의 성공여부 또는 그 목적의 호부(好否)를 불문하고 이 "적"자속에 인류생활의 발전에 대하여 유사이래 초유의 의의가 포함된 것이 사실입니다.[71]

인용문에서 확인할 수 있듯이 이관용은 러시아 혁명을 유사 이래 초유의 의의로 파악하고, 이를 자신의 입장에서 정리하고자 하였다. 그는 "민주정체사회에서는 한 계급이 정치적으로 지배하고 경제적으로 착취"하였으며 "민주정치라는 명의하(名義下)에 무산대중(無産大衆)의 노력을 소수의 자본가가 기탄없이 착취"한다고 지적하며, 부르주아 민주주의의 허구성을 드러내었다. 반면 그는 러시아 혁명에 대해서는 '노서아(露西亞)민족이 인류의 자유완성운동을 지도'한다며 그 의의를 정리하면서 러시아의 혁명 성공과 그에 따른 어려움, 그리고 모든 영예는 "신이상 건설과 실현이 없으면 무의미"하다고 규정하였다.[72] 나아가 그는 러시아 혁명의 내용과 실현정도를 조사하고 냉정히 평가한 후에야 비로소 러시아를 예찬하거나 배척할 수 있다고 지적하였는데, 이는

---

71) 「붉은 나라 露西亞를 向하면서」, 『東亞日報』 1925.2.27.
72) 한편 이 기사에서 이관용은 자신이 1917년 러시아 혁명 당시 스위스에서 목격한 상황을 언급하였는데, 이러한 그의 유학경험이 『동아일보』 사측에서 그를 특파원으로 선정한 이유 중 하나로 보인다.

그가 기본적으로는 소비에트 러시아의 사회주의 혁명에 친화력을 가지고 있으면서도, 이를 보다 면밀하게 살펴보려고 한 것을 의미한다.

러시아의 사회주의화와 민족문제에 대해서 이관용은 그 역사적 의의를 높이 평가하였다. 그의 소비에트 러시아에 대한 감상 중 가장 인상 깊은 장면은 여성에 대한 서술이다. 그는 여성문제에 대해 여러 차례 서술하며 감탄하였는데, 우선 여성 참정권에 대해서는 '모스크바 지방 소비에트 선거가 있을 때 수백의 여자 행렬이 붉은 기를 들고 악대를 내세워 호기있게 지나가서 물어본즉, 여자들의 선거행렬이라 하는데, 이들도 대표자를 뽑아 정치에 직접 간섭하게 한다'며, 이를 "노동에 귀천이 없고 남녀의 차별이 없다는 것을 가장 명백하게 말해주는 현상"으로 파악하였다.[73] 그리고 여성의 독립적인 모습에 대해서도 보고하였는데, 그는 모스크바의 여성을 자본주의 국가의 여성상과 비교하며 다음과 같이 기술하였다.

> 가죽으로 만든 노동복을 입고 붉은 수건으로 머리를 함부로 싸매엇건만 베를린(伯林)이나 파리(巴里)에서 최신식 유행복을 입은 숙녀 이상으로 미인입니다. '모스크바'에서는 남자의 팔에 장식품처럼 매달리는 여자는 시대에 뒤떨어진 외국 여자밖에 볼 수 없는 현상입니다.[74]

이러한 여성인식은 모스크바 지방 소비에트 대회를 참관하면서 보다 두드러지게 나타났다. 그는 당시 소비에트 대회에 참석한 여성이 400여 명이고 소비에트 대회의 여성 집행위원도 10여 명에 이르는 점에 놀라면서 '러시아에서는 여성의 해방이 완전하게 성립하여, 다른 나라와 같이 여자를 가업에만 종사시켜 인구의 절반 이상을 사회사업에 참석치 못하도록 하지 않고, 여자도 남자와 진정한 평등위에 있어서 일반사회사업에 종사케 하여 능률있는 인구가 증가된

---

73) 「赤露首都 散見片聞(2)」, 『東亞日報』 1925.6.14.
74) 「赤露首都 散見片聞(3)」, 『東亞日報』 1925.6.16.

결과를 얻게 한다'며 극찬하였다. 그리고 그는 이러한 여성해방이 여성들이 러시아 혁명 당시 남자들과 함께 투쟁의 전면에 나가 쟁취한 것임을 강조하기도 하였다.[75]

이와 함께 그는 소비에트 대회의 참석자들의 태도에 대해 이들 노동계급이 '장중한 태도로 중대한 책임을 부담하였다는 것을 자각하고, 자본계급에 장악되었던 자신들이 노력의 결과 이제야 자기를 회복하는 동시에 모든 자기들이 지배하는 권력을 잡고 있다는 기상을 분명하게 내보이고 있다'며 찬사를 아끼지 않았다. 또한 대회 자체도 런던이나 파리의 화려하고 찬란한 모습은 아니지만, 질박하고 단순하며 장엄하며, 그 자체로 이 대회가 다른 자본주의 국가의 모임과는 근본적으로 성격이 다르다고 서술하였다.[76]

한편 이관용은 신경제정책(NEP)에 대해서도 긍정적인 평가를 내렸다. 그는 당시의 자본주의 사회의 경제가 완전히 회복되었다고 모든 자본가들이 선전하고 있지만, 자본주의 제도 아래에서의 복구는 표면적 안전에 불과하다고 보았다.[77] 이에 비해서 그는 소련의 신경제정책에 대해 외국은 물론 러시아 내에서도 이에 대해 비난하는 이가 많았으나, 현재 경제전체를 보면 자못 좋은 결과를 얻게 되었다면서, 루블이 파운드나 달러에 비해 떨어지지 않는다고 지적하였다.[78] 그러나 그가 기록한 네프만(Nepman)의 모습은 소비에트 대회에서 보고된 바를 거의 그대로 기록한 것이었다. 이관용은 신경제정책의 주요한 요소였던 이들이 경제적으로도 넉넉하지 않으며 '사회적으로 천대를 받으며 누구든지 노동복을 입지 않고 부르주아 신사의 복을 입고 나다니면 오히려 업신여김을 받는다'고 기록하였는데, 이를 통해 이 시기의 이관용은 현실 사회주의의 실상을 깊이있게 분석하지는 못하였다는 사실을 짐작할 수 있다.[79]

---

75)「莫斯科地方 소비에트 大會傍聽記(2)」,『東亞日報』 1925.5.15.

76)「莫斯科地方 소비에트 大會傍聽記(3)」,『東亞日報』 1925.5.16.

77)「莫斯科地方 소비에트 大會傍聽記(5)」,『東亞日報』 1925.5.18.

78)「莫斯科地方 소비에트 大會傍聽記(4)」,『東亞日報』 1925.5.17.

79)「赤露首都 散見片聞(4)」,『東亞日報』 1925.6.17.

이관용은 민족문제에 대해서도 소련과 자본주의 국가의 차이를 대비시켜 논하였다. 그는 '계급전쟁과 민족해방운동이 현대인류발전의 초점'이지만, 부르주아 민주주의는 상대적으로 민족자결주의를 채용하여 승전국의 식민지인 이집트나 모로코, 인도와 필리핀에는 이를 실현하지 않았다는 점을 명시하면서, "민주주의의 소위 공화정체를 능히 금전취인소(金錢取引所)의 독재에 맡기고 보통선거권을 능히 자본가전권과 융화시킨 부르주아라도 민족문제는 아직 해결치 못하였다"고 언급하였다. 나아가 그는 국제연맹의 역할에 대해서도 부정적으로 바라보았는데, 세계적 시장을 요구하여 국내의 무산계급을 착취함에 그치지 않고 세계 도처에 약소민족을 정복하는 자본가들 앞에서 "이상주의, 인도주의, 국제연맹, 국제재판소는 소아배(小兒輩)의 유희품(遊戱品)처럼 옆으로 쓰러제쳐놓고 대포와 군함, 비행기와 잠수정으로 또 한번 나서는 것이 부르주아 민주주의"라고 신랄하게 비판하였다.[80] 반면 사회주의세계에서는 각 민족이 경제상 문화상 상부상조적 관계에 있으며, 국제연맹이 유명무실한 반면 사회주의세계에서는 모든 민족의 자유발전을 진정히 보장하는 연합기관(소련)이 있다고 평가하고, 이를 설명하기 위해 소련에 속해 있는 여러 공화국들을 도표로 표기하기도 하였다.[81] 즉 이관용에게 있어 소련은 식민지 피압박민족의 독립과 이들의 자유로운 의사에 따른 사회주의적 연방가입이라는 이상적 측면이 두드러지게 나타난 공간이었던 것이다.

결론적으로 보았을 때, 이관용의 소비에트 러시아 인식은 낙관적이면서 순진한 것이었다고 할 수 있다. 다만 그는 러시아 방문 이전에 밝힌 바와 같이 소비에트 러시아에 대해 객관적인 시각을 유지하려고 노력하였다. 이는 기사 곳곳에서 드러난다. 한 예로 그는 러시아의 현 상황에 대해 경제적으로는 여전히 어렵다는 측면을 여과없이 드러내었지만, 이를 바탕으로 소비에트 러시아의 전체상을 부정적으로 묘사하는데 있어서는 분명히 선을 그었다.

---

80) 「勞農露西亞의 民族問題 解決(1)」, 『東亞日報』 1925.5.22.
81) 「勞農露西亞의 民族問題 解決(2)」, 『東亞日報』 1925.5.23.

그는 러시아 열차의 "사소한 불편은 십여 년간 전쟁과 혁명으로 전무후무한 환란은 겪은 나라에서 당연한 것"이라고 평가하였고,[82] 이는 모스크바를 소개하는 장면에서도 비슷하게 나타났다.[83]

모스크바에서의 일정을 마친 이관용은 중부 유럽을 거쳐 독일과 오스트리아, 그리고 베네치아까지 경유하는 유럽 기행을 마친 후 조선에 돌아왔다. 그런데 이관용의 기사 가운데 그의 유학시절 경험한 유럽사회 인식이 가장 잘 나타난 것은 바로 이 부분이다. 한 예로 그는 라트비아와 리투아니아, 폴란드, 핀란드와 에스토니아 등 러시아 혁명으로 인해 독립된 5개국을 설명하면서 이들과 소련의 갈등관계를 설명하는가 하면, 1차대전 당시 중부유럽과 남유럽 사이의 중립지대 형성에 관한 논의(북해로부터 아드리아 해까지 벨기에, 룩셈부르크, 알자스, 로트링겐, 스위스의 트렌티노 등)에 대해 소개하며 유럽 정계에 대한 견문을 넓히는 창구와 같은 역할을 하였다.[84] 또한 독일에 들어가서는 칸트가 거주했던 쾨니스베르크 시내를 구경하면서, 칸트를 인식론에 있어서의 혁명가라고 높이 평가하는 등, 자신의 학문적 영역에 대해 소개하기도 하였다.[85]

---

82) 「赤露行-치타 車中에서(下)」, 『東亞日報』 1925.4.24.
83) "'모스크바'시는 '백림'이나 '론돈'처럼 화려하지는 않습니다만 아라사 혁명을 반대하는 신문지상에 왕왕히 보도되는 것처럼 황무한 곳은 아닙니다. '시베리아' 기차가 '모스크바'에 점점 갓가워질 때에 나도 생각하기를 십여년동안 外戰과 內亂을 겪은 도시라 생활상 곤란이 적지 아니하리라고 짐작하였던 것이 정거장에 내리면서 주위를 살펴본 즉 뜻밖에 번창한 대도시에 온 인상을 얻게 되었습니다. 그 복잡한 통행을 보던지 굉장한 5~6층 '빌딩'의 즐비한 것을 보던지 화려한 물품을 진열한 상점을 보던지 어디로 보던지 구미각국 대도시에 비교하여 조금도 손색이 없는 메트로폴리스입니다." 「赤露首都 散見片聞(1)」, 『東亞日報』 1925.6.13. ; "또 한가지는 '모스크바'의 특색이라 하기보다 십여년간 외전과 내란으로 피폐한 전 로국의 현상이라 할 것이니 거리마다 거지와 도적이 많다는 일입니다." 「赤露首都 散見片聞(3)」, 『東亞日報』 1925.6.16.
84) 「露都에서 獨逸까지(1) 리가에서」, 『東亞日報』 1925.6.17.
85) "'칸트'도 大革命家입니다. 레닌과 같이 破壞도 많이 하였고 建設도 많이 하였으며 根本的 問題로 一生을 보낸 사람입니다. 다만 '칸트'의 領域은 科學계이므로 그 宏大한 革命이 소리없이 實現되었으며 '레닌'의 세계는 實際界임으로 莫大한 流血을 避하지 못하였습니다. (……) '코페르니쿠스'는 太陽中心說로 宇宙를 轉向시키고 '칸트'는 認識論으로 世界의 眞相을 轉向시키고 '레닌'은 無産者獨裁로 人類社會의 基礎와 價値標準을

또한 이관용은 유럽사회의 자본주의적 속성을 비판하는 가운데 사회주의적 행정이 이루어지고 있는 비엔나에 대해 높이 평가하였다. 그는 먼저 바이마르 공화국의 힌덴부르크 대통령 당선에 대해, 그가 속한 정당이 "모든 부르주아 정당의 연합, 즉 대부르주아, 군인계급, 농업계급, 소부르주아, 학생단의 연합으로 성립"하였고, 그가 비록 현존헌법을 준수한다고 선언하였지만, 자신의 정치적 신조로 군주제도를 주장하고 대통령 취임에 앞서 전(前) 독일황제의 허락을 받은 점을 지적하며 군주없는 군주국과 같다고 비판하였다.[86] 반면 오스트리아 비엔나의 행정이 사회주의제도에 의하여 실시되는 점에 주목한 이관용은, 비엔나가 노동계급의 열성적 협력을 이용하여 현대 각국 도시정치에 모범이 되었다고 평가하였다. 그는 비록 비엔나의 행정조직에 사회주의제도가 보현(普賢)되는 것은 아니지만, 180만 인구의 대도시인 비엔나가 사회주의 제도를 채용하여 노동계급의 이익이 완전히 보호된다는 점을 긍정적으로 바라보면서 자신의 정치적 지향성을 감추지 않았다.[87]

2) 비판적 중국혁명론과 심화된 현실 인식

소련에서 돌아온 이관용은 이후 『시대일보』와 『현대평론』의 창간에 힘을 쓰는가 하면 신간회 간부로서 다양한 활동을 벌였다. 그는 이 시기 신간회 간부로서 경성과 진주, 해주, 개성 등 다양한 지역에서 강연활동에 참여하였다. 이러한 과정을 통해 그의 세계관은 보다 현실적인 면모를 갖춘 것으로 보이는데, 우리는 그의 현실인식을 중국혁명에 대한 일련의 기사에서 확인할 수 있다.

이관용이 중국에 대해 처음으로 논하기 시작한 것은 파리 유학시절이다. 1920년 9월 이관용은 임시정부 파리대표부의 기관지였던 『자유한국』에 「일본

　　轉向시켰습니다." ;「露都에서 獨逸까지(2) 독일에서」,『東亞日報』1925.6.18.

86)「歐羅巴求景(3) 伯林」,『東亞日報』1925.8.14.

87)「歐羅巴求景(6) 維也納」,『東亞日報』1925.8.21.

의 대 중국정책(La Politique Chinoise du Japon)」을 기고하였는데, 그 내용은 중국을 대상으로 한 일본과 서구 각국의 각축, 그리고 이에 따른 이권협상을 설명하는 가운데 일본의 팽창을 경고하는 내용이었다. 그러나 이는 일본의 침략의도를 강조하려는 수준에 머무르는 글이었다.

조선에 돌아온 이후, 그가 언론공간에서 다시 중국을 언급한 것은 러시아행을 앞두고 중국 동북지역(滿洲)을 방문한 다음부터이다(1925). 당시 이관용은 기본적으로 중국의 정계는 단지 여러 '당파가 서로 분립하여 권력쟁탈을 목적으로 한 암중비약(暗中飛躍)'이며, 당파 역시 '일정한 정치적 이상에 기인된 정당'이 아니라고 비판하였다.[88] 특히 그는 북경주민의 83%가 빈민이며 물가는 작년인 1924년의 2배 이상으로 상승하고, 18만여 명의 환과고독(鰥寡孤獨) 문제에 대해 신경쓰지 않는 "군벌 혹 의뢰군벌 의식적 기생충배"에 대해 부정적인 시각을 드러내었다.[89]

다만 이 시점에서 이관용은 국민당에 대해선 상당히 호의적이었다. 그는 당시 '일정한 정강에 의하여 중국을 현재의 혼돈상태에서 구출하고 유망한 장래를 준비코자 노력하는 정당은 국민당'이라면서, 국민당에 속한 인물은 대개는 구미 각국에 다년간 유학하였을 뿐 아니라 현대정치계의 신 공기를 마신 인물이라는 점에서 주목하였다. 나아가 그는 국민당의 혁명이 실현되면 '중국은 비단 막대한 강국이 될 뿐 아니라 노농노서아와 함께 인류의 발전경로를 지도하는 선진국'이 될 것이라고 평가하였다.[90]

이어서 그는 쑨원(孫文)의 삼민주의(三民主義)를 설명하였는데, 특히 그가 주목한 부분은 1924년 11월, 쑨원이 일본 고베(神戶)에서 밝힌 러시아와의 협력 발언이었다. 당시 쑨원은 러시아가 "구미각국과 달라서 위타주의(爲他主意)를 숭상하고 인의도덕을 상(尙)하며 공리강권(功利强權)을 배척하는 최신문화국

88) 「中國政界消息(1)」, 『東亞日報』 1925.3.18.
89) 「中國政界消息(2)」, 『東亞日報』 1925.3.19.
90) 「中國政界消息(3)」, 『東亞日報』 1925.3.20.

인 동시에, 우리 동방문화와 적합하므로, 아국(我國)은 구주(歐洲)에서 분가하여 우리 동방민족과 평화스럽게 통상코자 한다”고 밝혔는데, 이에 대해 이관용은 쑨원이 구미열강의 금전 및 군기(軍器) 방조로 인한 내란을 종결시키고, 영국과 미국, 프랑스의 중국내 기득권을 타파하고 모든 불평등 조약을 해제하기 위한 수단으로 러시아의 힘을 빌리려 한 것이라고 평가하였다.[91] 이와 함께 그는 국민당 좌파 때문에 국민당을 러시아의 공산주의 기관이라 평가하는 쪽도 있지만, 이는 경솔한 주장이라고 일축하면서, 다만 국민당과 러시아의 친근은 대내적 관계(사회주의적 지향)라기 보다 오히려 대외적 관계(중국내의 영미세력 배척)에 기인한 것으로 파악하였다.[92]

　이 시기 이관용의 중국 정계인식은 소비에트 러시아와의 정책적 공동관계, 그리고 국민당의 지향에 대한 기본적인 시각에 기초한 것이었지만, 구체적이지는 못하였다. 그러나 3년 후인 1928년 이관용은 북벌을 완수한 혁명중국에 『조선일보(朝鮮日報)』특파원 자격으로 향하게 되는데, 이 과정에서 그는 3년 전의 러시아 기행보다 훨씬 심도있는 현실인식을 바탕으로 ‘진정한 혁명’에 대한 고뇌를 한 것으로 보인다.

　1925년의 러시아 방문이 일소기본조약에 힘입어 진행된 것이라면, 1928년의 중국 방문은 국민당의 북벌 완성에 의한 것이었다. 이관용은 이에 대해 중국혁명 자체가 최근 수 세기 간의 세계사적 축도를 보는 것 같다면서, ‘영미 각국의 자본주의적 이익이 중국에서 충돌하는 동시에, 반자본주의적 세력인 러시아도 중국으로 침투’하고 있다고 평가하였다. 이는 1925년의 중국인식에서도 비슷하게 나타난 것이었지만, 그는 중국혁명의 의의를 보다 강조하면서 중국사회 차원의 발전이라는 점을 부각시켰다. 그는 중국혁명은 이중의 의미를 가지고 있는데, 바로 자본가적 민주주의의 획득이며, 또 하나는 열강 제국주의로부터의 국민적 해방(제국주의 열강과 그 앞잡이인 군벌에 대한 투쟁)이라는 점을 강조하

---

91) 「中國政界消息(4)」, 『東亞日報』 1925.3.21.

92) 「中國政界消息(5)」, 『東亞日報』 1925.3.22.

였다.

이 글에서 그는 "자본가적 민주주의의 획득"이라는 표현을 사용하였는데 그는 투쟁의 지도세력을 중국 자본가 계급이 아닌 "더 조직된 노동자와 농민"이라고 보았다. 또한 그는 북벌을 중국혁명의 과도기적 특질로 이해하고, '일시 자본벌의 혁명세력이 표면에 나서 국내의 군벌을 타도하여 통일 정부를 수립하게 되었지만, 이는 중국혁명이 자본가적 민주주의의 계단을 통과'하는 것으로 이해하였다. 결국 이러한 그의 중국혁명 인식은 2단계의 사회주의 혁명과 일치하는 것으로 볼 수 있을 것이다.

그러나 이관용의 혁명중국 인식은 남경행을 통해 많은 부분 실망감으로 바뀌어갔다. 이관용 자신은 출발 전, '중국에 대한 지식이 충분치 못한 나로서는 여러분의 기대에 맞도록 소개할 수 있을지 스스로 분연(憤然)한 느낌'이 든다고 할 정도로 설레어 했다.[93] 또한 그는 중국으로 가는 기차안에서 러시아로 출발하기 전과 마찬가지로

> 나는 결코 중국이 당면한 외교문제, 국민정부의 신 조직, 관공계(官公界) 인물의 지위이동 등만 보러 이 먼 길을 떠나고 싶지는 않았다. 만일 중국에서 이번에 일어난 운동이 진정한 '혁명'운동이라면 그 혁명운동의 주체와 특질이 어떠하며 그것이 국경을 넘어 세계에 미치는 영향이 어떠함을 무엇보다도 보고싶은 것이다. 여간 도시여자 몇 사람의 깎은 머리만 보고 이것이 혁명이라 부르기는 어려울 것이다.[94]

라고 자신의 중국행에 대한 포부를 밝혔는데, 이러한 서술은 아마도 소련 기행에서의 반성을 담은 것이 아닌가 생각한다. 즉 소비에트 대회 방청을 통해 얻은 정보나 인상비평적인 서술에서 벗어나, '혁명운동의 주체와 특질'과

---

93)「革命完成된 中國을 向하면서」,『朝鮮日報』1928.10.20.
94)「中國가는 길에서－奉天見聞」,『朝鮮日報』1928.10.23.

'혁명의 대외적 의미'(대외관계)에 집중하여 기사를 서술하려 한 것으로 보인다. 그러나 막상 중국에 도착한 이관용이 인터뷰를 추진하였을 때, 중국측의 인사들은 인터뷰를 회피하거나, 당위적인 수준의 언설을 발언할 뿐이었다. 이는 이관용이 사회주의 러시아를 방문하였을 때, 식민지 조선의 신문기자라는 신분을 밝히자 여러 계층의 인사가 인터뷰에 적극적으로 응했던 것과는 사뭇 다른 분위기였다.

한 예로 이관용은 1928년 10월 21일과 22일, 이틀에 걸쳐 중화민국 동삼성(東三省) 보안총사령부를 방문하여 총사령 장쉐량(張學良)과 회견을 기다렸다. 그는 비서진을 통해 장쉐량의 시국 의견을 듣고자 하였으나, 이들은 중국문제에 대해서는 언급하지 않았다. 다만 재만조선인문제에 대해 '재만조선인들은 여러 가지 복잡한 외교문제가 수반되기 때문에 귀찮은 문제'이며, 중국 관헌측에서는 조직적으로 박해한 일이 없고 다만 중국인 지주 개인의 소위(所爲)일 뿐이라고 밝혔다.[95] 또 다른 비서의 경우, 이관용이 내몽골의 독립문제에 대해 질문하여 인터뷰를 하려하자 노골적으로 인터뷰를 피하기도 하였다.[96] 그러나 보다 심각한 문제는 이관용이 장쉐량과의 인터뷰에서 중국혁명의 실제를 느끼면서 나타났다. 이관용은 인터뷰에서 동삼성과 남경정부와의 관계 및 자치에 대해 질문하였다.

> **문** 남북타협에 대하여 물어보고 싶은 것이 있습니다. 남북이 타협하여 동삼성도 통일된 중국의 한 지방으로 된 것은 사실입니다. 그러나 동삼성의 모든 사정은 중국 본부의 그것과 사뭇 다른 것이 많아서 필경 동삼성은 자치를 하게 되겠다는 소문이 있으니 사실입니까?
>
> **답** 자치운운에 대하여는 아직 모르나, 하여간 여기는 고유한 사정이 있으니까 여기 것은 대개 여기서 하게 되겠지요.

---

95)「東三省總司令部訪問 張學良氏 會見記(1)」,『朝鮮日報』1928.10.25.
96)「東三省總司令部訪問 張學良氏 會見記(2)」,『朝鮮日報』1928.10.26.

문 그러나 여기 사정이라고 다 여기서 하지는 못하겠지요? 여기 사정이라도 여기서
하지 못할 성질의 것, 가령 외교문제와 군사문제에 관한 것 같은 것도 여기서
하겠습니까?

총사령은 얼마쯤 주저하였다. 그러나 남 보기에 너무 길게 주저한다는 눈치가
보이기 전에

답 외교문제도 여기 관계된 것은 여기서 하게 되겠지요

하고 분명히 나는 이것을 들으매 얼마쯤 놀래지 아니치 못하였다.[97]

인용문에서 알 수 있듯이 이관용이 생각한 중국혁명(북벌)은 완성되지 못한
채 여전히 남경의 국민당 정권과 만주의 장쉐량(張學良) 군벌, 그리고 다른
지역에서의 군벌들이 건재한 상황이었고,[98] 그가 생각했던 군벌 타도 후 통일된
정부에 의한 부르주아 민주주의 혁명은 아직 실현되지 않았던 것이었다.[99]
이러한 가운데 이관용은 봉천 총영사인 하야시 규지로(林久治郎)와 인터뷰를
나누었는데, 그는 만주 지역에서의 일본의 기득권을 강조하면서 "일본의 기술과

---

97) 「東三省總司令部訪問 張學良氏 會見記(4)」, 『朝鮮日報』 1928.10.28.
98) 이관용은 남경에서 司法院長인 王寵惠를 인터뷰하면서 다시 한번 이 문제에 대해
질문하였다. 그는 스스로 이 문제가 '델리케이트한 질문'이라면서, 국민당이 以黨治國을
한다면 '당원 뿐 아니라 비당원에게까지라도 당의 결의가 최고 권위를 갖지 않으면
안된다'면서 다음과 같은 가정을 하였다. "한 군인으로서 자기 상관의 명령이 당의
결의에 저촉될 때 어느 권위에 복종하게 됩니까? 상관의 명령이라도 무시하고 당의
명령에 복종하겠습니까?" 이관용은 이 질문을 통해 국민당 독재의 수준과, 여러 군벌과
당의 관계를 확인하려 하면서 이를 당시의 중국 정세를 보는 가장 기본적 출발점이라
파악하였다. 그러나 司法院長인 王寵惠는 '군인은 상관의 명령에 복종할 것이고, 또
복종하여야 할 것으로 안다'고 대답하면서 여전히 군벌이 난립해 있는 중국의 상황을
다시 한번 확인시켜 주었다. 「新興中國研究(10)」, 『朝鮮日報』 1929.1.10.
99) 후에 이관용은 남경에서 '본래부터 그렇게 예상치 않은 것은 아니지만 여기와서
본즉 예상한 것 보다 사실이 너무도 다르다. 매일 정부 당국자를 만나 그 의견을
들어보던지, 혹 국민당의 중요인물을 만나보던지, 또는 각처의 건설기관을 시찰하여
보던지 혹 서점마다 벌여놓은 무수히 많은 서책 팸플릿, 월간·석간물을 구독하여
보든지 신흥중국에 대하는 나의 예상과는 현존사업이 너무도 틀렸다'라고 밝혔다.
「新興中國研究(1)」, 『朝鮮日報』 1928.12.24.

자본으로 황무하던 만주를 지금같이 문명화"하였으며, "이를 다시 문제삼는다면 일본은 확호(確乎)한 태도로 최후까지 싸우겠다"고 발언하였다. 다시 말해 이관용이 상정한 혁명중국의 북벌 완수에 따른 중국 군벌과 외국의 유착관계 파괴는 처음부터 없었던 것이다. 그럼에도 불구하고 그는 기사 말미에 "중국(中國) 노농대중(勞農大衆)의 잠재적(潛在的) 세력(勢力)까지 무시(無視)하여서는 안 될 것"이라고 지적하면서 희망의 끈을 놓지 않았다.[100]

봉천을 떠나 대련에 도착한 이관용은 단재 신채호를 대련감옥에서 면회한 후,[101] 천진과 북경을 거쳐 남경에 도착하였다. 남경에 도착한 이관용은 중국이 새로워졌다고 느꼈다.[102] 그러나 그 새로움은 아마도 북벌의 완성에 대한 기쁨보다도 제1차 국공합작의 결렬에 따른 실망으로 보인다. 그는 중국의 국민혁명이 성공한 것은 1923~24년 쑨원의 국민당 개조, 즉 소비에트 러시아 및 중국공산당과의 결합, 그리고 이에 따라 중국의 농공계급을 혁명의 주전력이 되게 하였기 때문이라고 파악하였다. 그러나 1927년 이후 국민당에 의한 공산당에 대한 '쿠데타'로 인해 제1차 국공합작이 결렬된 점에 대해 이관용은 비판적으로 바라보면서, "국민당(國民黨) 극좌파와 공산당은 (……) 하부의 인민층에게 빼지 못할 견고한 세력을 부식하고 있다"며 향후의 모습을 주목하였다.[103]

장쉐량, 하야시 규지로와의 인터뷰, 그리고 국민당의 공산당에 대한 '쿠데타'라는 인식은 이후 그가 기고한 장문의 기사(「신흥중국의 측면관(側面觀)-복잡한 내정과 다단한 외교」)의 배경지식이 된 것으로 보인다. 이관용은 영국의 상업자본과 미국의 금융자본, 그리고 만주지역에 부식되어 있는 일본세력이 중국에서 각축하고 있는 당시의 상황을, '만일 중국의 내정이 통일되어 금일의 복잡함이 없다면 열강의 반목(反目)과 전락(轉落)을 이용하여 외교문제의 상당한

---

100) 「滿洲와 日本, 林總領事와 會談하고(2)」, 『朝鮮日報』 1928.10.30.
101) 「北京에 와서」, 『朝鮮日報』 1928.11.8.
102) 「南京에 와서」, 『朝鮮日報』 1928.11.21.
103) 「孫文氏의 三大政策, 國民黨과 共產黨의 關係」, 『朝鮮日報』 1928.11.22.

효과를 앉아서 거둘 것이 아닌가?'라고 지적하면서, 북벌에 의해 통일된 혁명중국은 실현되지 않았다는 점을 독자에게 암시하였다.[104]

한편 「신흥중국연구」에서 이관용은 중국이 열강과 맺고 있는 불평등조약의 상황과 그 개선책에 대해 장문의 기사를 기고하였다. 마치 외교사 혹은 국제법 서적을 보는 것과 같이 중국의 대외 관계에 대해 소상히 기록한 이 기사는 마침 중국이 벨기에 및 룩셈부르크 등과 조약을 개정하는 시기에 기록된 시의적절한 것이었다. 이관용에 따르면 당시 중국은 관세와 일체 관련사항을 완전히 평등하게 개정하면서 영사재판권을 소멸하는 등의 성과를 거두었다.[105] 그러나 이 개정의 가장 큰 문제는 토지문제를 언급하지 않고, 이를 인정하였다는 점이었다. 이에 대해 이관용은 서구열강에게 있어 "형식상 흐르는 평등이란 문구로 다년간 요구하던 토지소유권을 교환하게 되면 그 이상의 기쁨이 없을 것"이라고 비판하면서, 근세의 '일반전습적 직업적 외교'를 타파하고 이른바 '혁명적 외교'가 필요하다고 보기 드물게 강한 의견을 제시하였다.[106]

흥미로운 것은 그가 이러한 남경정부의 난맥상을 타도하려고 한 대학생 및 청년학생, 그리고 이들을 육성할 수 있는 교육시스템에 많은 관심을 가지고 있었던 것이다. 그는 '굴욕외교'에 대해 남경의 중앙대학 학생들을 비롯한 시민들의 규탄대회가 열리자, "여기서야말로 중국(中國)에 와서 처음으로 신흥기분(新興氣分)을 볼 수 있다"고 보았다. 또한 교육시스템에 대해 이관용은 당시 중앙연구원장 차이위안페이(蔡元培)를 만나 인터뷰하면서 신흥 중국의 건설에 가장 많은 공로 중 하나로 학술기관의 건설을 그 사례로 들었다. 그는 당시 중국의 대학원은 매년 총회를 개최하고 중국의 일반교육방침 및 대학교육 발전에 대하여 토론하는 교육정책을 관리하는 '의회'이며, 중앙연구원은 현재의 학술원과 비슷하다는 점을 강조하였다. 결과적으로 이관용은 두 기관이

---

104) 「新興中國의 側面觀─複雜한 內政과 多端한 外交(4)」, 『朝鮮日報』 1928.12.3.
105) 「新興中國研究(11)」, 『朝鮮日報』 1929.1.5.
106) 「新興中國研究(12)」, 『朝鮮日報』 1929.1.6.

중앙정부와 무관하게 독립되어 있으므로, 정부의 연구에 대한 정책적 간섭을 받지 않는다는 점에 주목하였다. 당시 식민지 조선의 현실에서 조선총독부의 정책적 지향과 궤를 같이한 경성제국대학, 그리고 연희전문을 비롯한 전문학교에 대한 개입과 대조적인 중국의 상황에 대해 이관용이 관심을 가진 것이라 생각한다면 지나친 추론일까.

혁명중국의 의미에 대해 고찰한 이관용의 기사는 사회주의 러시아를 방문하였을 때보다 훨씬 무겁고 어두운 분위기로 그려졌다. 아마도 이는 사회주의 혁명의 중심지인 소련, 그리고 아직 부르주아 민주주의 혁명 단계에도 '제대로' 이르지 못한 것으로 파악한 중국의 혁명의 수준 차이에서 비롯된 것으로 보인다. 그러나 보다 중요한 것은 중국의 경우 여전히 국내에서의 통일이 이루어지지 않은 점, 또한 혁명의 주도세력인 노농대중을 지도해야 할 공산당의 숙청, 그리고 무엇보다도 일본과 서구열강이 여전히 중국 내에서 이권을 장악하고 이를 더욱 확대시키려고 한 半식민지적 조건에서 기인한 것으로 보인다. 그리고 이관용 역시 러시아 기행 때와는 달리, 이러한 현실적 상황을 깊이있게 고민한 가운데 청년대중 그리고 고등교육체계의 발전에 기대를 가지고 있었던 것으로 보인다.

5. 맺음말

이관용은 식민지 조선의 지식인 가운데, 이른 시기부터 중국과 일본, 소련과 유럽을 넘나들며 다양한 학문적 경험과 언론 활동을 통해 자신의 세계관을 현실 속에서 적용하고자 하였다. 이미 1910년대부터 유럽으로의 유학을 통해 서구철학의 기초를 쌓아온 그는 당시의 많은 지식인들과 달리, 일본을 거쳐온 '이식된 서구 학문'이 아니라 서구 문명과 학술적 사조를 직접 대면하고 이를 스스로 체화하는 과정을 거쳤다. 이 과정에서 그는 서구문명의 무조건적 수용이 아니라, 비판적 성찰을 거칠 것을 주장하였다. 그리고 그 바탕에는 바로 민족에 대한 낙관적인 신뢰가 자리하고 있었다. 또한 이관용은 주체적인 입장에서 칸트 철학과 '의지'의 중요성을 인식하였는데, 그의 의지론은 식민지의 피지배민이라는 수동적인 모습으로 조선인을 한정시키지 않고 현실사회를 개조해 나갈 수 있는 원동력이 되었다.

이관용의 철학은 그저 학문 영역에 그친 것이 아니라, 현실을 바라보는 눈이 되기도 하였다. 인간 주체의 의지와 현실개조를 강조한 그는 조선 사회 역시 '전 민중적 평등사회'로 탈바꿈해야한다고 바라보았다. 특히 이러한 모습은 연희전문 재직 시절의 글에서 잘 나타나는데, 이는 그가 자신의 세계관에 기초하여 연전을 비롯한 조선의 젊은 청년들에게 현실의 변혁을 불러일으키고자 하였던 모습을 유추할 수 있게 한다.

인간에 대한 믿음과 긍정적 세계관은 현실사회에서 변화를 일으키고 있는 민족자결주의 및 사회주의 세력에 대한 연대의식으로 발전하였고, 그가 진보적 사회세력을 우호적으로 대하게 되는 계기가 되었다. 그러나 그의 이상적 사회주의 인식은 실제의 경험을 통해 바뀌어 나갔다. 1925년 당시 소비에트 및 유럽 기행을 통해 파악하였던 사회주의 국가에 대한 인식은 1928년 국민혁명 직후의 중국방문을 통해 바뀌어 나갔다. 여전히 반동적인 측면이 존재하고 있는 중국현실을 바라본 이관용의 고민은 바로 이 지점에서 기인한 것이라 할 수 있다.

중국 방문 이전부터 이미 신간회의 주요 인물 중 한 사람이었던 이관용은 뜻밖의 사고로 세상을 떠날 때까지 적극적으로 신간회 활동을 전개하였다. 다만 이 시기의 이관용은 신간회와 관련된 몇 차례의 강연을 제외하면 주로 조직 내부에서 활동하면서 자신의 생각을 펼치지는 못한 듯 하다. 그러나 앞에서 살펴보았듯이, 그는 자신의 학문적 관점을 바탕으로 이를 현실화하고자 노력하였고, 이 점에서 이관용은 당대의 조선사회, 특히 철학 및 교육계에서 조망될 필요가 있다. 또한 이는 이관용 개인에 그치는 것이 아니라, 근대 한국의 철학교육의 형성과 고등교육기관, 그리고 식민지 사회에서의 철학 사조와 그 영향이라는 거시적인 차원의 흐름을 살펴볼 수 있는 좋은 사례가 될 것이다.

참고문헌

| 이관용 저술 |

李灌鎔, 「歐羅巴求景(3) 伯林」, 『東亞日報』 1925.8.14.

_____, 「歐羅巴求景(6) 維也納」, 『東亞日報』 1925.8.21.

_____, 「露都에서 獨逸까지(1) 리가에서」, 『東亞日報』 1925.6.17.

_____, 「露都에서 獨逸까지(2) 독일에서」, 『東亞日報』 1925.6.18.

_____, 「勞農露西亞의 民族問題 解決(1-2)」, 『東亞日報』 1925.5.22.~1925.5.23.

_____, 「東三省總司令部訪問 張學良氏 會見記(1-4)」, 『朝鮮日報』 1928.10.25.~1928.10.28.

_____, 「滿洲와 日本, 林總領事와 會談하고(2)」, 『朝鮮日報』 1928.10.30.

_____, 「莫斯科地方 소비에트 大會傍聽記(2~4)」, 『東亞日報』 1925.5.15.~6.17

_____, 「博士論文公開(其一)」, 『別乾坤』 10, 1927.12.

_____, 「博士論文公開(其二)」, 『別乾坤』 11, 1928.2.

_____, 「北京에 와서」, 『朝鮮日報』 1928.11.8.

_____, 「붉은 나라 露西亞를 向하면서」, 『東亞日報』 1925.2.27.

_____, 「社會의 病的現像(1~15)」, 『東亞日報』 1922.10.4.~1922.10.19.

_____, 「聖」, 『延禧』 4, 1925.3.

_____, 「消息欄」, 『延禧』 3, 1924.5

_____, 「消息欄」, 『延禧』 4, 1925.3.

_____, 「孫文氏의 三大政策, 國民黨과 共産黨의 關係」, 『朝鮮日報』 1928.11.22.

_____, 「新刊紹介」, 『東亞日報』 1924.5.14.

_____, 「新興中國研究(1-12)」, 『朝鮮日報』 1928.12.24.~1929.1.6.

_____, 「新興中國의 側面觀-複雜한 內政과 多端한 外交(4)」, 『朝鮮日報』 1928.12.3.

_____, 「延禧教內容革新」, 『東亞日報』 1924.3.22.

_____, 「오라! 城西로 오라 八校의 健兒가」, 『東亞日報』 1923.11.3.

_____, 「올흔 生活」, 『延禧』 5, 1925.10.

_____, 「急轉한 太平洋問題, 最近外交界의 趨勢」, 『東亞日報』 1925.1.1.

_____, 「임마누엘 칸트」, 『延禧』 3, 1924.5.

_____, 「中國가는 길에서-奉天見聞」, 『朝鮮日報』 1928.10.23.

_____, 「中國政界消息(1~5)」, 『東亞日報』 1925.3.18.~1925.3.22

_____, 「赤露首都 散見片聞(1-4)」, 『東亞日報』 1925.6.13.~1925.6.17.

_____, 「赤露行-치타 車中에서(下)」, 『東亞日報』 1925.4.24.

_____, 「칸트 誕生二百年」, 『東亞日報』 1924.4.21.

_____, 「칸트의 人格」, 『東亞日報』 1924.4.22.

_____, 「太平洋에 戰爭演習(上, 下)」, 『東亞日報』 1925.2.12.~1925.2.13.

_____, 「平壤敎育講演 第一館에서」, 『東亞日報』 1923.10.25.

_____, 「革命完成된 中國을 向하면서」, 『朝鮮日報』 1928.10.20.

| 저서 |

F. 코플스턴 지음, 임재진 옮김, 『칸트』, 중원문화, 2013.

연세학풍사업단, 『일제하 연세학풍과 민족교육(연세학풍연구총서 1)』 혜안, 2015.

_____, 『홍순혁 저작집(연세사료총서 3)』, 혜안, 2015.

백종현 편저, 『동아시아의 칸트철학』, 아카넷, 2014.

_____, 『독일철학과 20세기 한국의 철학』, 철학과현실사, 2000.

| 논문 |

고바야시 히데오, 「러시아혁명과 만철조사부」, 『아시아문화』 19, 2013.

金斗憲, 「故李灌鎔博士 意欲論 － 意識의 根本事實로서 － 」, 『哲學』 2, 哲學硏究會, 1934.

김세호, 「1920년대 한국언론의 중국국민혁명에 대한 반응 － 동아일보 특파원 주요한의 '신 중국방문기' 취재를 중심으로-」, 『중국학보』 40, 1999.

_____, 「북벌 직후 '신흥중국'에 대한 한국 언론의 일 시각 － 조선일보 특파원 李灌鎔의 취재(1928.10~1929.2)를 중심으로」, 『中國近現代史硏究』 61, 2014.

박정하, 『칸트 『실천이성비판』』(『철학사상』 별책 제2권 제6호), 서울대학교 철학사상연구소, 2003.

박현수, 「동일시와 차별화의 지식체계」, 『상허학보』 12, 2004.

손유경, 「『개벽』의 신칸트주의 수용 양상 연구」, 『철학사상』 20, 2005.

윤상현, 「1920년대 초반 식민지조선의 자유주의와 문화주의 담론의 인간관·민족관」, 『역사문제연구』 31, 2014.

尹善子, 「李灌鎔의 생애와 민족운동」, 『한국근현대사연구』 30, 2004

이수일, 「1920~1930년대 한국의 경제학풍(經濟學風)과 경제연구(經濟硏究)의 동향 : 연전(延專) 상과(商科) 및 보전(普專) 상과(商科)를 중심으로」, 『연세경제연구』 4-2, 1997.

이태우, 「일제강점기 신문조사를 통한 한국철학자들의 재발견 － 김중세, 이관용, 배상하를 중심으로」, 『인문과학연구』 8, 2007.

_____, 「일제강점기 한국철학계의 '유물-유심 논쟁' 연구 － 논쟁의 전개과정과 성격, 의미를 중심으로 － 」, 『철학연구』 110, 2009.

_____, 「일제강점기 한국철학자 연구(Ⅱ) － 일성 이관용 연구를 위한 예비적 고찰 － 」, 『동북아문화연구』 25, 2010.

연세학풍사업단 편, 『연희전문학교 교지 『연희延禧』(上) (제1호~제4호)』, 도서출판 선인,

2014.

酒井哲哉, 『大正デモクラシー體制の崩壊』, 東京大學出版部, 1992.

최수일, 「1920년대 문학과 『개벽』의 위상」, 성균관대학교 국어국문학과 박사학위논문, 2002.

허수, 「1920년 전후 李敦化의 현실인식과 근대철학 수용」, 『역사문제연구』 9, 2002.

로즈(H. Rhodes) 선교사의 선교활동과
연희에서의 교육사역

1. 머리말

해리 A. 로즈(Harry A. Rhodes, 魯解理, 1875~1965)는 1908년에 북장로교 파송 선교사로 내한하여 이후에 첫 안식년을 맞기까지 평안북도의 강계와 선천의 선교지회들과 만주에서 활동하였다. 그 후에는 연희전문학교 교수로 발령받아 교육과 출판 분야, 한국교회사 저술 분야에서 공헌하였다. 연희전문학교는 20세기 초부터 설립을 준비해오다가 1915년에 조선기독교대학으로 창립되었고, 1917년에 전문학교로 관계당국의 인가를 받았다. 로즈는 그 이듬해인 1918년부터 교수 요원으로 합세하였다. 연

로즈(Harry A. Rhodes, 魯解理) 교수

희전문의 설립을 주도한 사람은 주지하다시피 언더우드였고, 세브란스의학교장 에비슨은 적극 뒷받침하였다. 더 멀리 돌아보면 알렌도 대학의 터를 닦는 역할을 하였다. 그러나 1906년에 대학설립운동이 시작되었을 때부터 대다수 주한 장로교 선교사들은 평양 숭실학당에 대학부를 두고 이를 한국 내의 유일한

기독교계 대학으로 계속 발전시키고 싶어 하였다. 그러나 언더우드는 서울에도 또 하나의 기독교대학이 필요하다고 주장하며 동료선교사들의 극심한 반대를 극복하고 본국 선교부를 설득하여 그의 뜻을 관철시켰다. 이 일을 둘러싼 대학문제 논쟁은 대학설립 후에도 계속되었는데, 로즈는 그 와중에서 연희전문에 합류하였다.

로즈 선교사는 언더우드의 서거(1916) 후에 이 학교에 합세하였지만, 언더우드와의 인연은 그의 한국선교 지원 시점에서부터 시작되었다. 1908년 내한 후에 복음전도 활동에 주력하던 그는 1918년에 연희전문학교 교수로 부임하여 초대 학감과 신학과장으로서 종교분야를 담당하였다. 오늘날로 보면 초대 교목실장으로 활동한 셈이었다. 성경교육과 채플예배 수행이 학감으로서 그가 주도해야 할 몫이었다. 이런 업무수행 과정에서 프린스턴 대학원과 프린스턴 신학교 수학경험이 상당할 영향을 미쳤을 것으로 짐작된다. 그는 이런 활동으로 동료 교수들과 더불어 연희전문의 학풍형성, 기독교신앙·신학교육의 토대 마련에 일정한 역할을 했을 것이다. 그는 교수직을 은퇴한 후에도 연희의 이사로 봉직하였다. 그러므로 그가 연희전문에 끼친 영향을 구체적으로 살펴볼 필요가 있다.

그러나 로즈는 학자들의 관심을 거의 받지 못하였다. 그에 관한 자료도 아주 최근에야 상세한 것들을 접할 수 있게 되었다. 2015년에 그의 모교인 프린스턴 신학교가 그동안 수집한 로즈 자료를 공개하기 시작하였다. 이 일은 앞으로도 계속될 것이라고 한다. 프린스턴 신학교의 특별수장실(Special Collection Room)에는 그가 한국에서 쓴 글들과 문서들이 'H. Rhodes Collection'이란 이름 아래 수집되어 있다. 아울러 2015년 봄부터 공개되기 시작한 동 신학교의 'Moffett Collection'에도 선교부와 주고받은 로즈의 편지들이 파일철 두 개 분량으로 수집되어 있다. 그의 활동을 소상히 살펴 볼 수 있는 일기와 금전출납부 등도 수장되어 있다. 필라델피아의 장로교문헌보관소(Presbyterian Historical Society)에도 선교편지와 보고서와 그의 일대기 관련 자료가 보관되어 있다.

그 외에 이미 알려진 것으로서 그가 한국에서 선교활동을 하면서 남긴 저서와 문헌들이 있다. 그러나 이 자료들도 그에 대해 개략적인 면모를 파악하는 것 이상으로 활용되지 못하였다. 그의 저서들 중에서 소책자인 『조선긔독교회략사』도 많이 알려졌지만, 그의 대표적인 저서는 1934년 한국선교 희년, 곧 50주년을 기해 출간된 *History of Korea Mission Presbyterian Church, U.S.A. Volume I, 1884-1934*(Seoul : Chosen Mission of the Presbyterian Church, USA, 1934)이다. 여기에 한국 장로교회의 성립은 물론 연희전문학교의 창립 전후에 관한 기록이 가장 소상하게 기록되어 있다. 그럼에도 불구하고 이 책은 최근에야 필자에 의해 번역·출판되었다. 그의 최후 저작은 아키발드 캠벨(Archibald Campbell)과 공동으로 저술한 *History of Korea Mission Presbyterian Church, U.S.A. Volume II, 1935-1959*(Seoul : The Presbyterian Church of Korea, Department of Education, 1965) 이다. 그는 이 책이 출판된 1965년에 향년 90세로 서거하였다.

필자에게 주어진 연구 과제는 주로 로즈의 보직과 수행내용, 성경과목 교안, 채플린 활동을 고찰하는 것이다. 그러나 이 과제의 수행은 자료의 불비로 인해 다음으로 미룬다. 프린스턴 신학교에서 2015년에 비로소 공개되기 시작한 자료들을 활용하려면 더 충분한 시간이 요구되기 때문이다. 본고에서는 새 자료들의 일부와 이미 알려진 자료들을 바탕으로 그의 생애와 연희전문 활동사항을 서설적인 측면에서 개괄적으로 살펴보려 한다.

2. 생애와 선교활동

1) 초기 생애와 평북 선교활동

로즈는 1875년 9월 11일 미국 펜실베이니아 주의 이스트브룩(East Brook)에서 출생하였다. 그는 장로교 신앙의 가정에서 자랐는데, 펜실베이니아에서는 장로교 교세가 가장 강하였다. 1903년 같은 주에 소재한 그로브시티 대학(Grove City College)을 졸업하고, 1903~1906년에 프린스턴 대학원 석사과정과 프린스턴 신학교를 다니고 같은 해에 두 학교를 졸업하였다. 그 사이 1904~1905년 한 해 동안 피츠버그의 웨스턴 신학교에서도 수학하였다. 그 후 안식년 기간에 비블리컬 신학교(Biblical Theological Seminary), 컬럼비아 대학의 티처스컬리지(Teacher's College, Columbia University), 유니언 신학교(Union Seminary)와 프린스턴 신학교(Princeton Theological Seminary)에서 연구 활동을 하기도 하였다.

그는 1906년에 브라운(Edith Brown)과 결혼하고 장로교단에서 목사로 장립(1906.9.19)되었다. 1906~1908년에는 펜실베이니아 주의 크로스크릭(Cross Creek) 장로교회에서 담임목사로 사역하였다. 크로스크릭 교회는 규모가 상당히 커서 안정적으로 생활할 수 있었지만, 사임하고 주한 선교사로 새 출발을 하였다. 그런 결단을 하는 데에는 19세기 말엽에 시작된 미국교회의 YMCA운동과 학생선교자원운동이 영향을 미쳤다. 이 운동들은 세기가 바뀌기 전에 전 세계를 복음화 할 것을 소망하고 촉구하였다. 해외선교에 대한 관심은 세기가 바뀐 후에도 젊은 신학도들과 목회자들 사이에서 계속되었다. 로즈는 1902년 3월 토론토에서 열린 학생선교자원운동 대회에서 언더우드의 한국선교에 대한 전언을 듣고 마음의 문을 열게 되었다. 프린스턴 신학교 때부터 알게 된 블레어(Hulbert Blair)가 강계에서의 동역을 그에게 권고한 것과 1907년의 평양대부흥운동 이야기들도 그가 한국선교에 관심을 갖는 계기가 되었다. 그는 북장로교 해외선교부의 핼시(A. W. Halsey) 박사와 장래의 진로를 상의하였고,[1] 해외선교부는 새로 조직되는 강계지회에 가서 활동하도록 추천하였다.[2] 그는 마침내 1908년 부인과 함께 북장로회 선교사로 파송 받고 내한하였다. 그의 한국행은 언더우드가 미국교회를 순회하며 한국선교사 모집·모금활동을 한 결실이기도 하였다.[3]

---

1) Harry A. Rhodes to Dr A. W. Halsey, Feb. 9, 1906.
2) Harry A. Rhodes to the Presbyterian Board of Foreign Mission, Feb. 6, & Nov. 6, 1907.

그는 1908년 7월 9일에 샌프란시스코를 떠나 한국에 도착하였다. 내한 후에는 예정대로 평양에서 한국어 연수를 받은(1909~1910) 후, 평안북도 강계(1910~1916)와 선천(1916~1917)의 북장로교 선교지회들에서 활동하였다. 강계지회는 선천지회의 주도로 1909년에 신설되어 체계적인 활동에 아직 제한이 많았다. 중국과 국경을 접한 지역이어서 교통편도 여의치 않았다. 그래서 가끔 뗏목과 썰매로 압록강 유역과 평북 북부지방을 순회하며 전도하였다. 강계에서 신의주까지는 거리가 거의 천리나 되었다.[4] 1913년경부터는 급속히 늘어난 이주 한인들을 대상으로 만주지방 선교여행도 빈번하게 하였다. 그는 클라크(C. A. Clark, 郭安連), 호프만(C. S. Hoffman, 咸嘉倫)과 함께 출발하여 성경연구반을 조직하고 중국교회 예배당을 빌려 성경공부를 인도했으며, 144명에게 세례도 베풀었다. 1914년 11월에도 같은 지역을 순회하며 성경공부를 인도하였다. 이때는 비거(John D. Bigger)가 동행하였다. 로즈는 한국교회와 미국교회에 만주로의 기독교 전파가 중요한 점을 강조하였다. 이후 장로교 선교회가 이 일에 적극 나서 선교지역이 확장되고 남만주·북만주·동만주노회가 설립되었다. 첫 안식년을 맞기 전인 1909년에서 1916년까지의 활동상은 왕성하였다. 70여 교회를 순방하고 7~10일간씩 계속된 성경공부반을 28회, 2개월씩 공부하는 성경학교를 8차례, 5일씩 하는 제직반을 7회, 6개월 간 하는 사범반 성경공부를 인도했다. 250회의 한국어 설교와 50여 차례 영어 설교도 했다. 841명에게 장년 세례와 121명의 유아세례 및 740명의 학습교인을 세웠다. 그간 30,000리의 선교 여행을 했는데 7차례 압록강을 오르내리고 여름에는 당나귀, 겨울에는 썰매도 이용했다. 연례 선교사 모임 참석여행도 1000마일이나 되었다. 그는 첫 번째 안식년 후에 1917년 9월부터 1918년 3월까지 6개월간 48개 교회의 당회장으로서 평안북도 선천, 구성, 장성, 동신의주 등 70여 개 교회를 순회하며

---

3) Harry A. Rhodes to Dr Halsey, May. 11, 1907.

4) H. A. Rhodes, "Dawn the Yalu on Raft and Boat," *The Korea Mission Field* Vol.5 No.6 (1909.6), p.93.

92차례 설교하고, 26회 성만찬을 집례하며, 23회 기도회를 인도하고, 131명에게 세례를 베풀었다.

2) 연희전문학교 부임 후 서울 활동

로즈는 1918년 4월에 미국 북장로교 해외선교부에 의해 연희전문학교 교수로 임명되었다. 그러나 한국선교회는 그의 서울 전임을 반대하였다.[5] 그 당시 한국선교회 내부에서는 서울에 대학이 이미 세워졌음에도 불구하고 평양측과 서울측이 여전히 격렬하게 대립하며 그 갈등을 본국의 선교부와 한국선교회의 관계 문제로 비화시키고 있었고, 그로 인해 선교회 분리설이 대두되고 있었다. 다수를 이룬 평양측 선교사들은 사립학교의 기독교교육을 견제하는 조선총독부의 교육정책 하에서 서울의 대학을 설립하도록 미국의 해외선교부가 인정한 것을 못마땅하게 생각하였다.[6] 로즈의 개인적인 선교활동 역량이 돋보였던 점도 타 지역 인력수급의 차질을 우려한 주한 선교사들이 그의 서울 이전을 반대한 요인이 되었다.

로즈는 이런 반대에도 불구하고 마침내 1918년 4월에 연희전문학교에 부임하였다. 그는 세브란스병원의 구내에서 머물다가 1920년에 새 사택을 지어 신촌의 캠퍼스로 이사하였다. 주사역은 학원선교였지만, 한양, 파주, 동막의 교회들을 돌보며 신촌 대현교회의 당회장 직도 수행하였다. 로즈는 연희전문 안에서 설립이사, 이사, 학감(1921~1922), 초대 신학과장을 역임하였다. 무엇보다 총독부의 사학법 하에서 정규교과로서의 성경교육과 채플운영은 불가능했지만, 이 대학의 종교교육 담당자로서 신학과를 통해 전체 학생들을 대상으로 이 일들을 수행하여 학교의 정체성 수립의 기틀을 다졌다. 그는 종교교육 외에

---

5) *Minutes, Chosen Mission, Presbyterian Church, U.S.A.* 1918, pp.12 &13.

6) H. A. Rhodes, *History of Korea Mission Presbyterian Church, U.S.A. 1884-1934*, 최재건 역, 『미국 북장로교한국선교회사』, 서울 : 연세대학교출판부, 2009, 466쪽.

영어과목을 가르치기도 하였다.

연전에 온 1918년부터 1924년 두 번째 안식년을 맞기까지 232번의 한국어 설교와 31회의 영어설교를 했고 청중은 33,800명이었다. 교회의기관장 모임에 187회 참석했고 45회의 성찬 집례를 했다. 매주 13회의 성경공부 인도와 한달간 계속되는 3개의 성경학교를 인도했다. 위원회 모임 132차례, 선교사 모임 210회 참석했다. 171차례의 교수회의도 있었다. 59회의 선교지회 모임, 10번은 노회, 4회의 공의회(Federal Council) 그리고 두 번의 조선예수교장로회 총회에 참석했다. 58차례 채플에서 설교했고 56회의 기도회에서 가르쳤다. 주일학교에서도 53차례 가르쳤다. 이 기간 동안의 여정은 3,710마일이었다.

1924~1925년에는 두 번째 안식년을 맞아 성지와 프랑스 등으로 세계여행을 하였고, 모교인 그로브시티 대학에서 신학박사 학위를 취득하였다. 10개 주 50여 도시의 59개 교회에서 107회의 강연 및 설교를 통해 한국선교 사역을 알리고 지원을 호소하였다. 귀임 후에도 3번째 안식년인 1932년까지 연희전문에서 계속 봉직하였다. 이 기간에 백낙준 박사가 교수로 합류하여 로즈가 담당한 성경, 채플 등의 종교활동을 도왔다. 이 일을 위해 로즈는 펜실베이니아의 타운센트(W. S. Townsend)로부터 $1,500를 기부 받아 백 박사의 연봉을 확보하였다. 그 외에도 30명의 개인과 약 10개 교회들로부터 $11,500 지원을 받았다. 그가 은퇴할 때 연전에 등록된 학생은 총 2,500명이었다.

이 기간 동안에 그는 150차례 한국어 설교를 했고 청중은 대략 12,125명이었다. 13회의 영어설교와 89차례의 주일학교에서도 가르쳤다. 23회의 기도회를 인도하였고, 4번에 걸쳐 일주일간 계속하는 성경공부반을 지도했다. 임직원 모임 97회, 한국인과의 위원회 129회, 선교사회의 225회, 교수회의 참석 65회, 선교지회 출석 60회, 성찬예식 인도 31회, 노회참석 11회, 총회 출석 3회, 공의회 참석 2회, 한국교회협의회 출석 4회였다. 이 기간 동안 여정은 걸어서 415마일, 기차여행 8000마일, 그리고 자동차여행도 5350마일이나 하였다.

또한 로즈는 학원선교 활동 외에 서울 서부지역의 15곳을 돌면서 교회를 보살피며 일선 선교사의 소임을 다하였다. 또한 북장로교 한국선교회 실행위원회(위원장 허대전, J. Gorden Holdcroft)에 임명되어 활동하였고 위원장으로 활동하기도 하였다. 또 다른 중요한 공적은 언더우드를 도와 교파연합운동을 적극 찬동하고 감리교 대표들과 함께 일선에서 활동한 것이었다. 문서선교의 중요성을 인식하고 출판, 문화 분야에서 괄목한 활동을 한 것도 중요한 업적이 되었다. 1921년에 당시의 유일한 교계신문인『기독신보(基督申報)』사장직을 맡았고, 1922년 후에는 조선예수교서회 편집위원과 위원장으로 활동하였다. The Korea Mission Field의 편집장도 역임하였다. 해방 후에도 대한기독교서회의 새 출발에 기여하였다.

1932부터 1933년까지의 안식년에는 프린스턴에 머물렀다. 36개주, 9개 도시의 47개 교회나 강당에서 53회의 강연과 설교를 했고 청중은 10,595명이었다. 안식년이 끝나고 한국에 돌아올 때는 3명의 자녀들은 모두 대학에 진학하여 두 부부만 돌아왔다.

연전을 떠난 그는 그 후에도 이사로 봉직하면서 저술활동을 하였다. 그가 이사로 있었던 전체 기간은 1918년, 1936~37년, 1939년이었다. 그의 부인(Edith Brown Rhodes)도 음악교수로 봉직하며 연세 음대의 초석을 놓는데 일조하였고, 한국의 서양음악 발전에 공헌하였다. 그녀도 "The Possibilities of the Choir"를 비롯한 몇 편의 글을 Korea Mission Field에 기고하였다.

로즈는 학문적인 방면에서도 탁월한 공헌을 했는데, 특히 한국교회사 연구의 기초를 다졌다. 그의 연구·저술활동은 연세대학교 연신원과 신과대학이 교회사학 분야에서 백낙준, 한태동, 민경배로 이어지는 괄목할만한 학술적 기여를 하는 바탕을 마련하였다. 그는 한국선교 50주년 기념행사준비위원회(Fiftieth Anniversary Celebration Committee)의 6인중 1인이자 조사·확인위원회(Findings Committee)의 8인 중 1인으로서 한국선교 희년인 1934년에 미국북장로교 한국선교회사 간행 책임자가 되어 History of Korea Mission Presbyterian Church, U.S.A. 1884-1934를 저술하고 출간하였다. 거의 700여 페이지에 달하는 이 저작은 그때까지 한국선교에 대한 종합보고서의 역할을 하였다. 지금까지도 그 정도로 선교활동을 상술한 저서는 나오지 않고 있다. 희년기념대회 문집을 간행할 때에도 서문을 리차드 베어드와 함께 썼고, 본문의 한 항목인 "Fifty Years of Christian Literature in the Korea Mission, Presbyterian Church, U.S.A."7)를 집필하였다.

한편 총독부가 신사참배 강요정책으로 1935년 11월 평양의 기독교계 학교에 게 평양신사에 참배할 것을 강요하자 이 문제의 해결을 위해 노력하였다. 북장로교 한국선교회는 허대전(J. C. Holdcroft), 소열도(T. S. Soltau), 노해리(H. A. Rhodes)로 실행위원회를 구성하였다. 1935년 12월 13일 밤 평양 숭실학교 교장 윤산온(G. S. McCune)의 집에서 모여 오랜 토론 끝에 신사참배에 반대하기로 결의하였다. 이 결의에 따라 윤산온을 비롯하여 숭의여학교장 선우리(V. L. Snook)가 신사참배를 거부하자 이들부터 추방되었다. 로즈는 서울에 있는 대부분의 북장로교 선교회원들과는 달리 신사참배에 단호히 반대했고, 신사참배 문제가 절정에 달했던 1938년에는 세브란스병원에 입원하기도 하였다. 선교회 경영의 학교들은 결국 폐교되었고, 태평양 전쟁의 발발로 일제가 미국선교사들을 강제 추방했던 때에 로즈는 네 번째 안식년(1940~1941)과 겹쳐 미국으로 귀국하였다. 1941년 한국으로 돌아오려던 계획은 취소될 수밖에 없었다.

미국에 체류하던 로즈는 해방되던 1945년 9월 11일에 70세를 맞았다. 그는 한국선교사로 귀임할 것을 염두에 두어 항구적인 직책을 구하지 않고 임시직을 찾아 목회하였다. 1942부터 1951년까지 뉴욕 주의 로뮬르스와 카노가, 플로리다의 서머나 비치, 캘리포니아의 피스모 비치, 뉴저지의 윌우드, 웨스트버지니아의 레이븐우드에서 임시목사로 봉직하였다.

태평양 전쟁이 끝난 후에 북장로교 해외선교부는 한국선교를 계속하기로 하고 7인의 한국선교사를 재 파송하였다. 서울에 플레쳐(Fletcher)와 코엔(Coen)

---

7) H. A. Rhodes, "Fifty Years of Christian Literature in the Korea Mission, Presbyterian Church, U.S.A.", *The Fiftieth Anniversary Celebration of the Korea Mission of the Presbyterian church in the U.S.A.*(Seoul : YMCA Press, 1934), pp.68~82.

로즈(노해리) 부부

과 로즈(Rhodes), 대구에 아담스(Adams)와 블레어(Blair), 안동에 보켈(Voekel), 청주에 램프(Lampe)가 그들이었다. 로즈는 1946년에 한국으로 돌아와 조사위원장으로 활동하면서 대한기독교서회 평생회원으로 의촉 받고 출판문화의 발전과 향상에 기여하였다. 1947년 8월에 미국으로 돌아가 1950년까지 뉴욕과 펜실베이니아 주의 여러 교회에서 임시 목사직을 수행했고, 1951년에 선교사직을 완전히 은퇴하였다. 1951년 이후에는 캘리포니아에 정착하여 샌 마리노교회(The Community Presbyterian Church of San Marino)에서 1955년까지 선교목사로 봉사하였다. 또한 그간의 한국선교를 돌아보고 자료들을 정리하여 『미국북장로교선교회사』 II, 1935~1959를 집필하고 1965년에 출간하였다. 이처럼 마지막까지 북장로교 한국선교회에서 맡겨진 소임을 다하고 1965년 6월 16일에 별세하였다.

3. 저술 활동

1) 교회사·신학 저술

로즈는 무엇보다 한국기독교회의 역사서 저술 분야에서 선구적인 기여를 하였다. 그가 저술한 한국교회사는 내용이 초교파적 성향을 띠었고 가장 상세하다. 오늘날 한국교회사 연구가 상당한 진척을 이루었지만, 그의 저술은 이모든 연구들을 위한 기본적인 자료가 되어왔다. 그는 먼저 1933년에『조선긔독교회략사』란 한국기독교 역사서를 한글로 처음으로 출판하였다. 간략하게 기술한 소책자이기는 했지만, 에큐메니즘에 입각하여 개신교사에 국한하지 않고 천주교의 전래와 박해에 관한 내용까지 담아 한국그리스도교 전체를 포괄하는 기술을 하였다. 이것은 한글로 된 최초의 한국교회사 책으로서 일반신도들에게도 읽혀 대중화에 기여하였다. 이 책은 1960년대 이후 한국기독교회사 소형 문고본의 한 모델이 되기도 하였다.

그의 대표적인 저서는 1934년에 간행된 『미국북장로교 한국선교회사』였다. 그는 북장로교 한국선교회가 그 해에 선교활동 50주년(희년)을 맞은 것을 기념하여 *History*

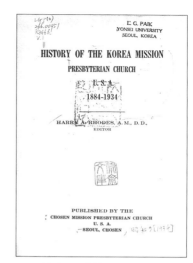

History of Korea Mission Presbyterian Church, U.S.A. 1884-1934

of Korea Mission Presbyterian Church, U.S.A. 1884-1934 (Seoul : Chosen Mission of the Presbyterian Church, USA)를 저술하였다. 은퇴한 후에도 아치발드 캠벨과 함께 *History of Korea Mission Presbyterian Church, U.S.A. Volume II, 1935- 1959* (Seoul : The Presbyterian Church of Korea, Department of Education, 1965)를 간행하였다. 이 두 책에서 그는 북장로회 선교사들의 공통된 인식을 반영하는 형태로 미국 북장로교 한국선교회의 활동을 서술하였다. 특히 전자의 책을 쓸 때는 선교회로부터 위촉받은 대표 집필자로서 연례보고서를 비롯한 선교사들의 각종보고서, 회의록, 저서, 저널 기사 등을 두루 살펴 역사적으로 종합 정리하였다. 사진 자료들도 깃들여 가치를 더 높였다. 저술과정에서 백낙준의 조언을 많이 참조하였고, 그의 예일대학교 박사학위논문(*The History of Protestant Mission in Korea 1832-1910*)을 여러 곳에서 인용하였다.[8] 한국사 분야에서는 게일의

---

8) H. A. Rhodes, 『미국 북장로교한국선교회사』, 서문, xxii. 또한 라투렛, 백낙준의 역사기술 방법을 좇아 자료를 최대한 많이 수집하고 사실을 명확히 밝히려고 노력하였다.

*History of Korean People*를 많이 참조하였다. 이 책은 선교사업의 시작과 1930년대 중반까지 한국 개신교의 발전 상황을 자세하게 정리한 것으로서 오늘날까지 그에 필적할 것이 없다. 두 책은 그 방대한 분량과 풍부한 내용으로 인해 한국장로교회사 연구의 초기 자료로서 크게 신뢰받고 있고, 그의 업적은 백낙준, 민경배로 이어지는 한국교회사 연구의 초석이 되고 있다.

특히 1권에서 '대학문제(College Question)'란 용어가 창출될 정도로 한국선교 회사상 가장 논쟁이 심했고 오래 지속되었던 연희전문 설립문제를 다른 어느 문헌에서보다 상세히 기록하고 있다. 이 기록은 연세대학교 설립 전사를 이해하고 미국선교부와 한국선교회의 의견의 차이와 변화의 흐름을 파악할 수 있게 한다.

로즈는 그 외에도 『오경문답』(1923), 『모압녀인 룻』(1931)을 저술하였고 『인물설교십강』(1933), 『성경고유인명사전』(1937), 『성경요람』(1940) 등의 번역서적도 출간하였다. 또한 *The Korea Mission Field* 등의 저널에도 총52편의 글을 남겼고, 『神學指南』, 『神學世界』에도 많은 글을 남겼다. 성지순례(Travels in Bible Lands)에 관한 저술도 남겼다.

그의 활동과 글에 나타난 성향을 보면, 그는 어느 한편으로 기울기보다 포괄적인 통찰력을 가졌고, 교회연합운동을 강조하는 입장에 있었다. 한국교회가 처음 조직화를 이룰 때 교파의 벽을 넘어 단일교회를 설립하지 못한 사실을 비판하였고, 연희전문의 설립문제에 관한 그의 기록과 천주교회, 감리교회를 아우른 그의 『조선긔독교회략사』 기술에서도 에큐메니컬적인 신학적 입장을 보여주었다. 그는 이처럼 언더우드와 상통하는 교파를 초월한 화합일치(和合一致)의 정신과 신학으로 연세신학의 초석을 놓는 데에도 기여하였다.

2) 연희전문학교 관련 논저

로즈 선교사가 한국에서 가장 오랜 기간 활동한 곳은 연희전문이었다. 그는 대학설립 문제가 오랜 논쟁 끝에 서울측의 뜻대로 결정되었을 때 한국의 온 기독교인들에게 조화를 이룰 수 있게 하는 결정이 이루어졌다고 하는 찬사를 보냈다.(KMF, 1915.3) 그 후 학감(1919~1921)과 초대 신학과장으로서 성경교육 과 채플운영을 주도하여 학교의 정체성을 다지는 데 기여하였다. 총독부의 방침은 종교교육을 위해 정규 시간을 쓰지 못하고 비정규 시간을 활용하게 하는 것이었다. 신과를 담당한 로즈는 미국에 있는 여러 신학교들의 커리큘럼과 중국과 일본에서 새로 시작된 신학교들의 교과목들을 참조하여 과목을 편성하 였다. 미국에서는 신학교가 이미 18세기 후반부터 일반적으로 대학졸업자를 학생으로 선발하여 학부대학 안에 신학과가 있는 경우는 없었다. 연전의 신학과 는 신학교를 세우기 위한 것이 아니라 총독부 규정 안에서 종교교육을 시행하기 위한 목적에서 설치된 것이었다. 따라서 신학과의 성경과목은 신학과가 아닌 대학 전체를 위한 것이었다. 이러한 종교교육은 학생들의 신학교 진학과 교회봉 사·전도활동 활용을 돕기 위해 실시되었다.9) 성경과목은 아래사항에 준하여 개설되었다.

1) 인문학에 준하는 과정으로 신학과에서 4년 동안 매주 5시간 이수하도록 마련되 었다.
2) 모든 학생들에게 초과과정으로 택하도록 마련되었다.
3) 선교반이나 신학과정을 위해 성경을 주제로 한 강좌를 준비하였다.
4) 채플, YMCA, 교회의 성경공부, 전도 등 직접적인 종교 활동에 도움이 되도록 하였다.
5) 목회 활동에 관심을 가진 자와 영적인 면에 관심을 가진 자를 위함이었다.10)

---

9) H. A. Rhodes, "A Bible Course for the Chosen Christian College," *The Korea Mission Field* Vol.15, No.9 (1919.9), p.186.
10) H. A. Rhodes, "A Bible Course for the Chosen Christian College," p.186.

로즈 교수 성경강좌(1926)

성경과목은 전교생이 매주 2시간씩 4년 동안 필수적으로 이수하게 하였다. 채플은 매주 5번 모두 참석해야 하였고, 매일 30분 동안 진행되게 하였다.[11]

1919년에 발표한 연전 학생들의 종교 활동 통계는 초기의 한국 고등교육 상황을 파악할 수 있는 좋은 데이터이다. 학생들의 과반수가 결혼을 하였고 자녀를 가진 경우가 많았다. 대부분 기독교인이었고 63명 중 60명이 세례교인이었다. 연전의 학생선발은 종교의 차별이 없는 기회균등 교육정책에 따라 행해졌지만, 그런데도 기독교인이 절대 다수를 이루었다. 이런 사정은 당시 기독교인 학생들이 서구문화의 보급을 선도하는 위치에 서야 했던 실정의 반영이었다고 할 수 있다. 그 당시에 초중등 교육관이 어떠하였던가는 서구문명의 필요성과 실용성에 대한 인식이 부족하고 경제적인 여건이 부합하지 않아 농학과가 정원 미달과 폐과를 겪은 것으로 미루어 짐작할 수 있다. 이처럼 대부분 크리스천이었던 학생들은 주말이면 교회, **YMCA**, 주일학교에서 봉사하였다.[12]

---

11) H. A. Rhodes, "Religious Conditions in the Chosen Christian College, Seoul, Korea," *The Korea Mission Field* Vol.20, No.1 (1924.1), p.3.

12) H. A. Rhodes, "Religious Work and Statistics of the Chosen Christian College," *The Korea*

로즈는 수업 외의 과외활동도 관장하였다. 그는 학생들에게 주일 예배 참석여부를 보고하게 하였다. 4학년 학생들은 수학여행을 가게 하였다. 1923년 금강산 수학여행 후에는 학생들이 여행을 통해 많은 것을 배웠다고 하며 수학여행의 좋은 점을 강조하였다. 그는 산정의 눈과 얼음의 모습을 보고 산의 이름이 'Diamond'인 이유를 이해했다고 설명하였다. 유점사, 장안사, 구룡폭포 등 불교 유적들을 보며 한국의 전통문화에 대해 많은 점을 깨닫는 계기가 되었다고 술회하며 타종교에 대해 배타적이기보다 이해하려는 자세를 가졌던 것도 보여 주었다.13)

그는 학내 행사와 외부인의 학교시설 이용을 관장하고 교수들의 활동을 파악하였다. 기독교사역자연맹의 교수분과위원회 회의가 연희전문에서 1926년 7월 21~28일에 열렸을 때 연전의 조병옥 교수가 "교회와 사회"란 주제로 네 차례 강연하였다. 이 강연은 한국교회가 한국사회에서 직면한 문제를 성서적 입장에서 살피는 기회가 되었다.14)

1929년에는 연희전문 전체 학생 226명 중 105명이 세례교인이었고, 34명이 학습교인, 62명이 새 신자였다. 많은 학생들이 학기 중에 교회에서 설교, 음악, 기타 방면들에서 봉사하였다. 겨울방학이나 여름방학 기간에는 각자의 고향을 찾아 남북으로 흩어져 더한층 많은 봉사활동을 하였다. 밴드부는 전국의 교회를 순회하며 봉사하였다. 서양악기에 대한 반응은 열광적이었다. 그는 졸업생들의 활동에도 대해 관심을 가져 그들이 한국 복음화에 어떠한 공헌을 했는지에 관해 조사활동을 펼치기도 하였다.15)

Mission Field Vol.15, No.4 (1919.4).

13) H. A. Rhodes, "College Students at the Diamond Mountains," *The Korea Mission Field* Vol.20, No.4 (1924.4), p.40.

14) H. A. Rhodes, "Federal Council Conference for Christian Workers at the Chosen Christian College," *The Korea Mission Field* Vol.22, No.12 (1926.12), p.254.

15) H. A. Rhodes, "Evangelism by College Students," *The Korea Mission Field* Vol.25, No.9 (1929.9), pp.177~179.

1932년 3월까지 연희전문학교 졸업생은 총 314명이었다. 과별로 세분하면 문과 105명, 상과 152명, 수물과 54명, 농과 3명이었다. 신학과는 졸업생을 배출하지 못하였다. 그러나 선교회의 방침과 대학설립 이념의 구현을 위해 사명을 다하였다. 다른 학과의 대부분의 학생들이 교회에 봉사하고 있었다. 그러나 신학교 진학률은 낮은 편이었다. 이에 비해 평양의 숭실전문학교는 원래 의도했던 대로 장로회신학교를 위한 신학 예과 기능을 하였다. 이 조사가 이루어질 때까지 연희전문 졸업생 중에서 작고한 사람은 18명이었다. 생존해 있는 졸업생 가운데 80명이 대학 교직원, 기독교학교 교사, 교회 사역자, 신학생이었으며, 36명이 미국 유학 중이었다. 정부 관리가 20명이었고, 은행·사업체·산업기관 직원, 자영업자, 농업 종사자가 80명이었다. 그런데 1933년에는 그 한 해의 졸업생만 395명이나 되어 이전 졸업생 총수를 넘었다.[16]

로즈는 언더우드의 기념동상 제막에 대해서도 기술하였다. 원두우(언더우드) 목사의 기념비가 제막된 때는 언더우드가 한국에 도착한 지 43년 23일이 되는 1928년 4월 28일이었다. 이 제막식에서 사회는 윤치호가 맡았고, 동상의 제막은 원한경의 세 아들이 하였다. 한국 최초의 목사 7인 중 하나인 서경조 목사가 1887년에 언더우드를 처음 만났을 때를 회상하며 그의 동상을 보니 '그의 영이 서 있는 듯한 느낌을 주었다'고 술회하였다. 로즈는 이 동상과 언더우드관을 통해 한국교회와 그 한국인 지도자들 및 선교사들이 그의 비전과 사역을 이어가면 성령의 인도하심으로 한국의 복음화가 더 빨리 이루어질 것이라는 희망을 피력하였다.[17]

로즈는 *The Korea Mission Field*에도 많은 글을 남겼는데, 연희전문 학생들과 가진 금강산 등반 기행문을 비롯한 8편의 글을 남겼고,[18] 많은 기사들을 통해

---

16) H. A. Rhodes, 『미국 북장로교한국선교회사』, p.412.

17) H. A. Rhodes, "The Underwood Statue," *The Korea Mission Field* Vol.24, No.6 (1928.6).

18) Harry A. Rhodes, "College Students at the Diamond Mountain," *Korea Mission Field* Vol.20, No.2 (Feb. 1924), p.40 ; "A Bible Course for the Chosen Christian College," Vol.15, No.9 (1919.9) ; "Religious Work and Statistics in the Chosen Christian College, Seoul, Korea,"

그의 신앙과 신학을 밝혔다.[19]

또한 *Missionary Review of the World*에 발표한 "Do Korea Need Medical Missions?"라는 글에서는 더 많은 의료선교사 파송과 의료선교비 확충을 요구하였다.[20] 그가 쓴 연희전문 관계 기사와 논문들은 그의 직책에 따른 것이 대부분이었는데, 이 글도 그러하였다. 이 기사에서도 그는 연전 교장인 에비슨 의료선교사와

Vol.15, No.4 (1919.4) ; "Religious Conditions in the Chosen Christian College, Seoul, Korea," Vol.20, No.1 (1924.1) ; "College Students at the Diamond Mountains," Vol.20, No.4 (1924.4) ; "Evangelism by College Students," Vol.25, No.9 (1929.9) ; "Federal Council Conference for Christian Workers at the Chosen Christian College," Vol.22, No.12 (1926.12) ; "The Underwood Statue," Vol.24, No.6 (1928.6).

19) "Dawn of the Yalu on Raft and Boat" (1909.6) ; "An Unusual Christmas Celebration" Vol.6, No.3 (1910.3) ; "Presbyterian Theological Seminary" (1910.6) ; "A Mob Christmas Celebration" (1911.3) ; "Itinerating in the North" (1912.2) ; "A Summers works in Kang Kei" (1912.10) ; "Kang Kei Station" (1913.7) ; "A Annual Officers' Class, 1913 : Kang Kei Station" (1914.3) ; "Bible Class for Koreans in Manchuria" (1914.5) ; "Koreans in Manchuria : The Problem of their Evangelization" (1914.8) ; "Manchuria Again" (1915.3) ; "How Manchuria Spells Opportunity to the Korean Church" (1915.9) ; "Furlough Experiences and Meditations" (1917.7) ; "The Chief Interest of the Church in America in he Church in Chosen" (1917.9) ; "The Missionary's Visit to a Church, What" (1918.3) ; "The Missionary's Visit to a Church, II"(1918.5) ; "How to Improve out Federal Council" (1918.8) ; "The Romance of Missions in Syenchun : Then and Now-A 4,000% Increase in 15 Years" (1919.5) ; "The Church Union Question in Korea" (1920.5) ; "The Church Union Question in Korea" (1920.6) ; "A Pengyang Bible Class" (1920.7) ; "A Pilgrimage toward Unity" (1921.5) ; "Result of the Kim Ik Tu Revival Meeting in Seoul" (1921.6) ; "Mission Methods for this New day in Korea" (1921.10) ; "Should Bible Class in Mission School be Voluntary?" (1923.3) ; "Digest : The Educational Commission for China" (1923.5) ; "Digest : The Educational Commission for China" (1923.6) ; "Spiritualizing Our Product…" (1923.9) ; "A Visit to Kunsan" (1924.4) ; "The Charm that is Peking" (1925.2) ; "The Two Sacred Places of China in One Day" (1925.5) ; "A Triplicate in Anniversary Service" (1926.12) ; "Mission Problems to be Solved" (1927.8) ; "Christian Literature Needed in korea" (1927.12) ; "A New Year's Meditation : Why are we Stand Still?" (1929.1) ; "Rural life Conference at Sorai Beach" (1929.9) ; "The Chairman's Address at the opening of C. L. S. Building" (1931.7) ; "The First Protestant missionary to Korea-1832 : Rev. C. Gutzlaff, M. D." (1931.11) ; "Editorial Announcement" (1935.2) ; "Mrs O. R. Avison" (1936.11) ; "The Rev. James Scrath Gale, D. D." (1937.3) ; "Rev. Frederic S. Miller" (1937.11) ; "Mission Meetings" (1939.9) ; "Furlough Experiences" (1941.1).

20) Harry A. Rhodes, "Do Korea Need Medical Missions?," *Missionary Review of the World*, 1918, 10.

합일되는 견해를 피력했지만, 미국북장로교 해외선교부나 한국의 선교회와는 그렇지 않았다. *The Korea Mission Field*에서도 에비슨의 부인 제니(Jennie Barnes Avison)가 서거했을 때는 그녀를 기리는 조사도 남겼고, 학내의 중요 일들과 재학생의 종교사항을 비롯한 각종 통계, 졸업생의 동향을 비교적 소상하게 파악하여 발표하였다.

　로즈의 교수생활에서 특별히 주목할 점은 그가 강계와 선천에서 활동할 때 백낙준과 인연을 맺고 후에 연희전문의 교수로 스카우트한 것이었다. 백낙준이 해방 후에 연희대학교를 새로 세우고 오랜 숙원이던 세브란스의대와 연희대학을 통합하여 연세대학교로 재창립하는 데 앞장서며 국학진흥에 깊은 관심을 쏟은 사실을 생각하면, 그를 교수로 발탁한 일로써 연세의 화충학풍(和衷學風)의 수립과 발전에 간접적이긴 하지만 큰 공을 세웠다고 할 수 있을 것이다. 백낙준이 미국의 파크 대학으로 유학을 떠날 때 영향을 준 사람은 선천 신성학교의 교장이었던 맥큔(G. S. McCune, 尹産溫) 선교사였다. 백낙준이 파크 대학을 졸업하고 프린스턴 신학교를 거쳐 프린스턴 대학에서 석사과정을 밟고 있을 때 로즈가 그를 프린스턴에서 만나 박사학위를 받은 후에 연전에서 함께 사역할 것을 제의하고 그의 활동을 위한 모금도 하였다.

　백낙준은 연전의 교수요건을 맞추기 위해 예일대 대학원 종교학과에서 "The History of Protestant Missions in Korea"란 제목의 논문으로 박사학위를 취득하였다. 그의 지도교수인 라투렛(Kenneth S. Latourette)은 예일대에서 사학과, 종교학과, 예일신학대학원(Yale Divinity School)의 교수로 있었다. 라투렛은 미국침례교협회의 여러 직책들을 맡았고, 교회사가이면서도 미국역사학회장을 역임했으며, 미국 아시아연구협회 회장과 도쿄의 국제기독교대학(International Christian University) 부이사장을 역임하도 하였다. 중국 선교사 출신이기도 한 라투렛은 기독교가 초대교회 때부터 영향력과 교세를 점차 '확장'(Expansion)시켜왔다는 점을 저서들에서 부각시켰다. 기독교 역사는 교회 안의 원초적인 선교사명 때문에 확장성을 내포하고 있고, 성령의 역사가 기독교인의 숫자를 증가시키고 영향력도 증진시켜왔다고 보았다. 그래서 기독교 역사는 사람과 사람의 만남, 국가와 국가의 만남으로 확장된다고 보았다.[21] 그 자신이 중국선교사가 되어 활동하였기 때문에 성령의 역사가 지나간 19세기동안 교회를 확산시켰음을 깨달았으며 현재도 그 역사는 계속되고 있고 앞으로도 계속 확장될 것이라고 생각하였다.[22] 그래서 20세기 중엽에 역사상 가장 많은 인구가 기독교를 믿고 지리적으로도 가장 넓게 확장되었고,[23] 기독교회가 지구상에서 단일 기구로서 가장 영향력 있는 단체가 되었다는 점을 부각시켰다. 이러한 관점은 선교를 통해 교회가 지구상 이곳저곳으로 확장되어가는 현상을 두루 파악한 데에 바탕을 두고 있었다. "확장되어가는 세계적 기독교의 역사"라는 이런 통찰력은 그의 첫 작품인 *A History of Christian Missions in China*[24]와 *A History of Expansion of Christianity* 7권-특히 4, 5, 6권-을 통해 피력되었다.[25] 그는 *Christianity in Revolutionary Ages : A History of Christianity in the Nineteenth and Twentieth Centuries, 5 Volumes*[26]를 연이어 출간하여 교회가 성장·발전·확장되었다는 자기주장을 각인시켰다. 20세기까지의 시간 확대와 지역 확장에 지면을 더 많이 할애하고 미국혁명, 프랑스혁명, 산업혁명을 비롯하여 과학혁명, 기술혁명의 시대에 기독교회가 내외에서 받은 도전을 모두 물리치고 승리하였다고 주장하였다.[27]

---

21) K. S. Latourette, *A History of the Expansion of Christianity* vol. I(NY : Harper & Brothers, 1937), xi.

22) K. S. Latourette, "A Historian Looks Ahead : The Future of Christianity in the Light of Its Past," *Church History* 15 (1946), pp.3~16 ; William L. Pitts, Jr., "World Christianity : The Church history Writing of Kenneth Scott Latourette," Ph. D. dissertation, Vanderbilt University, 1969, pp.63~71, 216~219.

23) K. S. Latourette, *A History of Christianity* I, 윤두혁 역, 『기독교사』 1, 서울 : 생명의 말씀사, 1978, 20쪽.

24) K. S. Latourette, *A History of Christian Missions in China*(NY : McMillan, 1929).

25) K. S. Latourette, *A History of the Expansion of Christianity*. 7 vols.(NY : Harper & Brothers, 1937~1945).

26) K. S. Latourette, *Christianity in Revolutionary Ages : A History of Christianity in the Nineteenth and Twentieth Centuries*, 5 vols.(NY : Harper & Row, 1958~1962).

27) William L. Pitts, Jr., "World Christianity," p.122 ; K. S. Latourette, *Christianity in Revolutionary*

마지막 권에서는 20세기에 한국의 기독교가 급팽창하기 시작한 것에 대해서도 언급하였다. 라투렛은 이 기간에 국가적 비운으로 한국인들에게 끼친 정서적 충격이 교회의 급증과 확장을 가져왔다고 분석하였다.28) 이후에 간행된 저서들도 같은 입장에서 서술되었다.

백낙준은 라투렛의 지도 아래 역사연구는 객관성을 찾아야 하고 사실은 사실로써 드러나야 한다는 랑케의 실증주의 역사방법론에 공감하는 예일 대학 사학자들에게서 훈련을 받았다. 백낙준은 실증주의사학자들의 방법론을 따라 역사를 객관적으로 공평하게 보려고 노력하였다.29) 그러면서도 기독교 가치관의 영향이 그 자신과 자신의 작품에도 미쳐야 하고 미쳤을 것이라는 점을 인정하였다. 이는 그가 기독교신앙 속에서 주제를 선정하고 자료를 활용하고 해석하는, 역사서술의 주관성을 인정했던 것을 보여준다.30) 그러는 한편 라투렛의 주장에 의심할 부분도 있고 라투렛이 기독교를 윤리적으로 해석하였다는 주장을 제기하는 등, 그의 학문을 비판하기도 하였다.

150권 이상의 저술을 남긴 라투렛은 서양의 기독교가 동양사회와 동양문화와 어떻게 접촉을 이루고 수용되는지를 보는 데에 주된 관심을 쏟았다. 이는 백낙준이 연희전문의 교수가 되어 동서양의 화충학풍을 진작시키고 연세대학교의 학풍을 이룩하는 중요한 토대가 되었다. 그런 면에서 로즈는 백낙준을 영입함으로써 이러한 학적인 맥락이 연희전문에 이어지고 시대의 요구에 따라 연희전문 고유의 학풍이 형성되는 계기와 여건을 제공하게 하는 공헌을 하였다고 할 수 있다. 로즈 또한 그의 저술에서 방대한 자료를 수집하고 섭렵하고

Ages, 5, pp.533~534.

28) cf. K. S. Latourette, *Christianity in a Revolutionary Age* vol.5(New York : MacMillan, 1962), pp.412~423.

29) William A. Speck, "The Role of the Christian Historian in the Twentieth Century as Seen in the writings of Kenneth Scott Latourette, Christopher Dawson, and Herbert Butterfield," Ph. D. dissertation of the Florida State University, 1965, pp.6~18 ; William L. Pitts, Jr., "World Christianity."

30) William A. Speck, "The Role of the Christian Historian," pp.6, 13~15.

상술한 점은 은연중 그들의 영향으로 보인다.

로즈는 연희전문 교수생활 외에 선교회의 일들도 감당하였다. 문서선교의 중요성을 인식하고 언더우드를 도와 출판, 문화 분야에서 활동하였고, 1921년에는 『기독신보』 사장직을 맡았다. 이 신문은 일제말까지 한국교계를 대변하는 유일한 신문 매체였다. 로즈는 1922년에 조선예수교서회 편집위원으로 활동했으며, 해방 후에는 대한기독교서회 중흥을 위해 활동하며 한국의 출판문화 발전과 향상에 기여하였다. 그 밖에 북장로교 한국선교회의 실행위원으로 일제의 사립학교에 대한 관여, 신사참배를 한국교회들에게 강요하는 것에 항의하는 활동도 하였다.

4. 맺음말

해리 A. 로즈는 언더우드의 권유를 받고 1908년에 내한하여 1946년까지 한국선교사로 활동을 하였다. 그 사이에 일제에 의해 강제 추방되어 현장을 떠나 있기도 했지만, 떠나 있을 때에도 한국선교를 위한 강연, 모금활동, 선교자료 정리로 시간을 보냈다. 내한 초기에는 강계, 선천 등지에서 여느 선교사들처럼 전도활동에 주력하였지만, 연희전문에 차출되어 그의 유능함을 본 다수 선교사들의 반대에도 불구하고 결국 부임하였다. 그는 1918년부터 1932년까지 이 학교에서 봉직하면서 이 학교의 설립이념을 구현하기 위해 노력하였다.

연희전문의 목적과 이념은 기독교 정신을 구현하는 것이었다. 로즈는 이 학교의 정체성을 결정짓는 종교 분야에서 주된 역할을 맡아 채플 인도, 성경교육·영어교육, 출판 등의 여러 보직을 수행하였다. 그런 점에서 그는 연희학풍의 조성을 위해 중요한 역할을 할 수 있는 위치에 있었다. 그러나 선교사로 그의 생애와 교육배경과 사역, 연희전문 교수로서 그의 활동상과 교육이념은 아직까지 거의 밝혀지지 않았다.

그는 많은 글을 남겼다. 그의 대표적 저서인『미국북장로교 한국선교회사』 1권(1934)은 한국 토착교회의 성장배경이 된 미국인들의 선교활동을 정리한 것이었다. 이 책은 연세대학교출판부에서 번역·출간되었으나 해방 후에 그가 저술한 제2권은 아직 번역되지 않아 과제로 남아있다. 최근에 그의 모교인 프린스턴 신학교가 그에 관한 자료들을 수집하기 시작했으므로 앞으로 그에 대한 연구에 많은 도움을 줄 것이다.

로즈의 관점은 기본적으로 서구문화의 전파를 통한 동서문화의 화충 구현에 있었고, 오리엔탈리즘적인 시각은 상대적으로 약한 편이었다. 로즈만 아니라 연전에서 활동한 다른 선교사들도 개별적인 차이는 있었겠지만 거의 동양문화 와 전통을 상당히 깊이 이해하고 있었고, 이런 문화와 전통 위에서 서구 기독교를 한국에 정착시키는 문제를 두고 고뇌하였다. 연전의 이사였던 게일은 이미 19세기 말에 번역하여 간행한『천로역정』에 갓 쓴 예수상을 삽화로 넣은 바 있었다. 로즈도 프린스턴 대학과 신학교 재학 중에 동양문화에 대한 이해를 높였고, 그가 내한할 당시는 미국의 제3세계 인식이 이전과 달라졌기 때문에 그러한 영향을 받았다. 그리하여 그의 저술에서는 동서양의 문화와 전통을 어우르는 정신이 나타나있다. 이런 면들을 밝히면 연세대학교의 학풍, 한국 교회의 신학적 바탕을 연구하는 데에도 기여하게 될 것이다.

참고문헌

| 자료 |

Harry A. Rhodes to Dr A. W. Halsey, Feb. 9, 1906.

Harry A. Rhodes to the Presbyterian Board of Foreign Mission, Feb. 6, & Nov. 6, 1907.

Harry A. Rhodes to Dr Halsey, May. 11, 1907.

Rhodes, H. A. "Dawn of the Yalu on Raft and Boat," *The Korea Mission Field* (1909.6).

_____, "An Unusual Christmas Celebration," *The Korea Mission Field* Vol.6. No.3 (1910.3).

_____, "Presbyterian Theological Seminary," *The Korea Mission Field* (1910.6).

_____, "A Mob Christmas Celebration," *The Korea Mission Field* (1911.3).

_____, "Itinerating in the North," *The Korea Mission Field* (1912.2).

_____, "A Summers works in Kang Kei," *The Korea Mission Field* (1912.10).

_____, "Kang Kei Station," *The Korea Mission Field* (1913.7).

_____, "A Annual Officers' Class,1913 : Kang Kei Station," *The Korea Mission Field* (1914.3).

_____, "Bible Class for Koreans in Mancuria," *The Korea Mission Field* (1914.5).

_____, "Koreans in Manchuria : The Problem of their Evangelization," *The Korea Mission Field* (1914.8).

_____, "Manchuria Again," *The Korea Mission Field* (1915.3).

_____, "How Manchuria Spells Opportunity to the Korean Church," *The Korea Mission Field* (1915.9).

_____, "Furlough Experiences and Meditations," *The Korea Mission Field* (1917.7).

_____, "The Chief Interest of the Church in America in he Church in Chosen," *The Korea Mission Field* (1917.9).

_____, "The Missionary's Visit to a Church, What," *The Korea Mission Field* (1918.3).

_____, "The Missionary's Visit to a Church, II," *The Korea Mission Field* (1918.5).

_____, "How to Improve out Federal council," *The Korea Mission Field* (1918.8).

_____, "Do Korea Need Medical Missions?" *Missionary Review of the World* (1918.10).

_____, "Religious Work and Statistics in the Chosen Christian College," Seoul, Korea" *The Korea Mission Field* Vol.15, No.4 (1919.4).

_____, "The Romance of Missions in Syenchun : Then and Now- A 4,000% Increase in 15 Years," *The Korea Mission Field* (1919.5).

_____, "A Bible Course for the Chosen Christian College," *The Korea Mission Field* Vol.15, No.9 (1919.9).

_____, "The Church Union Question in Korea," *The Korea Mission Field* (1920.5).

_____, "The Church Union Question in Korea," *The Korea Mission Field* (1920.6).

_____, "A Pengyang Bible Class," *The Korea Mission Field* (1920.7).

_____, "A Pilgrimage toward Unity," *The Korea Mission Field* (1921.5).

_____, "Result of the Kim Ik Tu Revival Meeting in Seoul," *The Korea Mission Field* (1921.6).

_____, "Mission Methods for this New day in Korea," *The Korea Mission Field* (1921.10).

_____, "Should Bible Class in Mission School be Voluntary?," *The Korea Mission Field* (1923.3).

_____, "Digest : The Educational Commission for China," *The Korea Mission Field* (1923.5).

_____, "Digest : The Educational Commission for China," *The Korea Mission Field* (1923.6).

_____, "Spiritualizing Our Product…," *The Korea Mission Field* (1923.9).

_____, "Religious Conditions in the Chosen Christian College, Seoul, Korea," *The Korea Mission Field* Vol.20, No.1 (1924.1).

_____, "College Students at the Diamond Mountains" *The Korea Mission Field* Vol.20, No.2 (1924.2).

_____, "College Students at the Diamond Mountains" *The Korea Mission Field* Vol.20, No.4 (1924.4).

_____, "A Visit to Kunsan," *The Korea Mission Field* (1924.4).

_____, "The Charm that is Peking," *The Korea Mission Field* (1925.2).

_____, "The Two Sacred Places of China in One Day," *The Korea Mission Field* (1925.5).

_____, "A Triplicate in Anniversary Service, " *The Korea Mission Field* (1926.12).

_____, "Federal Council Conference for Christian Workers at the Chosen Christian College," *The Korea Mission Field* Vol.22, No.12 (1926.12).

_____, "Mission Problems to be Solved," *The Korea Mission Field* (1927.8).

_____, "Christian Literature Needed in Korea," *The Korea Mission Field* (1927.12).

_____, "The Underwood Statue," *The Korea Mission Field* Vol. 24, No. 6 (1928.6).

_____, "A New Year's Meditation : Why are we Stand Still?," *The Korea Mission Field* (1929.1).

_____, "Evangelism by College Students," *The Korea Mission Field* Vol.25, No.9 (1929.9).

_____, "Rural life Conference at Sorai Beach," *The Korea Mission Field* (1929.9).

_____, "The Chairman's Address at the opening of C. L. S. Building," *The Korea Mission Field* (1931.7).

_____, "The First Protestant Missionary to Korea-1832 : Rev. C. Gutzlaff, M. D. *The Korea Mission Field* (1931.11).

_____, "Fifty Years of Christian Literature in the Korea Mission, Presbyterian Church, U.S.A.", *The Fiftieth Anniversary Celebration of the Korea Mission of the Presbyterian church in the U. S. A.* Seoul : YMCA Press, 1934.

_____, "Editorial Announcement," *The Korea Mission Field* (1935.2).

_____, "Mrs O. R. Avison," *The Korea Mission Field* (1936.11).

_____, "The Rev. James Scrath Gale, D. D.," *The Korea Mission Field* (1937.3).

_____, "Rev. Frederic S. Miller," *The Korea Mission Field* (1937.11).

_____, "Mission Meetings," *The Korea Mission Field* (1939.9).

_____, "Furlough Experiences," *The Korea Mission Field* (1941.1).

_____, *History of Korea Mission Presbyterian Church, U.S.A. 1884-1934*, 최재건 역,『미국 북장로교한 국선교회사』, 서울 : 연세대학교출판부, 2009.

_____, "The Korean Presbyterian Church" (미 간행논문).

_____, Diary(미간행).

| 기타 자료 |

Latourette, K. S. *A History of the Expansion of Christianity* vol. I, NY : Harper & Brothers, 1937-1945.

_____, "A Historian Looks Ahead : The Future of Christianity in the Light of Its Past," *Church History* 15, 1946.

_____, *A History of Christianity* I, 윤두혁 역,『기독교사』 1, 서울 : 생명의 말씀사, 1978.

_____, *A History of Christian Missions in China*, NY : McMillan, 1929.

_____, *Christianity in Revolutionary Ages : A History of Christianity in the Nineteenth and Twentieth Centuries*, 5 vols., NY : Harper & Row, 1958-1962.

Minutes, Chosen Mission, Presbyterian Church, U.S.A. 1918, 12 &13.

Pitts, Jr., William L., "World Christianity : The Church history Writing of Kenneth Scott Latourette," Ph. D. dissertation, Vanderbilt University, 1969.

Speck, William A., "The Role of the Christian Historian in the Twentieth Century as Seen in the writings of Kenneth Scott Latourette, Christopher Dawson, and Herbert Butterfield," Ph. D. dissertation of the Florida State University, 1965.

피셔(J. Fisher)의 민주주의 교육철학과 선교교육관[*]
―1920년대 한국의 근대교육과 선교교육의 평가 및 전망―

1. 머리말

제임스 피셔(James Earnest Fisher, 1886 ~1989)는 1920년대에서 30년대 초반까지 연희전문의 교수로 봉직하면서, 한국의 교육근대화와 선교교육의 새로운 길을 열어가는 데 이론적인 면에서나 실천적인 면에서 중요한 역할을 한 인물이다. 선교사이자 교육철학자로서 그가 한국의 근대사에 남긴 의미심장한 족적에 비추어 그의 학술과 활동에 관해서 거의 다루어지지 않았던 것이 의아할 정도다. 신학계에서는 그의 자유주의적 성격을 띤 선교관이 정통적 기독교관으로부터 다소 비켜나 있다는 인식도 가

피셔(James Earnest Fisher) 교수

지면서 그에 대한 본격적인 조명의 동기를 갖지 못했던 것 같고, 교육학계에서는

---

* 이 글은 「*Democracy and Mission Education in Korea* (1928)을 통해 본 피셔(J. E. Fisher)의 민주주의 교육철학과 조선 선교교육 인식」의 제목으로 『동방학지』 174집(2016년 3월 발행)에 발표하였음.

그가 일차적으로 선교사이며 기독교 교육의 방면의 인물이라는 인식 아래에서 그의 교육학 및 교육철학적 견해에 대해서는 검토할 동기를 크게 갖지 못했던 것 같다. 그렇게 해서 1920년대에 선교교육을 포함한, 조선 교육 전반의 새로운 길에 대한 탁월한 식견을 보여주었던 인물이 묻혀 있게 되었다.

피셔의 사상은 무엇보다 1928년에 발행된 그의 대표 저작인 *Democracy and Mission Education in Korea*에 잘 드러나 있다.[1] 이 책은 개화기에서 일제시기를 거친 한국 교육근대화의 전개 과정에서 출현한 교육철학적 사유의 백미를 보여주는 동시에, 한국 교육근대화의 과정에서 중요한 위상을 지녀온 선교교육의 진정한 의의와 방법에 대한 합리적 사유의 모범을 보여준다. 이 저작은 일제시기 선교사들의 교육적 역할이나 선교교육의 실체를 구체적으로 살필 수 있는 자료일 뿐 아니라, 민주와 자유와 과학이 빛을 발하기 시작한 세계문명사의 전환기에서의 조선 교육의 실상과 과제를 깊이 통찰하고 전망한 자료이기도 하다. 이런 의미를 지닌 이 저작에 대해 한국 근대교육사상사의 한 자리를 내어 주어도 좋을 만하다.[2]

피셔는 1886년 미국 테네시주 파이크빌에서 태어나서 버지니아 서남부와 켄터키 중부에서 자랐다.[3] 그는 1911년 에모리와 헨리 대학교(Emory and Henry

---

1) James Earnest Fisher, *Democracy and Mission Education in Korea*, New York : Teachers College, Columbia University Press, 1928(original presented) ; Seoul : Yonsei University Press, 1970(reprinted).

2) 그간 피셔의 사상이 학계에서 크게 주목되지 못한 아쉬움이 있는 가운데 다행히 최근에 이윤미에 의해 피셔의 *Democracy and Mission Education in Korea*에 대한 서평 및 자료해제가 「1920년대말 미국 남감리회 선교사가 본 식민지조선에서의 선교교육과 민주주의」(『한국교육사학』 34-1, 2012, 161~176쪽)라는 제목으로 발표되었다. 주로 교육사적 시각에서 접근한 이 논문은 피셔의 책이 1920년대 말 선교교육의 전환기에 있어서의 각종 정황과 관점들을 살펴볼 수 있어서 자료적 가치가 있다고 평가한다. 또한 이 책에서 추구한 바의 민주주의와 식민주의의 화해는 애초에 실패할 수밖에 없었던 과제로 판단한다. 필자 역시 본 논문에서 *Democracy and Mission Education in Korea*를 중심으로 피셔의 사상을 분석하고자 하는데 피셔가 견지한 민주주의라는 관점의 유용성 및 타당성을 보는 시각에서 이윤미의 연구와는 결을 달리한다. 그 세부 사항에 대해서는 특히 본 논문의 5장 1절에서 다루고자 한다.

College)를 졸업한 후 1916년까지 필리핀과 일본 등에서 학교 관련 행정과 영어교사의 일을 했다. 1916년에는 뉴욕에 있는 성경 세미나 과정을 1년간 다녔고, 이후 1917년 대학원 공부를 위해 컬럼비아 대학교 대학원에 진학해서 1919년 6월에 심리학 전공, 영문학 부전공으로 석사 과정을 마쳤다. 이 대학원 석사과정 기간 중이었던 1917년에는 미국 해군에 입대해 군복무도 하고 1918년에는 조선에서 태어난 베디 하디(B. Hardie)와 결혼도 했다. 하디는 조선에서 활동하는 캐나다 선교사 하디(R. A. Hardie, 1865~1949)의 딸이었는데, 피셔는 그녀와 1935년까지 결혼생활을 유지하다가 아이 없이 이혼하게 된다.

피셔는 컬럼비아 대학교 대학원 석사과 정을 마친 직후인 1919년 10월에 남감리교 선교회 선교사로서 조선으로 와서 조선 기독교 대학(Chosun Christian College : 조선어로는 '연희전문학교'로 표기됨. 이하 연희 전문)에서 영어와 심리학을 가르치기 시작했고, 동 대학 교수단의 남감리회 대표를 맡기도 했다. 1925년에는 미국으로 돌아가서 컬럼비아 대학교 대학원의 교육학 박사 과정에 입학, 2년 후인 1927년에 박사학위를 받았다. 학위논문 주제가 *Democracy and Mission Education in Korea*였고 이 논문은 이듬해에 저서로 출간, 피셔의 대표적 저작이 된다. 피셔는 박사학위 취득 후 곧 조선으로

Democracy and Mission Education
in Korea 책 표지

---

3) 이하 피셔의 생애에 대해서는 J. Earnest Fisher, *Pioneers of Modern Korea* (Seoul : The Christian Literature Society of Korea, 1977)의 말미의 부록에 실린 "Biographical Sketch of the Author"(pp.311~313)에 정리된 내용과 동 저서 전반에 등장하는 생애 관련 기술 부분 (pp.100~102 등)을 참조해서 작성했다.

돌아와서 연희전문의 교육학 교수로 일을 했고, 동시에 교수단 총무, 남감리교 조선 선교회의 회계담당자 역할도 했다. 1934년에는 다시 미국으로 돌아가 정부에 몸담고서 국가청소년행정가로서 일을 했다. 그러다가 1944년 2차 세계대전이 발발한 후에는 워싱턴(Washington D.C.)으로 부름을 받아 전략실에서 극동아시아 전문가로 활약했다. 1945년 일본의 항복 후에는 한국에 파견되어 미군정의 정치교육 담당자로 일했고 후에 공공여론 부서 책임도 맡았다. 1947년에는 미소공동위원회 미국측 정치자문위원회의 멤버로 참여했고 1948년에는 대한민국 독립정부를 세우는 국회의원 선거의 공식 참관자로 활동하기도 했다. 한국전쟁기간 동안에는 도쿄에 있던 유엔 참모 미국 담당으로 심리전 부서에 관여했다. 1953년 한국전쟁 종료 후에는 일본에 남아서 아오야마 대학이나 다이쇼 대학에서 미국사와 교육의 원리와 방법을 가르쳤다. 피셔는 14년의 조선 선교사 생활과 25년의 미국 정부 공직을 거친 후에 1956년 은퇴를 했는데 은퇴 후에는 버지니아주 브리스톨에 정착하게 된다. 은퇴 후에도 한국과 일본 등을 여러 번 방문했고, 글쓰기, 그리고 종교, 교육, 공공 조직 등에서 활발하게 활동했다. 1989년 103세를 일기로 별세를 했다.

　이상 피셔의 생애에서 볼 수 있듯이 그의 삶은 한국과 뗄 수 없는 관계를 지닌다. 선교사이자 교수로서는 물론이고 미국 정부의 공직을 맡고서도 늘 한국 관련 일을 했다. 이런 배경으로 인해 그의 한국에 대한 관심은 특별했고 선교교육과 교육학 일반을 둘러싼 그의 학문적 성취도 대부분 한국적 상황을 소재로 하여 이루어지게 된다. 한국 사회와 교육의 근대적 발전에 대한 피셔의 열망은 그가 남긴 네 종의 책에 드러나 있다. 피셔의 대표 저작인 *Democracy and Mission Education in Korea*는 1928년에 컬럼비아 대학교 출판부에서 간행되었는데, 1970년 연세대학교 출판부에서 재간되었다.4) 또한 피셔는 1946년에

---

4) *Democracy and Mission Education in Korea*의 재간 과정에는 1950년대에서 1960년대 초반까지 연세대학교 교육학과에서 봉직한 후 서울대 교육학과에 옮겨 재직 중이던 강길수 교수가 관여했다. 그는 서문도 썼는데 여기에서 한국근대교육사에서 지니는 이 저술의

118

미군정 정치교육위원회 책임자로 있을 때 *Democracy As a Way of Living*을 출간했다. 이 책은 한국어로 출간되어 공공 정보국에 의해 남한 전체에 걸쳐 보급되었다. 또한 그는 *Landmarks of Democracy*라는 작은 책을 썼는데 이 책은 서울에 있는 잡지출간회사에서 한국어와 영어로 출간되었다. 그리고 1977년에 한국 기독교 문학회에서 출간된 *Pioneer of Modern Korea*가 있는데, 이 책은 피셔가 한국 생활을 하면서 직접 접촉했던 인물들 중 한국 사회에 근대적 가치를 뿌리내리는 데 개척자적 역할을 한 인물들을 다루고 있다.

이렇게 피셔가 남긴 저작 네 종을 보면 두 가지 점이 확인된다. 하나는 네 책 모두 한국 사회를 다루거나 한국 사회의 발전을 기대하며 쓰여졌다는 점이다. 그의 학문적 성취는 한국을 근간으로 하며 한국을 향해 있다. 다른 하나는 이 중 세 책의 제목에 'Democracy'가 들어있을 정도로 그의 학술은 '민주주의'에 대한 신념이 근간을 이루고 있음을 볼 수 있다. 결국 민주주의의 가치를 한국 사회 및 교육, 선교교육에 구현하는 것에 피셔의 학술적, 실천적 관심이 집약되어 있음이 확인된다.

피셔의 민주주의 사상은 그가 석박사 과정을 공부한 컬럼비아 대학교에서 구축된 것이다. 그는 컬럼비아 대학교 박사과정에 몸담고 있을 당시, 동 대학교의 교수로서 진보주의 사회론 및 교육론을 구축해서 미국 사회는 물론이고 전세계에 걸쳐 사상적 영향력을 가지고 있었던 듀이(John Dewey, 1859~1952)의 학술에 심취한다. 피셔의 박사학위논문 지도교수가 듀이의 핵심 제자였던 킬패트릭(W. H. Kilpatrick, 1871~1965)이었던 것에서도 그 영향 관계가 잘 드러나는데, 그는 학위기간 내내 존 듀이와 킬패트릭의 가르침과 철학을 가지고 수업을

중요한 위상에 대해 말하고 있다. 그에 따르면 피셔의 이 책에서 종교적 관점은 중요하지만 그것은 하나의 측면일 뿐이고, 그 핵심 관심이 민주주의, 선교 및 기독교, 교육 그리고 한국이라는 네 가지에 걸쳐 있다는 점을 적시했다. 나아가 피셔는 교육을 삶 자체로 이해하는 토대 위에 한국인들의 가장 충만하고 풍부한 삶을 형성해 가는데 관심을 가졌다고 평하고 있다. James Earnest Fisher, *Democracy and Mission Education in Korea*, Seoul : Yonsei University Press, 1970, pp.7~10.

했고 큰 영향을 받았다.[5] 그의 박사논문에서 보이는 교육 이해는 거의 전적으로 듀이의 저술을 주요 근거로 하고 있음을 볼 수 있다. 듀이의 진보주의 사상은 당시 미국을 넘어서 전 세계적 차원에서 사상적 영향력을 가지고 있었는데, 20세기 초반 조선 사회의 근대화 과정에서도 예외는 아니었다. 조선 사회는 교육근대화의 사상적 자양분으로서 서구의 주요한 실천적 교육사상을 필요로 했었고 거기에는 페스탈로찌, 루소 사상 등과 더불어 듀이의 사상이 핵심적으로 포함되어 있었다. 그리고 듀이의 사상을 조선 사회에 가장 본격적이고 충실하게 전해 준 인물은 피셔였다. 피셔는 듀이의 진보주의 사상을 특히 '민주주의'라는 키워드로 집약해서 보았고, 민주주의 사상을 기초로 당시 조선 사회와 교육, 조선의 선교교육의 현재를 평가하며 미래를 전망하고자 했다. 그런데 피셔의 학문적 성취는 그가 듀이 사상의 단순한 소개자를 넘어서 듀이와 동시대에 그의 사상을 함께 발전시켜간 공동개척자의 역할을 했음을 보여준다.

이 글은 피셔의 저작들 중에서 선교사이자 교육학 교수로서의 그의 교육철학과 선교교육관을 잘 보여주는 저작, *Democracy and Mission Education in Korea*의 내용을 세밀하게 들여다보고자 한다. 이 책은 그 제목에서도 드러나듯이 두 가지 측면에서 특징을 지닌다. 우선 이 책은 당시 조선 선교계의 주 관심사인, 선교교육의 현황과 발전 과제를 전망한다. 특히 선교교육이 일차적으로 기독교 전도에 초점을 맞추기보다는 조선인의 삶의 성장에 기여하도록 방향을 잡아야 한다는 주장을 펼친다. 다음으로 선교교육도 교육 일반의 원리와 이상에 충실해야 한다는 관점에서, 조선 교육 및 선교교육을 분석하고 전망할 교육원리로서 듀이의 민주주의론에 주목해서 그 내용을 정리하고 준거로 활용한다는 것이다. 이 두 가지를 통해 볼 수 있는 바, 피셔는 기본적으로 선교교육과 일반 교육은 별개의 일이 아니며 따라서 선교교육에 대한 논의는 곧 일반 교육의 논의에 기초하는 것이 가능하고 바람직하다고 본다. 이런 선교교육관은 선교교육의

---

5) J. Earnest Fisher, *Pioneers of Modern Korea*, p.100.

목적을 좁게 설정하고 있는 선교계 인사들과 충돌을 일으킬 수 있는 부분이기도 했다. 이 책을 읽을 때 이 긴장 관계를 염두에 두면서 피셔 교육사상의 특수한 의미를 따져갈 필요가 있다.

일반교육과 선교교육, 혹은 민주주의 교육철학과 선교교육의 긴밀한 연결이라는 측면 외에, 피셔의 이 저작을 읽을 때 주목할 점은 피셔가 견지하는 조선 교육 근대화에 대한 관점이, 당시의 관련된 시대적, 정치적, 문화적 문제를 어떻게 녹여내고 있는가 하는 점이다. 이는 두 지점으로 나누어 설명할 수 있다. 먼저 피셔가 조선 교육의 근대적 전개에 관한 자신의 입장을 식민지라는 정치적 환경과 연계해서는 어떻게 풀어내는가 하는 문제이다. 피셔는 식민지 조선의 선교사로서 일제의 통제 체제 아래에 있는 교육 및 선교교육의 실상과 과제를 다루고 있으며 이 특수한 상황에 대해 피셔가 어떤 입장을 보이는가는 그의 사상의 이해에서 필수적인 문제이다. 다음으로 피셔가 다루는 이 시기는 조선 사회에 서구적 근대성이 새로운 질서의 기준으로 부각됨과 동시에 조선의 사상 및 문화 전통이 흔들리고 혼란을 겪던 시기임을 감안하여, 피셔가 과연 조선 전통과 서구 근대성의 만남과 갈등에 대해 교육 및 선교교육의 맥락에서 어떻게 이해하고 있는지를 주목해볼 필요가 있다.

*Democracy and Mission Education in Korea*는 전체 여덟 개의 장으로 구성되어 있는데, I장부터 III장에서는 연구문제의 전체 윤곽을 밝힌 후, 조선 선교교육을 분석하는 준거로서 민주주의 교육 원리를 설명하고 이에 근거하여 선교교육의 목적을 검토했다. 나머지 IV장에서 VIII장까지는 민주주의라는 원리에 입각해 재구성된 선교교육의 목적관에 비추어 당시 선교교육이 당면한 문제와 과제를 보다 미시적 차원에서 점검한다. 즉 IV장에서는 선교교육과 총독부의 관계, 교육에 대한 총독부 통제를 둘러싼 문제를 다루고, V장에서는 선교교육과 조선인의 정치적 경제적 상황의 관계를 검토했다. VI장에서는 선교교육과 조선 전통의 문화의 관계를 다루며, VII장에서는 선교사와 전통적 교육자들 사이의 개인적, 사회적 적응의 문제를, VIII장에서는 지적 자유주의와 종교적

권위주의 사이의 갈등의 문제를 다루었다.

이하에서는 일차적으로는 *Democracy and Mission Education in Korea*의 전체 문제의식과 논의들을 저서의 구성 및 내용에 충실해서 소개한다. 그런 다음 위에서 언급한 검토 초점과 연계된 쟁점들에 대해 다루며 마무리한다.

2. 선교사 피셔의 교육철학적 문제의식 : 민주주의의 원리에 입각한 조선 선교교육의 검토와 재구성

피셔는 이 저서의 연구 목적에 대해 "민주주의적 교육철학의 관점에서 '조선 에서의 선교교육'으로 명명되는 그 복합적인 사업의 목적과 활동들을 검토하는 것"(DMEK:11)[6]이라고 밝히며 논의를 시작한다. 여기서 우리는 먼저 피셔가 선교교육을 검토하는 문제의식이 무엇인지, 그리고 왜 굳이 민주주의의 교육철학을 검토의 기준이 삼았는지를 따져 볼 필요가 있다.

피셔는 민주주의 원리를 기준으로 선교교육을 검토하려는 자신의 입장을 설명하기 위해 먼저 "왜 선교교육과 같은 기독교 사업을 민주주의라는 잣대로 비평하고 측정해야 하는가? 왜 가장 높은 수준의 기독교정신의 관점에서 비평하려 하지 않는가?"(DMEK:14)라는 예상되는 반론을 먼저 던진다. 피셔에 의하면 가장 높은 수준의 기독교 정신을 준거로 한 선교 사업에 대한 계속적인 검토와 재구성은 바람직하기도 하고 필요하기도 하다. 실제로 이를 통해 기독교 관련 기관은 인간의 복지와 사회적 개선에 매우 가치있는 도구가 되어 왔다.(DMEK:14) 그런데 피셔는 이러한 사실에도 불구하고 기독교 기관에 대해, 높은 차원의 기독교 정신 외에 민주주의의 기준, 즉 일반적인 인간관계 이론으로서의 보다 넓고 포괄적인 의미에서의 민주주의의 기준에서 평가할 필요가

---

6) 이하 괄호 안은 *Democracy and Mission Education in Korea* (Seoul : Yonsei University, 1970.)의 쪽수를 의미한다. 책명은 약어 DMEK로 표기한다.

있다고 한다. 두 가지 현실적 이유를 거론하는데 하나는 선교교육 과정에서의 비민주적 행태에 대해 비판이 제기된 점, 다른 하나는 선교교육의 제국주의적 속성에 대한 혐의가 제기된 점이다.

피셔는 먼저 기독교 선교 사업이 자파 종교를 일방적으로 강요하면서 민주적 인간관계 원리를 파괴한다는 공격을 받는 현실을 의식하고 있다. 그는 미국 장로교 선교본부의 행정가였던 엘린우드(F. F. Ellinwood : 1826~1908)의 말을 인용, "오늘날의 종교 문제는 형이상학이나 신학의 문제가 아니라 인간 삶의 실천적 가치의 문제"라는 점에 주목한다. 나아가 그는 선교 활동의 제국주의적 속성을 염려하는 사람들의 존재도 의식하고 있다. 선교 대상국 사람들, 특히 민주주의와 국가 의식의 의미에 눈뜬 사람들은, 선교 사업 전체가 서구의 기독교 국가들이 동양의 비기독교 국가를 지배하는 기획의 일환으로 보는 경향이 있다는 것이다.

이에 피셔는 선교 사업의 본질적 가치를 인정하고 종사하는 이들 스스로가 먼저, 민주주의의 원리의 빛으로 자신들의 태도와 활동들을 점검하고, 나아가 현재 일고 있는 비난에 그만한 이유가 있는 것인지에 대한 탐색이 요구된다고 본다. 피셔에 의하면 인간이 만든 어떤 기관도, 거기에 깔려 있는 동기가 아무리 순수하고 이상적이라고 해도, 그 기관의 이상 실현을 저해하는 오류들에 빠지는 데서 자유롭기는 어렵다. 선교사의 일이 이런 오류를 경계하며 지속적인 정당성을 얻기 위해서도 민주주의의 관점으로 그 목표와 구체적 활동들을 점검하고 재구성해 볼 필요가 있다. 이는 선교의 일에 참여하는 것이 비민주적 사업을 돕는 결과를 초래하지 않을까를 염려하는 서구인들의 시각에서든, 선교계 활동이 자신들의 민주주의적 인간 권리를 침해하지 않을까를 의심하는 선교 대상국의 국민의 시각에서든 요청되는 사안이다.(DMEK:14~15)

이런 설명에도 불구하고 선교교육을 비평하는 잣대가 왜 하필 민주주의 원리인가의 의문은 완전히 해소되지 않는다. 이에 피셔는 당시의 서구 교육계의 학문적 경향을 그 배경으로 첨언한다. 피셔에 의하면 민주주의 원리가 당시 서양의 교육계에 큰 영향을 발휘하고 있었고 그 흐름에서 선교계 교육자들이 영향을 받았다. 조선의 첫 선교학교가 개교한 이래 지속적으로 이루어진 선교교육의 재구성의 과정에서 선교계 교육자들은 서양권 국가의 교육에서 일어나는 진보적 변화들에 영향을 받아왔고 실제로 이에 따라 변화를 만들어 왔다는 것이다. 피셔의 관찰에 의하면 당시 이미 민주주의 개념은 확장되고 깊어져서 문명권의 다양한 기관의 모든 영역—정치적 사회적, 경제적, 교육적, 종교적 분야 등—에 침투되어 있었다. 나아가 민주주의가 영향을 미친 모든 문명의 영역 중에서 휴머니티를 위해 가장 큰 의미를 지녀온 분야가 교육 분야이다. 이런 이해를 바탕으로 피셔는 조선에서 선교교육이 어떻게 철저하게, 교육에서의 민주주의라고 부를 수 있는 이 역동적 흐름과 통합될 수 있을까에 관심을 갖는다.(DMEK:16~17)

피셔는 결국 "민주주의적 교육철학의 관점에서 조선에서의 선교교육으로 명명되는 그 복합적인 사업의 목적과 활동들을 검토하는 것"을 연구의 지향점으로 삼으며 조선의 선교교육과 교육의 민주주의적 원리 및 이상을 통합시키고자 한다. 이를 위해 다음 네 가지 점들을 풀어야할 연구 문제로 설정한다.(DMEK:11~13) 첫째, 민주주의 교육의 기준을 도출하는 것이다. 연구의 기본 개념으로서의 민주주의 교육을 정의하는 기준을 끌어낸다. 둘째 선교교육의 목적을 재구성하는 일이다. 민주주의 교육이라는 기준에서 조선의 현재 선교교육을 지배하는 목적을 검토함과 동시에 민주주의 기준에 잘 부합하는 목적을 재구성한다. 셋째, 선교교육과 일제 총독부의 교육 통제와의 관련성 탐구하는 일이다. 선교교육에 대한 정부의 통제에 의해 발생하는 문제들을 검토하고, 나아가 교육의 민주주의적 원리에 잘 부응하는 적응의 방법을 제안한다. 넷째, 조선인들의 삶의 문제와 선교교육의 관계를 탐구하는 일이다. 선교교육과 조선인들의 특정한 문제들의 관계를 탐구하고, 나아가 교육의 민주주의 이론과 잘 조화를 이루는 적응의 방법을 제안한다. 피셔는 스스로 제기한 문제들을 어떻게 풀어내고 있을까?

3. 교육의 목적론, 그리고 조선 선교교육 목적의 비판적 재구성 : 듀이의 민주주의 교육철학의 관점으로

1) 교육의 목적과 방법 : 삶으로서의 교육과 민주주의적 방법

피셔는, 듀이의 민주주의 교육에 대한 이해를 기초로, 민주주의의 원리에 입각한 교육의 목적을 설명하는 것으로 출발한다. 피셔에 의하면 교육의 목적은 두 가지 방식으로 이해될 수 있는데, 하나는 모든 교육활동이 인도되는 과정(process)의 밖에 특정 목적을 설정하고 견지하는 방식으로, 다른 하나는 그런 외적 목적을 상정하지 않고 목적은 과정 안에 깔려 있다고 보는 방식이다. 그 어떤 경우에든 교육의 과정은 개인적 혹은 사회적 선(善)을 위해 인간존재에 변화를 일으키고자 하는 것이지만, 피셔가 기본적으로 견지하고자 하는 관점은 후자에 가깝다. 그에 의하면 교육은 넓은 의미로 볼 때 삶 자체이고, 이때 삶은 그 자체의 목적이 있을 뿐 그것이 종속되는 밖의 어떤 다른 목적도 없다. 교육의 목적은 인간으로 하여금 삶에 관해 더 많이 발견하게 하고 삶을 더 풍부하게 하며 만족을 느끼도록 하는 것이며, 이러한 목적에 공헌하지 못하는 방식이라면 그것은 교육으로서 정당한 의미를 부여받기 어렵다고 피셔는 이해한다.(DMEK:17) 피셔는 이런 관점을 뒷받침하기 위해 듀이의 *Democracy and Education*의 구절들을 인용한다 : "성장은 더 많은 성장을 추구하는 것 외에 그것이 관계하는 그 어떤 것도 없고, 교육은 더 많은 교육을 구하는 것 외에 그것이 종속된 어떤 것은 없다. 이 상식의 핵심은 학교교육의 목적이 성장을 보장하는 힘을 조직함으로써 교육의 계속성을 보장하는 것이라는 점이다. 삶 자체로부터 배우고, 그리고 모두가 살아가는 과정에서 배우려는 삶의 조건을 만드는 경향성은 학교교육의 최종 산물이다."(DMEK:18) ; "성장은 삶의 특성이고 교육은 성장과 함께하는 모든 것이다. 그것은 그 자체를 넘어선 목적을 가지지 않는다. 학교교육의 가치의 기준은, 그것이 계속적인 성장을 위한 열망을

창출하는가, 그리고 사실상 그 열망을 효율적으로 만들기 위한 수단을 제공하는가에 있다."(DMEK:23)

피셔에 의하면, 흔히 어떤 태도나 지식의 형성 등 바람직한 인간성의 발달을 교육의 목적으로 여기곤 하는데, 이러한 목적도 더 넓은 관점에서 볼 때는 인간의 삶의 경험을 풍부하게 하는 수단이지 궁극적 목적으로 여겨져서는 안 된다. 결정되지 않고 예측하기 어려운 다양한 양태의 성장과 발달이 있는 그러한 경험을 위한 수단일 뿐이다. 교육 목적은 교육적 상황(educational situation)의 밖이 아닌 그 속에서 도출되는 것이며, 교육받은 개인의 본원적 충동(original impulse) 및 본능적 활동(intrinsic activities)으로부터 솟아나는 것이다. 이런 점에서 교육은 가장 개인적인 일이기도 하다. 교육은 모든 사람을 위한 특징적이고 독특한 과정으로서 개인을 준거로 수행되어야 하고 개인들과 완전한 조화를 루어야 한다. 교육 목적은 교육이 작동하고 결과를 산출하는 실제적 상황의 밖에서 세워진 추상적 개념이어서는 안 된다. 교육 목적은 어떤 삶의 상황을 통과하고 있는 경험으로부터 나올 때 그 상황과 개인들에게 진정한 의미를 지닐 수 있다.(DMEK:18~19)

피셔는 흔히 정치적이고 종교적인 근거에 의해 형성된, 그리고 인간의 선에 대한 이상적인 개념에 기초해서 성립된 목적은 보통 그것이 이 원칙을 침해한다는 면에서 비민주적이라고 주장한다. 이러한 조직이나 기관들은 각 개인이 알고 믿고 느껴야 할 것을 그들 자신이 현재 알고 믿고 느끼는 것과 상관없이 사전에 결정한다. 위에서 부과된 그러한 목적들은 교사에게나 학생들에게 자신들의 활동의 의미를 이해하는데 장애를 가져 온다. 이를 피하기 위해 모든 교육 목적은 의도적으로 그 교육적 과정 속에서 지속되어 온 활동들과 확실히 연결되어 있어야 한다. 이러한 연결이 교사에 의해 지각되는 일이 필요하며 더욱이 학생들 스스로가 그들의 현재의 활동에 대한 예견된 목적에 대해 염두에 두는 것이 필요하다. 이러한 목적과 수단, 목적과 방법 사이의 연결이 가장 어린 이들에게도 보여지고 감상되어야 한다.(DMEK:19~20)

피셔에 의하면 교육의 목적과 관련해서 또 하나의 고려점은, 그것 역시 교육의 민주주의 원리에 대한 이해에서 본질적인 것인데, 인간의 삶과 우주를 계속적인 성장과 변화의 과정에 있는 것으로 여겨야 한다는 것이다. 인간 사회는, 각 영역에서 정도의 차이는 있지만, 결코 고정되지 않고, 역동적이고 변화적인 면모를 지닌다. 교육의 목적을 어떤 고정된 형태로 설정하는 행위는, 이 목적이 얼마나 위대하고 멀리 있는가는 상관없이, 그것은 사람의 성취에 한계를 짓고서 마치 사람의 가장 위대하고 높은 목적 및 목표가 무엇인지 아는 것처럼 장담하는 것과도 같다. 그런데 그 결과는 이 목표, 즉 사람의 노력이 추구해야할 단 하나의 목표로 선언된 그 목표를 이루는 것의 실패에 기인한 계속적인 실망과 패배주의일 뿐이다.(DMEK:22) 변화하는 세계 속에 있는 우리는 변화하는 교육의 목표를 가져야 하고, 우리의 교육 활동이 삶의 진정한 일부분일 수 있어야 하며, 다가오는 모든 변화에 의미를 지닐 수 있어야 한다. 교육의 진정한 민주적 목적은 모든 개인과 집단의 활동과 노력을 의미 있게 만들어야 하는데, 이러한 의미는 활동 그 자체로부터 나와야 하며, 나아가 그 활동이 외적인 도덕적, 영성적 목표를 달성하는 양적 지표로 결정되어서는 안 된다. 우리가 교육에 의해 성취하고자 하는 것은 더 나은 삶의 세계이지 단순히 이 세계에 그 자체로 적응하는 것이 아니다. 더 나은 세계를 만들어 가기 위해서 우리는 가능한 인간 성장의 넓이와 범위에 어떤 제한점도 놓아서는 안된다.(DMEK:23)

피셔는 이상의 교육목적론에 부응하는 교육방법의 원리를 네 가지로 설명하는데, 첫째 학습자의 개성 및 인격에 대한 존중(respect)(DMEK:24), 둘째 학습자의 모든 자연적 힘에 대한 존중(DMEK:26), 셋째 교수와 학습에 있어서의 자유(DMEK:27~28), 넷째 현재 활동을 미래의 활동과 분리시키지 않고 연계 지으며 미래를 준비하는 교육(DMEK:30)이 그것이다. 피셔는 교육목적론과 마찬가지로 이 방법적 원리에 대해서도 '민주주의(democracy)'로 특징짓는다. 피셔에 의하면 모든 민주주의적 교육은, 다만 그것이 인간의 삶이라는 이유만으로,

모든 현재를 측정불가능한 가치가 있는 삶으로, 위대한 존경의 가치가 있는 삶으로 만들기 위한 것이다.(DMEK:32)

민주주의 교육의 의미는 삶 자체, 성장 자체를 출발점이자 목적으로 삼으며 그 밖에서 설정된 목적을 기준으로 강제하지 않는 교육, 학습주체의 내적 동기와 자유가 존중받는 교육, 역동적이고 지속적으로 변화하고 성장하는 삶과 우주에 대한 과학적 인식에 기초한 교육 등이다. 민주주의 교육에는 교육에서의 자유, 평등, 소통, 과학의 가치를 엿볼 수 있다.

피셔는 이렇게 의미부여된 민주주의 원리로써 선교교육의 목적과 실상을 들여다보는 순서를 밟는다. 독자로서의 우리는 피셔의 관점과 일반적 선교교육관에는 심각한 충돌이 있을 수 있음을 예상할 수 있다. 하나님의 진리를 전제로 해서 그것을 절대적 목적으로 삼고서 개인들의 삶을 이를 향하도록 만들어 가는 것이 일반적으로 생각할 수 있는 선교교육의 특징이기 때문이다. 피셔는 이런 교육을 거부하는 입장을 지닌 것이 분명한데 과연 당시 선교교육 목적의 실상을 어떻게 이해하고 평가할까? 여기에 대해 선교계는 어떤 답을 하게 될까?

2) 선교교육의 목적 비평

피셔는 민주주의적 교육목적관을 기초로 선교교육의 실제 현장을 이끌고 있는 전형적인 목적관을 비판적으로 검토한다. 이를 위해 활용한 자료는 다양한 선교 기관(bodies)의 출판물이나 선교교육의 지도급 선교사들의 저술에 나타나 있는 목적 진술 같은 것이다. 구체적으로 다음과 같은 부류의 자료들이다 : a) 연합 선교 기관의 서류나 기록과 같은 공식적인 간행물이나 보고서, 그리고 기타 b) 다양한 독립적 선교기구의 연례보고서, 팸플릿, 조사자료 등, c) 특별히 교육적 활동과 관련해서 선교사에 의해 쓰여진 책이나 잡지 논문, 보고서 등.(DMEK:39)

피셔에 의하면 당시에 일본 총독부 차원에서 제시된 각급 학교(보통학교, 고등보통학교, 여자고등보통학교 등)의 목적이 있으며 이는 이 체제에 소속된 선교계 학교들도 이 목적 수행을 요구받으며 실제로 이 목적을 교육계획 속에 포함시켜 수행하기도 한다. 하지만 선교사들은 이것을 완전하고 가장 중요한 교육목적으로 받아들이지 않고, 그들만의 특별한 목적, 즉 그들이 교육활동이 참여하는 근본적인 이유가 되는 그런 목적을 가지고 있다.(DMEK:40~41)

피셔에 의하면 선교교육의 목적으로 선교사들이 흔히 생각하는 것은 기독교로의 개종이다. 즉 일반적으로 선교교육의 주된 목적은 교육의 영향권에 들어온 사람들이 가능한 한 많이 기독교라는 종교가 인간의 삶을 위해 적절한 것으로 받아들이도록 이끄는 것이었다.(DMEK:41) 선교교육의 실제는 학생들에게 기독교인으로서의 특정한 성격, 태도, 가치관을 기르기에 애써 왔다. 그런데 피셔가 보기에 이런 목표의 설정 및 관철은 민주주의적 원리에 비추어 적절치 않다. 민주주의 원리에 충실하다면, 특정한 가치를 주입식으로 강요하기보다는 삶의 실천 과정에서 기독교의 가치에 대해 더 깊고 의미있는 감상을 하도록 이끄는 방향으로 나아갈 것이다. 선교교육은 민주주의 교육과 융화되어야 하며, 이를 위해 선교교육은 종교의 개념을 확장해서, 모든 참된 교육, 즉 인간이 가치있게 여기는 자질의 성장을 촉진하는 교육 개념을 수용하는 노력이 필요하다는 것이 피셔의 주장이다. 그에 의하면 성장으로서의 삶에 있어서 종교적 경험과 교육적 경험은 대립적이지 않고 조화를 이룰 수 있다. 선교계 교육사업이 더 공헌할만한 지향점은 교육받을 자들에게 더 풍부하고 더 완전한 삶을 제공하는 쪽으로 나아가는 것이다.(DMEK:44) 이를 위해 긴요한 것이 선교교육에서의 교적 목적에 대한 민주주의적 해석이다. 피셔는 기독교라는 종교로부터 나오는 모든 진정한 가치들을 보존하면서도 동시에 선교교육을 민주적 기초 위에 놓을 수 있는 방향으로의 기독교교육의 목적의 수정 및 해석이 가능하다고 믿는다.(DMEK:45) 피셔는 이런 이해를 기초로 선교교육 목적을 다음과 같이 수정, 제안한다 : "조선에서의 선교교육의 목적은, 선교사 자신들과 조선인들에게 삶에 대한 더 나은 이해를 가져오기 위해, 그리고 더 완전하고 풍부한 삶을 만드는 힘을 더 잘 통제하도록 이끌기 위해, 선교사들이 다양한 삶의 활동들 속에서 조선인들과 일하는 것이다."(DMEK:53) 이렇게 수정된 목적을 위해 선교교육이 구현해야할 목표로서 피셔는 다음과 같은 점들을 제안한다. 우선 지적이고 과학적인 방면의 목표로서, 조선인들이 서양에서 발전된 과학적 이론과 지식을 향유하도록, 가치있는 모든 철학과 사상을 차별없이 가르쳐야 한다.(DMEK:54~56) 다음으로 예술적이고 언어적인 방면의 목표로서, 선교교육이 조선인들에게 자신의 문화에 대한 자긍심을 갖고 소중히 여기도록 하는 데로 이끌어야 하며, 이를 위해 선교사들은 한국의 고유문화를 이교도적인 것으로 여기며 소홀히 하거나 무시하는 시선을 넘어 조선의 예술과 문화를 깊이 이해하고 조선인과 함께 즐길 수 있어야 한다.(DMEK:57~59) 다음으로 기술적이고 산업적이며 경제적인 방면의 목표로서, 조선인들이 자신들의 생활수준을 스스로 높이고 영속시킬 수 있는 기술적, 산업적, 경제적 지식과 기회를 누리도록 해야 한다. 선교사들이 개종이라는 목적에 급급함으로써 이 측면을 거의 무시했으며 이것이 선교교육의 실패의 단면이다.(DMEK:59~60) 다음으로 정치적이고 사회적인 방면의 목표로서, 한국에서 발생하는 사회적 정치적 문제들을 해결하기 위한 관련된 지식을 가르쳐야 한다.(DMEK:61~62) 마지막으로 종교적이고 윤리적인 방면의 목표로서, 선교교육은 서양 문명의 가장 결정적 요소이기도 하며 진정한 인간적 가치의 수호자이기도 한 그리스도 정신(Christianity)의 이상－황금률, 하늘의 왕국, 인간의 형제애, 하나님의 부모애 등으로 표현되는－에 대해 조선인이 알고 습득하도록 하는 것을 본질적 목표로 삼아야 한다.(DMEK:62~63)

　요컨대 피셔는 선교교육 일반이 교육의 영향 하에 있는 모든 이들에게 기독교가 유일하게 타당하며 확실한 삶의 인도처라는 믿음을 심어주는 것을 일차적 목적으로 삼곤 하지만, 이는 개인의 역량을 가능한 한 가장 자유롭게 개발하도록 허락하지 않는다는 점에서 인격을 온전하게 존중하는 길은 될 수 없다고 진단한다. 그에 의하면 기독교는 선교교육에서 모든 것을 포괄하는 목적이라기보다, 선교교육의 여러 목적 중의 하나일 뿐이다. 선교교육의 포괄적 목적이란, 앞에서도 언급한 바 있듯이, 선교사들 자신과 조선인들이 함께 다양한 삶의 활동을 통해 삶에 대한 보다 풍부한 이해와 삶의 통제력을 얻도록 이끄는 것이다.(DMEK:64)

4. 일제시기 선교교육의 구체상과 민주주의적 지향

피셔의 저서는, 앞서도 언급했지만, 선교교육의 민주주의적 원리에 대한 인식을 기반으로(Ⅰ~Ⅲ장), 좀 더 미시적 차원에서 선교교육의 실상과 과제를 다루는 쪽으로 나아가는(Ⅳ~Ⅷ장) 구성을 지닌다. 이 후반부의 주요 논점을 네 가지로 재구성하면 다음과 같다. 첫째, 일제 총독부 체제에서 민주주의 교육으로서의 선교교육은 어떻게 가능한가?(Ⅳ장) 둘째, 선교교육은 조선인의 삶의 개선을 위해 어떤 역할을 했고 또 해야 할까?(Ⅴ장) 셋째, 선교교육은 조선 전통과의 관계를 어떻게 설정해 왔고 또 해야 할까?(Ⅵ장) 넷째, 선교교육은 종교적 우월의식을 넘어 조선인을 어떻게 근대적 주체로 세울까?(Ⅶ, Ⅷ장)

1) 일제 총독부 체제에서 민주주의 교육으로서의 선교교육은 어떻게 가능한가?

피셔가 조선에 머물며 조선의 근대교육의 실천에 관여하고 글을 쓴 시기는 일제강점기이다. 일제라는 환경은 선교교육을 포함한 학교교육 전체에 결정적인 영향을 미쳤고, 따라서 당시의 학교에 대한 기본적 이해는 일제라는 환경을 고려치 않고는 불가능하다. 일제는 1908년의 「사립학교령」, 1911년의 「조선교육령」과 「사립학교규칙」, 1915년의 「개정사립학교규칙」 등을 공포하면서 모든 사립학교를 국가의 엄격한 통제 하에 두고자 했고, 선교계 학교에 대해서도 예외가 아니었다. 피셔가 민주주의 원리가 관철되기 위한 선교교육의 현안을 다루고자 할 때 먼저 당면한 문제는 바로 일제 총독부의 통제 환경을 어떻게 이해하며 관련 난제를 풀어갈 것인가 하는 점이었다.

우선 피셔는 일제의 존재를 바라보는 시각에 있어 선교계 일반의 관점과 동일선상에 있으니, 즉 정교분리, 정치적 중립이라는 선교계의 일반적 입장[7])을 그도 견지한다. 일제 체제 자체의 정당성을 문제삼기보다 이미 구축된 그 체제를 일단 받아들이면서 그 속에서 민주주의라는 이상에 부합하는 선교교육을 구현할 방법에 관심을 갖는다. 피셔는 민주주의적 관점에서 일제의 식민지 사업에 동의하지 않는다는 점을 분명히 하면서도, 외국인으로서의 선교사의 임무는 일차적으로 교육을 제대로 하는 것이지, 일제 교육체제 자체를 개혁하는 것은 아니라는 입장을 견지한다.(DMEK:87) 식민주의가 비민주적이라고 해서 외국인으로서 일제 총독부를 전복시키는 운동에 참여하게 되면 선교교육이 불가능하게 된다는 염려도 한다. 그는 인간이 만든 어떤 기관도 완벽하지 않다는 관점도 피력하면서 부족한대로 주어진 여건에서 소정의 발전 원칙에 맞게 교육을 개선해 가는 것이 선교사가 취할 최선의 자세라는 인식을 보인다.(DMEK:87~88) 피셔는 일제 교육 체제가 안고 있는 문제나 갈등적 요소, 한계를 보면서도 선교교육은 무엇보다 조선인의 삶의 성장, 민주주의 교육의 정착, 그리고 선교교육의 이상을 바라보고 나가야 한다는 점을 강조한다. 그리고 이것들이 일제 체제를 대상화해서 비판하는 기준이 될 수 있다고 본다.

피셔는 일제 총독부 하에서 선교교육이 그 생존을 위해 따르지 않을 수 없게 된 정책적 규정들에 대해서 정리하고 넘어가는데, 교사의 자격기준, 학교

---

7) 일제시기 선교계의 정치적 중립의 입장에 관한 구체적 실상에 대해서는 다음 연구들이 잘 보여준다. 류대영, 『개화기 조선과 미국선교사 : 제국주의 침략, 개화자강, 그리고 미국선교사』, 서울 : 한국기독교역사연구소, 2004 ; 이성전, 서정민·가미야마 미나코 옮김, 『미국 선교사와 한국 근대교육 : 미션스쿨의 설립과 일제하의 갈등』, 서울 : 한국 기독교역사연구소, 2007.

시설 기준, 교육의 목적과 절차, 교수 방법, 애국주의적, 국가주의적 의식과 실천 기준 등이 그것이다.(DMEK:68~76) 이러 기준들 중에는 국가제도적 차원의 근대적 표준화의 측면에서 긍정적인 요소도 있지만 선교교육의 자율적 발전을 크게 제약하는 요인이 존재한다고 피셔는 인식한다. 그에 의하면 일제 총독부에 의해 마련된 정책적 규정들을 둘러싸고 선교계와 총독부 사이에는 적지 않은 관점상의 불일치와 갈등이 존재하고 있었다. 선교교육과 일제 총독부 사이의 갈등이 유발된 역사적 원천에 대해 피셔는 세 가지로 정리한 바 있다.(DMEK:65~68) 첫째, 선교계는 일제의 병합 이전에 이미 조선의 근대교육의 개척자로서의 정체성을 지니고 있으며 그들이 만든 학교에 대한 애정이 특별했는데, 이 입장에서 일제의 조선 교육 전반에 대한 통제는 불편하게 받아들여지지 않을 수 없다는 것이다. 병합 이전에 선교계는 조선 정부의 간섭을 거의 받지 않으며 자율적으로 근대적 학교 체제의 구축을 주도한 세력으로 자리매김되어 있었던 바, 따라서 병합 이후의 일제의 통제에 대해서 그 정당성을 부여하고 수용하기가 쉽지 않았던 것이다. 둘째, 선교계 학교의 가장 중요한 측면이며 존재 이유이기도 한 종교교육에 대해 인정하지 않는 정책에 대한 반감, 그리고 학교의 공식 언어로서 조선어를 금하고 일본어를 의무화하는 정책에 대한 반감이다. 외국인으로서의 선교사는, 모국어로서의 조선어를 빼앗긴 조선인과는 또 다른 이유로, 즉 조선어에 이어 또 다른 외국어로서의 일본어를 짧은 시간에 익혀야하는 과제를 강요받는 상황이 매우 곤란할 수밖에 없었다. 셋째 조선인을 일본인으로 동화시키려는 정책도 갈등을 유발했다. 이미 여러 해 동안 조선 언어와 문화를 익히며 조선인들과 어울려 살아온 선교사들은 조선의 민족 문화—선교사들도 가치를 부여하고 찬탄했던 우수한 면모를 지닌—를 파괴하려는 일제의 시도에 대해 조선인의 편에 서서 저항하는 입장을 가지고 있었던 것이다.

피셔는 이렇게 선교계와 일제 지배층 사이의 오해 및 갈등의 역사적 원인을 들추면서도 이런 검토 작업이 일제에 대한 부정과 전복을 위해서가 아니라는 점을 분명히 한다. 이 검토의 목적은 조선 근대교육의 민주주의적 발전을 위한 기본 조건으로서, 선교계와 일제 사이의 진실하고 지속적인 민주적 관계를 형성하는 데 있다는 것이다.(DMEK:67) 첨예한 갈등의 현실 속에서 민주주의적 교육을 뿌리내리기 위해 긴요한 것이 선교교육 주체와 일본 총독부 사이의 민주적 관계라고 보는 것이고,(DMEK:79) 이를 위해 서로가 서로에 대한 편견을 제거하고 양자 사이의 상호 존중과 이해를 도출하는 노력이 필요하다고 인식한다.(DMEK:80) 예를 들어 선교계에서는 일본 문화, 일본어, 일본 교육철학에 대한 선교사들의 연구를 활성화하고(DMEK:80~82), 일본의 상위 수준 학교에서의 선교계 교육자들을 위한 코스를 여는 방안을 강구하는 노력도 필요하다.(DMEK:84) 그리고 선교계 학교에서 성경과 종교를 가르칠 권리에 대해 설득해 가되, 일본이 기독교 국가가 아니라는 사실을 염두에 두면서 선교계 학교가 모든 경우에 비기독교인에게 열려 있음을 인지시켜가는 노력이 요청된다고 본다.(DMEK:84~85) 총독부가 기독교의 배타적 신앙을 이해하지 못하고 거부하는 상황에서 선교교육을 곧 기독교 교육으로만 성격지우고 접근하는 태도에 대한 반성이 필요하다고 본 것이다.

피셔는 조선 교육정책에 있어서의 총독부의 긍정적 역할도 이해해 보고자 한다. 그는 총독부가 한국에서 이룬 교육적 성취에 대해 인정할만한 부분이 있다고 본다. 조선인을 위한 교육기회의 확대에 공헌을 했고, 실제로 조선인들에 의해 일본 정부가 만든 학교들의 가치가 평가된다는 점을 거론한다.(DMEK:89~91) 피셔는 선교계의 기본 입장인 정치적 중립의 편에 서 있고, 또 조선인이 아닌 외국인으로서 일제 치하의 조선교육의 변화의 실상을 보다 건조하게 바라볼 수 있었을 것이다. 조선인의 입장에서는 일제가 이룩한 근대적 성취의 장점들이 설령 있다 해도, 조선인 스스로가 주도했을 때의 주체적 성취에 비해서는 왜곡된 형태를 지닐 수밖에 없다고 강변할 만하다. 그러나 피셔는 스스로도 일제 치하의 활동의 제약을 거론하며 그 속에서 가능한 선교계의 역할에 대한 입장을 피력했거니와, 일제 체제의 틀에서나마 꾀할 수 있는 발전 방안을 찾아보고자 할 때 피셔의 설계는 간과하기 어려운 의미를 드러낸다.

요컨대 피셔는 일제 체제를 일단 수용한 토대에서 선교계와 일제 총독부 사이의 갈등을 넘어 선교계 학교가 민주주의의 교육이상을 펼칠 수 있는 방안들을 강구해 보고자 한다. 일제 체제를 수용함과 동시에 민주주의의 원리를 관철하고자 하는 피셔의 입장에 대해서 조선인의 관점, 그리고 현재적 관점에서는 논란의 여지가 있을 수 있다. 이에 대한 부가 논의는 본 논문의 후반부에서 이루어질 것이다.

2) 선교교육은 조선인의 삶의 개선을 위해 어떤 역할을 했고 또 해야 할까?

피셔는 선교교육이 조선의 사회, 문화, 경제에 어떠한 긍정적 영향을 미쳤는지, 그리고 어떤 점에서 제한이 되었는지, 관련 과제가 무엇인지에 대해서도 검토한다.

그에 의하면 선교교육은 그로 인해 형성된 학교와 학생의 숫자 이상으로 조선인의 삶에 큰 영향력을 행사했다. 선교계는 전국 각 지역에 전략적 거점을 두고 선교 및 교육 활동을 했으니, 이는 전국적으로 초등단위의 학교들이 분포되고 나아가 보다 높은 수준의 학교들, 전문학교들, 대학들이 설립되는데 주요한 요인이 되었다.(DMEK:94~95) 선교교육은 나라 전체에 걸쳐 지적, 육체적 방면의 활동에서 센터 역할을 했다.(DMEK:95) 선교교육에서 초래된 긍정적 문명 가치들도 많은데, 즉 환자들에 대한 보다 과학적인 보살핌, 고아와 가난한 이들에 대한 보다 지적이고 잘 조직된 보살핌, 미신의 감소, 아동에 대한 존중의 확대, 여성에 대한 태도의 개선, 배움과 학문 활동에서의 한글 활용도의 증대, 계층간 차별의 벽 붕괴, 민주적인 인간관계에 대한 인식의 진보, 약물이나 술 같은 물질의 유해성에 대한 계몽, 과학적 학교교육에 대한 존중과 열망의 증대 등이 그것이다.(DMEK:96)

그런데 피셔에 의하면 선교교육의 영향을 제한하는 요소들이 있었으니, 선교계 학교에 오직 기독교인만을 받아들이는 점(DMEK:97), 선교계 학교의 이사회 구성원을 오직 기독교인만으로 제한하는 점(DMEK:98) 등이 그것이다. 선교교육이 조선인의 삶 자체를 위한 교육으로서의 긍정적 영향력을 확산해가는 것이 중요하며 이를 위해 종교적 제약과 경직성을 풀고 열린 체제로 다가가는 것이 긴요하다고 본다.

피셔는 식민지 조선에서의 선교교육은 조선인의 민족주의를 적절하게 이해하며 소화하는 과제가 있음도 지적한다. 그는, 앞서도 언급되었듯이, 선교교육의 본질이 일본 정부에 불복종하거나 저항하는 것을 독려하거나 막는 역할을 하는데 있지는 않다고 본다. 선교교육은 무엇보다 사랑이라는 그리스도 정신 및 기독교 윤리를 기초로 하는데, 여기에서 특정 인종과 민족적 입장에서의 폭력과 강압이 자리할 여지가 없고(피셔는 선교사들이 신학적이고 복음주의적 방면으로 지나치게 경직되거나 축소되지 않고 보다 넓은 선교관을 견지해야 함을 말한다. 즉 피셔는 조선에서 활동하는 "선교사들은 조선인들의 다양한 삶의 활동 영역에서, 그들이 삶을 더 잘 이해할 수 있도록, 그들이 가장 충만하고 풍부한 삶을 만들어가는 힘을 통제할 수 있도록 할 목적으로 조선인들과 함께 일해야 한다."를 강조한 것이다.[8] 그런데 선교 활동의 초점에 대한 이런 견해가 어떤 선교사들에게는 선교의 본질을 놓친 것으로 이해되었다.(DMEK:100), 특정 인종이나 민족에 제한되지 않는다는 것이다.(DMEK:101) 선교사는 모든 사람을 특정 인종이나 민족의 구성원들로서가 아니라 인간(human beings)으로 바라보아야 하며, 선교교육은 교육의 문제에 관한한 세계적 수준의 전망을 지니고서 특정 종교적, 민족적 편견을 지녀서는 안 된다고 피셔는 주장한다. 이런 전망 아래 선교사들이 일본인이든 조선인이든 어느 쪽으로부터도 갈등적 요소를 지닌 법적 분쟁에 휘말릴 염려 없이 조선인을 위한 교육적 노력에

---

8) J. Earnest Fisher, *op.cit.*, p.57.

매진할 수 있어야 한다고 보는 것이다.(DMEK:102) 결국, 식민지라는 민족적 현실의 타개라는 정치적 행동을 멀리하고, 다만 민주주의 교육이라는, 그리고 그리스도정신의 관철이라는 보편의 교육을 실현하는 데 주안점을 두는 것이 선교교육이 나갈 바라는 것이 피셔의 믿음이다.

여기까지만 보면 피셔는 그저 중간자적 입장에서 원칙만을 언급하며 조선인의 민족주의와 연관된 민감하고 불편한 문제를 피하고자 하는 것 같다. 조선인의 입장에서는 식민지라는 질곡의 현실을 직시하지 못하는 관념성이 농후해 보이기도 한다. 그런데 피셔는 선교사 일반과 마찬가지로 정치적 중립을 취하는 것은 맞지만, 양쪽 모두에 적당한 거리를 두고 편의를 취하려는 것은 아니다. 그는 자신의 입장이 결코 가운데에 서서 모든 이들을 기쁘게 하려는 것이 아님을 분명히 한다. 그리스도 정신 아래에서는 조선인이든 일본인이든 모두 형제애로 함께할 대상들이지만 피셔의 주요 관심이 조선인에 가 있음은 분명하다. 피셔 자신은 자신이 말한 조건을 통해서 오직 조선인에 있어서의 최고의, 최선의 관심사를 위한 노력을 다하고자 한다는 사실을 강조한다.(DMEK:102) 민족주의의 진정한 가치도 모든 땅에서 민주주의 교육이 성공함으로써 이루어질 수 있다는 것이 피셔의 신념으로(DMEK:103), 조선인의 민족주의를 위해서도 그 바탕으로써 민주주의 토양을 뿌리내리는 것이 긴요하며 이것이 선교교육이 감당해야 하는 조선인을 위한 책무라는 것이다.

그 밖에 피셔는 선교교육이, 여전히 어려운 경제적 조건에 있으면서도 이전에 비해 높아진 조선인의 삶의 기준에 부응해서 경제적으로 돕는 역할을 해야 함에도 불구하고 이러한 책무를 다하지 못한 문제점에 대해서도 성찰한다. 선교교육이 산업과 농업 등 실제 경제활동 관련 역량을 훈련시키는 역할을 해야 함을 지적한다.(DMEK:103~119)

요컨대 피셔는 선교교육이 의료, 복지, 문화, 교육 등 제 영역에서의 조선의 근대적 진보와 개혁에 중요한 역할을 했다는 점을 설명하고, 그럼에도 불구하고 선교계의 종교적 경직성이 초래한 한계점도 짚어 본다. 또한 조선인의 민족주의와 관련된 복잡한 상황에 직면해서 선교교육이 취할 균형적인 입장에 대해서 점검하고, 나아가 조선인의 경제적 요구에 부응하는 선교교육의 과제에 대해서 도 제안한다.

3) 선교교육은 조선 전통과의 관계를 어떻게 설정해 왔고 또 해야 할까?

피셔가 민주주의 원리에 의해 조선의 선교교육을 성찰함에 있어 또 한 가지 특별히 관심 갖는 지점은 선교계의 종교적, 문화적 우월의식의 요소를 자각, 극복하는 문제이다. 이는 곧 조선의 유수한 문화적, 사상적 자산을 정당하게 인식하고 이를 조선 교육근대화의 맥락에서 정당하게 활용하는 문제이기도 하다. 이 문제를 풀어감에 있어 피셔는 문화적 다양성에 대한 존중, 그리고 문명전환에 있어서의 전통과 외래의 조화로운 만남을 둘러싼 인류학적 감수성 을 잘 보여주고 있다.

피셔는 우선 조선 문화에 대한 선교계의 초기 대응방식인 '이교도'적 접근 방식을 비판한다. 즉 조선 전통을 '이교도(heathen)'라는 명칭에 담았는데 이는 기독교 중심의 배타성과 문화적 불관용성, 심판의식을 반영하고 있다는 것이다. 피셔는 초기의 경직된 태도에 반성이 점차 일어나는 현상에 대해 다행으로 여기면서도 충분치 못함을 지적하기도 한다. 피셔의 관찰에 의하면 당시 선교계 에서는 '이교도적'라는 용어에서 '불교의', '유교의', '고유의', '토속적', '민속 의', '조선의', '비기독교적' 등의 용어를 주로 쓰는 식으로 바뀌는 경향을 보였는데, 이는 종교적 배타성 및 우월성을 탈피해 가는 증거라는 점에서 고무적인 것이었다.(DMEK:125) 그런데 피셔는 사용하는 용어만 바꾸었을 뿐 실제로는 이교도적 관점에서 크게 벗어나지 못한 경우가 있음을 지적하면서, 용어 면에서든 용어에 부수되는 태도 면에서든 이러한 요소들을 완전히 제거해 가야 한다고 역설한다.(DMEK:126)

피셔가 관찰한 바로는, 선교계에 조선 문화와 사상을 제대로 아는 사람이

드문 현상이 선교교육의 실제에서 조선인들에게 자국의 문화와 사상을 소홀하게 만드는 원인이 되었다. 피셔는 조선 문헌(literature)을 깊이 연구한 이는 선교계에 소수만이 존재하며 이들은 한결같이 조선의 젊은 세대가 자신의 과거 역사와 문헌에 거의 관심이 없음을 지적하는 부분을 주목한다. 피셔는 이 현상의 한 원인으로 선교교육이 '이교도적' 관점을 주로 하며 기독교 문화에는 우월한 가치를 부여하면서 동양 문화의 가치는 거의 인정하지 않는 문제를 지적한다.(DMEK:126) 피셔에 의하면 당시 조선인들 사이에는 서양의 것이라면 모든 것을 추구하는 반면, 동양이나 조선의 것은 '낡은 것'을 여기고 등을 돌리는 바람직하지 못한 상황이 벌어지고 있다. 때로는 비록 조선의 가치있는 문화유산을 세계에 알리려는 애국적 노력들도 보이지만, 이 유산을 현대의 교육 및 삶에 활용하려는 어떠한 의미있는 노력도 보이지 않는 현실을 안타깝게 지켜본다. 심지어 조선의 문헌, 예술, 발명, 그리고 종교에서 나타나는 과거의 영광을 큰 소리로 선언하는 사람들마저도 그들의 모든 시간과 수단을 서구의 문화를 익혀서 온 나라에 전파하려는 데만 골몰하는 현상을 비판적으로 바라본다. 조선의 젊은 지성들 중 조선의 문화적 유산의 연구와 발전에 관심을 갖는 이들이 거의 없으며, 이것은 다름아닌 선교교육이 초래한 중대한 문제 중의 하나라는 점을 피셔는 직시하고 있다.(DMEK:127)

피셔는 선교교육이 조선의 문화에 대해 소홀히 하고 평가절하 하는 현상이 종교에 있어서의 배타적 태도에 뿌리를 두고 있다고 진단한다. 그에 의하면, 선교사들이 스스로를 설교하고 가르치러 온 존재라는 종교적 믿음을 견지할 때, 어떤 주체가 스스로를 우주를 창조하고 구성하는 특별한 계시할 받은 존재로 믿을 때, 스스로는 특별한 방식으로 그 창조주와 신성한 통치자를 알고 있는 존재라고 믿을 때, 그리고 신성과 관계를 맺는 자신의 기적적인 방법이 신성을 인식하는 유일한 방법이라고 믿을 때, 그런 사람은 외부자들의 문화적, 종교적 성취에 대한 어떤 존중감을 가질 수 없다. 나아가 서구의 문헌, 예술, 과학 그리고 생활풍습의 모든 것이 직접적으로 이러한 독특한 종교적 계시의 영향에 기인한다고 믿을 때, 기독교의 한 통합적 부분으로서의 서구의 모든 문화적 자산을 가르쳐야겠다는 강력한 독선적 경향 및 사명감을 지닐 수밖에 없다.(DMEK:127) 그런 우려할만한 점들에도 불구하고 피셔는 당시 종교에 있어서 자유주의적 이상의 영향력이 확대되면서, 종래 계시신학에 의해 설명된 많은 것들에 대한 인간적, 과학적 설명이 나타나면서, 특정 종교적 신념과 관계없이 인간적, 문화적 가치들을 이해하고 감상하게 된 상황이 연출되고 있음을 주목하며 의미있게 평가하고 있다.(DMEK:128)

선교계 학교에서의 학생들의 생활 방식이, 학생 자신의 민족 문화 및 관습을 가까이 하지 못하도록 짜여진 문제점에 대해서도 피셔는 지적한다. 그가 보기에 당시 선교계 학교들은 서구의 생활 관습, 방법, 도구를 도입하는데 있어 아무런 저항이 없었는데, 이는 서구적 혁신이라는 것이 인간의 삶의 요구들을 충족시키는 데 전통적인 것 일반보다 우월하다는 가정에 기초한다. 공동체의 실제 요구 및 관심에 기초하기보다는 서구적 우월성에 대한 가정에 기초해서 서구적 삶의 방식의 도입을 자연스럽게 여기는 경향이 있었던 것이다.(DMEK:128) 예를 들어 기숙사 형태나 의복 양식 등에는 서구화 특히 미국화 과정의 전형이 나타나며 서구적 가치 기준에 따라 우수성과 아름다움을 판단하게 되는 상황이 되었다.(DMEK:129)

서구의 문화적 성취들의 우월성에 대한 이와 같은 강조 및 가정은 조선인의 문화적 열등감을 이끌게 되고, 이러한 열등감은 만족스런 교육 활동을 불가능하게 하는 요인이 된다. 지도자이며 교사로서의 선교사들이 조선 고유의 문화를 정당하게 이해하고 대우하지 않을 때 조선인들은 선교사들의 이런 태도에 부응해서 자기 민족문화에 대한 존중감을 잃게 된다. 서구적인 것에 대한 조선인들의 지나친 열정은 그들 자신의 문화적 성취에 대한 믿음의 상실의 징표이며, 서구적 문화 성취에 참여함으로써 자기를 실현하고자 하는 기대의 표현이다. 심지어 조선인들 중 조선 문화의 우수성을 주장하는 경우도 열등감을 보상받기 위한 의도적 표현인 경우가 많다는 점을 피셔는 관찰하고 있다.(DMEK:130)

피셔는 이런 문제에 대한 해법도 제시해 보고자 한다. 조선 문화에 대한 일반적 관심이 창출되도록 신문이나 책, 잡지, 강의, 컨퍼런스 등의 일상적 방법을 활발하게 활용할 필요가 있다. 선교사들은 이런 방면에서 소홀했고 실패했음을 인정하고, 보다 열린 자세로 교육의 장에서 조선 고유의 문화가 보다 광범위하게 활용되도록 해야 한다. 조선 고유의 삶의 제 영역에서, 역량있는 이들의 연구가 활성화되어 그 가치가 교육목적에 반영되도록 할 필요가 있다. 조선의 문헌은, 고대의 것이건 현대의 것이건, 학교교육과정에서 특별한 위치를 획득해야 한다. 조선의 음악, 노래, 춤, 희곡, 놀이, 운동, 장식 예술 등 조선의 전통적 예술 표현 양식들이 선교계 학교에서 정당한 위치를 차지해야 한다. 교육 지도자들이 교사, 학생, 학부모, 학교이사들로 하여금 이 자료의 존재를 주목하고 사용하도록 독려하는 분위기가 만들어져야 한다.(DMEK:131) 피셔는 실제로 게일(J. S. Gale)과 같은 조선 문화에 정통한 인사들과도 긴밀하게 교류하며 조선 문화의 우수한 측면을 들여다보고 있었다. 그는 유교적 군자의 이상을 간직한 조선을 신사의 땅으로 부를 수 있다고 한 게일의 말을 인용하기도 하면서, 아름답고 우아한 전통과 조선인의 삶에 담긴 인간적 가치를 지닌 요소들을 선교사들이 보기 시작한 점을 고무적이라고 평가한다.(DMEK:132)

피셔는 나아가 선교계 학교의 생활 도구들이 조선인이 주체가 되고 조선인의 삶의 조건에 맞게 갖추어져야 하고(DMEK:133), 학교나 교회 건축에 있어서도 조선인의 정신적, 미학적 삶의 가치를 간직하고 있는 조선적 건축에 대한 지식과 이해가 반영되어야 한다고 주장한다.(DMEK:135) 조선의 문화가 교육의 과정 안에서 정당한 위치를 갖기 위해서 조선과 중국의 문헌을 다루는 교사의 직업적 지위와 봉급이 향상되어야 한다는 주장도 덧붙인다.(DMEK:133)

피셔에 의하면, 선교교육은 도덕적, 영적 성장을 위해, 조선인의 삶의 역사에 존재해 온 모든 가능성 있는 요소를 찾고 활용해야 한다. 가장 유용한 활용법은 기독교의 종교적, 도덕적 가르침에 대해, 그것을 낯설고 대립적인 것으로 다루기보다는, 가급적이면 조선 고유의 개념과 실천을 연결하는 것이다. 그에 의하면 조선의 종교에서 진정한 가치를 지닌 모든 것은 보존되어야 한다. 미신적이고 비과학적인 요소들은 당연히 분별해서 신학이나 마술의 영역에서 다루어져야 할 것인데, 이는 서구적 삶에서도 나타나는 유사한 요소들에 대해서 다루는 방식이기도 하다. 피셔는 조상숭배와 같은 것도 도덕적, 종교적 성장에 있어 영감과 상상력을 주며 감성적인 요소가 풍부하다고 본다. 선교계가 이러한 가치들을 제대로 인식하며 학교, 가정, 그리고 교회에서 이들을 교육적으로 활용할 수 있는 방법을 제공하되, 인류형제애와 종교적 발전에 관한 보다 높은 이상들이 조선인의 삶에 이미 존재하는 최선의 최고의 것들과 연결되도록 노력해야 한다고 피셔는 주장한다. 나아가 조상숭배를 둘러싼 실천, 의식(儀式) 및 다른 도구들이 보다 깊은 정신적 의미로 옷 입혀져야 하며, 각종 기념일이 도덕적 정신적 가르침과 성장의 수단으로서 활용될 필요가 있음을 주장한다.(DMEK:138)

요컨대, 피셔는 선교사들 사이에 조선 문화적 요소의 교육적 가치에 대한 인식의 변화가 보이긴 하지만 선교교육은 여전히 조선 고유의 삶에서 발견되는 풍부한 교육적 가치를 지닌 자료들을 온전히 이해하지 못하고 있음을 지적했다. 그리고 이 문화가 소홀히 된 맥락에 대해 다양한 방식으로 들여다 본 후, 보다 넓은 관점으로 조선의 문화적 요소를 교육 프로그램에 포함시키기 위한 선교계의 체계적 노력의 요구 및 방향을 제안하고 있다.

4) 선교교육은 종교적 우월의식을 넘어 조선인을 어떻게 근대적 주체로 세울까?

피셔는 궁극적으로 조선인에 의해 운영되는 교육체제를 기대하면서, 어떻게 하면 제도적 주도권에 있어서나 의식에 있어서나 조선인이 근대성을 갖춘 교육의 주체로 설 수 있을까의 문제를 숙고한다. 이는 본래 참여를 본질적 요소로 하는 민주주의의 원리에 충실한 방향이기도 한데, 조선 사람들 스스로가

교육의 민주주의적 변화를 이루어내는 주체가 되도록 이끄는 것이 선교교육의
역할이라고 보는 것이다.

　피셔는 선교계 학교의 재정적 지원을 교회나 미국인들이 한다는 이유로
선교계 이사회나 선교사들이 학교의 행정과 지휘를 독점하는 현상을 문제점으
로 제기한다. 과연 선교계 스스로가 결정권을 갖는 한에서 다른 사람을 돕자는
생각을 하는 것이 과연 기독교의 최고의 이상에 부합하는가 하는 민감한 질문을
던진다.(DMEK:140~141) 선교계는 조선인들이 선교계의 이상을 이루는 수단이
되기를 원하는가, 아니면 조선인들 자체가 목적이 되기를 원하는가 하는 물음도
진지하게 덧붙인다.(DMEK:142) 피셔에 의하면 이러한 질문들에 대한 민주주의
적 답이 있다면 그것은 선교 사업의 경영, 그 정책 결정, 선교계 자금의 지출에
있어서 조선인들이 크게 참여하는 것이다. 그러면서 피셔는 당시 전세계적으로
민주주의가 확산되고 이에 선교계 내에서도 자유로운 종교적 태도가 성장하면
서 선교 사업에서 점점 더 많은 주요 자리를 조선인들이 차지하는 경향이
나타남을 고무적으로 평가한다.(DMEK:142) 피셔는 선교 기관의 행정과 지휘권
의 이 같은 확장에 있어 가장 큰 장애 요인이 종교에서의 도그마적이고 경직된
태도라고 판단하면서, 위대한 진리와 가치에 부응하면서 역동적으로 성장을
지속하는 기독교가 되어야함을 역설한다.(DMEK:143)

　피셔는 선교 기관의 행정에서의 이러한 비민주적 양태만이 아니라, 선교사와
조선인 근로자 사이의 엄청난 경제적 지위의 차이, 조선 교사와 서양 교사들의
인격적 태도와 매너에서의 차이 등, 조선인과 선교사들의 개인적, 사회적 관계에
서 나타나는 갈등의 문제점을 짚어 본다.(DMEK:144~156) 그는 선교사들과
조선인 사이의 만족스럽고 민주적인 관계를 촉진하는 최상의 방법은 선교사들
이 조선인들과 같은 목적과 같은 문제들을 안고 있는 동료 근로자요 동료
학생이라는 정신이 깔린 관계를 만들어 가는 것임을 강조한다.(DMEK:156)

　피셔의 또 하나의 관찰은, 당시의 조선인 중 특히 젊은 지식인 계층에서
보이는, 종교에 있어서의 권위주의적 입장에 대한 비판적 문제제기 및 반발이

선교교육에서 큰 갈등의 양상으로 나타난다는 점이다. 이는 비단 조선만이 아닌 동양의 사회 전반에 나타나는 현상인데, 서구권에서는 이미 정상적이고 건강하게 여겨졌던 지식인으로서의 태도이기도 하다.(DMEK:158) 미국이나 유럽에서는 수년 동안 과학이나 자유주의 철학의 발전과 함께 그 사회적, 정치적, 종교적 적용이 진행되었다. 이런 과학자와 철학자들을 보유한 대학들은 전체 사회질서에 있어 점진적 변화를 이끌었고, 이 변화의 속도는 세계대전을 기점으로 이전에 비해 훨씬 커졌다.(DMEK:158) 피셔는 특히 조선의 경우, 일본어 교육을 매개로 일본어로 된 책 등을 통해 서구 세계와 접하며 이성주의, 과학적 사유, 자유주의 철학을 받아들이게 되었고(DMEK:164), 소련과 교류하면서 공산주의에 대한 감흥이 일게 되었으며(DMEK:165), 혁명을 거친 중국에 유학한 조선인들에 의해 민족주의적, 반서구적, 반기독교적, 반선교적 사상이 일어나기도 했다.(DMEK:165) 미국이나 유럽에 유학한 학생들은 자신이 접한 자유주의적, 이성주의적, 과학적 개념을 들여오기도 했다.(DMEK:166) 또한 선교교육 자체를 통해 습득한 자연과학, 일본어, 영어에 대한 지식들이 자유주의적 사상의 발전과 종교 및 도덕을 둘러싼 권위적 태도에 대한 비판정신을 끌어내는 역할을 하기도 했다.(DMEK:166~168) 이렇게 새롭게 싹튼 비판적 눈은 기독교에 대해 다양한 각도에서의 문제제기로 이어진다. 즉 압제적 형태의 제국주의와 연결되면서 국가적, 국제적 정치 및 사회의 부정의의 한 부분이 된다는 비판, 억압받는 민중을 진정시키는 아편과 같은 역할을 한다는 비판, 진정한 지식의 성장과 과학적 진보를 제약하며 반계몽주의로 이끄는 성질이 있다는 비판, 종교적 가르침과 실천이 다르다는 비판, 기독교 자체가 서로 화해하기 어려울 정도의 종파로 찢어졌다는 비판 등이 새롭게 형성된 자유주의적 사상 등에 의해 쏟아져 나왔다.(DMEK:168~169)

　피셔는 선교교육은 이와 같은 새로운 지적 환경에 부응하고 적응해야 한다고 보고 이를 위해 세 가지 변화의 방향을 제안한다.(DMEK:169~183) 첫째는 선교교육은 보다 과학적이 될 필요가 있다. 교육, 종교, 삶을 향한 교육받은 사람의 태도는 과학적 지식에 의해 수정되어야 한다. 일상적 삶을 둘러싼 사실과 현상만이 아니라 성경 비평주의나 기독교라는 종교의 역사에 대한 태도에 관해서도 과학적으로 접근할 필요가 있다. 둘째로 선교교육은 보다 인간적이 될 필요가 있으니, 즉 인간의 삶을 풍요롭게 하는 자연스런 욕망과 활동에 대해 보다 포용적이어야 한다. 마지막으로 선교교육은 보다 교육적이어야 한다. 교육은 인간의 인격을 변화시키는 과정이라고 본다면, 선교교육은 이러한 변화를 이끌어낼 수 있는 방법과 수단들을 활용해야 한다. 선교계에서 활용하는 부흥회 같은 방법은 탈도덕적 성격을 지니는데 그렇다면 과연 그것이 교육적 원칙에 부합하는가를 따져보아야 한다. 선교교육의 주체, 즉 학교 교사나 이사회 구성원을 선정할 때 그들의 성향이나 인격에 강조점을 두지 않고 그가 기독교인인가의 여부를 지나치게 따지는 것도 교육적 원칙에 비추어 적절하지 않다. 선교교육이 교육적이 될 수 있는 또 다른 길은 논쟁적인 이슈들에 대한 자유로운 토론의 확대를 허용하고 북돋우는 노력을 통해, 한국의 젊은이들 사이에서 자라나는 지적 자유주의 정신에 의해 야기된 문제들을 푸는데 도움을 주는 역할을 확장해 가는 것이다.

5. 피셔의 저작 분석에서 남겨진 현재적 차원의 논점들

지금까지 *Democracy and Mission Education in Korea*의 구성 및 내용에 충실해서 피셔의 민주주의 교육철학과 조선 선교교육의 이해를 고찰했다. 이 저작에는 피셔의 민주주의 교육철학에 대한 신념, 선교교육과 일반교육의 목적의 합치점, 조선인의 삶의 개선에 대한 열망, 종교교육의 본질과 조선 선교교육의 과제 등에 대한 피셔의 생각이 다각도로 녹아 있음을 볼 수 있었다. 그런데 이 다양한 관심은 궁극적으로 조선 교육의 근대적 발전에 대한 관심으로 모아진다는 점도 볼 수 있었다. 당시 조선의 주요 대학에 몸담으며 교육학을 담당하고 있던 피셔에게 조선 교육 현실만큼 그를 압도하는 문제가 없었던 것 같다. 이런 관심은 그로 하여금 박사학위과정에서 교육학을 전공하게 했고, 특히 조선 교육의 근대적 전개의 사상적 좌표가 되기에 부족함이 없다고 신뢰가 되는 민주주의 교육철학에 관심을 가지게 된다. 그는 민주주의 교육철학을 근간으로 해서 조선 선교교육의 현재와 과제를 다루게 되는데, 비록 그가 선교사로서의 신분에 입각해서 선교교육을 중심으로 검토했지만 그의 조선 교육에 대한 관심이 비단 선교교육의 틀에 한정되지 않음은 그의 저작이 잘 보여준다. 선교사로서의 원한경이 선교계 학교를 중심으로 하면서도 조선 학교 교육 전반의 근대적 재편 과정에 대한 관심으로 박사학위논문을 쓰고 저서로 발전시켰듯이, 그의 연희전문 동료 교수인 피셔 역시 기본적으로는 조선 교육 전반에 대한 관심을 기저로 그 근대적 전개에 필요한 교육철학, 가치, 방법론을 드러내고자 했다.[9] 피셔의 선교교육에 대한 관심은 그의 이 같은 교육 일반에 대한 포괄적 관심과 연계해서 이해되어야 한다. 그에게서 선교교육은 일반 교육 밖의 특수한 한 영역이 아니라, 일반 교육의 주요 부분으로, 조선 교육의 성패는 선교교육의 성패에 의해 좌우되는 것이었다. 그는 일제의 통제 이전에 선교계가 조선 교육의 근대적 재편을 주도해 왔다고 보는데 이는 사실에 부합한다. 이러한 뿌리로 인해 일제 강점기에 들어서도 조선 교육 전체에서 선교계 학교가 차지하는 비중이 높았고, 따라서 선교교육의 올바른 역할 정립은 여전히 중요했다. 피셔는 일제강점기라는 특수한 시대적 조건에서 '민주주의'라는, 당시로서는 가장 진보적이며 세계적인 교육의 원리를 준거로

---

9) 원한경은 연희전문에 근무하던 중 미국으로 건너가 1925년 뉴욕 대학에서 조선의 근대교육을 주제로 한 논문으로 교육학 박사학위를 취득했으며 이 학위논문은 이듬해에 저서로 출간된다 : Horace Horton Underwood, *Modern Education in Korea*, New York : International Press, 1926. 원한경이 박사학위를 취득한 지 2년 후인 1927년에는 피셔가 교육학 박사학위를 취득했다. 이로써 1920년대 후반에서 1930년대 초반의 연희전문은 당시 대학으로서는 보기 드물게 미국 주요대학의 교육학 박사학위를 가진 두 명의 교수를 보유하며 현대적 교육학 연구의 거점으로 자리잡게 되었다. 이 둘은 인간적으로나 학문적으로나 깊은 교감을 유지하며 서로에게 좋은 영향을 미친다.

선교교육을 위시한 조선 교육의 근대적 재편을 고민했다고 할 수 있다.

그가 조선의 일반 교육 및 선교교육을 분석하고 전망하는 준거로 삼은 '민주주의'라는 키워드는 제반의 근대적 가치를 포괄적으로 담고 있다. 즉 거기에는 삶과 문화의 주체성, 자유(언어, 언론, 표현, 종교 등), 수평적 관계, 과학 등의 가치가 포괄되어 있으며 피셔는 이런 민주주의적 가치들이야말로 조선 교육이 도입하고 적용해야 할 서구적 근대성의 요체로 보고 있다. 피셔에게 민주주의라는 서구적 근대성은 조선만이 아닌 동아시아, 세계가 추구할 새로운 문명의 원리이며 동시에 그것은 다름 아닌 '식민지'로서의 조선에서도 마찬가지로 구현되어야 할 것으로 보았다.

피셔는 이렇듯 민주주의의 서구적 근대성이 조선 교육에 필요하다고 보면서도 동시에 그것에 수반되는 문화 제국주의적 우월성을 경계했다. 역설적인 듯도 하지만, 이런 경계의 시각 자체도 민주주의의 원리와 깊이 연결되어 있었다. 피셔에 의하면 조선 교육의 근대화를 위해서는 한편으로는 서구가 이루어놓은 근대적 성취를 잘 흡수하는 일이 필요하고, 다른 한편으로는 조선 전통의 우수한 문화적, 사상적 자원들을 효율적으로 계승하는 노력이 요구된다. 조선의 근대화는 궁극적으로 조선인이 주체가 되어야 하고, 조선인의 삶의 역사적 맥락이 충분히 고려되어야 한다. 조선인의 전통과 역사, 삶의 맥락을 고려하지 않고, 마치 진리를 독점한 듯이 보이는 종교적, 문화적 우월의식에 입각하여 자기 것을 일방적으로 이식하려는 선교교육의 주된 경향을 피셔는 심각하게 우려하며 비판한다. 그 자신이, 조선을 잘 아는 게일과 같은 선교사와도 깊은 교감을 가지며 조선 문화와 사상 전통을 깊이 이해하고자 한다. 선교계만이 아니라 선교계의 영향을 받아 맹목적으로 서구 추종주의로 나아가는 조선인들에게도 이러한 균형적 의식—전통과 서구를 아우르는—이 필요함을 강조한다. 교육을 만들어가는 주체들의 자유롭고 평등한 표현 및 소통만이 아니라 주체들의 삶과 문화의 내재적 기반 및 요구에 대한 존중 역시 그가 추구하는 바의 민주주의 원리의 특징이기도 하다.

민주주의적 원리를 기초로, 그리고 서구적 근대성과 조선의 전통적 요소를 아우르는 교육의 근대화를 모색했던 위의 피셔의 입장에 대해, 다음 두 가지 의문이 제기될 수 있다. 과연 이러한 이상의 구현이 일제의 식민지라는 조건에서 가능한 것인가? 그리고 민주주의 원리에 입각한 선교교육관은 기독교의 종교적 포교에 주안점을 두는 선교교육관과의 충돌을 어떻게 넘어설 수 있을까? 이 두 방면의 문제는 일제 식민지 시기 선교사의 활동 및 정체성에 대해 현대적 관점에서 다룰 때 등장한 주요 질문들이기도 하다. 이 질문들에 대해 피셔의 사례로써 답해 보기로 한다.

1) 식민지 교육체제에서 민주주의 원리의 구현은 가능한가?

식민지 체제에서의 민주주의 원리의 적용 가능성 문제를 먼저보자. 사실 이 문제는 피셔의 이 저작에 대해 먼저 검토한 이윤미에 의해 제기되기도 했었다. 이윤미는 "그는 처음부터 민주주의라는 보편적 가치를 식민지라는 특수성과 연결해야 하는 어려운 과제를 안고 출발하고 있다. 결국 저자는 민주주의와 식민주의를 화해시킴으로써 그가 주장하는 민주주의의 취약성을 노출하고 있다."[10]고 평하면서 나아가 "식민주의가 범인류적 차원에서 정당화(한편으로는 범인류적 형제애, 다른 한편으로는 인류의 보편적 결함)되고, 인간의 보편적 존엄성으로 인해 선교사들이 제국주의나 민족자결주의 등 어떠한 정치적 견해도 지녀서는 안된다는 주장 등은 현실의 첨예한 긴장과 갈등을 인류(애)라는 추상적 범주 속에 해소시키고 있는 것에 다름 아닌 것이다."[11]라고 정리한 바 있다. 결국 민주주의와 식민주의의 불가능한 결합을 시도한 피셔는 관점에 따라서 낭만주의자 혹은 제국의 공모자로 부를 수 있다는 것이 이윤미의 관점이다.[12]

---

10) 이윤미, 앞의 논문, 165쪽.
11) 이윤미, 위의 논문, 174쪽.

일제시기의 선교사들이 미국 선교본부와 정부의 입장도 따르면서 정치적 중립을 표방하며 일제 지배의 부당성을 외면하고 그 체제를 인정하고 들어갔다는 점에서 결국 일본 제국주의를 돕는, 그리고 더 근본적으로는 미국 제국주의적 파장 아래에 있었던 제국의 공모자라는 평가를 받곤 했다. 이 분석의 틀은 선교사들의 실체의 한 단면을 보여주기는 하지만, 이 시기 조선 선교사들의 사유와 실천은 '제국의 공모자' 같은 간단한 도식만으로는 잡아낼 수 없는 복합적이고 역동적인 면모가 있다. 개화기에서 일제시기에 활동했던 선교사들에 대해 특히 '제국주의'라는 관점도 한 가지 분석 도구로 활용하며 접근했던 류대영은 이렇게 정리한 바 있다 : "선교사들의 제국주의적 성격을 밝힐 목적을 가지고 그들이 들어오고 활동한 과정을 세밀하게 추적하면 할수록, (문화적)제국주의자라는 규범적 전형을 발견하기 보다는 어느 시기 어느 곳에서나 볼 수 있기 마련인 실존적인 인간들을 만나게 된다. 선교사들은 원칙과 인정(人情), 이타심과 이기심, 원대한 이상과 현실적 한계, 미래에 대한 기대와 불안감, 종교적 헌신과 인간적 애증의 사이에서 갈등하고 시간과 상황에 따라 행동을 달리하는, 또 그래서 번뇌하는 사람들이었다. 그들도 자신에게 주어진 유한한 시간과 공간 속에서 삶에 의미를 부여하고 그 삶을 최대한 풍요롭게 만들기 위해서 애썼던 선남선녀였다."[13] 선교사들은 비록 제국주의적 공모자의 면모가 있을지라도, 어려운 조건 속에서 자기 삶을 의미 있게 가꾸기 위해 비상한 노력을 한 인물들이라는 점을 직시할 필요가 있다. 적극적이든 소극적이든 일제와 타협하면서까지 이루고자 했던 그들의 순수한 이상의 존재만큼은 정당하게 봐 줄 필요가 있다.

일제시기의 선교사들은 대체로 정치적 중립을 내세우며 주어진 일제의 체제를 받아들이고 그 공로를 인정하기도 했다. 선교사들은 일본이 동아시아 여타의

---

12) 같은 곳.
13) 류대영, 『개화기 조선과 미국선교사 : 제국주의 침략, 개화자강, 그리고 미국선교사』, 442~443쪽.

나라의 선두에서 서구적 근대성을 추구했다는 사실에 친화감을 가졌고, 일제가 주도하는 서구적 근대를 닮은 질서가 나쁘지 않다는 인상도 가지고 있었다. 일본의 지배에 대한 선교사의 거부감이 약화된 데에는, 조선 내적 요인도 있다. 즉 선교사들은 조선이 19세기 말 이후 자체적으로 새로운 문명을 준비하는 안정된 정치 질서를 정착시키지 못하고 그 사이에 민중은 정신적으로나 물질적으로 도탄에 빠져 있는 그런 실상을 오랫동안 지켜보면서 점차적으로 조선이 과연 스스로의 힘으로 근대화를 이루어갈 수 있을까에 대한 회의도 품게 되었다. 또한 선교사들이 익숙해 있던 서양의 제국주의에 대한 경험, 특히 제국주의 체제 속에서도 문화적 다양성에 입각한 각 민족의 공존적 발전이 있을 수 있다는 본인들의 역사적 체험이, 동아시아권에서의 일본 제국주의의 지배 확장에 대한 경계심을 푸는 역할을 하기도 했다. 그리하여 헐버트(H. B. Hulbert, 1863~1949)나 아펜젤러(H. G. Appenzeller, 1858~1902), 언더우드(H. G. Underwood, 1859~1916) 등의 소수 선교사를 제외한 대부분의 선교사들은 일제가 주도하는 새로운 지배 질서에 대해 침묵, 순응하거나 내심 기대하는 면모도 보였다. 많은 선교사들은 오직 기독교 복음 전파를 목적으로 할 뿐 일본의 지배 여부를 크게 따지지 않았던 것이다.[14] 심지어 기독교 전파 외에도 조선의 교육과 학문, 정치의 발전에 큰 관심과 이해가 있었던 선교사들, 예를 들면 알렌, 에비슨, 원한경, 그리고 게일 등도 일제 지배질서에 순응하는 모습의 일단을 보였다는 점을 주목할 필요가 있다. 이들이 일제 체제를 자연스럽게 수용한 것이 자신들의 기독교 전파라는 선교생활의 편의나 혹은 개인적 안위 및 생존을 위한 것으로 본다면 이는 지나치게 단순한 이해 방식이다. 이들의 주요 관심은 조선 사회의 긍정적 변화와 근대적 미래였고 이를 위해 일제 체제에 저항하는 것보다는 그것을 활용하는 쪽에 서는 것이 당시 선교계가 취할 입지로서 적절하다고 판단한 것이다. 이들에게 일제 체제를 용인하는

---

14) 류대영, 위의 책, 124, 441~450쪽.

것이 결코 조선인과 조선 역사를 부정한 것은 아니었고, 오히려 일제의 체제 환경을 매개로 조선의 발전을 꾀하고자 하는 의지의 표현이었다. 이들의 입장은 조선의 현실과 미래를 걱정하면서도 힘을 기르기 위해 일제가 만든 학교에 다니고 일본 유학을 하며 그 조건을 활용하고자 했던 조선인들의 지향과도 통하는 면이 있다. 물론 선교사들은 조선인이 아닌 외부자로서 조선인에 비해 일본의 실체 인식에 있어서 훨씬 순진했음을 부인할 수 없다. 조선인에 비해 일본의 실체를 알 수 있는 역사적 경험과 이해가 부족했고, 따라서 근대화의 얼굴을 한 일본 제국주의에 숨어있는 군국주의적, 전근대적 요소를 간파하는 감각이 뒤처졌다. 이런 인식의 한계로부터, 특히 1930년대 중반부터 본격화된 일제의 군국주의적 실체를 경험하며 점차 벗어나게 된다.

피셔는 선교사 일반과 인식을 같이 하고 있었다. 앞서 보았듯이 그는 일제 체제를 거부하거나 그 자체를 개혁하는 것은 선교사의 일이 아니라며 선을 그었다. 체제 개혁에 참여하게 되면 선교교육 자체가 불가능해질 수 있다는 우려도 했고, 또한 인간이 만든 모든 제도가 완벽할 수는 없다는 생각도 했다. 기독교적 인류애의 관점에서 어떤 특정 민족의 범위를 넘어선, 조선과 일본의 틀을 넘어선 포괄적인 발전을 꾀하는 전망도 있었다. 피셔는 이런 인식의 기초 위에 일제가 만들어 놓은 교육 질서 및 정책의 틀을 수용하고 그로부터 출발했으며, 민주주의 원리를 교육에 적용하고자 한 피셔의 시도도 이런 틀을 전제로 하고 있다. 그런데 과연 앞서 예시된 선행 연구의 우려처럼, 식민주의에 대한 인식이 철저하지 못한 피셔의 민주주의 주장은 관념적이며 낭만적인 것에 불과한가? 식민지 교육체제에서 민주주의의 원리를 구현하는 일은 불가능한가?

우리가 앞서 분석한 피셔의 연구에서는 일제 체제 자체를 굳이 건드리지 않으면서도 얼마든지 민주주의로 표방되는 근대적 가치의 구현에 대해 논할 구석이 있음을 엿보게 한다. 여기에는 일제 체제와 밀접히 연관되는 교육적 현안들, 즉 종교, 조선문화, 조선어 등 교육과정의 자유, 교육기회의 확대,

선교계와 일제 당국 간의 민주적 소통 관계 등의 문제들이 있을 뿐 아니라, 일제 체제와 별개로 이루어 가야할 교육적 현안들, 즉 선교사들과 조선인들의 관계, 주체들 간 소통의 민주화, 조선 전통의 문화와 삶에 대한 존중과 그에 기반을 둔 교육문화, 자유 및 과학 등 근대적 가치관의 흡수 등의 문제가 함께 들어 있다. 특히 이 후자의 경우는 어떤 정치적, 시대적 상황을 막론하고 그것이 교육이라면 성취해야할 보편적 가치들로서, 일제 체제 여부와 상관없이 하나씩 챙기고 확보해 가야할 문제들임에 틀림없다. 식민지 체제 아래서 민주주의나 인류애를 말하는 것이 낭만적이며 허구라고 보는 인식은, 자칫 당시의 모든 힘을 식민지적 체제를 관찰하고 거부하는데 써야한다는 논리로 이어질 수 있다. 그런데 그것은 가능하지도 않고 바람직하지도 않다. 만일 식민지적 상황이라고 해서, 혹은 바람직하지 못한 그 어떤 정치 상황이라고 해서 모든 사람이 모든 삶의 에너지를 그 정치 상황을 타개하는 데 집중한다면, 그리하여 삶에서 제기되는 다양한 미시적인 현안들을 제대로 챙기지 않고 버려둔다면 어떤 일이 벌어질까? 극심한 혼란 혹은 정체가 올 가능성이 높다. 한국 사회는 역사적 경험을 통해, 일제로부터 해방이 된 후에도 그리고 군사독재가 무너진 후에도 생활 곳곳에서, 문화, 교육, 사회, 경제 영역 곳곳에서 여전히 비인간적, 비민주적 요소들이 남아 우리를 괴롭힌다는 사실을 확인하곤 한다. 이를 통해 역사와 삶의 진보를 위해서는, 독립운동이나 독재타도운동과 같은 당면 정치 현실을 극복하는 거시적 행동 외에도, 삶의 생동하는 구체 맥락에서의 소소한 현안들을 돌보고 풀어가는 미시적 관심 및 행위들이 요청됨을 깨닫게 된다. 피셔는 자신의 역할을, 어떤 한계 지어진 상황에도 불구하고 조선 역사가 한걸음 더 나아가기 위해 필요한 미시적 차원의 문제들까지를 챙기는 것으로 규정한 셈이다. 그리고 피셔가 제시한 실천 지침들은 일제 체제라는 한계 속에서 교육의 근대적 변화를 모색할 때 떠올릴 수 있는 방안으로서 설득력을 지닌 것이었다.

더 나아가서 말하면 피셔는 비록 정치적 중립을 표방했지만, 실제로는 조선인의 삶의 편에 서서 일제 체제의 문제점을 견제해 간, 일종의 정치적 역할을 했다고도 해석할 수 있다. 즉 민주주의로 대표되는 서구적 근대성의 가치에 대한 피셔의 강조는 그 자체가 일제 교육 체제의 변화를 촉구하는 압박이며 변화의 준거로 작동했다. 교육에서의 자유와 민주적 소통, 교육주체로서의 조선인의 문화와 정신 및 언어의 존중 등은 일제의 교육체제에 대한 개혁의 목소리에 다름 아니었다. 정치적 중립을 표방하지만 실제로 조선인의 편에 선 정치적 입지를 보인 피셔와 같은 사례는, 당시 일제 당국과 직접 접촉하며 일제와 조선인, 선교계 사이의 정치적 중재역할을 했던 지도급 선교사들에게서도 역시 나타나고 있다.

이성전의 연구를 예로 들어 보면, 그는 1919년 3·1 만세운동과 제암리 사건이 후 세키야 학무국장을 중심으로 한 일제 공공기관 요인들이 웰치(H. Welch), 게일(J. S. Gale), 마펫(S. A. Moffett), 노블(W. A. Noble), 벙커(D. A. Bunker), 하디(R. A. Hardie), 그리고 에비슨(O. R. Avison) 등 지도급 선교사들을 비공식적으로 불러서 회합을 가진 것에 주목하고, 그 대화 내용을 분석한 바 있다.15) 이에 따르면 일제 요인들은 당시 일고 있던 조선인의 저항 운동에 대해 조선인의 교사 위치에 있는 선교사들이 나서서 조선인들이 자중하도록 이끌어 줄 것을 요청했다. 회유와 협박성 발언도 곁들여졌지만 선교사들은 그것이 정치적 중립에 위배되는 일이라는 이유로 받아들이지 않는다. 나아가 선교사들은 정치적 입장이 아닌 문화적이며 교육적인 입장에서 일제 정책의 변화를 요구한다. 구체적으로는 일제가 물질적 기여를 강조하는 것에 대해 조선인의 고유의 우수한 정신문화에 대한 존중 및 보장을 주장하며, 조선인의 자유롭고 민주적인 의사표현의 보장을 주장한다. 특히 에비슨이 조선인이 가져야할 권리를 조목조목 제시한 것은 주목할 만한데, 그 내용으로는 민족정신을 견지할 권리, 민족의 언어를 사용할 수 있는 권리, 언론의 자유, 출판의 자유, 집회의 자유, 참정권

---

15) 이성전, 서정민·가미야마 미나코 옮김, 앞의 책, 149~179쪽.

같은 것이 있다.16) 에비슨은 피셔가 자신의 저서에서 한 것과 마찬가지로 조선사회가 나아가야할 근대적 가치를 기준으로 일제 정책을 평가하고 대안을 제시한 것이다.

선교사들이 정치적 중립을 표방하는 것은 그 체제 자체를 거부하는 행위를 하지 않는다는 것이지 자신들이 신뢰하는 높은 차원의 문명적, 종교적 가치의 구현을 포기한다는 의미는 아니다. 일제의 압력과 상관없이 선교사들이 자신들이 따르는 높은 가치를 당당하게 말할 수 있었던 것은, 일제가 눈치를 볼 수밖에 없는 미국의 국민이라는 방어막을 가지고 있었기 때문이기도 하지만, 직접적으로는 정치적 중립이라는 논리의 힘이 크게 작용했다. 선교사들은, 일제도 명분상 무시할 수 없었던 서구 근대성의 논리를 무기로 해서 당시 일제 교육체제의 문제를 비판하고 넘어서는 역할을 했고, 이는 조선인의 삶과 교육, 문화의 진보에 중대한 의미를 지니는 것이었다. 이렇게 보면 정치적 중립은 어떤 맥락에서는 그 자체가 유력한 정치적 행위가 될 수 있다. 피셔가 정치적 중립의 입장을 활용한 정치 행위, 즉 최첨단의 서구적 근대성의 가치를 담은 교육 원리를 준거로 일제 교육체제의 본질적인 변화를 유도하며 압박한 점은 평가할만하다. 피셔와 유사한 행보를 보인 일제 체제 하의 다른 선교사들에 대해서도 같은 논리에 의한 정당한 평가가 필요하다.

2) 선교교육을 일차적으로 종교의 눈이 아닌 교육의 눈으로 보는 것은 타당한가?

피셔가 선교교육을 논하는 관점은 신학적인 것이라기보다 교육철학적인 것이다. 즉 선교교육에 대해 일차적으로 종교의 눈이 아닌 교육의 눈으로 보고 있으며 그 교육의 눈이란 곧 듀이에 의해 정초된 민주주의 교육철학이다.

---

16) 이성전, 서정민·가미야마 미나코 옮김, 위의 책, 168~169쪽.

이런 점이 그의 선교교육관을 특별하게 만들고 이 특별함은 선교계 내에 논란을 일으키기도 했다.

피셔는 그리스도 정신, 특히 황금률의 사랑과 정의의 원리를 깊이 이해하고 믿으며 그 수행을 삶의 목표로 삼는 크리스천이다. 그런데 피셔는 자신이 신봉하는 그리스도 정신과 민주주의 원리는 서로 잘 부합하는 것으로 이해한다. 민주주의의 관계, 소통, 자유, 평등의 원리는 곧 사랑과 정의의 그리스도 정신과 깊이 통한다고 보는 것이다. 그리스도 정신이 당시의 변화하는 시대상, 사회상에 부응해서 구체화된 것이 민주주의의 형태라고도 이해했을 법하다. 그래서 피셔에게 민주주의 원리로서 선교교육의 방향과 방법을 논하는 것은 자연스러울 뿐만 아니라 긴요하다. 그에 의하면 그리스도 정신을 널리 알리고자 하는 선교 활동은 당시 새롭게 등장한 자유주의적, 과학적, 민주적 사유와 만나고 어우러져야할 과제를 안고 있다. 선교교육이 이러한 새로운 사유의 흐름에 부응하지 못하고 여전히 일방적이며 권위주의적이고 우월주의적인 태도를 견지한다면 그것은 그리스도 정신을 알리는 방법으로 적절치 않다는 것이다. 기독교라는 종교의 전파를 일차적 목적으로 하고 거기에 치중하는 선교교육보다는, 교육대상자들의 삶에 대한 보살핌과 개선을 본질로 삼는 선교교육이 오히려 그리스도 정신에 더 가깝다고 이해하는 것이다. 기독교의 역사나 성경의 내용 해석에 대해서도 당시에 발달하기 시작한 과학적, 자유주의적 접근을 용인하는 선교교육이 피셔가 신봉하는 그리스도 정신에 더 크게 부응하는 것이다.

그런데 이런 식의 선교교육관에 대해 정통에서 벗어난 것으로 인식하는 세력이 선교계에 있었고 피셔는 이들에 의해 선교교육활동의 금지 요구까지 받기도 했다. 피셔 스스로가 밝힌 경험의 흔적들을 따라가 보자. 지금까지 우리가 살핀 1928년의 *Democracy and Mission Education in Korea*에서, 그리고 1932년의 Seoul Press에 실린 서평(*Laymen's Report on the Foreign Mission Enterprise*라는 책에 대한)에서 드러난 피셔의 선교교육관을 근거로, 일군의 근본주의적 혹은 복음주의적 성향의 선교사들이 그를 이단자, 인문주의자, 불가지론자로 규정하고 연희전문의 교수직을 박탈해야 한다고 주장한 일이 있었다. 특히 피셔의 자유주의적 관점, 특히 예수라는 사람과 행적에 대한 정통적 관점에 반하는 자유주의적 입장을 피셔가 보인다는 이유를 들어 조선 기독교 대학(연희전문)의 교수로서는 적절치 않다고 주장했고 이 주장을 담은 편지가 당시 교장이던 에비슨과 미국 선교본부에 전달되었다.17) 우리가 짐작하듯이, 이 글들에서 피셔는 선교사들이 신학적이고 복음주의적 방면으로 지나치게 경직되거나 축소되지 않고 보다 넓은 선교관을 견지해야 함을 말한다. 즉 피셔는 조선에서 활동하는 "선교사들은 조선인들의 다양한 삶의 활동 영역에서, 그들이 삶을 더 잘 이해할 수 있도록, 그들이 가장 충만하고 풍부한 삶을 만들어가는 힘을 통제할 수 있도록 할 목적으로 조선인들과 함께 일해야 한다."를 강조한 것이다.18) 그런데 선교 활동의 초점에 대한 이런 견해가 어떤 선교사들에게는 선교의 본질을 놓친 것으로 이해되었다.

사실 일제강점기 선교계는, 꼭 근본주의자의 여부를 떠나서, 선교교육의 본질에 대한 이해에서 갈림이 있었다. 예를 들어 사립학교 관련 법령에 의해 종교교육의 자유를 통제하려는 정책을 두고 어떤 선교사들은 자신들이 원하는 종교교육을 할 수 없거나 종교적 신념에 반하는 활동을 해야 하는 상황이라면 선교교육의 의미가 없다고 보고 학교 폐쇄까지 불사하는 방향으로 나아간다. 반면 어떤 선교사들은 그 정책에 대한 거부감에도 불구하고 타협하며 학교를 유지하려는 노력을 보였는데, 이는 선교교육이 종교교육의 영역 외에도 중요한 역할이 있다고 보는 것, 즉 조선인의 삶을 향상시키는 과제를 안고 있다고 보는 것이다.19) 베어드와 마펫은 전자에 속하며 피셔는 후자에 속하는데 피셔와

---

17) J. Earnest Fisher, *Pioneers of Modern Korea*, pp.56~58.
18) J. Earnest Fisher, *op.cit.*, p.57.
19) 이 갈등 및 논쟁 양상에 대해서는 이성전, 서정민·가미야마 미나코 옮김, 앞의 책, 3장, 8장이 참조된다.

피셔 교수의 야외수업(1932)

더불어 연희전문에 근무했던 에비슨, 원한경과 같은 선교사도 같은 입장이었다. 이는 이들의 보다 열리고 관용적이며 자유로운 교육철학과 연관되어 있고 연희전문의 학풍을 보여주는 것이기도 했다.

1932년 피셔에 대한 교수직 해고 요구가 있을 당시 연희전문과 세브란스 의과 대학의 교장을 맡고 있었던 에비슨은 그 요구를 받아들이지 않고 피셔를 적극적으로 보호했다.[20] 피셔가 2년 후인 1934년에 교수직을 그만두고 미국으로 간 것은 순전히 개인적이고 가정적인 이유라고 피셔 자신이 확인하고 있다.[21] 피셔가 바라본 에비슨은 피셔 자신과 유사한 선교관을 가졌던 것 같다. 그는 도그마적인 복음주의자라기보다 민주주의적, 인간주의적 면모를 지녔다. 긍정적 인간적 가치를 보존하고 발달시키는 것을 자기 활동의 주요 목적으로 삼았고, 어떤 사람을 평가할 때 그가 종교적 믿음을 말하는 것으로써가 아니라 그의 실제적 삶의 태도와 성취로써 평가했다.[22] 행정적인 일에 있어서도 넓고 열린,

20) J. Earnest Fisher, *op.cit*., pp.60~61.
21) J. Earnest Fisher, *op.cit*., p.61.

그리고 관용적이며 자유로운 태도를 보였다.[23] 종교와 신학에 대해서도 자유주의적 면모를 가졌던 에비슨은 피셔의 자유주의적 인식이나 비평을 반대하는 어떤 글이나 말도 표명하지 않으면서 오직 선교계의 분열을 막기 위해 애썼다고 피셔는 회고하고 있다. 에비슨은 대학의 교수상에 대해서도 "우리는 성장을 촉진시키는데 있어 새로운 아이디어에 열려있고 그 사상적 경향에 있어 진보적인, 그러면서도 그 성장이 단순히 커지는 것이 아니라 진정한 진전을 보장할만큼 충분히 오래되고 영구적이기 때문에 오래된 아이디어를 버리지 않을만큼 충분히 균형잡힌 교수를 원한다."고 피력하고 있으며,[24] 이런 교수상이라면 피셔를 포용하지 않을 수 없을 것으로 보인다.

피셔가 연희전문에 있을 때 함께 긴밀하게 교감했던 선교사로 에비슨 외에 원한경이 있다. 피셔가 기록한 바에 의하면 에비슨은 신학관에 있어 피셔 자신과 크게 통했던 반면에 원한경은 많이 달랐으니, 즉 기독교에 대한 보다 보수적인 견해를 지녔다. 그렇다면 피셔와 원한경 사이에는 모종의 갈등이 있을 수도 있을 수 있지만 둘은 잘 지냈다. 피셔는 이렇게 회고한다 : "언더우드와 나는 특별하게 잘 지냈고 좋은 친구였다. 비록 종교적 믿음에 있어서는 차이가 있었지만 우리는 이것이 우리의 개인적, 사회적 관계를 방해하도록 놔두지 않았다. 그는 정통적인 장로교 입장의 신학과 성경 및 교회에 대한 태도를 주장했던 반면에 나는 종교적 문제에 대한 나의 모든 태도에 있어서 좀 더 자유주의적(liberal)이고 현대적(modernistic)이었다. 그러나 곧 우리는 교리, 신학과 성경의 문제에 대해서 논쟁하지 않는 법을 배웠다. 그는 그의 인간적, 직업적, 사회적 관계에서 인간미가 있고 자유롭고 관용적이었으며 청교도적이고 과도하게 종교적이지 않았다. 안식일 준수, 담배와 주류의 사용과 관련하여 그는 대다수의 개신교 선교사들에 비해 넓게 열린 사고를 가지고 있었다.

---

22) J. Earnest Fisher, *op.cit.*, p.56.

23) J. Earnest Fisher, *op.cit.*, p.56, p.61.

24) J. Earnest Fisher, *op.cit.*, p.60.

이런 그리고 저런 이유들로 인해 우리는 매우 우정어린 관계를 즐겼고 거기에 우리의 아내들도 완전히 참여하고 조화를 이루었다."[25] 이들이 다름 아닌 종교활동을 중시하는 선교사임에도 불구하고 신학, 교리, 성경에 대한 이해의 차이가 인간적 갈등으로 이어지지 않은 것은, 우선 이들 모두 다른 관점에 열린, 그리고 유연한 태도로써 인간관계를 이끄는 힘이 있었기 때문이다. 나아가 이들 사이에 조선인의 삶을 위한 좋은 교육환경을 만드는 일을 선교교육의 핵심으로 삼는 인식이 통하고 있었기 때문이다. 1934년에 연희전문의 교장이 된 원한경은 신사참배 등의 강요에 대해서도 종교적으로 유연하게 대처하면서 조선인의 대학을 지켜내는데 심혈을 기울였다. 조선의 문화와 역사에 대한 이해도 깊었던 그는, 조선의 우수한 문화적 전통에 기반하여 서구의 근대적 성취들을 조화시키는, 조선인에 의한 조선인을 위한 근대 대학을 만드는 비전을 내세우며 연희전문의 교장에 취임했고,[26] 결국 비전에 걸맞는 큰 성취를 이루어 냈다. 조선의 대학 교육만이 아니라 초중등 학교체제의 근대적 정비에 각별한 관심을 가졌고 이는 그의 박사논문, Modern Education in Korea에서 잘 정리되었다. 조선 교육 체제의 근대적 재편에 대한 원한경의 관심은 피셔와 크게 상통하고 있었으며 이것이 이들이 선교사로서의 그리스도 정신을 펴는 구체적 방식이었다. 여기에서 이들의 교리나 성경을 둘러싼 견해의 차이는 어쩌면 사소한 것이었다.

열린 선교관은, 조선 고유의 문화와 역사, 정신에 대한 깊은 이해와 존중의 태도와 연계된다. 왜냐하면 그것은 기독교적 틀을 기준으로 한 문화적, 종교적 배타성으로부터 자유로운 태도에 다름 아니기 때문이다. 또한 열린 관점을 지닌 선교사들은 대체로 조선인의 삶의 이해와 성장에 대한 진지한 관심을 보였는데 이는 조선 고유의 문화와 역사, 정신에 대한 관심으로 자연스럽게

---

25) J. Earnest Fisher, op.cit., p.265.
26) 1934년 원한경의 연희전문학교 교장 취임사 참조. H. H. Underwood, "The Inaugural Address", *The Korea Mission Field*, 1934년 12월호.

이어졌다. 피셔 역시 조선 고유의 문화와 정신에 대한 관심이 높았고 그 이해를 위해 노력했다. 다만 피셔는 스스로의 연구 역량에 대한 한계도 느끼면서 게일의 연구 성과를 경외롭게 받아들였음을 고백한다.[27] 피셔는 게일의 선교 문제에 대한 인간적이고 자연주의적인 접근 방법이 선교교육에서의 자신의 민주주의 철학과 상통한다고 보았다. 비록 게일이 정통적인 신학적 교리와 초자연적 구원에 대한 믿음을 고수하는 점에서 자신과 다르지만, 그럼에도 불구하고 선교사로서의 일에 대해 인간적이며 민주적이고 실질적인 접근을 하는 것에 대해 긍정적인 평가를 한다. 특히 조선 문화와 정신에 대한 깊은 연구와 이해가 있었던 게일이 조선인들은 자기 전통의 도덕적 정신적 자산들을 외면하거나 그것에 무지하다는 점을 지적한 사실에 대해 깊은 감흥을 가졌고 이를 자신이 학술에 반영했음을 특기한다.[28] 특히 게일이 조선인 친구에게 전해 들었다는 말, "유교 고전 중 최고의 사상은 산만한 생각과 부정함을 막는 영혼(마음)의 경찰에 대한 것이었다."는 언급을 피셔가 기억하고 인용하는 부분에 이르러서는[29] 피셔가 조선 정신문화의 핵심을 이해하는 감각을 지녔음을 감지하게 된다. 인용문에서 말하는 마음의 경찰은 곧 조선 성리학의 핵심인 경을 표현한 것인데, 피셔는 게일을 따라서 경에 반영된 조선 사상의 깊은 측면을 이해하고 있었던 것이다. 이는 민주주의의 원리에 입각해서 교육주체로서의 조선인의 삶의 맥락과 고유 문화에 대한 이해를 강조했던 피셔의 주장이 진정성을 지니고 있음을 보여주는 대목이기도 하다.

이렇게 피셔가 선교교육의 본질을 일차적으로 종교의 눈이 아닌 교육의 눈으로 본다는 사실은 일반 교육과 통할 수 있는 열린 선교교육의 관점을 지녔음을 의미하는데, 피셔에게 있어 열린 선교교육관은 그리스도 정신을 구현하는 교육의 길과도 충실하게 부합한다. 이런 열린 선교교육관의 틀에서는

---

27) J. Earnest Fisher, op.cit., p.100.

28) J. Earnest Fisher, op.cit., pp.102~104.

29) J. Earnest Fisher, op.cit., p.104.

시대가 필요로 하는 서구적 근대성의 가치들은 물론이고 조선의 고유의 문화와 정신적 자산을 존중하고 살리는 교육 구상까지도 가능했음을 피셔의 사례는 보여준다.

6. 맺음말

이상으로 *Democracy and Mission Education in Korea*를 통해 검토된 피셔의 사상은 교육철학과 선교교육관의 양 방면에 걸쳐 특별한 의의를 보여준다.

우선, 피셔는 한국근대교육사상사에서 주목할 만한 교육철학적 사유, 특히 조선의 교육근대화의 논리에 관한 체계적 관점을 보여 주었다. 민주주의로 표방되는 서구적 근대성의 가치를 조선적 맥락에서 교육적으로 이해하고 구현하는 길에 대해 탁견을 제시했고, 나아가 이 과정에서 조선 고유의 문화와 정신의 존재 의의와 계승의 문제도 간과하지 않는 균형감도 보여 주었다. 피셔의 교육철학은 조선 전통과 서구가 합리적으로 어우러지는 한국교육근대화 철학의 한 모델로서의 가치가 있다. 피셔는 조선 사회에 듀이의 민주주의 교육철학을 선구적이면서도 본격적으로 소개하고 적용하는 역할을 했는데 이는 해방 후 한국교육의 현대화의 과정에서 듀이 교육철학이 핵심적 위상을 차지하며 쓰이도록 하는데 학문적 토대가 되었다. 그 자신 미군정의 정치교육 고문으로 해방 후의 정국에서 민주주의를 한국 사회 및 교육 전반의 영역에서 정착시키려는 노력을 했을 뿐 아니라, 한국의 교육지성들이 듀이 교육학에 관심을 가지고 도입하는 길을 터 주었다.30) 이 사실만으로도 한국 근대교육사상

---

30) 해방 후 전개된 한국 교육학의 발전 과정에서 듀이에서 비롯된 진보주의 교육철학의 위상은 타의 추종을 불허할 만큼 컸다. 이렇게 된 역사적 배경으로 여러 설명이 가능하겠지만, 일제시기부터 피셔가 깔아놓은 학문적, 실천적 토대를 간과하기 어렵다. 피셔는 한국 현대교육을 주도한 많은 교육학자들이 미국의 진보주의 교육철학에 관심을 갖고 도입하도록 하는데 기여를 했다. 피셔의 영향을 받아 한국 교육의 현대화를

사에서 피셔의 위상은 간과하기 어렵다. 더욱이 피셔가 보여준 한국 교육근대화의 길이 단순하고 일방적인 서구화의 길이 아니라 서구와 전통이 역동적으로 소통하며 어우러지며 재창조로 나아가는 길, 조선인의 삶의 현실을 실질적으로 개선해가는 길이었다는 사실은, 한국 근대사가 필요로 했던 성숙한 교육근대화의 논리 및 실천 모델을 피셔가 제공했다는 평가를 가능케 한다. 자칫 역사적 공백기가 될 수 있는 일제 강점기의 상실을 메우며 한국 교육의 근대화 논리를 차분히 준비해 준 공로를 인정하지 않을 수 없다.

다음으로, 선교교육의 이론과 실천의 방면에서도 피셔는 특별한 위상을 지닌다. 피셔는 선교교육이란 무엇인가에 대해 본격적인 문제제기를 하고 하나의 유력한 관점을 제시했다. 그는 자신의 '열린' 선교교육관, 즉 선교교육을 일반 교육과 별개로 보지 않고 일반 교육의 원리를 그대로 선교교육의 이해와 실천에 적용하는 관점이 그리스도 정신에 위배되지 않을 뿐 아니라 오히려 그것을 가장 잘 구현하는 방법이라는 입장을 보였다. 이에 대해서는 기독교계 내부에서 여전히 관점의 차이에 따른 논란이 있을 수 있다. 그런데 한국의 근현대 학교교육의 역사는 피셔의 '열린' 선교교육관의 손을 들어주었다고 할 수 있지 않을까? 피셔가 몸담았던, 선교학교로 출발했고 여전히 그런 정체성을 가진 연세대학교의 성공 사례가 증거가 되지 않을까? 연세대학교의 전신인 연희전문은 피셔와 더불어 그의 열린 관점을 잘 이해하고 공감했던 선교사들이 교수 및 교장으로 봉직하며 이끌었다. 이런 열린 관점에 거리를 두고 기독교 전파라는 목적을 중심으로 학교를 운영하며 이 목적을 학교 존폐의 기준으로 삼았던 다른 선교학교들의 성과와 비교할 때 연희의 역사가 이룬 성과는 특별하게 다가온다. 일반 대학으로서의 학문적, 사회적 성취 및 공헌은 물론이고

위해 듀이 교육철학의 도입과 적용에 기여했던 대표적인 학자가 후에 '한국의 존 듀이'라고 불렸던 임한영이다. 그는 피셔를 이어 1950년대 연희대학교에서 교육철학을 담당한 인연도 가지고 있다. 이 정황에 대해서는 다음의 글이 참조된다. 황금중, 「해방 후의 연희 교육학—임한영, 강길수를 중심으로」, 김도형 외, 『해방 후 연세학풍의 전개와 신학문 개척』, 혜안, 2014.

그리스도 정신을 널리 알리는데 있어서도 큰 성과를 보여주었다. 선교교육을 일반 교육과 별도로 놓거나 변방에 두지 않고 외려 그 중심에 두고서 전체 교육 발전의 견인차로 삼을 수 있는 길을 피셔는 보여주었고, 한국 근현대 교육의 역사는 그 길의 타당성에 대해 증거하고 있다.

참고문헌

강명숙, 「H. H. 언더우드의 『Modern Education in Korea』와 일제시기 한국교육사 연구」, 『동방학지』 165, 2014, 235~260쪽.

류대영, 『개화기 조선과 미국선교사 : 제국주의 침략, 개화자강, 그리고 미국선교사』, 서울 : 한국기독교역사연구소, 2004.

이성전, 서정민·가미야마 미나코 옮김, 『미국 선교사와 한국 근대교육 : 미션스쿨의 설립과 일제하의 갈등』, 서울 : 한국기독교역사연구소, 2007.

이윤미, 「1920년대말 미국 남감리회 선교사가 본 식민지조선에서의 선교교육과 민주주의」, 『한국교육사학』 34-1, 2012, 161~176쪽.

황금중, 「해방 후의 연희 교육학-임한영, 강길수를 중심으로」, 김도형 외, 『해방 후 연세학풍의 전개와 신학문 개척』, 혜안, 2014.

Fisher, James Earnest, *Democracy and Mission Education in Korea*, Seoul : Yonsei University Press, 1970(reprinted).

_____, *Pioneers of Modern Korea*, Seoul : The Christian Literature Society of Korea, 1977.

Underwood, Horace Horton, *Modern Education in Korea*, New York : International Press, 1926.

_____, "The Inaugural Address", *The Korea Mission Field*, 1934년 12월호.

환산 이윤재의 민족운동과 역사연구

1. 머리말 : 연희전문학교와 이윤재

이윤재[李允宰, 1888~1943, 호 : 환산(桓山), 한산, 한메, 한뫼 등]는 조선어학회 사건으로 투옥 중에 고문으로 순국한 국어학자로 많이 알려져 있다.[1] 하지만 그는 국어학자일 뿐 아니라 또한 민족주의 역사학자이기도 하였다. 그는 신채호의 영향으로 역사에 관심을 가지게 되었고, 이후 북경대학 사학과에서 근대역사학을 수학하였다.

경신학교, 동덕여고보에서 가르치던 이윤재가 연희전문학교 강사가 된 것은 1929년이었다. 1920년대에서 1930년대 전반에 이르기까지 민족문화운동에 주동적으로

연희전문학교 강사시절의 이윤재(1933)

참여하던 연희전문에서는 1930년대 초에 학교의 교육방침, 곧 학풍의 이념으로 '동서고근 사상의 화충'을 표방하고, 서양의 근대학문과 전통 학문, 곧 '국학'을

---

1) 이윤재에 대해서는 외솔회, 『나라사랑』 13, 환산 이윤재 특집호, 1973 ; 박용규, 『우리말 우리역사 보급의 거목 이윤재』, 한국독립운동사연구소 기획, 역사공간, 2013.

통합하여 연구, 교육하였다. 입학시험에 조선어 문제를 내기도 하고, 조선어를 교과목으로 편성하였으며 조선의 고전 문학과 역사도 기회가 되는 대로 가르쳤다. 동서화충의 학풍에서 조선역사 연구는 매우 중요한 역할을 담당하였다. 정인보의 민족주의 역사학의 학풍이 있는가 하면, 서양의 근대학문을 수학한 백낙준의 기독교사와 백남운의 사회경제사학도 전통과 민족주의에 의거하고 있었다. 이들은 이를 '국학', '조선학'이라는 이름으로 정립해 갔다.[2] 1930년대 초반, 연전의 교수들은 『동아일보』의 한글 보급운동, 단군 및 조선 역사 속 위인 선양운동 등에 가담하면서, 성호 이익과 다산 정약용의 학문을 계승하여 조선학운동을 주도하였다.

이때 이윤재는 흥사단 및 수양동우회에서 활동하면서, 조선어연구회에서 조선어 사전 편찬 사업에 참여하고 있었다. 또 동시에 많은 역사 관련 글들을 신문이나 잡지에 게재하였다. 그는 조선어연구회에서 연전 교수 최현배, 연전 출신 김윤경 등과 같이 활동하였으며, 흥사단, 수양동우회 활동을 통해서 연전 교수들과 밀접한 관련을 맺었다. 1920~30년대 민족문화를 연구하고 가르치던 연전에 이윤재가 출강하게 된 것은 자연스러운 일이었다.

연전에서 이윤재는 동양사와 한국사를 강의하였다. 당시의 동료였던 백낙준과 최현배는 다음과 같이 회고하였다.

> 이런 와중에 문과 과장으로 있으면서 나는 국학 분야 과목을 새로 만드는 데 주력했다. (……) 한국 사람이 자기 나라의 역사를 알아야 한다고 생각하여 동양사란 과목이 있기에 동양사를 가르치면서 그 일부인 한국사를 가르치기로 하고 이윤재 선생으로 하여금 이 과목을 담당케 했고, (……)[3]
>
> 일제 탄압 아래에서 조선어 과목을 차린 것은 연희학원의 한 자랑이다. 이와 동무하여 우리나라 역사를 가르친 것도 또한 우리의 교육사 내지 사상사에 두드러진

---

2) 김도형, 「1920~30년대 민족문화운동과 延禧專門學校」, 『東方學志』 164, 2013.
3) 백낙준, 「회고록」, 『백낙준전집』 9, 146~147쪽.

이정표의 하나인 것이다. 당시의 압제정치 아래에서는 버젓하게 조선역사를 내걸 수가 없었기 때문에 동양사란 과목 밑에 국사를 가르쳤던 것이다. 이윤재, 정인보 두 선생이 수고하였으며[4]

1930년대 연전에서 역사(동양사, 조선사)를 담당하던 이윤재, 정인보는 모두 신채호의 민족주의 역사학에 그 학문의 연원을 두고 있었다. 국어학자 이윤재에 대한 연구가 많이 있으므로, 본고에서는 주로 역사학 연구의 동향을 살펴보고자 한다.

2. 민족주의 학문 수학

1) 주시경의 한글 연구

이윤재는 어려서 10여 년 동안 마을의 서당에서 한학을 공부하였다. 그러다가 1905년 다소 늦은 나이에 김해 공립보통학교에 입학하여 신학문을 접하였다. 재학 시절, 교회에서 대구 계성학교의 광고를 듣고 그곳으로 가서 1906~1907년, 1년 정도 수학하였으며 다시 김해로 돌아와 1908년 3월에 공립보통학교를 제1회로 졸업하였다.[5]

그런 이런 사정을 다음과 같이 회고하였다.

나는 소학으로부터 중학에 들어가지를 않고 중학(中學)을 거쳐 소학(小學)을

---

4) 최현배, 「연희회고기」, 연세대학교백년사편찬위원회, 『연세대학교백년사(1)』, 1985, 199쪽.

5) 『皇城新聞』 1908.1.5. 「金海拾珠」. 김해군 보통학교에서 연말 시험에서 4학급 우등생으로 소개되어 있고, 『황성신문』 1908.4.2. 「金校經試」에 제1회 졸업생 명단으로 확인할 수 있다.

들어갔다. 내가 대구 계성중학교를 들어갈 때에 사서삼경(四書三經)을 벌써 독파한 제법 한문 대가(大家)인척 할 때였다. 그러나 그 학교는 본래 기독교 경영이므로 성경을 중요한 과목으로 하는데, 나의 안목으로 보면 별로 배울 것이 없는 것 같았다. 신약전서(新約全書)와 산술(算術) 만을 배우는 데 그칠 뿐이었다. 그러자 나의 고향인 김해에 새로 보통학교라는 것이 설립되어 그리로 전학을 하게 되었다. 그때 보통학교 과목으로는 한문은 서전(書傳), 시전(詩傳)이며 역사로는 태서신사(泰西新史), 지지는 대한신지지(大韓新地誌) 등을 가르쳤다. 그래서 융희 원년 내가 18세 되든 해에 나는 처음이자 마지막으로 학교 졸업이라는 것을 하게 되었다.[6]

보통학교를 졸업한 이윤재는 김해 함영(涵英)학교 교사가 되었다. 또한 이윤재는 김해 지역의 농민들이 농업발달을 위해 만든 농무회에서 실업학교와[7] 농민야학교를 설립하자, 야학교에서 국문, 한문, 역사, 산술, 체조 등을 가르쳤다.[8] 1908년부터는 기독교계 인사들이 김해에 세운 사립합성학교의 교사로 활동하였다.[9] 이때부터 이윤재는 좋은 연설로 많은 사람들에게 감명을 주었다.[10]

---

6) 이윤재, 「舊卒業生의 回顧談」, 『신민』 23, 1927.3, 25쪽(연세학풍사업단·김도형 편, 『gksagl 이윤재 글모음』, 선인, 2016, 801쪽. 이하 『글모음』). <이하 이윤재가 쓴 글 앞에는 저자 이름을 생략함>. 이런 점은 자신이 쓴 흥사단 이력서에도 "1906~1907 계성중학교"로 되어 있다(박용구, 19쪽).

7) 『황성신문』 1908.6.6, 「實業設校」. "金海郡 府三面 居 李允宰氏의 來函을 據ᄒ즉 本郡 府三面 居住ᄒᄂ 農夫 幾十名이 民産의 困難홈을 慨歎ᄒ고 一農務會를 組織ᄒ고 農業發達이란 四字로 綱領을 숨아 旗竿에 高揭ᄒ고 該農夫들이 各村坊에 周行ᄒ면셔 農務會에 趣旨로 家喩戶說ᄒ야 今已四五處 設立되고 諸會員이 實地上標準을 立ᄒ기 爲ᄒ야 實業學校를 建築ᄒ ᄂ디 該面 桃洞里 居 前主事 朴大根氏가 學校建築에 經費를 一切 自擔ᄒ야 方今 建築이오니 該氏의 華名을 擧部開役홈으로 該地 人士가 無不稱頌ᄒ다더라."

8) 『황성신문』 1908.8.4, 「農會敎育」.

9) 박용규, 앞의 책, 11쪽. 학교 이름에 '합성'이라고 한 것으로 보아, 기독교 장로교, 감리교 등의 교파가 연합(union)해서 세운 것으로 보인다. 1905년 서울에서도 장로교 계통의 경신학교와 감리교 계통의 배재학당이 합쳐 중등과정으로 합성중학교(Union Intermediate School)가 2년 정도 운영되었다(최재건, 『언더우드의 대학 설립』, 연세대 출판문화원, 2012, 79~81쪽).

10) 『황성신문』 1908. 5. 14, 「涵校運動」. "金海郡 畓谷 涵英學校 任員 金琥禎氏의 來函을 據ᄒ

168

일제 강점 후, 1911~1913년에는 마산의 창신학교에서 조선어와 역사를 담당하였다. 창신학교는 김원봉(후에 의열단 단장)의 고모부인 황상규가 설립한 사립학교로, 김원봉과 훗날 조선어학회장을 지내는 이극로 등이 수학하였다.[11]

창신학교에 근무할 때, 이윤재는 주시경의 제자 김윤경을 만났다. 김윤경은 창신학교 부임 직전에 상동청년학원에서 주시경으로부터 한글 문법 등을 수학하였다.[12] 김윤경은 그런 사정을

> 내가 환산을 처음 사귀게 된 것은, 마산에서 교편 생활을 하고 있을 때(4243~4250 : 단기)의 일이었다. 내가 주 시경 선생의 "국어 문법"을 교수함을 보고, 동적인 그는 대단한 흥미로 이에 대하여 토의하게 되었다.[13]

라고 하였다.

김윤경을 통해 주시경을 알게 된 이윤재는 주시경을 한글 연구와 민족 사상을 자신의 한글 연구와 한글 운동의 길잡이로 잡았다. 이윤재는 항상 주시경의

則 本校 春期運動을 陰曆 四月 八日에 設行ᄒᆞ얏ᄂᆞᆫᄃᆡ 生徒 五十三人과 任員 及 敎師 十八人이 該郡 武溪里에 到着ᄒᆞ니 當地ᄂᆞᆫ 人烟이 湊集ᄒᆞ고 家屋이 節比ᄒᆞᆫ지라 男女老少가 觀者如堵오 運動 畢에 敎師 李允宰氏와 生徒 金용昊氏가 一場 演說ᄒᆞᄆᆡ 父老有感泣者라.(……)"라고 하였다. 그 지역의 교육 열기가 대단하였던 것으로 보인다.

11) 이윤재는 1914년 4월, 창신학교의 교가도 작사하였는데, 첫 구절을 "아시아 동천구 반도 성업다, 무궁화 금수강산, 오늘 문명 선구자는 우리학교 창신일세"로 하여 민족적 의미를 부여하였으며, 이순신, 민영환, 정몽주 등을 가르쳤다[창신중.공업고등학교, 『창신 60년사』, 1969, 70~71쪽(『글모음』, 794쪽) ; 박용규, 앞의 책, 12쪽]. 또 이윤재는 창신학교 재직 중에 지리산에 수행여행을 가면서 가는 길에도 인근 지역의 역사와 민족 인사, 이순신, 조식, 최치원, 황현, 원효, 의상 등에 대해 가르쳤다[「追憶의 地勝-智異山의 追想」, 『신여성』 7-6, 1933.7, 111~112쪽(『글모음』, 774~775쪽)].

12) 후에 유명한 한글학자가 된 최현배, 김두봉 등도 이 학교에서 주시경의 지도를 받았다.

13) 김윤경, 「환산 이 윤재 언니를 그리워 함」, 『한결 글모음(Ⅲ) : 수상, 수필』, 한결 김윤경선생 기념사업회, 1975, 378~379쪽. 창신학교 교사를 지낸 김윤경은 1917년에 연희전문학교 문과에 입학하였고, 졸업 후에는 배화여고 등에서 교사를 지내면서, 이윤재와 더불어 한글운동, 흥사단(수양동우회) 운동에 참여하였다가 옥고를 치렀다. 해방 직후에 연희전문학교의 교수가 되었다.

학문을 강조하여, "사십여 년 전에 우리 한힌샘 스승이 바른 길을 열어" 주었으며, 이는 "우리 한글의 앞길을 위하여 크게 기뻐하는 바"라고 하였다.[14] 그는 당시 한글 과학운동이 모두 주시경의 훈업이라고 칭송하였다.

> 선생이 가신 지 20여 년인 오늘에 이르러 한글 과학운동이 점점 더욱 늘어가며 통일의 완성(完成)이 가까이 오게 됨은 오로지 선생의 끼치신 은택(恩澤)임을 잊을 수 없으리니 선생의 훈업(勳業)은 조선어(朝鮮語)가 존재하는 때까지 영원히 빛날 것이다.[15]

2) 신채호의 역사학

이윤재는 1915년에서 1917년까지 3년간 와세다 대학 문과에서 공부한 후, 1917년에 귀국하여 창신학교의 자매학교인 의신여학교(1913년 4월 개교)에서 교편을 잡았다. 이때 이윤재는 예수교 면려회장, 주일학교장 등을 역임하면서 기독교 신앙과 교육을 동시에 행하였다.

1918년에는 평북 영변의 숭덕학교에서 조선어와 역사를 가르쳤다. 이 학교 재직 중에 3·1운동이 일어났다. 이윤재는 1919년 3월 2일 조선독립선언서 40여 매를 등사, 반포한 일로 일경에 체포되었으며 신의주에서 보안법 및 출판법 위반으로 징역 1년 6월에 처해져 평양감옥에서 옥고를 치렀다.[16] 그는 그 재판 과정에서도 "조선민족은 반만년의 역사를 이어온 당당한 독립국가이므로 지금 타 민족의 지배를 받을 이유가 없다. 그러므로 독립운동은 신과 인간에 대한 죄가 될 수 없다"고 하면서, 1차 대전 후에 제기된 민족자결을 근거로, "조선민족이 독립을 획득하는 것은 강탈당한 물건을 되돌려 받는 것과 같으므로

---

14) 「한글을 처음 내면서」, 『한글』 1, 1932.5, 3쪽(『글모음』, 528쪽).
15) 「한글 運動의 先驅者 周時經先生」, 『삼천리』 7-9, 1935.10, 343쪽(『글모음』, 654쪽).
16) 『每日申報』 1920.6.6, 「恩赦 출옥된 李允宰」.

죄가 되지 않으며, 독립선언서는 불온한 문서도 아니고, 그것을 반포한 것도 보안법에 위배되는 것도 아니다"라고 주장하였다.[17]

출옥 후 이윤재는 마산으로 돌아와 있다가 1921년 6월, 중국 북경으로 유학 겸 망명하였다. 그는 북경에 도착하자 바로 신채호(申采浩)를 만났다. 이윤재는 신채호가 『대한매일신보』, 『대한협회월보』, 『권업신문(勸業新聞)』, 『천고(天鼓)』 등에 쓴 글을 통해 알고 있었고, 그 가운데 「을지문덕전」, 「천개소문전」, 「최도통전(崔都統傳)」 등과 같은 '역사' 저술을 통해 신채호의 학문적 성과와 명성을 잘 알고 있었다. 이윤재는 신채호를 만나자

> 내가 이번에 여기에 오기는 다만 학술연구(學術硏究)를 목적하는 것입니다. 동양문화를 연구하는 데는 중국(中國)이 가장 좋을 것이라 생각하였던 것입니다. 앞으로 선생께서 많이 지도하여 주시기를 바랍니다.[18]

라고 하였다. 그러자 신채호는 매우 기뻐하며

> 매우 좋소이다. 지금 조선 사람은 무엇을 연구하든지 서양이나 일본으로 가기들을 잘 하지마는 중국 땅에 오는 이는 별로 없는 모양입니다. 중국이 동양의 대부분을 차지하고 있으니, 동양문화를 연구하려면 중국을 떠날 수 없을 것이지요. 그리고 중국은 우리 조선의 사료(史料)를 탐색(探索)할 것이 얼마나 많은지 이것이 다 우리가 할 일이 아닙니까?[19]

라고 하였다. 그러면서 덧붙여 중국 소재의 조선 역사 사료가 "무지한 중국인의 손에 자꾸자꾸 없어져 가고" 있다고 하였다.

---

17) 『大正 8年 刑上 第500號』, 박용규, 앞의 책, 15~16쪽 재인용.
18) 「北京 時代의 丹齋」, 『조광』 2-4, 1936.4, 215쪽(『글모음』, 358쪽).
19) 위의 글, 215~216쪽(『글모음』, 358~359쪽).

특히 신채호가 강조한 것은 고대사 분야였다. 즉,

> 우리 조선은 고대사에는 문헌이 너무도 결핍(缺乏)하여 있는 사실을 가지고도
> 그 진가(眞假)를 분변하지 못할 것도 퍽 많으니, 일례를 들면 단군의 발상지를
> 영변 묘향산이니 백두산이니 하여 갈피를 정하기 어려운 처지입니다. 그러니 이제
> 선생의 말씀과 같이 내외 각지에 흩어져 있는 사적(史蹟)을 일일이 실지 답사하여
> 문헌의 부족을 깊고 착오(錯誤)를 바로 잡아야 하리니, 조선사 연구가들은 오늘로부
> 터 이 광막한 역사의 처녀지를 개척함에서부터 출발하지 아니하면 안되겠습니다.

라고 하였다. 그때 신채호는 고대사에 관한 많은 원고를 완성하고 있었다. 신채호
는 이윤재에게 5책으로 구성된 원고 뭉치를 보여 주었다. "첫째 권은 조선사통론
(朝鮮史通論), 둘째 권은 문화편, 셋째 권은 사상변천편, 넷째 권은 강역고(疆域考),
다섯째 권은 인물고(人物考)"였다. 이 원고는 후에 단행본으로 출간된 『조선사연구
초』의 일부였고, 국내의 신문에도 부분적으로 소개되었다. 신채호는 이윤재에게
원고 수정 과정에서 '철자법(綴字法)'을 고쳐줄 것을 부탁하였다.

이윤재는 신채호의 권유대로 북경대학 사학과에 입학하였다. 여기에서 3년간
근대 역사학을 공부한 뒤 1924년 3월 졸업하였다. 북경에 체류하는 동안 이윤재
는 신채호의 역사학, 곧 민족주의 역사학에 영향을 받은 역사학자로 성장하였다.

3) 주체적 입장의 학문 자세

북경대학에서 수학하던 이윤재는 상해 임시정부에서 발간한 『독립신문』에
「국치가(國恥歌)」라는 시를 발표하였다.[20] 또한 이윤재는 당시 중국에서 활발하

---

20) 『독립신문』 1922.8.29(『글모음』, 795쪽). (一)빛나고 영광스런 반만년 역사 / 문명을
자랑하던 先進國으로 / 슬프다 千萬 夢外 오늘 이 地境 / 아! 이 부끄럼을 못내 참으리.
(二)신성한 한배 자손 이천만 동포 / 하늘이 빼아 내신 민족이더니 / 원수의 칼날
밑에 魚肉됨이어 / 아! 이 부끄럼을 못내 참으리. (三)華麗한 금수강산 삼천리 땅은

게 일어나던 5·4운동과 그 이후의 신문화운동, 정치운동 등을 경험하였는데, 그는 이를 체계적으로 정리하여 국내의 잡지에 소개해 주었다. 「북경대학을 중심으로 한 학계와 정계와의 충돌」, 「최근 중국의 부인운동」, 「경한철(京漢鐵) 종업원 총동맹 파공(罷工)의 전말」, 「민중 혁명화하는 중국의 학생운동」 등이었다.[21] 그는 이를 단순하게 소개하는 것에 그치지 않고, 조선 민족이 배울 점을 항상 명시하였다. 특히 중국의 학생운동을 소개하면서, 모든 피압박민족과 피압박계급의 연합전선을 통한 애국운동을 강조하였다.

> 그들의 주장은 일체 민중을 결합하야, 민주 혁명의 기치 하에서 연합전선(聯合戰線)을 결성하야 국가에 난원(亂源)이 되는 군벌(軍閥)을 타도하고, 진(進)하야 일체 피압박의 각민족 각계급을 연합하야 민족생존과 국가독립과 세계평화와 인류해방에 마장(魔障)이 되는 국제제국주의(國際帝國主義)를 타도하자는 것이다.[22]

라고 하였다.

이윤재는 주시경의 한글 연구와 신채호의 역사학을 접하면서 민족주의 학자로 성장하였다. 그의 민족주의는 학문 연구뿐 아니라 민족운동의 바탕이 되었다.

/ 선조의 피와 땀이 적신 흙덩이 / 원수의 말발굽에 밟힌단 말가 / 아! 이 부끄럼을 못내 참으리. (四)崔瑩과 武烈王의 날랜 군사와 / 鄭地와 忠武公의 쓰던 무기를 / 언제나 快히 한번 시험해 볼까 / 아! 이 부끄럼을 못내 참으리. (五)어잣나 역사 위에 더럽힌 때와 / 어잣나 자손만대 끼쳐줄 욕을 / 우리의 흘린 피로 이를 씻고자 / 아! 이 부끄럼을 못내 참으리.

21) 이윤재가 소개한 글들은 당시 중국 사정을 아주 정확하게 파악한 것으로 평가되고 있다. 閔斗基, 「자료소개 : 李允宰(1888~1943)의 現代中國(1922~1923) 現場 報告 5種」, 『서울대 동양사학과 논집』 11, 1987.

22) 「民衆革命化하는 中國의 學生運動」, 『東明』 2-23, 1923.6, 7쪽(『글모음』, 715쪽). 학생연합회가 중국 전국 각지대표를 소집하여 제출한 결의안 10여건과 호남대표가 제출한 의안도 소개하였는데, 호남대표의 의안 가운데도 '국제적 단결'을 강조하면서 "일본의 제국주의가 중국과 조선에 적이 됨은 물론이오 일본의 국민에게도 적이 된다. 我等은 일체 피압박민족을 聯合하야 국제제국주의에 향하여 宣戰할지니, 그럼으로 아등은 피압박민족의 연립전선을 高呼結合할지어다!"라고 적었다.

이윤재는 우리 민족을 주체로 한 학문적 자세를 가지게 되면서, 종래 조선 사회에서 문제가 되었던 중국 중심의 학문 자세를 비판하였고, 동시에 서양 문명에 무분별하게 경도되는 것을 경계하였다.

이윤재는 조선 역사와 문화를 연구하기 위해 중국에 유학하였지만, 국가 민족의 자주 독립 차원에서 중국에 대해 비판적이었다. 그는 어릴 때(8세 때) 청일전쟁에서 청국이 패하면서 조선이 신속(臣屬)에서 벗어나 '독립', 곧 '천자국(天子國)'이 되었다는 선생님의 설명을 듣고 "절로 남모르게 어깨춤이 나고 혈맥이 뛰놀았다"고 회상하면서 이를 가장 통쾌했던 일로 기억하였다.[23]

그러면서 중국 문화를 비판적으로 알아야 한다는 점을 강조하고, 중국에 의뢰하는 것을 비판하였다. 가령 당시 중국의 신문화운동 당시 '문자혁명'을 소개하면서 중국에서도 폐지하는 한자를 여전히 숭상하고 있는 우리의 태도를 비판하였으며,[24] 당시 북경대학 교수 호적(胡適)의 「건설적 문학혁명론」을 번역 및 소개하면서, 이 문학 혁명으로 "2천년 미몽(迷夢)을 깨뜨리고 정예(精銳)한 보무(步武)로 모두 그 혁명의 깃발 아래 몰려들었다"고 하면서 "진부구패(陳腐舊敗)의 사문학(死文學)을 숭상하는 우리 조선 사람에게 가장 심각한 자극을 줄" 것으로 생각하였다.[25] 물론 우리 문화를 연구하기 위해서는 우리와 사상적으로 '융통(融通)'이 많이 된 중국 문명(곧 중국학)을 연구해야 하지만, 중국 문명은 우리 문화를 알기 위한 '보조물'에 불과하다고 보았다. 오히려 그는 "우리나라 학자란 기천 기백년래로 오로지 한학(漢學)에 열중하여 한토(漢土)의 문물이라면 덮어 놓고 그대로 섭취하여 거기에 막대한 중독까지 받아 오면서도 그 나라의 사회 사조를 익히 아는 자가 극히 드물었다"라고 하여, 중국에 중독된 한학자를 비판하였다.[26]

---

23) 「나의 가장 痛快하던 일-天眞의 痛快」, 『東光』 16, 1927.8, 44쪽(『글모음』, 58쪽).
24) 「中國에 새 文字(上)」, 『東明』 10, 1922.11, 5쪽(『글모음』, 699쪽).
25) 「胡適氏의 建設的 文學革命論」, 『東明』 2-16, 1923.4, 10쪽(『글모음』, 711쪽).
26) 「中國劇發達小史(상)」, 『朝鮮文壇』 3-2, 1926.4, 45쪽(『글모음』, 730쪽).

한편 이윤재는 주체적 입장에서 중국 문화를 수용하는 자세뿐 아니라 서양의 신사조를 받아들일 때의 자세도 강조하였다.

> 미국의 데모크라씨가 아무리 좋다 하여도 우리가 그대로 옮기어다 쓰기 어려울 것이오, 러시아의 공산주의가 비록 부럽다 하여도 우리가 마구 가져다 행하지 못할 것이다. 이는 그 처지, 그 경우가 우리하고 그네들하고 서로 같지 아니한 소이다. 현대 우리 사회에서는 자기의 처지와 환경을 살피지 아니하고 툭하면 껑충 뛰어 남들이 하는 그것만 선망(羨望)하고 있는 자가 얼마나 많은지. (……) 외래사상이 비록 좋은 것이로되 적당한 시기와 완전한 계획이 없이 남들이 한다고 그냥 맹종적(盲從的)으로만 하면 도리어 우리 사회에 이익점을 주지 못할 것이라 함을 말함이라.[27]

곧 민주주의나 공산주의의 본래 뜻은 좋지만, 우리의 처지와 환경을 살피지 않고 맹목적으로 수용하면 안 되고, 우리 사회에 이익이 되는가를 살펴야 한다는 것이었다.

이런 점에서 이윤재는 1930년대 초반 민족문화운동이 활발하게 전개되고 있던 점에 대해 큰 기대를 가지고 있었다. 그는 당시의 민족문화운동이 "조선을 알자"는 점에서 매우 '감격'스러운 일이라고 하면서

> 철학을 말할 때에는 공맹정주(孔孟程朱), 사학(史學)을 말할 때에는 통감사략(通鑑史略), 병학(兵學)을 말할 때에는 육도삼략(六韜三略), 문학을 말할 때에는 한당송시문(漢唐宋詩文), 그리고 유명한 산이면 의례히 태산(泰山), 강이면 황하수(黃河水) (……) 이 따위들은 다 부유배(腐儒輩)들의 인습(因襲)의 버릇이니, 차라리 무괴(無怪)타 하더라도, 요새 소위 개화인(開化人)이니 외래사조에 젖은 이들까지도 서양 숭배열(崇拜熱)이 너무나 심하여 전연(全然) 자아몰각(自我沒覺)이었다. 그러더니 지금 와서는

27) 「우리의 주장 - 우리의 설자리」, 『東光』 5, 1926.9, 4쪽(『글모음』, 681쪽).

「조선을 알자」하는 새싹이 트기 시작한다.[28]

라고 하여, 중국만을 숭상하는 '부유배'나 서양만을 숭배하는 '개화인'을 모두 비판하고, 조선의 실정을 파악하는 사회적 열기에 찬동하였던 것이다.

　이런 학문적 태도는 주체적 입장에서 동서양의 학문을 결합하고자 했던 '변법개혁론'의 학문적 전통 위에서 나온 것이었다. 또한 민족교육과 민족문화를 연구하면서 이를 서양의 사상과 학문과 결합하려고 애썼던 정인보와 연희전문학교의 '동서고근 사상의 화충(和衷)'과 입장을 같이 하는 것이었다.[29]

3. 흥사단 운동과 실력양성론

　이윤재는 북경대학에서 수학하던 중인 1922년 흥사단에 가입하였다. 흥사단은 1913년 5월에 안창호가 미국의 샌프란시스코에서 조직한 단체로, "무실(務實), 역행(力行), 충의(忠義), 용감(勇敢)" 등의 4대 정신을 이념으로 철저한 인격 수양과 실력양성을 통하여 독립을 준비하였다. 안창호는 1919년 상해에서 임시정부가 조직되자 내무총장 등으로 활동하면서, 상해에 흥사단 원동위원회를 조직하였고(1920), 또한 흥사단의 국내조직으로 이광수를 통하여 수양동맹회를 만들었다(1922). 안창호의 입단 문답을 통과한 이윤재는 1922년 6월 6일 입단식을 거쳐 예비단우가 되었다.[30] 이후 이윤재의 민족운동은 모두 흥사단, 수양동맹회(후에 수양동우회)를 통하여 이루어지게 된다.

　북경대학을 졸업한 이윤재는 1924년 9월에 귀국하여 정주 오산학교 교사가

---

28) 「最近朝鮮社會에서 感激된 일－'조선을 알자!'는 사회의 부르짖임을 듣고」, 『東方評論』 2, 1932.5, 13쪽(『글모음』, 693쪽).

29) 김도형, 「연희전문의 학풍과 민족문화운동」, 『일제하 연세 학풍과 민족교육』, 혜안, 2015.

30) 박용구, 앞의 책, 20쪽.

백낙준, 김윤경, 이용설 등과 함께 참여한 수양동우회 대회(1934)

되었다. 서북지역은 기독교운동, 특히 흥사단의 인적 기반이 탄탄한 곳이었다. 그는 이곳에서 흥사단의 국내 조직인 수양동맹회에 가입하였다.

1926년 4월, 서울 협성학교로 자리를 옮긴 이윤재는 수양동맹회와 동우회가 합쳐진 수양동우회(1926년 1월)의 기관지인『동광』에 흥사단의 운동론, 특히 수양운동을 정리하여 발표하였다.

이윤재는『동광』에 여러 차례「우리 주장」이라는 제목 하에 수양운동과 흥사단 강령을 소개하였다. 알려져 있듯이, 흥사단은 기본적으로 '민족성 개조'를 통하여 민족 문제를 해결하고자 하였고, 그 출발은 바로 인격 수양이었다. 이윤재는 우리나라 사람들이 평소 '수양'을 우스운 것으로 알고 있지만, 진실한 도덕과 인격 수양을 골자로 하는 수양운동이야말로 당시 일제 하에서 조선 문제를 해결할 수 있는 길이라고 믿었다.

우리 조선 사람은 특별히 다른 나라 사람보다 다르다 함을 깨달아야 할 것이다.

우리는 남 달리 진실한 그 도덕이 있어야 하겠고, 튼튼한 그 신체도 가지어야 하겠고, 탁월한 그 지식도 갖추어야 하겠다. 이러한 수양의 힘으로라야 기울어진 우리 사회를 바로 잡으며 이산하여 있는 우리 민족을 인도할 자가 그 가운데로서 나올 것이다.31)

라는 것이었다.

그리고 수양운동의 핵심은 "자조(自助)와 호조(互助)"라고 하고,32) 이는 곧 흥사단에서 말하는 '건전 인격'과 '공고 단결(신성 단결)'이라고 하였다. 그는 당시의 '사업' 실패는 '① 일하는 그 사람의 인격이 건전하지 못함이요, ② 둘째는 일하는 그 덩이의 단결이 공고하지 못함에 있다'고 보고, "건전 인격, 공고 단결"이 없이는 새로운 조선을 바랄 수 없다고 하였다.33) 이윤재가 제시한 "건전 인격, 공고 단결"을 위한 방안을 간추려 정리하면

- 「건전 인격, 공고 단결」. 이것을 새 조선 건설의 표어로 하자. 비상한 일을 할 인격, 그 일을 이룰 원동력이 되는 공고한 단체, 이것을 우리는 언제든지 부르짖는다.
- 「건전 인격」 운동의 내용 : ①명예나 지위나 허영을 따라 헤매지 말고 무슨 일에 임하거나 실속을 찾아 분투 노력하는 습관을 비상한 결심을 갖고 지금부터 기르자. ②공담공론 그치고 "해보자"하는 정신을 수양하자. ③내가 큰일을 위하여 어떤 단체에 내 몸을 허락하였는가, 죽도록 지키는 정성을 기르자. ④백절불굴하는 확고한 기개와 정신. 간단히 말하자면 무실, 역행, 신의, 용기. 이 네 가지 정신은 오늘날 우리 조선 청년의 필수한 우리 민족 전도 대업에 상관된 비상한 수양이다.
- 덕, 체, 지 삼육(三育) : ①무실, 역행, 신의, 용기의 정신으로 덕성을 기르자, ②신체를 강장히 하자, ③지식을 닦자.

---

31) 「주장-수양이 우습은(可笑) 것이냐」, 『동광』 6, 1926.9, 5쪽(『글모음』, 682쪽).
32) 「주장-자조와 호조」, 『동광』 5, 1926.9, 5쪽(『글모음』, 682쪽).
33) 「우리 주장-우리의 수양운동」, 『동광』 10, 1927.2, 6~7쪽(『글모음』, 689~690쪽).

라고 하였다. 이윤재가 주장한 이 방안은 바로 곧 흥사단의 강령이었다.

이와 아울러 이윤재는 우리 민족이 버려야 할 것도 제기하였다. 곧 "우리 조선 민족이 하루라도 고치지 아니하면 안 될 것"으로 ①'헛된 말과 거짓 행동[허언위행(虛言僞行)], ②헛된 생각과 헛된 논의[공상공론(空想空論)], ③교활하게 속이고 이랬다저랬다 하는 것[교사반복(狡詐反覆)], ④무서워하고 나약하여 피하고 굴복하는 것[겁나퇴굴(怯懦退屈)] 등의 네 가지를 거론하기도 하였다.[34] 이 모두 건전한 인격 수양을 통해서 해결해야 할 것이었다.

이윤재의 수양운동은 안창호와 흥사단의 운동론에 충실한 것이었다. 수양동우회 활동에 열심이었던 이윤재는 1937년에 수양동우회 사건으로 구속되었다.

4. 민족주의 학술 운동과 역사서술

이윤재가 서울에서 활동하던 1920년대 후반에서 1930년대는 문화운동의 일환으로 민족문화운동이 추진되던 시기였다. 특히 신간회 해소 이후 1930년대 전반에서 중일전쟁에 이르는 시기에는 동아일보, 조선일보가 중심이 되어 다양한 부분에서 민족문화운동이 전개되었다. 단군과 이순신 등의 위인 선양 사업, 사적지 보존 운동, 한글 보급과 조선어사전 편찬 사업 등이 그것이었다. 이 운동에는 많은 연전 교수들이 참여하였는데, 연전에 강의를 나오던 이윤재도 민족문화운동에 동참하여 활발한 학술 운동을 전개하였다. 특히 이윤재는 1935년 7월, 백남운, 문일평, 이인, 손진태, 정인보, 안재홍 등과 다산서거100주년 기념행사 발기인으로 참여하였으며, 안재홍, 황의돈 등과 함께 기념강연을 행하였다.[35] 또한 정인보를 제외한 여타의 연전 교수들과 함께 1934년에 조직된

---

34) 「우리 주장-무겁을 버리자」, 『동광』 8, 1926.12, 6쪽(『글모음』, 685쪽).

35) 『매일신보』 1935.7.18, 「정다산선생기념강연」, 중앙기독교청년회관에서. 이윤재는 「역사상으로 본 우리의 발명」이라는 제목으로 강연하였다.

진단학회에도 가담하였다.

1) 단군 이념의 계승과 민족문화의 우수성

(1) 단군의 홍익인간 이념 계승

이윤재의 역사학은 신채호의 영향 속에서 형성되었다. 신채호는 역사를 '민족의 성쇠 과정을 서술한 것'이라고 하였고, 민족사의 핵심인 단군을 중심으로 체계를 세웠다. 특히 만주지역을 우리 역사의 중심지로 파악하고, 고조선―부여―고구려―발해로 이어지는 역사 계승관계를 수립하였다.[36] 이윤재는 북경에서 처음 신채호를 만난 시절부터 그의 국사 서술, 특히 고대사 서술에 큰 관심을 가졌다.

이윤재는 우리 민족이 '한배'의 후손임을 강조하였다.

> 천지만엽(千枝萬葉)이로되 그 근본은 오직 한 덩걸에서 남이요, 대해장강(大海長
> 江)이로되 그 시초는 다만 한 원천(源泉)에서 발함이로다. (……) 한 한배의 혈계(血系)
> 로 이룬 백자천손(百子千孫)이 이같이 번영(繁榮)하다 하여 어찌 그 한배를 잊을
> 수 있을 것이냐.[37]

이윤재는 '환웅천왕'의 후손을 '환족'이라고 하여 백두산을 근거로 우리의 역사가 전개되었다고 하였다. 그는 "백두산은 환웅천왕(桓雄天王)이 신시(神市)를 열고 단군이 조선을 세운 성산(聖山)", 혹은 "환족(桓族) 2천만을 수호하여 주는 성악(聖岳)이며 영산(靈山)"이라고 하였던 것이다.

그는 백두산을 우리 역사의 근거지로 삼으면서 백두산에서 나온 금나라,

---

36) 김도형, 「大韓帝國期 變法論의 전개와 歷史敍述」, 『東方學志』 110, 2000.
37) 「우리 주장―불망기본(不忘其本). 개천절을 당하여」, 『동광』 7, 1926.11, 8쪽(『글모음』, 683쪽).

180

후금(청)나라도 우리 민족의 지파(支派)라고 하였다. 이윤재는

> 원시의 조선역사가 이것이 요람(搖籃)을 지은 것으로나 (……) 동방에 강대국으로
> 부여국, 고구려국, 발해국 등 제왕조의 발상지가 다 이 산에 있었으며, 우리 겨레의
> 지파(支派)인 금, 청의 왕조도 또한 이 산이 발상지가 된 것이다.[38]

라고 하였다.

따라서 백두산에서 나라를 시작한 단군은 천지를 주재하고 우리 민족의
나라를 만든 분으로, 여기에서 비롯된 민족의 역사와 문화의 이념은 곧 단군의
'홍익인간'이라고 하였다.

> 태초 홍몽(鴻濛)의 세(世)에 단군왕검께서 인간을 홍익(弘益) 하시려고 태백산(太伯
> 山) 영장(靈場)에 내리시어, 건방설도(建邦設都)하고 신교(神敎)를 베풀어 민물(民物)을
> 이화(理化)하셨으니, 이 곧 천지의 대주재(大主宰)시오, 국가의 건조자(建造者)시며,
> 일체 생명의 원천이오, 모든 문화의 출발입니다.[39]
>
> 우리 성조(聖祖)가 『홍익인간(弘益人間)』의 대원(大願)을 드대시어 하그나 많은
> 땅이건마는 이 진역(震域)에 자리를 잡으시고 굳은 터를 이룩하심이로다. 산하(山河)
> 를 전개(奠開)하시매 흑수(黑水) 백산(白山) 사이 기름진 토양이 다 나의 택전(宅田)이요
> 민인(民人)을 화육(化育)하시매 남강북완(南强北頑)들의 다른 족속까지 다 와서 신복
> (臣服)하였다. 그 은광(恩光)이 환우(寰宇)에 비치고, 그 덕화(德化)가 영겁(永劫)에
> 미치도다. (……) 성조(聖祖)가 이러케 대홍서(大弘誓)를 펴시던 날, 곧 우리에게
> 새 삶을 열어 주시던 날, 우리 진실로 그 감모(感慕)의 극(極)히 평석(平昔)에 비할
> 바 아니다.[40]

---

38) 「白頭聖山史話」, 『신동아』, 4-7, 1934.7, 4쪽(『글모음』, 783쪽).
39) 「大倧敎와 朝鮮人」, 『삼천리』8-4, 1936.4, 140쪽(『글모음』, 371쪽).
40) 「開天日의 追感」, 『동광』 7, 1926.11, 106쪽(『글모음』, 57쪽).

따라서 홍익인간의 대서원으로 시작한 우리의 문화도 매우 뛰어난 것으로 보았다. 이윤재는 우리나라는 오래된 문명국이며, 홍익인간으로 시작된 단군의 문명은 세계 6대 문명의 하나로 규정하였다.

> 우리가 오늘날 길쌈하여 입으며 농사하여 먹으며 집을 지어 살고, 기타 일용에 편리한 온갖 기구들은 모두 우리 선조의 땀과 피를 적시어 가며 노력하여 발명하신 공로가 아닌가. 또 우리는 이렇게 높은 도덕이 있어 인종으로 우등 지위에 이르렀음도 다 우리 선철의 고심 정력으로 교화를 베푸심이 아닌가. (……) 우리는 문명한 민족이라, 결코 예전의 문명을 돌아보지 아니할 수 없을 것이다. 동시에 우리 겨레의 근본체인 우리 한배를 길이 생각하지 아니할 수 없을 것이다.[41]
>
> 문화론 우리가 세계 육대(六大) 문명 개창자의 하나다. 무강으론 훌륭하게도 궁대인(弓大人)의 이름을 가지었다. 대인(大人)·선인(善人)·군자(君子)·불사(不死)란 것도 오직 우리에게만 있게 됨을 자랑한다. 이 어찌 그이의 홍익인간(弘益人間)의 원도(願禱)하심에서 된 것이 아닌가. / 정교(政敎)의 거룩함이며 예의(禮義)의 밝음이 문물(文物)의 빛남이며, 제도의 갖춤이며, 산업의 열림이며, 학술의 나아감이며, 무릇 인간 천백 가지의 어느 것 하나라도 다 그이의 재세이화(在世理化)하신 크신 힘을 입지 아니함이 없었음이다.[42]

라고 하였다.

이윤재는 단군으로 시작된 민족 문명이 이후 시대를 이어서 제천의 전통으로 이어지고 있다고 보았다. 곧 "부여의 영고(迎鼓)와 예(濊)의 무천(舞天)과 마한(馬韓)의 천군(天君)과 고구려의 동맹(東盟)과 백제의 효천(效天)과 신라의 도신제(塗神祭)와 고려의 팔관(八關)" 등이 명칭은 다르지만 모두 '국민적 제천(祭天)'이라

---

41) 「우리 주장―불망기본(不忘其本). 개천절을 당하여」, 『동광』 7, 1926.11, 8쪽(『글모음』, 683쪽).
42) 「우리 주장―심은후덕(深恩厚德)」, 『동광』 7, 1926.11, 8쪽(『글모음』, 683쪽).

고 하였던 것이다. 그러나 근대에 이르러서는 천왕제(天王祭), 태백제(太白祭), 용왕(龍王)굿, 당산제(堂山祭) 등에서 보이듯이 국가에서 거행하던 전국민적 제례가 점차 한 부락이나 가정 단위로 변하게 되었다고 안타까워하였다. 그런 과정에서 팔관(八關)처럼 불교에, 화랑처럼 도교에, 풍월주(風月主), 부군(府君) 등의 이름처럼 유학(儒學)에 동화되었다고 하였다. 이윤재는 당시 여러 사람이 신봉하던 대종교(大倧敎)도 이런 맥락에서 이해하였다.[43]

단군을 강조하고 단군 정신을 이어가야 한다는 이윤재의 염원은 자신의 호를 '환산(桓山)'이라고 한 것에서 잘 드러났다. 환인, 환웅의 후예라는 것이었다.

(2) 민족문화의 유구함과 우수성

이윤재는 우리 민족과 문화가 단군의 홍익인간, 재세이화(在世理化)에서 비롯되었고, 또 그 이후의 역사 속에서 항상 단군의 이념을 계승하고 있었으므로 우리의 문화가 매우 우수하다는 점을 항상 강조하였다. 그리고 우리 역사 강역도 조선뿐 아니라, 만주, 북쪽은 흑룡강, 서쪽은 요하 지역까지 이른다고 보았다.[44]

이윤재는 여러 차례 우리의 역사 속에서 뛰어난 문화, 발명품이 많다는 점을 강조하였다. 독창적인 발명품을 강조한 것은 그가 오늘날의 문명을 "과학의 문명, 다시 말하면 물질의 문명이요 공예의 문명"이라고 규정하고, 문명의 발전을 기구, 기계의 발전과정으로 파악하였기 때문이었다.[45] 그는 역사적으로 이런 과학, 공예의 독창성을 보이는 다양한 발명품을 열거하였다. 가령 왕산악[弦琴], 구진천[천보노], 정천익[소거, 纖車], 세종[한글 등], 이장손[비격진천뢰], 정평구[비차] 등을 그 증거로 들었다.[46] 또 다른 글에서는 대궁[포노, 천보노],

43) 「大倧敎와 朝鮮人」, 『삼천리』 8-4, 1936.4(『글모음』, 331~333쪽).
44) 「문답 조선역사」, 『신가정』, 1934.5, 19쪽(『글모음』, 270쪽).
45) 「내 자랑과 내 보배-독창과 발명(1)」, 『동아일보』 1934.12.13(석간)(『글모음』, 284쪽).
46) 「朝鮮民族의 恩人과 儀範」, 『신생』, 1931.4(『글모음』, 186~187쪽).

현금과 가야금, 만파식적과 옥적, 활자, 도자기, 소거, 간의대, 측우기, 인지의(引地儀), 훈민정음, 거북선, 사조구, 해구선과 윤선, 비차, 화차, 비격진천뢰, 사상(四象) 의술 등 26종을 거론하였다.[47] 이런 발명품은 "우리의 독창력과 발명재(發明才)가 얼마나 컸는지 보여주며, '조선의 보배요 세계에 자랑'이자,[48] "인류 문화에 공헌"이라고 하였다.[49] 특히 활자를 세계에서 가장 먼저 만들었다는 점은 우리 민족의 독창력, 발명력을 보이는 것이라 하였다.[50]

또한 이윤재는 만주 문제를 매우 중시하였다. 이윤재는 만주가 단군 이래 우리의 역사적 고토라는 점을 강조하였다. 그는 만주 문제를 『동아일보』에 장기간 연재하면서 만주와 우리 민족과의 관련성을 역사적으로 검토하였다.[51] 고종조의 만주와 우리의 국경문제로부터 시작하여, 시간을 거슬러 올라가면서 백두산정계비, 효종대왕의 만주 회복, 임경업, 병자호란과 정묘호란, 광해군 시절의 관계 등을 다루었다.

그럼에도 불구하고, 이윤재는 점차 우리 민족이 쇠퇴하고, 결국 나라가 망하게 되었다는 점도 아울러 지적하지 않을 수 없었다. 이윤재는 개천절을 맞은 감상 속에 한 때는 '천지를 뒤집을 정도'로 매우 강대했던 민족이 외세의 침략 앞에 정신을 차리지 못해 약화되었다고 한탄하였다.

아아, 반만년(半萬年)이란 기나긴 세월(歲月)동안 놀기야 잘도 놀았다. 별별 경험을 많이도 겪었다. 한창 시절에는 우리 한 번 으악 소리칠 때 天地가 뒤집듯 덜석

---

47) 「내 자랑과 내 보배-독창과 발명」, 『동아일보』 1934.12.13.~12.29(『글모음』, 284~296쪽).
48) 「내 자랑과 내 보배-독창과 발명(13, 완)」, 『동아일보』 1934.12.29(『글모음』, 296쪽).
49) 「내 자랑과 내 보배-독창과 발명(1)」, 『동아일보』 1934.12.13(『글모음』, 284쪽).
50) 「내가 자랑하고 십흔 朝鮮 것-現代文明의 産母, 活字의 發明은 朝鮮이 首位」, 『별건곤』 12·13, 1928.5(『글모음』, 66~68쪽). 이윤재는 우리가 활자 발명에서 보인 독창력, 발명력을 그대로 발휘하였다면 당시 서양의 물질 문명을 壓頭하였기에도 부족하지 않았을 것이라 주장하였다.
51) 『동아일보』 1932년 1월 1일(『글모음』, 217쪽). 「만주이야기-넷날과 오늘」, 4월 19일까지 31회 연재. 아마도 만주사변이 이런 연재를 시작한 계기가 되었을 것이다.

덜석 하였고, 한 번 침묵(沈默)하면은 온 누리가 괴교하여 다 죽는 듯 하였다. (……)
남 못하는 것을 나 혼자 하여도 보았다. 그러더니 웬걸 한(漢)이 오고 당(唐)이
오고 거란(契丹)이 오고 몽(蒙)이가 오고 청(淸)이 오고, 무엇이 오고 해서, 이리
닥치고 저리 닥쳐서 살림이 아주 들판이 났다. 그러거든 정신이나 좀 차렸으면?
아하 저마다 자기 잘 낫다는 것, 서로 물고 찢는 것 빼앗기고도 아까운 줄 모르는
것, 설음당코도 넝실넝실 하는 것, 내 것이라면 어찌도 그리 밉고 남의 것이라면
물고 빨고 싶은 것, 이러구러 하는 사이에 조선(祖先)의 세업(世業)은 알뜰하게도
탕진(蕩盡)하고 말았다.[52]

이윤재는 이와 같이 나라가 망하게 된 원인을 사대주의라고 보았다. 단군의
이념을 계승하고 이어가지 못하고,[53] 단군의 '문명'이 외래 문화에 빠져버렸다
는 것이다.

상고(上古)에 있어서는 이 종도(倧道)로써 국체(國體)가 정하고 민풍(民風)이 일어,
진실로 조선(朝鮮) 아(我)의 훌륭한 사상 기조가 확립하여 문명의 꽃이 찬란하였습니다.
그러더니 중세에 이르러 턱없이 외래문화에 침익(浸溺)하여 자기 몰각(沒覺)의 사상을
순치(馴致)하게 되었습니다. 이로써 종문(倧門)이 닫히어 조신(祖神)의 제사가 끊어졌
으며, 경적(經籍)이 재액(災厄)을 당하여 성조(聖祖)의 유적(遺蹟)이 연멸(煙滅) 되었습니
다. 이러구러 우리 겨레는 그 갸륵한 본성을 상실하고 노예성(奴隷性)만 유치(誘致)되어
결국 배외사상으로 사대주의(事大主義)에 이르고 지리멸렬(支離滅裂)로 골육상잔(骨肉
相殘)에 이르러 그 참독(慘毒)한 정상(情狀)을 어찌 필설로 다하오리까.[54]

---

52) 「開天日의 追感」, 『동광』 7, 1926.11, 106쪽(『글모음』, 57쪽).
53) "우리 오늘 와서 聖祖의 끼치신 뜻을 한 가지도 받들지 못하였다. 그 무거운 맹서를
　　아주 저버리고 말았다. 이렇듯 우리는 너무도 不孝요 不順이다. 우러러선 聖祖께 막대한
　　죄요 구부러선 자손에게 무상의 욕이다. '不肖子孫 辱及祖先'이란 말이 실상 오늘의
　　우리를 두고 한 말이다."[「開天日의 追感」, 『동광』 7, 106쪽(『글모음』, 57쪽)].
54) 「大倧敎와 朝鮮人」, 『삼천리』 8-4, 1936.4, 141쪽(『글모음』, 332쪽).

이와 더불어 이윤재는 나라가 망한 또 다른 이유로 특히 국제적인 정세와 그 변화를 파악하는 국제안(國際眼)이 없어지고 쇄국주의를 고수하면서 서양 문물 수용을 거부한 것에 있음을 들었다. 그는 신미양요(辛未洋擾)를 설명하면서, 조선 군인의 용맹하지 못함(?)도 있었지만 그보다는 조선 정부가 국제적인 안목이 없었음을 비판하였다.

> 이 양요(洋擾)로 말하면 숨어 잇는 조선을 불러일으켜서 세계에다가 내세우려는 절호한 기회거늘, 조선은 한갓 사대주의(事大主義)의 정신에 짐취(鴆醉)하여 이에 응치 아니한 것이다. 천년 예의지방(禮義之邦)이니 무엇이니 찾고 앉잤는 홍순목(洪淳穆), 김병학(金炳學) 같은 이는 말할 것도 없거니와 대개혁 수완을 가진 대원군(大院君)으로도 이렇게 국제안(國際眼)이 어두워 쇄국주의를 국시(國是)로 삼아 마침내 이렇게도 조선민족으로 하여금 세계의 낙오자(落伍者)의 지위에 떨어뜨린 것이야말로 통석(痛惜)함을 말지 아니한다.[55]

라고 하였다.

따라서 이윤재는 조선의 광복을 위해서는 자연스럽게 역사상으로 굳어진 사대주의를 극복해야 한다고 생각하게 되었다. 그는 사대주의를 극복하는 가장 핵심은 단군의 이념을 계승하고 다시 이어가는 것이라고 하였다. 단군의 계승은 우리 민족만을 위한 '국수적'인 자세가 아니라 사람으로써 자기의 조상을 받드는 '보본(報本)의 성(誠)'이고, 또 역사상으로는 뿌리가 깊은 '국민제 천회(國民祭天會)'로 이어온 '실재 사실'이라고 하였다.[56] 1928년에 연전의 최현 배를 비롯한 대종교를 중시하는 인사들이 "조선 얼굴의 거울, 조선 마음의 거름"을 표방한 『한빛』을 창간하였다. 이윤재도 이 잡지 창간에 주도적으로 참여하였다.

---

55) 「辛未革命과 辛未洋亂(二)」, 『동광』 18, 1931.2, 45쪽(『글모음』, 181쪽).
56) 「大倧敎와 朝鮮人」, 『삼천리』 8-4, 1936.4, 141쪽(『글모음』, 332쪽).

동시에 이윤재는 갑신정변을 사대주의를 극복하기 위해 노력한 개혁운동으로 높이 평가하고, 그 중요성에 대해 서술하였다. 갑신정변이 일어난 지 50년이 되던 때인 1934년 12월 4일을 맞아 이윤재는 이를 "개혁 운동의 제일성(第一聲)"이라고 칭하며, 갑신정변을 추진한 김옥균 등을 '독립당'으로, 이에 반대한 사람들을 '사대당'으로 규정하였다. 그는 갑신정변의 실패로 조선은 사대당의 천하가 되면서 개혁과 개화의 싹이 꺾어지게 되었다고 보았다.[57]

2) 민족주의 역사학과 인물 서술

(1) 한글운동과 세종대왕

일제하 많은 민족주의 학자들은 '민족 정신'의 중요성을 인식하고, 그 정신이 깃들어 있는 역사와 종교, 그리고 말과 글 등을 매우 중시하였다. 이윤재는 일찍부터 주시경의 민족주의적 한글 연구를 접했고, 1920년대 중반부터 본격적으로 한글 교육과 더불어 조선어 사전 편찬 작업을 주도하였다. 주시경으로부터 배운 장지영, 권덕규, 이병기, 김윤경 등은 1921년 조선어연구회를 조직하였고, '조선어의 정확한 법리(法理)를 연구'하면서 우리말과 글을 보급하고자 하였다. 조선어연구회는 1927년 2월에 기관지 『한글』을 발간하고 또 조선어 사전 편찬 사업을 추진하였다. 1920년대 중반부터 국내 활동을 시작한 이윤재는 1927년 8월, "조선 사람에게는 조선말 사전 한 권도 없음"을 통탄하면서 조선어연구회에 가입하고 사전 편찬 사업에 참여하였다. 사전 편찬 사업은 처음에는 계명구락부(啓明俱樂部)를 중심으로 최남선, 정인보, 임규(林圭), 변영로(卞榮魯), 양건식(梁建植), 한징(韓澄), 그리고 이윤재가 시작하였으나, 몇 달이 못가 한 사람씩 떨어져 나가고 1929년 중엽에는 거의 중지된 상태였다. 이때 이윤재는 상해에서 사전 편찬 작업을 행하던 국어학자 김두봉(金枓奉)과 연락하고, 또 상해를 직접 방문하

---

57) 「改革運動의 第一聲－甲申政變을 돌아보며」, 『조선중앙일보』 1934.12.4~12.12(『글모음』, 277~283쪽).

여 2주간 머물기도 하면서 조선어사전 편찬에 관해 많은 의견을 나누었다.[58]

1929년 10월에는 각계 인사 108명이 조선어사전편찬위원회를 조직하였다. 조선어연구회는 1931년 1월 조선어학회로 발전하였고, 이윤재는 상임감사로 선출되었다. 정인승, 이중화, 한징 등과 함께 사전 편찬 전임위원으로 선발되었다. 이 시기 이윤재는 동덕여고보와 경신학교, 그리고 연희전문학교에서 조선어와 역사를 가르쳤다.

조선어학회는 1931년부터 1934년까지 4년간 매년 여름방학 때에 전국적으로 한글강습회를 개최하였다. 한글보급운동은 당시 동아일보를 중심으로 한 부르주아민족주의 운동의 일부분이었다. 이 강습회에 이윤재는 항상 강사로 참여하였다.

조선어사전편찬, 한글보급운동을 전개하면서 이윤재는 1927년 10월, 3회에 걸쳐『동아일보』에「세종과 훈민정음」, 1928년 5월『별건곤』에「세종 성대의 문화」등을 발표하였다. 그리고 1930년에는 동아일보에「대성인(大聖人) 세종대왕(世宗大王)」을 연재하였다(3.17~9.27). 이윤재가 연재 제1회분을 집필한 3월 16일(음력 2월 17일)은 세종이 돌아간 8주갑 '국기일(國忌日)'이었다. 그는 "오로지 조선을 위하여 끼치신 크신 성덕이 하늘에 사무치듯 높으시와, 안으로 문화를 크게 발달하시며, 밖으로 무공을 널리 떨치신 허다한 치적은 실로 많고 역대 제왕에게 보기 드문 바이며, 여러 가지 창의(創意)와 발명이 많은 가운데 한글(훈민정음)의 창제하심은 우리나라에 둘도 없는 큰 보배일뿐더러 세계에 자랑할 큰 업적이시다"라고 칭송하였다.

(2) 역사인물 연구

이윤재의 역사 연구는 주로 역사적 인물을 소개하는 일에 집중되었다. 앞에서 살펴본 세종이 가장 대표적이었지만, 원효, 설총(이두), 의천(대장경), 최충,

---

58)「在外名士訪問記─한글大家 金枓奉氏 訪問記」,『별건곤』24, 1929.12(『글모음』, 389~393쪽).

안유, 이규보, 정경선(태조 의학대가), 이황, 허준, 이익, 김정호, 주시경, 유희, 박지원(『도강록』) 등을 들었다. 그가 집필하여 소개한 인물의 유형은 대체로 다음의 3가지였다.

첫째는 민족의 위기를 극복한 사람이었다. 민족적 영웅을 전기 형태로 저술한 것은 여타 민족주의 역사학자들의 공통적인 현상이었다. 이윤재가 가장 중시했던 사람은 이순신이었다. 민족주의 계열에서는 이순신의 활동과 정신에 대해서 특히 강조하였는데, 이런 흐름은 한말의 신채호로부터 박은식, 문일평 등으로 이어졌다. 1930년대에 들면서 동아일보에서도 위인 찬양 사업으로 이순신을 중점적으로 부각시켰으며, 이광수의 소설을 연재하기도 하였다. 또한 아산 현충사, 통영 제승당과 충렬사 등 이순신유적보존 사업이 전국적으로 일어났다. 연전 인사로는 유억겸, 정인보 등이 이 사업에 참여하였다.[59]

이윤재는 『동아일보』에 「대성인 세종대왕」을 발표한 후, 그에 이어 10월부터 11월까지 25회에 걸쳐 「성웅 이순신」을 연재하면서 나라와 민족을 위한 이순신의 희생정신을 칭송하였다. 이후 그는 연재분을 묶어 『성웅 이순신』이라는 책으로 간행하였으며 이 책의 서문은 연전에 근무하던 '학문 동지' 정인보가 써 주었다.[60]

그 외, 이윤재는 민족이 위기에 처했을 때 활동한 사람 가운데 강감찬, 권율,[61] 민영환[62] 등을 강조하였다. 모두 외세(거란족, 일본)의 침략 앞에서 민족을

---

59) 이지원, 『한국근대 문화사상사 연구』, 혜안, 2007, 317~323쪽 ; 김도형(독립기념관), 「1930년대 '이충무공유적보존운동'의 전개와 그 성격」, 『이순신연구논총』 15, 순천향대학교 이순신연구소, 2011.

60) 정인보는 "이 소책자는 외우(畏友) 이윤재 선생의 찬술(撰述)한 공(公 ; 이순신)의 행사(行事) 대략이니 산해(山海)에 서맹(誓盟)한 그 마음으로 좇아 나타난 공렬(功烈)의 위대함을 이에서 탄모(歎慕)할 수 있다"라고 하면서도, 정인보는 공렬을 만들어 낸 "그 마음을 소구(溯求)하여야 한다. 그 마음을 그 마음을"이라고 하여, 이순신의 "산해(山海)에 서맹하던 그 마음이 거룩"한 것을 강조하였다(『담원정인보전집(薝園鄭寅普全集)』 2, 연세대출판부, 1983, 371쪽).

61) 「강감찬의 귀주대첩과 權慄의 행주대첩」, 『신동아』 2-3, 1932.3(『글모음』, 210~211쪽).

62) 「忠義의 人, 민충정공」, 『신동아』 1-1, 1931.11(『글모음』, 194~196쪽).

위해 싸우거나 목숨을 버린 사람이었다.

둘째, 이윤재는 역사적으로 잘 알려지지 않은 인물에 대해서도 많은 관심을 가졌다. 그는 이름은 알려지지 않았지만, 민족에게는 중요한 사람을 발굴하여 소개하였다.

> 우리가 매양 역사인물을 들매, 그 인격의 숭고(崇高)보다 작위(爵位)의 현달(顯達)을, 훈공(勳功)의 기위(奇偉)보다 위세의 혁렬(赫烈)을 더욱 주중(注重)할 뿐이오, 몸이 초망(草莽)에 묻혀 있어 민족을 위하여 사회를 위하여 그의 일생을 희생적 사공(事功)으로 마친 기다(幾多)의 호준(豪俊)이란 그의 한 일이 인멸되고 이름조차 전함이 없이 되고 만 것이 어찌 아깝지 아니하랴. 우리가 그러한 인물의 전기에서 얼마라도 남아 있는 일화를 들추어내어 그의 편언(片言) 척사(隻事)의 하나라도 알아보는 것이 어느 점에서 우리 역사의 정체(正體)를 구함에 결핍이 없을 것이라 한다.[63]

이윤재가 그 예로 든 사람은 숙종 때 일본 어민들을 물리치고 울릉도와 독도를 사수한 안용복(安龍福)이었다. 이윤재는 "당시 조야를 물론하고 외교에 당할만한 명류 정치가도 많기야 했겠지마는 그들의 하는 일이란 다만 사리(私利)를 쟁(爭)하며 강권(强權)을 도(圖)하기에만 몰두하고 국토가 줄어가는지 늘어가는지 이러한 문제 같은 것이야 생각이라도 하여 볼 여가가 없었다. 그러나 미관말직(微官末職)의 이름도 없는 일개 천부(賤夫)로 수륙 만리에 동서 분치(奔馳)하여 죽음을 내기하고 오로지 국사에 진췌(盡瘁)한 자는 오직 안용복 그 사람"이라고 하였던 것이다.[64]

---

63) 「쾌걸 安龍福, 울릉도를 중심으로 한 2백 년 전의 조선 외교문제」, 『동광』 1, 1926.5, 6쪽(『글모음』, 41쪽).

64) 「쾌걸 安龍福, 울릉도를 중심으로 한 2백 년 전의 조선 외교문제」, 『동광』 1, 1926.5, 6~7쪽(『글모음』, 41~42쪽).

손병희 묘소 앞. 왼쪽부터 선우훈, 이윤재, 유억겸, 안창호, 임효정, 신윤국(1935) (독립기념관 소장)

이윤재가 또 관심을 가졌던 사람은 홍경래였다. 마침 1931년 신미년이 되자 이윤재는 이를 통하여 역사상에서 신미년에 일어난 일들을 소개하였는데, 이때 '홍경래의 난'을 "신미혁명"이라고 하였다. 이윤재는 홍경래가 혁명을 일으킨 이유를

이씨 조선 5백년간 소위 나라의 꼬락서니란 어떠하였나. 임진의 국난과 병자의 국욕(國辱)같은 치명적 상통(傷痛)을 받았건마는 오히려 문념(文恬) 무희(武嬉)로써 승평(昇平)을 자랑하며 세계 역사에 유례가 없는 사화(士禍)와 당론이 3백년간 대참극을 연출하였으며, 또 조정에서 용인(用人)함이 극히 편벽되어 서북 인사를 천대하기가 막심하여 '문관은 지평, 장령에 불과[文不過持平掌令]하고 무관은 수문부장에 불과[武不過守門副將]'라는 지경까지 이르렀으며, 더욱이 근자에 이르러는 외척이 농권(弄權)하고 회뢰(賄賂)가 공행(公行)하여 국정이 문란하며 또 연년(連年) 겸흉(歉

凶)이 천지(荐至)하매 민정이 오오(嗷嗷)하여 돌아갈 바를 알지 못하였다. 이때 이를
한번 소청(掃淸)할 일개 의기 남아가 없단 말이냐. 삼척인(三尺釰)을 짚고 일어나
조정의 간당(奸黨)을 제거하고 도탄에 든 백성을 건지리라는 자유 평등 주의를
절규하고 소매를 떨치고 문을 나선 이가 홍경래(洪景來)였다.65)

라고 하여, 서북지방에 대한 차별과 외척의 농간, 국정 문란 등으로 썩은 정부를
무너뜨리고 이를 일소하겠다는 일념 하에 일어선 "의기 남아"가 홍경래라고
하였다.

그 외 이윤재는 이괄의 난 때 참모 정충신(鄭忠信)의 부하였던 '여걸 부랑(夫
娘)',66) 한말 친일파를 혼낸 우용택(禹龍澤), 임진왜란 진주성 전투 때의 김천일
아내, 신라 화랑 원술랑,67) 신라 진평왕 때의 평민 설씨68) 등을 소개하였다.
대부분 이름이 많이 나지 않았지만 나라를 위한 활동이 뛰어난 사람들이었다.

5. 나머지 말

이윤재는 철저한 민족주의자였다. 그의 민족주의의 원천은 한글과 단군,
곧 우리 말과 역사였다. 그 학문은 주시경과 신채호에게서 비롯된 것이었다.
그는 우리 역사를 단군을 중심으로 체계화하고, 단군의 홍익인간 이념이 전개되
는 과정을 우리 역사의 큰 정신적 줄기로 삼았다. 그런데 시간이 지나면서

---

65) 「辛未革命과 辛未洋亂(一)」, 『동광』 17, 1931.1, 57쪽(『글모음』, 176쪽).
66) 「女傑夫娘, 李适亂中 鄭忠信 幕佐의 唯一人」, 『동광』 4, 1926.8(『글모음』, 49~56쪽). 이윤재
   는 특히 부랑을 "왕고 우리 력사상에 武勇이 赫赫한 大帝國으로 이름이 높던 夫餘系의
   후손"이라고 하였다. 앞서 본 단군 이래의 무강한 민족사에 대한 인식을 엿볼 수
   있다.
67) 「김원술의 회한」, 『청년』 8-6, 1928.7(『글모음』, 803~818쪽).
68) 「栗里 薛氏(一)」, 『신생』 2-10, 1929.10 ; 「栗里 薛氏(二)」, 『신생』 2-12, 1929.12(『글모음』,
   819~826쪽).

이 이념이 약화되고 유교와 사대주의, 당쟁으로 흐르면서 나라가 점차 쇠약해졌고, 조선 말기에는 쇄국으로 국제적 안목이 부족하여 나라가 망한 것으로 보았다. 물론 그런 과정에서도 서양의 과학 문명에 못지않은 우리의 발명품을 찾아 민족의 독창력을 드러내고자 하였으며, 우리 민족의 위기를 구해낸 이순신, 강감찬, 권율 등의 활동, 그리고 '자유평등'의 기치를 내건 홍경래의 혁명 등을 강조하였다. 이윤재의 역사관은 당시 신채호 이래의 민족주의 역사학과 같은 방향과 논리로 이루어졌던 것이다. 그의 한글운동도 이러한 민족주의적 역사관 위에서 추진되었다.

한글학자이면서 역사학자였던 이윤재는 여러 학교에서 강의하였다. 배재고보를 거쳐 연전을 다녔던 홍이섭은 고보시절부터 이윤재의 가르침을 받았다. 홍이섭은 이윤재를 "한복 차림에 아무 꾸밈새 없는 진실한 교사, 어디에 형언키 어려운 정의(情誼)를 간직한 순박한 선생님"으로 기억하였고, 한글 맞춤법을 가르치면서 남는 시간에는 세종, 단종과 세조에 얽힌 얘기 등의 역사도 강의하였다고 하였다.[69] 이윤재가 연희전문에도 출강하였으므로, 그때도 그 가르침은 계속되었을 것이다. 연전에 강의하면서도 이윤재는 학생들에게 큰 감화를 주었다.[70]

이윤재는 민족주의자의 철저성을 많은 일화로 남겼다. 이윤재는 일본인이 경영하는 전차 삯을 주기 싫었기 때문에 언제나 걸어 다니는 '도보주의(徒步主義)'라고 지칭되었다.[71] 시내에서 연전으로 출근할 때, 단 5전의 전차 요금을

---

69) 홍이섭, 「스승 이윤재 : 재학 시절에 뵈었던 환산 선생 회고」, 『나라사랑』 13, 1973, 88~89쪽.

70) 漢陽學人, 「新進學者 總評(一), 延禧專門學校 敎授層」, 『삼천리』 10, 1930.11. "조선역사를 강의하는 분으로 李允宰강사가 있다. 작년[1929]부터 시무하기 시작하였는데 원래 씨(氏)는 사회적으로 많이 알려진 분으로 현재 동아일보에 관계를 맺고 중후한 인격이 학생들에게 감화를 일으키는 바가 많다. 그러나 교수 시간에 그의 강의를 필기하자면 꽤 갑갑증을 느끼게 한다."

71) 多言生, 「秘中秘話, 百人百話集」, 『별건곤』 69, 1934.1. 이 글에서는 또한 "겨울에도 외투 안입기로 유명한 이윤재씨는 그 대신 남다른 토수를 끼고 다니는데 시간이 바쁜 탓으로 부주의하야 그러한지 토수 짝을 가끔 바꾸어 끼고 학교에 가서 교수하다가

'왜놈'에게 주기 싫어서 걸어 다녔는데, 그것도 광화문에 있는 조선총독부 건물이 보기 싫어 종로에서 안국동, 서대문으로 가는 짧은 길을 택하지 않고, 종로-남대문-봉래동-아현고개를 넘어 다녔다.[72]

　연전에서 강의하던 즈음, 이윤재는 특히 정인보와 학문적으로 아주 가까웠다. 정인보는 이윤재가 발간한 저서(이순신)의 서문을 써 주었고, 이윤재는 정인보가 주도하던 조선학운동에 적극적으로 참여하였다. 그러나 학문 활동이나 민족운동에서는 정인보와 다른 길을 걷기도 하였다. 가령 이윤재는 이병도가 주도한 진단학회(震檀學會) 발기인으로 참여하였다. 물론 진단학회에서 이윤재의 활동은 거의 없었지만, 진단학회는 흔히 정인보, 안재홍의 조선학운동 노선과 대비되는 학회였다. 또 다른 하나는 안창호의 흥사단 운동, 수양동우회 운동에 참여한 것으로, 이윤재는 수양운동, 곧 건전인격, 공고단결을 주장하였다. 이 또한 두 사람의 종교적 차이에서 오는 것으로 보인다.

　이와 같이 이윤재의 민족주의 사상과 민족적 학문의 뿌리는 주시경, 신채호였고, 민족운동은 안창호의 흥사단운동의 인격수양론, 준비론에 근거하고 있었다. 그런데 중국에서 활동하던 신채호는 민중혁명론에 의거하여 안창호의 실력양성운동을 매우 격렬하게 비판하였다. 이윤재가 신채호의 민족주의 역사학을 계승하면서도 수양동우회의 수양운동에 적극적으로 참여하였던 것은 기독교와 안창호의 영향이 강했기 때문이었고, 또 다른 면에서는 민족사학이 정세의 변동과 국내 활동이라는 점에서 그 인식의 폭이 넓어지고 있었던 점이기도

학생들에게 발견이 되면 이(而) 자(字) 웃음을 자발한다"라고 하였다.

72) 박용규, 앞의 책, 28쪽. 이윤재가 일본을 싫어하는 일화는 또 있다. 즉 자신 집안을 도와준 어느 유지의 아들 결혼식이 일본인들이 모여 사는 혼마치(本町, 지금 충무로)에 있는 호텔에서 있었다. 이윤재는 '왜놈의 거리'에는 결코 가지 않았는데, 그렇다고 결혼식에 인사를 하지 않을 수도 없었다. 그래서 그는 진고개로 들어가는 길목에서 결혼식이 끝날 때까지 두서너 시간을 서서 기다려 축하의 말을 전하였다고 한다. 또 자신이 다니던 안국동 안동교회 앞에 '사꾸라' 심은 것을 목사에게 항의하고는 다른 교회로 옮긴 적도 있었다. 일본인들이 창경궁을 놀이터인 창경원으로 만들고 역시 '사꾸라'를 심자, 창경궁에 발도 들여 놓지 않았다(박용규, 앞의 책, 28쪽, 32~33쪽)

왼쪽 | 서대문형무소 이윤재 신분카드(1937)(국사편찬위원회 소장)
오른쪽 | 서대문형무소 이윤재 신분카드(1937)

하다. 마찬가지로 정인보는 박은식, 신채호의 역사학을 계승하면서도 동아일보를 중심으로 한 국내 부르주아 계열과 폭넓은 학문적 교류관계를 유지하였다.

일제 하, 이윤재는 세 번의 옥고를 치렀다. 처음에는 3·1운동에 참여한 죄목으로, 두 번째는 안창호와 홍사단 관계자들이 조직했던 수양동우회(이름은 후에 동우회로 바뀜) 사건(1937년 6월)으로 인한 것이었다. 이 사건으로 이윤재는 1년 6개월 동안 서대문형무소에 갇혀 갖은 고초를 당했다. 안창호의 순국 이후, 1938년 3월 이 사건 연루자는 대부분 석방되었는데, 출옥 후 이윤재는 한글사전 편찬 사업에 열심히 참여하였다가 조선어학회 사건에 연루되었다. 1942년 10월 많은 조선어학회 회원들이 함남 홍원경찰서에 체포되었는데, 특히 이윤재는 이미 민족운동의 전력이 있었으므로, 일제의 가혹한 고문을 받았다. 결국 1943년 12월 8일 새벽, 함흥 감옥에서 55세의 나이로 옥사, 순국하였다.[73]

---

73) 해방 후, 정부로부터 건국훈장 독립장을 추서하였고(1962), 묘소는 우여곡절 끝에 국립현충원 애국지사 묘역에 이장되었다(2014).

참고문헌

| 자료 |

『獨立新聞』
『每日申報』
『皇城新聞』
백낙준, 『백낙준전집』 9, 연세대학교출판부, 2009.
이윤재 저, 연세학풍사업단·김도형 편, 『한뫼 이윤재 글모음』, 선인, 2016.
정인보, 『薝園鄭寅普全集』 2, 연세대학교출판부, 1983.

| 저서 |

박용규, 『우리말 우리역사 보급의 거목 이윤재』, 한국독립운동사연구소 기획, 역사공간,
        2013.
이지원, 『한국근대 문화사상사 연구』, 혜안, 2007.
외솔회, 『나라사랑』 13, 환산 이윤재 특집호, 1973.
최재건, 『언더우드의 대학 설립』, 연세대학교 출판문화원, 2012.

| 논문 |

김도형, 「1920~30년대 민족문화운동과 延禧專門學校」, 『東方學志』 164, 2013.
_____, 「大韓帝國期 變法論의 전개와 歷史敍述」, 『東方學志』 110, 2000.
_____, 「연희전문의 학풍과 민족문화운동」, 『일제하 연세 학풍과 민족교육』, 혜안, 2015.
김윤경, 「환산 이윤재 언니를 그러워 함」, 『한결글모음(III) : 수상, 수필』, 한결 김윤경선생
        기념사업회, 1975.
多言生, 「秘中秘話, 百人百話集」, 『별건곤』 69, 1934.1.
閔斗基, 「자료소개 : 李允宰(1888~1943)의 現代中國(1922~1923) 現場 報告 5種」, 『서울대
        동양사학과 논집』 11, 1987.
최현배, 「연희회고기」, 연세대학교백년사편찬위원회, 『연세대학교백년사(1)』, 1985.
漢陽學人, 「新進學者 總評(一), 延禧專門學校 敎授層」, 『삼천리』 10, 1930.11.
홍이섭, 「스승 이윤재 : 재학 시절에 뵈었던 환산 선생 회고」, 『나라사랑』 13, 1973.

연희전문학교 수물과와 장세운

1. 머리말

연희전문학교는 1915년 4월 12일 서울 중앙기독교청년회(YMCA) 회관에서 '조선기독교대학(Chosen Christian College)'이란 이름으로 개교식을 거행했다. 개교식에 참석한 학생은 61명이었다. 학생들을 교육하기 위한 대학 부지를 마련할 때까지는 임시로 기독교청년회관의 일부 공간을 임대하여 사무실과 강의실, 기숙사 등으로 사용하였다. 그리고 1917년 7월에 현재의 연세대학교 신촌캠퍼스 부지를 마련하고 이듬해 4월부터 이곳에서 수업을 시작하였다.

연희전문의 첫 졸업생은 1919년 3월 25일 배출되었다. 제1회 졸업생은 수물과 4명을 비롯해 문과 8명, 상과 10명 등 22명이었다. 이들 22명의 졸업생 중 김술근 이원철 임용필 장세운이 수물과를 졸업한 네 사람이다. 이들 수물과 졸업생 4명은 모두 미국 유학을 갔다. 김술근은 노스웨스턴 대학과 하버드 대학, 이원철은 알비온 대학과 미시간 대학, 임용필은 디트로이트 대학, 장세운은 시카고 대학과 노스웨스턴 대학에서 공부하였다. 미국 대학에서 이들이 전공한 것은 연희전문에서도 배운 천문학, 전기공학, 수학 등이었다.

그런데 이들 중 이원철을 제외한 나머지 세 사람에 대한 행적은 거의 알려져 있지 않다. 이 글에서는 연희전문 수물과 졸업생들의 행적을 복원하는 차원에서 북미대한인유학생회 회장, 『우라키』편집위원 등을 역임했고, 1924년 시카고 대학에서 석사학위, 1938년 노스웨스턴 대학에서 수학전공으로 박사학위를 받은 장세운(張世雲, 1895년 출생)의 활동을 추적해 보고자 한다. 미국 유학생은 초기 미주지역 한인사회의 한 축을 형성한 세력이었다. 따라서 그 동안 미국 유학생에 대한 연구는 여러 분야에서 이루어졌다. 유학생들의 유학 실태와 성격 등에 대한 기초적 연구를 비롯해 미국 유학 출신자들의 사상과 현실인식 등을 다룬 연구, 유학생의 근대지식 수용과 유학생활을 다룬 연구 등이 그것이다.[1] 이들 연구에서 활용한 자료 중에 가장 중요한 자료 하나가 미국 유학생들이 1925년부터 1936년까지 모두 7호를 발간한 잡지『우라키』이다. 장세운은『우라키』발간 준비과정의 책임자였으며, 이후에는 자연과학분야 편집위원으로 창간호부터 제7호까지 활동한 인물이다.『우라키』창간부터 마지막까지 참여한

---

1) 방기중,「일제하 이훈구의 농업론과 경제자립사상」,『역사문제연구』1, 1996 ; 김희곤,「북미유학생잡지『우라키』연구」,『경북사학』21, 1998 ; 김상태,「평안도 기독교 세력과 친미엘리트의 형성」,『역사비평』1998년 겨울호, 1998 ; 홍선표,「일제하 미국유학연구」,『국사관논총』96, 2001 ; 이수일,「미국 유학시절 유석 조병옥의 활동과 '근대' 수용」,『전농사론』7, 2001 ; 오진석,「일제하·미군정기 한승인의 정치활동과 경제인식」,『연세경제연구』8-1, 2001 ; 장석원,「북미 유학생의 내면과 미국이라는 거울-북미 유학생잡지『우라키』-」,『상허학보』8, 2002 ; 방기중,「일제하 미국유학 지식인의 경제인식」,『미주 한인의 민족운동』, 혜안, 2003 ; 심재욱,「미국유학 시기 설산 장덕수의 사회인식」,『한국민족운동사연구』36, 2003 ; 우미영,「서양 체험을 통한 신여성의 자기구성 방식-나혜석, 박인덕, 허정숙의 서양 여행기를 중심으로」,『여성문학연구』12, 2004 ; 장규식,「개항기 개화지식인의 서구체험과 근대인식-미국 유학생을 중심으로」,『한국근현대사연구』28, 2004 ; 장규식,「일제하 미국유학생의 근대지식 수용과 국민국가 구상」,『한국근현대사연구』34, 2005 ; 김상태,「일제하 개신교 지식인의 미국 인식-신흥우와 적극신앙단을 중심으로」,『역사와 현실』58, 2005 ; 장규식,「일제하 미국유학생의 서구 근대체험과 미국문명 인식」,『한국사연구』133, 2006 ; 김경일,「식민지 시기 신여성의 미국 체험과 문화 수용-김마리아, 박인덕, 허정숙을 중심으로」,『한국문화연구』11, 2006 ; 장규식,「1900~1920년대 북미 한인유학생사회와 도산 안창호」,『한국근현대사연구』46, 2008 ; 김성은,「1920~30년대 여자 미국유학생의 실태와 인식」,『역사와 경계』72, 2009 ; 정병준,「일제하 한국여성의 미국유학과 근대경험」,『이화사학연구』39, 2009 ; 차혜영,「식민지시대 미국 유학생의 장소표상과 주체 구성-고학 체험기를 중심으로」,『현대문학이론연구』39, 2009 ; 이상의,「일제하 미국유학생의 자본주의 근대화론과 노동관」,『역사교육』119, 2011 ; 서희원,「식민지 시기 미국 유학생과 자본주의의 내면 구조」,『Comparative Korean Studies』21-1, 2013 등 참고.

유일한 인물이 장세운인 것이다. 따라서 이 글에서는 기존 연구를 토대로 연희전문 수물과 출신 미국 유학생인 장세운의 행적을 잡지『우라키』발행과 관련한 그의 활동을 중심으로 살펴보려고 한다.

2. 연희전문학교 수물과와 장세운

장세운은 1895년 10월 3일 평안남도 강서군 강서면 덕흥리 495번지에서 부친 장치노, 모친 박경순의 장남으로 출생하였다. 강서군에 있는 북감리교회를 다녔으며, 1906년 6월 강서공립보통학교를 졸업하였다. 평양 숭실학교를 거쳐 1915년 '조선기독교대학'(연희전문)에 입학하였다.[2]

1915년 4월 12일 개교식을 마친 '조선기독교대학'에서는 곧바로 조선총독부에 '대학'의 자격으로 설립인가 지원서를 제출하였다.[3] 이 지원서에는 대학 설립자들이 일종의 '종합대학'을 설립하고자 한 구상이 잘 드러나 있다. 즉, 문과·상과·수물과·농과·신과 등을 갖추고 예과 2년, 본과 4년의 대학 교육을 실시하려고 한 것이다. 수물과의 경우에는 '실용적 과학지식 습득을 통한 조선인 지도자 양성'을 목표로 하고 있었다. 그리고 이를 실현하기 위한 구체적인 교과과정을 마련하였다. 예과와 본과 1학년생들에게는 물리학·화학·수학 등의 기초적인 과학 교육을 하도록 하였다. 본과 2년생들의 경우에는 문과나 상과에서 개설된 교양과목을 이수하게 함으로써 인문학적 소양을 쌓을 수 있는 기회를 제공하였다. 본과 3학년과 4학년생들에게는 측량·건축학·전기공학·화학공학 등과 같은 공학 교육을 중점적으로 진행할 계획이었다.[4]

---

2) 장세운의 연희전문 학적부 및 성적부 참고.

3) 이하 연희전문에 대한 내용은『연세 과학기술 100년사 제1권』, 연세대학교 대학출판문화원, 2015 ; 전찬미,「식민지시기 연희전문학교 수물과의 설치와 정착」, 서울대학교 석사학위논문, 2010 등을 참고하여 작성하였음을 밝혀둔다.

4)「Report of Registrar of Chosen Christian College(1915.4.21.)」(전찬미, 위의 논문 재인용).

그런데 당시 한국 내 학교 설립 인가를 담당하고 있던 조선총독부 학무국에서는 「전문학교규칙」과 「개정사립학교규칙」에 근거하여 조선기독교대학의 '대학' 설립 인가를 불허하였다. 이에 조선기독교대학 설립자들은 우선 이전에 설립 허가를 받은 '경신학교 대학과' 명의로 학교를 운영하는 가운데, 조선총독부 학무국 관료들과 여러 차례 협상을 진행하였다. 결국 1916년 3월 열린 회합에서 대학이 아닌 전문학교로 인가를 받을 것, 예과(2년제)를 편성하지 않을 것, 학제는 3년제가 아닌 4년제로 할 것 등에 대한 일정한 합의가 이루어졌다.[5]

조선기독교대학에서는 이 회합에서 논의된 사안과 「전문학교규칙」에서 요구하는 사항을 반영하여 곧바로 '사립 연희전문학교' 등록 지원서를 작성하였다. 이때 작성된 수물과의 교육 과정을 보면, 1학년의 경우 수학·물리학·화학 과목이 전체 수업 시수 26시간 중 11시간, 2학년의 경우에는 29시간 중 절반이 넘는 15시간을 차지하고 있을 정도로 기초 이론을 다루는 교과목이 중심이었다. 3학년과 4학년의 경우에는 이들 교과목의 비중이 낮아지고, 대신에 측량·역학·전기공학·건축·공장기계·기계제도 등 공학 관련 교과목의 비중이 높아졌다. 그리고 4학년생들에게는 천문학 강의도 추가되었다.[6]

'사립 연희전문학교' 수물과의 교과과정이 위와 같이 편성된 것은 알비온 대학에서 물리학을 전공한 베커, 옥시덴탈 대학에서 화학과 지질학을 전공한 밀러, 알비온 대학에서 수학과 천문학을 전공하고 미시간 대학에서 천문학으로 박사학위를 받은 루퍼스 등의 구상에 기인한 것이었다. 이들은 고등 수준의 과학기술 교육을 중시하였고, 이를 실현하기 위한 고등 교육기관으로 대학 설립을 구상하였다. 베커는 '사람이 균형 잡힌 식사를 해야 하듯이 의식에

---

5) 「Provisional President's Report to the Spring Meeting of the Board of Managers of the Chosen Christian College(1916.3.27.)」(전찬미, 위의 논문 재인용).
6) 「Application for the Establishment of Chosen Christian College(1916.7.15.)」(전찬미, 위의 논문 재인용).

있어서도 균형 감각이 필요하다. 어떤 사람 도 물리학·화학·천문학에서 가르치는 물리 적 우주의 법칙을 알지 못하고는 그 판단에 서 균형을 잡을 수 없다.'는 생각을 가지고 있었다. 따라서 그는 한국인이 균형 잡힌 사고를 할 수 있도록 하기 위해서는 과학을 가르쳐야 한다고 역설하였다.

장세운의 연희전문 졸업사진(1919)

조선총독부에서는 1917년 4월 7일 '사립 연희전문학교 기독교연합재단법인'과 '사 립 연희전문학교'의 설립을 인가하였다. 영 어 명칭은 여전히 'Chosen Christian College' 를 계속 사용하였다. 전문학교라는 명칭을 사용하였으나 그 학과 구성(문과·상 과·수물과·신과·농과·응용화학과)과 교과목 등은 조선기독교대학 개교 당시 부터 추구하였던 '대학' 체제로 이루어졌다. 그리고 연희전문은 설립 인가 직후인 1917년 7월에 이전부터 매입에 힘썼던 고양군 연희면 신촌리와 연희리 일대에 학교 부지를 마련하게 되었다. 이곳에 목조교사 치원관을 세우고, 기독교 청년회관에서 진행하던 수업을 1918년 4월부터 여기에서 진행하였다. 그리고 1919년 3월 25일 수물과의 장세운을 비롯한 연희전문학교 첫 졸업생 22명이 배출되었다.

장세운이 연희전문을 다닐 당시 과학기술 관련 연전 교수는 미국인 베커 (Arthur Lynn Becker, 白雅德), 밀러(Edward Hughes Miller, 密義斗), 루퍼스(Will Carl Rufus, 劉芙秀)와 일본인 이치시마(市島吉太郎), 한국인 이노익(李魯翊) 등 모두 5명이었다.[7] 베커는 1879년 미국 인디아나주에서 태어나 1903년 미시간주 알비온 대학을 졸업하였다. 1905년 6월부터 평양 숭실학교에서 수학·화학·물리

---

7) 이하 당시 연희전문 교수에 대한 소개는 손영종, 「우리나라 근대과학의 동서화충(東西和 衷)과 연희전문학교」, 『일제하 연세학풍과 민족교육』, 혜안, 2015 참고.

학·삼각법 등을 맡아 강의하였다. 1910년 미국으로 돌아가 알비온 대학에서 화학을 전공하여 1911년 석사학위를 받고, 숭실학교로 돌아왔다. 1915년 연희전문학교 설립에 참여하여 수물과에서 수학·물리학 등의 과목을 강의하였다.

밀러는 1873년 미국 펜실베이니아주에서 출생하였고, 1898년에 로스앤젤레스 옥시덴탈 대학을 졸업하였다. 1901년 서울에 도착한 이후 14년간에 걸쳐 경신학교 등에 재직하였다. 연희전문학교 설립에 참여하였고, 미국으로 돌아가 캘리포니아 대학에서 화학과 지질학을 전공하였다. 밀러는 화학뿐만 아니라, 화학공정 등의 실용 학문과 지질학 등의 교육에도 힘썼다.

1876년에 태어난 루퍼스는 미시간주 알비온 대학에서 수학과 과학을 공부하였으며, 천문학을 전공하여 석사학위를 취득하였다. 1907년부터 평양 숭실학교에 재직하면서, 베커와 함께 수학·물리학·천문학 등을 강의하였다. 1915년 미시간 대학에서 천문학으로 박사학위를 수여 받았고, 연희전문학교 수물과 교수로 재직하면서 수학·천문학 등을 강의하였다. 1917년 미국으로 귀국하여 미시간 대학 천문학과 교수와 천문대장을 맡아 연구와 교육을 수행하였다.

이치시마는 도호쿠제국대학(東北帝國大學) 농과대학(삿포로 소재)을 졸업하였다. 그는 1915년 연희전문에서 농과를 개설하면서 초빙되었다. 1920년경에 연희전문을 떠나 수원농림전문학교(수원고등농림학교)로 자리를 옮겼다. 이노익은 1914년 네브라스카 웨슬리 대학을 졸업하고 1915년 귀국하여 연희전문에서 교수로 재직하였다. 그는 1921년 3월 다시 미국으로 갈 때까지 연희전문에서 주로 화학 관련 교과목을 강의하였다.

장세운은 연희전문에서 이들로부터 1학년 때 영어, 대수, 물리 등을 배웠고, 2학년 때는 영어, 해석기하, 물리, 물리화학, 기계제도 등의 과목을 들었다. 3학년 때는 영어, 미적분, 측량, 역학, 전기공학, 건축 등을, 4학년 때는 일본어, 영어, 미분방정식, 전기화학, 동역학, 전기공학, 공장기계, 천문학 등의 과목을 이수하였다. 그 외에도 일본어, 농학, 경제학, 심리학, 논리학 등을 배웠다.[8]

그리고 1919년 졸업과 동시에 수물과 교수 베커에 의해 이원철 임용필 등과

연희전문 물리학실험실의 장세운(오른쪽 흰색 옷)(1919)

함께 'assistant teacher'라는 직책을 부여받고 교원으로 활동하였다. 장세운은
연희전문에서 강의를 하며 다른 한편으로는 정동감리교회 전도사로도 활동하
였다. 고향에서부터 감리교회를 다닌 장세운이 연희전문 재학 당시에는 정동교
회를 다닌 것으로 보인다. 장세운이 정동교회 전도사로 활동한 사실은 당시
신문기사를 통해 확인할 수 있다.[9]

연희전문 수물과를 졸업 후 2년 동안 교편을 잡고 또한 전도사로 활동하던
장세운은 1921년 9월 17일 27세의 나이로 미국을 향해 남대문정거장을 출발하였
다. 그가 향한 곳은 미국 위스콘신주이고, 그곳에서 공부하고자 하는 것은
수학이었다. "어떤 서양인의 소개로써 미국 가서는 아마 학교의 무슨 일을

---

8) 장세운의 연희전문 학적부 및 성적부 참고.
9) 「정동예배당강연」, 『매일신보』 1920.3.10. 2면 ; 「집회 : 정동예배당」, 『매일신보』
1921.1.16. 2면 ; 「모임」, 『동아일보』 1921.4.16. 3면 ; 「모임」, 『동아일보』 1921.6.26.
3면 등.

하며 공부"할 예정이었다.[10] 이 시기 미국 유학은 대개 미국인 선교사나 미국과 인연이 있는 사람의 주선으로 이루어졌다. 먼저 미국 학교에 입학 허가를 받고 신원보증과 일부 학비를 마련해 일본 외무성으로부터 여행권을 발급받았다. 그리고 미국 영사관에서 신체검사와 영어회화 시험을 보고 비자를 발급받아 미국으로 유학을 떠났다. 장세운도 이와 같은 과정을 거쳐 미국 유학길에 오른 것으로 보인다.

3. 미국 유학과 『우라키』 발간 참여

미국으로 유학을 떠난 장세운이 처음 간 곳은 위스콘신주 애플턴에 위치한 로렌스 대학이었다. 그는 1922년에 이 대학 수리과를 졸업하고 시카고 대학에 입학하였다. 시카고 대학에서 1924년에 수학으로 학위를 받았다.[11] 『우라키』에는 당시 미국의 학제를 다음과 같이 소개하고 있다.[12]

문과(文科) 급(及) 과학과(科學科) : 미국의 대학도 타국의 것과 여(如)히 최다수 학생이 문과와 과학과에 등록되고 기여(其餘)는 실용전문과와 연구과에 분배되었다. 문과와 과학과에는 중학(오국(吾國)의 중학)과 상등(相等)졸업생 중에 합격자를 허입(許入)하며, 업기(業期)는 4개년으로 정한 바 2년급까지는 보통과를 교(教)하고 제3년급부터는 재적(在籍) 주과(主課)에 전면(專勉)케 하며 혹은 적과(籍課)를 따라 유집(類集)한 학과를 순서로 교(教)하기도 한다. 과를 필한 후에 수(授)하는 학위는 득업사(得業士)이다.

---

10)「張世雲君 留學」,『조선일보』1921.9.19, 3면.

11)「장세운씨는 학사위를 받았다」,『신한민보』1924.5.29, 2면 ;「寄稿家紹介」,『우라키』 1, 1925.9, 167쪽.

12) 철학박사 金麗植,「美國大學과 留學豫備에 對하여」,『우라키』1, 1925.9, 8쪽.

연구과(研究科) : 문과나 과학과나 전문과를 필한 후에 학술을 더 학득(學得)코져 하는 자는 대학(大學) 후과(後科) 즉 연구과(研究科)에 입한다. 업기는 2기(期)에 분(分)하여 1년 이상과 3년 이상으로 정한 바 1개 주과(主課)와 차에 연유(聯類)되는 양개(兩個) 부과(附課)를 택하여 1년 이상의 수학(修學)과 연구의 결정체인 학위논문이 가납(加納)되고 소학과(所學課)에 구서양시(口書兩試)를 통과하면 학사위(學士位)를 수(授)하며 그 후에 상동(上同)한 주과와 부과로 2년 이상의 전공과 가적(可適)한 연구논문의 저술과 4계시험(階試驗)을 만족히 필하면 박사위(博士位)를 사(賜)한다

이를 통해 보면, 1921년 미국으로 유학을 떠난 장세운은 연희전문에서의 학력을 인정받아 로렌스 대학에서 1년만인 1922년에 득업사(B.A.)의 학위를 받고, 시카고 대학 연구과에 입학하여 1924년 학사위(M.A.)를 받은 것이다.[13] 그리고 장세운은 곧바로 시카고 대학 연구과에서 박사과정을 밟았다.[14] 하지만 장세운은 시카고 대학에서 박사학위를 받지 못하였다. 1930년대 초까지 시카고 대학에 적을 두고 있던 그는 어떤 이유에서인지 모르지만 노스웨스턴 대학으로 학교를 옮겼다. 그리고 미국으로 유학을 떠난 지 17년 만인 1938년 이곳에서 수학 전공으로 박사학위를 받았다.[15] 박사학위논문 제목은 「윌진스키의 관점에서 본 곡면의 아핀 미분기하학(Affine Differential Geometry of Ruled Surfaces from the Point of View of Wilczynski)」이었다.[16]

한편, 장세운은 대학에서 학업을 계속하는 가운데 미주지역 한인유학생회 활동에 적극적으로 참여하였다. 장세운이 미국 유학을 간 1920년대는 미국 유학생 중에 대학생의 숫자가 늘면서 유학생 활동의 거점이 변하던 시기였다. 1910년에 30여 명이던 미국 유학생은 1919년에 77명(대학 및 전문학교 재학)으로

---

13) 「留美卒業生一覽表」, 『우라키』 1, 1925.9, 162쪽 ; 「북미대한유학생연합회 제2회 연회를 필하고서」, 『신한민보』 1924.9.11, 4면 ; 「유학생회 선거」, 『신한민보』 1927.5.26, 2면.
14) 「박사의 학위가 만아 우리 학생계의 영광」, 『신한민보』 1925.4.2, 1면.
15) 「지성 졸업생 축하회」, 『신한민보』 1938.6.23, 2면.
16) 『연세 과학기술 100년사 제2권』, 연세대학교 대학출판문화원, 2015, 4쪽.

증가하였고,[17] 1925년에는 300여 명의 대학생이 미국 각 지역에 산재해 있었다.[18] 이에 따라 장세운이 다니고 있던 시카고 대학과 노스웨스턴 대학 등이 있는 일리노이주와 컬럼비아 대학과 뉴욕 대학 등이 있는 뉴욕주가 유학생들의 거점으로 새롭게 떠오르고 있었던 것이다. 장세운이 유학하고 있던 시카고도 미주지역 유학생들의 활동 중심지 중 하나로 부상한 것이다. 또한 오하이오 주립대학과 웨슬리안 대학 등이 있는 오하이오주가 1910년대 후반 이래 상승세를 보이고 있었다.[19]

이처럼 유학생이 증가하면서 각지에서 소규모 모임이 조직되기 시작하였고, 1918년 말 오하이오주의 몇 지역 대학생들이 모여 미주에 한인유학생회를 조직하기로 결의하였다. 웨슬리안 대학의 이춘호 안종순 이병두, 오하이오 주립대학의 임병직 옥종경 윤영선 김현구 등이 '미주한인학생단'(The Korean Students' League of America)을 발기하고, '영문 월보'를 발간하기로 결의하였다. 영문 월보 간행은 파리강화회의 개최에 맞춰 "조국의 소식을 세상에 전하자"는 즉, 한국의 비참한 실상과 일본의 잔학함을 세상에 널리 알리자는 취지였다. 이를 위해 회장 이춘호, 서무원 안종순, 재무 옥종경 윤영선, 서기 이병두 임병직, 월보 기자 김현구 박줄리엔 등을 임시 임원으로 선임하였다.[20]

미주한인학생단은 1919년 3월 『Freedom and Peace』(자유와 평화)라는 제목의 영문 월보 제1권 제1호를 발간하였다.[21] 제2호와 제3호는 『Young Korea』라는 제목으로 발행하였다.[22] 이들은 파리강화회의가 끝난 후에는 영문 월보를

---

17) 李柄斗, 「北米留學生會 十年間 成功과 將來希望」, 『우라키』 4, 1930.6, 9쪽.

18) 李柄斗, 「美州留學生及留學生會略史」, 『우라키』 1, 1925.9, 165쪽.

19) 장규식, 「1900~1920년대 북미 한인유학생사회와 도산 안창호」, 『한국근현대사연구』 46, 2008, 132쪽 참고.

20) 「오하요쥬 한인학생의 활동, 영문월보를 발간코져」, 『신한민보』 1919.2.6, 3면 ; 「한인 학생의 영문보, 평화회 시기 안에 우리 사정을 남에게 알리려고」, 『신한민보』 1919.3.6. 3면 ; 李柄斗, 「美州留學生及留學生會略史」, 『우라키』 1, 1925.9, 165쪽.

21) 「학생 영문보를 도으라」, 『신한민보』 1919.3.25, 1면.

22) 「영문보 월보 제2호」, 『신한민보』 1919.4.15, 2면 ; 「학생 영문보 제3호」, 『신한민보』

미주 한인학생들의 기관지로 삼아 중앙편집국을 한인 학생들이 많은 캘리포니아주나 혹은 다른 주에 둘 계획이었다.[23] 하지만 몇 곳에 모여 있던 학생들이 하기방학을 맞아 사방으로 흩어지게 되어 학생들이 영문 월보를 계속 발행하는 것이 어렵게 되자 대한공화국 외교부장 서재필과 의논하여 그에게 발간에 관련된 일을 맡기기로 결정하였다.[24] 제4호부터 서재필이 필라델피아에 설치한 대한공화국 통신부의 후원을 받아 『Korea Review』로 제호를 변경하여 발행하게 된 것이다.

이와 같은 활동을 계기로 미주 한인 유학생들을 대표할만한 유학생회 설립에 대한 논의가 본격적으로 시작되었다. 그 결과 1919년 9월 26일부터 3일간 샌프란시스코에서 학생대표회가 개최되었다. 대표회에서는 한인 학생의 형편과 시기의 재촉으로 학생회가 반드시 있어야 하겠다는 의견에 만장일치로 찬성을 하고 미주지역 한인 학생들의 의견을 수렴하기 위해 4인의 위원(문도로시 김현구 김여식 김용성)을 선정하였다.[25]

1920년 6월 재미한인학생회 임시 임원으로 회장 김현구, 서기 송도경 김여택, 회계 곽림대 등이 선출되었다.[26] 그리고 6월 22일자로 뉴욕 시카고 디트로이트 로스앤젤레스 윌스로우 샌프란시스코에 준비위원회를 두고 노정일 변성옥 김배혁 주영한 곽림대 송창균을 각각 그 지역의 특별준비위원장으로 지정하였다.[27] 그리고 8월에 사무부(회장, 부회장, 총무, 서기, 재무 각 1인), 평의부(평의원

1919.5.24, 2면 ; 「학생 영문보 제3호」, 『신한민보』 1919.6.12, 2면.
23) 「한인학생의 영문보, 평화회 시기 안에 우리 사정을 남에게 알리려고」, 『신한민보』 1919.3.6, 3면.
24) 「학생보의 교체」, 『신한민보』 1919.6.12, 2면 ; 李柄斗, 「美州留學生及留學生會略史」, 『우라키』 제1집, 1925.9, 165쪽.
25) 「학생대회 조직 예정, 샌프란시스코에 회집할 터」, 『신한민보』 1919.9.18, 3면 ; 「학생대회 샌프란시스코에서, 재미학생 대표자들이 내참」, 『신한민보』 1919.9.23, 3면 ; 「학생대회의 결과, 위원을 선정하고 각 처에 문의」, 『신한민보』 1919.9.30, 3면.
26) 「학생회의 임시임원 조직」, 『산민민보』 1920.6.25, 3면.
27) 「학생회 특고」, 『신한민보』 1920.6.25, 1면.

9인), 감독부(감독 1인, 구역감독 3인) 등을 둔 '북미대한인유학생회'의 '헌장기초안'과 '세칙'을 마련하였다.[28] 9월에는 임시회장 김현구가 유학생회 조직에 관한 사무를 워싱턴DC에 있던 이용직과 남궁염 두 사람에게 전권 위임하였다.[29] 이후 이들 두 사람은 북미대한인유학생회 임시총무 자격으로 11월부터 학생들의 입회청원서와 총회장에 대한 우편투표를 실시하였다.[30] 그 결과 1921년 4월 총회장에 이용직, 부회장에 조병옥이 선출되었다.[31] 5월 20일에는 유학생회 총무 겸 서기로 남궁억이 임명되었다.[32] 이어서 뉴욕, 시카고, 샌프란시스코, 로스앤젤레스 등지에서 한인유학생회가 속속 결성되었다.

북미대한인유학생회(The Korean Student Federation of North America)[33]에서는 1923년 4월 총회장과 부회장 후보를 추천하여 우편투표를 실시하였다. 이때 부회장 후보자 중에 한사람이 당시 시카고 대학에서 수학을 연구하고 있던 장세운이었다. 총회장과 부회장은 유학생회 장정 제2장 제4조에 따라 간사부에서 후보자 3인씩 선거하여 각지 회원의 투표를 받아 최다수를 얻는 자로 선출하는 방식이었다. 총회장 후보는 염광섭 조정환 박준섭이었고, 부회장 후보는 장세운을 비롯하여 박언준 김농대 등 3명이었다.[34] 장세운이 부회장 후보자 3인 중 한사람으로 추천된 것을 봤을 때, 그는 유학 직후부터 미주지역 한인 유학생회 결성과 관련해 적극적으로 활동했음을 짐작할 수 있다.

투표 결과 회장으로 선출된 염광섭은 1923년 6월 26일부터 시카고에서

28) 「북미대한인유학생회 헌장 기초안」, 『신한민보』 1920.8.5, 4면.
29) 「학생회 광고」, 『신한민보』 1920.9.30, 2면.
30) 「북미대한인유학생회 포고서」, 『신한민보』 1920.12.9, 4면.
31) 「한인학생회 임시총회 공포」, 『신한민보』 1921.5.19, 3면. 부회장의 경우에는 아직 '북미대한인유학생회 헌장기초안'이 통과되지 못했기 때문에 본부에서 일의 속성과 실제 진행을 위해 이용직 다음으로 표를 많이 얻은 조병옥을 선임하였다.
32) 「학생회 임시총무 겸 서기 선정」, 『신한민보』 1921.6.9, 3면.
33) 이 단체의 명칭은 북미학생회, 북미조선유학생회, 북미대한인유학생연합회, 북미조선학생총회 등 다양하게 불렸다.
34) 「한인유학생회 총선거」, 『신한민보』 1923.5.10, 3면.

제1회 북미대한인유학생대회를 소집하
였다. 대회의 목적은 "현 미국에 있는
'재한인학생회'를 완전한 기관으로 조
직하고, 기관 잡지 발행할 일을 토론하
고, 조선유학생 사이에 서로서로 우의를
돈독하며, 부분적으로부터 통일적으로
소규모적으로부터 대규모적으로 미국

제1회 북미대한인유학생대회
(『동아일보』 1923.10.12)

에 있는 유학생계의 장래 사업을 진행할 것을 토의"하려는 목적이었다. 그리고
시카고를 집회장소로 정한 것은 그곳이 미국의 중심이고, 그 근방 중부와
서부에는 한인 학생이 많았기 때문이다. 당시 시카고는 많은 학교가 학비가
없어 입학하기도 비교적 다른 지방보다 용이하였다.[35] 이때부터 미국 중부지역
인 시카고가 유학생회의 활동 중심지가 되었다고 할 수 있다.

대회에서는 6월 27일 제1차 사무회를 회장 염광섭이 참석한 가운데 개최하였
다. 여기서는 유학생회의 조직을 완전히 하고 사무처리를 원활히 하기 위하여
위원회 제도를 채용하기로 결정하였다. 그 결과 각 분과 위원들이 결정하였다.
참고로 이들 분과위원 중 출판위원 임용필과 사교위원 김술근은 장세운과
함께 연희전문 수물과를 제1회로 졸업한 동기생들로 각각 디트로이트 대학과
노스웨스턴 대학에서 전기공학과 천문학을 공부하고 있었다.[36]

헌장개정위원회 : 전경무(회장) 박인준 홍성삼 윤치창 전처선 안택주 오천석(위원)

재정위원회 : 정원현(회장) 양명진 허진엽 서택원 김홍기(위원)

출판위원회 : 임병직(회장) 임용필 손리도 현정렴(위원)

사교위원회 : 김홍기(회장) 허도종 박길룡 김술근 임판 이기붕(위원)

---

35) 「재미학생총회, 지나간 6월 시카고에서」, 『조선일보』 1923.7.21, 2면.
36) 박성래 외, 『한국 과학기술자의 형성 연구 2 : 미국유학 편』, 한국과학재단 최종보고서,
    1998.

6월 28일에는 오전에 제3차 사무회를 열고, 이사위원과 총무를 선거하였다. 장세운은 여기서 전경무 서택원 전처선 정원현과 함께 이사로 선출되었다. 이사회는 '북미대한인유학생회의 최고 기관'으로 "헌장 제3장 제3조 '본회 임원 중 회장 및 부회장은 이사회에서 5인을 추천하여 회원 투표의 다점자로 회장, 차점자로 부회장으로 정하며 총무는 이사부에서 3인을 추천하여 회원투표 의 다점자로 선정함. 서기와 회계는 회장이 자벽하되 이사부의 승인이 필요하고 편집부장은 임원회에서 선정함'에 의지하여"[37) 유학생회의 회장·부회장·총무 후보자를 추천하고, 회장이 임명한 서기와 회계에 대한 승인 권한을 가지고 있었다. 한편, 총무는 박인준이 선거되었다.

그리고 이 자리에서 출판위원장 임병직의 기관 잡지 발행에 대한 보고를 듣고, 기관지를 국문으로 할지 영문으로 할지에 대한 격렬한 토론을 전개하였다. 장세운의 동의로 국문과 영문 양자로 나누어 각 1호씩 간행하기로 결정하고, 기관지 발행에 대한 일체 사무는 편집부장에게 위임하기로 결정하였다.

당일 밤에 제4차 사무회를 열어 임원을 선출하였다. 장세운은 유학생회 기관지 발행을 총책임지는 편집부장(국문)에 선출되었다. 그리고 영문 편집부장 에 전경무, 영업부장에 임병직이 선출되었다. 회장 염광섭은 유학생회 국문 서기로 황창하, 영문 서기로 김용대, 회계로 현정렴을 지명하였다.[38)

이 대회의 결의에 따라 유학생회에서는 1924년 2월 중에 기관지를 발행하기로 계획하였다. 잡지 이름은 『우라키(THE ROCKY)』로 결정하였고,[39) 1923년 11월

---

37) 「북미유학생회 공문」, 『신한민보』 1924.1.17.

38) 「제1회 대한인유학생회 제2일」, 1923.9.6, 4면.

39) 잡지 이름 『우라키』는 Rocky 산맥을 의미한다. 황창하는 제호를 이렇게 정한 이유를 다음과 같이 설명하였다. '① 우라키는 북미 대륙의 脊骨이라고 할 수 있는 산맥이다. 따라서 북미에 있는 우리 유학생총회를 우라키 3자가 잘 표상할 수 있다는 것이다. ② 영어 本意대로 암석이 많다 함이니, 북미에 유학하는 우리 학생들의 험악한 路程을 우라키란 말이 잘 묘사한다 하는 것이다. ③ 본지의 특징을 말함이니, 본지는 우라키산과 같은 순결, 장엄, 인내 등의 기상을 흠모한다는 말이다. 그래서 우리 기자들은 留美學生 잡지의 이름을 우라키라고 불렀다.'(「印刷所로 보내면서」, 『우라키』 2, 1926.9, 판권지).

210

30일까지 원고를 모집하기로 하였다. 편집
부원과 담당사무를 정하고, 이와 같은 결정
사항을 1923년 10월 편집부장 장세운 명의
로 발표하였다.[40] 즉, 종교 및 철학부, 사회
과학부, 교육부, 자연과학부, 문예부, 기사
부 등의 부서를 두기로 했으며, 유형기(노스
웨스턴 대학 내 깨렛 신학교) 김도연(오하이
오 웨슬리안 대학 내) 김활란(오하이오 웨슬
리안 대학 내) 장세운(시카고 대학 내 옥덴과
학원) 오천석(아이오하주 코넬 대학) 황창하

잡지 『우라키』 발행에 관한 보도
(『신한민보』 1923.11.1)

(시카고 대학)가 각각 그 부서를 담당하기로 한 것이다. 기관 잡지 발간을
총 책임진 편집부장 장세운은 자신의 전공 분야인 자연과학분야를 함께 책임지
기로 한 것이다.

하지만 『우라키』 발간을 위한 원고 모집이 순조롭지 못하였다. 결국 장세운은
'북미한인학생총회 편집부장' 명의로 원고 모집 기한을 1924년 1월 15일까지로
연기한다는 발표를 하였다.

제위께서도 아마 사신으로나 신문 혹은 잡지를 통하여 외지에 누리 산재한
우리 형제와 내지에 유폐된 우리 형제의 정형을 아실 줄 아나이다. 자기의 고정을
타에게 설파하려 하여도 그 기회를 부득하며 또한 타에게서 그 가르침을 구하려
하여도 역불등의 지위에 재하도다. 경제상으로는 거의 파산의 선고를 받아 여하한
양책에 의하여 그 생을 보지할가 하는 우수로 사로에서 방황하며 동에서 혹은
서에서 시일과 같이 수가 없이 들려오는 문예와 사포는 우리 민족에게 이익을
여하는 동시에 혹자는 소화함을 부득하며 유해함도 많도다. 차를 구함에는 최급선무

---

40) 「우리 유학생회는 '우라키'라는 잡지 발행」, 『신한민보』 1923.11.1. 1면.

로 실업장려 자작자급 교육보급 등의 운동이 유하나 작년에 시하고 금년에 그 말을 고하며 금일에 시한자 명일에 그 계속을 불측하는 정형하에 재하도다. 모든 산업을 위하여서는 재원을 요하는 동시에 상당한 인물도 요하는도다. 그 요구하는 인물을 위하여 우리가 학을 중로에 폐하고 사업에 착수하여야 된다는 바는 아니외다. 재학중에서도 우리의 학하며 득한바로서 우리의 이는 정도 내에서 상당한 기관을 통하여 우리의 이상을 발표하며 실행의 방법을 논할 수 유하다고 하나이다. 차 기관의 일로서는 본 기관보라 하나이다. 또한 본보를 통하여 재미유학생 간의 연락을 도하는 동시에 재미유학생과 형제간의 연락을 도하고저 하나이다. 제위의 주의를 환기코저 하는 바는 본보는 개인이나 특수한 일지방의 학생으로서 발행하는 바 아니오 전북미 재류 학생과 유지 제위의 노력과 협심으로서 작성될 것임을 자각하심을 망하나이다. 짧은 시일 내에 불완전한 작품을 공중에게 제공하는 데에 비교적 많은 시간으로 널리 제위의 협력을 구하고저 하여 본 편집부 결의에 의하여 원고 모집 최종 기일(11월 30일)을 1924년 1월 15일로 연기하였나이다. (하략)

민국 5년 11월 15일 북미한인학생총회 편집부장 장세운 백

또한 편집부장 장세운 명의로 『신한민보』에 광고를 내, 원고 투고할 때 주의할 점으로 ① 순전한 학술을 소개하고자 할 때는 될 수 있는 대로 평범하게 설명할 것 ② 실제 문제를 투고하고자 할 때는 명석한 논리와 가능의 실행 방법을 들어 보일 것 등을 요구하였다. 하지만 정당, 정치적 시사평론, 당쟁이나 지인 공격 등의 기사 투고는 사절한다고 하였다. 다만 정치학, 경제학, 법학 등 학술에 관한 것은 이 제한을 두지 않는다고 하였다. 그리고 원고 분량은 본보 원고용지(매줄 24자씩 10행)를 사용하여 한 제목 아래 원고용지 24페이지(약 6천자) 이상을 넘기지 말 것, 용어는 국한문이나 순국문으로 할 것을 요구하였다.[41]

『우라키』의 발간은 여전히 쉽지 않았다. "우리의 경험에 살진 소식을 사랑하

---

41) 「광고」, 『신한민보』 1924.1.17, 2면.

는 고국의 부모 형제자매에게 전할 수 있는 기관이 필요함을 간절히 깨달은 우리 학생들은 작년 학생대회에 뜻을 굳게 먹고 잡지『우라키』를 발행하기로 하여 편집부장 장세운씨를 비롯하여 여러 동지들의 노력 분루함이 적지 아니하였으나 마침내는 여러 가지 장애로 말미암아 그 뜻을 속히 이루지 못하여 그 유감됨이 심하였다."[42] 발간 비용과 원고 모집 문제 등으로 계획대로 발행하지 못한 것이다. 결국 1924년 6월 11일부터 시카고에서 열린 제2회 북미대한인유학생대회에서 유학생회 임원을 선출하고, 헌장 개정 문제와 함께『우라키』 발간 문제를 논의하였다.[43]

먼저 지난 1년간『우라키』 발간을 위해 힘쓴 장세운의 뒤를 이어 코넬 대학에 다니고 있던 오천석을 신임 편집부장으로 선임하였다. 각 부문 담당자는 1923년과 마찬가지로 종교 및 철학부 유형기, 사회과학부 김도연, 교육부 김활란, 자연과학부 장세운, 기사부 황창하, 문예부 오천석이 계속 맡기로 결정하였다. 그리고 잡지 내용을 다소 고쳐 '미국유학생기념호'로 하여 한인 학생들의 학업 상태와 재미동포들의 정형을 소개하기로 결정하였다. 또한『우라키』 편집부에서 대대적인 활동을 통해 1924년 10월 15일까지 원고를 모집하고 1925년 1월 1일자로 창간호를 발행하기로 결정하였다.

『우라키』 발행은 계속 미뤄지다가 마침내 1925년 9월 26일자로 창간호가 발행되었다. 편집 겸 발행인 안동원, 인쇄인 정경덕이고, 인쇄소는 경성의 조선기독교 창문사 인쇄부였다. 제1호의 편집위원은 이전부터 함께 준비를 해 오던 장세운(자연과학, 시카고 대학원 수리부)을 비롯한 김도연(사회과학 분야 담당, 콜롬비아 대학원 경제부), 김활란(교육, 보스턴 대학원 철학부),

---

42) 「북미학생 잡지의 신서광」,『신한민보』 1924.7.10, 3면.

43) 「북미대한유학생연합회 제2회 연회를 필하고서」,『신한민보』 1924.9.11, 4면. 당시 주요 임원은 회장 염광섭, 부회장 전경무, 총무 이명우, 서기 오한영 허진업, 재무부장 송복신, 편집부장 오천석, 편집부원 유형기 김활란 김도연 황창하 장세운 등이고 총회에서 선출된 헌장개정위원은 신동기 황창하 오한영 송복신 유형기 오천석 신현숙 윤치창 등이다(「북미에서 연합된 조선유학생」,『동아일보』 1924.10.1, 2면).

유형기(종교철학, 보스턴 대학원 신학부), 오천석(문예, 코넬 대학 사회교육부), 황창하(기사, 시카고 대학 상업부)였다. 그리고 유학생회 편집부장 오천석이 총편집을 담당하였다.

1925년 9월에 창간호가 발행된 『우라키』는 1926년 9월, 1928년 4월, 1930년 6월, 1931년 7월, 1933년 3월, 1936년 9월에 간행되어 모두 7호까지 나왔다. 『우라키』를 만든 편집위원은 시기에 따라 변화하였다. 하지만 처음부터 끝까지 편집에 참여한 유일한 인물이 있다. 장세운이다. 아마도 장세운은 창간호부터 제7호까지 자연과학 분야를 담당한 것으로 보인다.

> 1호(1925.9) : 오천석(총편집) 김도연(사회과학) 김활란(교육) 유형기(종교철학)
> 장세운(자연과학) 오천석(문예) 황창하(기사)
> 2호(1926.9) : 오천석(총편집) 황창하(기사)[44]
> 3호(1928.4) : 오천석(주필) 김양수(사회과학) 장이욱(교육) 조희염(종교철학)
> 장세운(자연과학) 최경식(기사)
> 4호(1930.6) : 오천석(주필) 이훈구(사회과학) 오천석(교육) 김영희(종교철학)
> 장세운(자연과학) 최경식(기사)
> 5호(1931.7) : 전영택(주필) 최경식(사회) 염광섭(종교철학) 장세운(과학)
> 한승인(경제) 임영빈(문예) 한세광(문예)
> 6호(1933.1) : 정일형(편집부장) 한승인 장세운 변영로 김세선(이상 편집부원)
> 7호(1936.9) : 김태선(편집부장) 장덕수 강용흘 장세운 문장욱 고황경(이상
> 편집동인)

그렇다면 『우라키』에는 어떤 자연과학 관련 글들이 수록되어 있는가? 공학, 의학 분야까지 포괄해 보면 다음과 같은 글들이 그것이다. 이 분야의 경우

---

44) 제2호의 경우 다른 호와 달리 편집부원이 밝혀져 있지 않다. 다만 '편집후기'에서 오천석과 황창하를 확인할 수 있을 뿐이다.

장세운이 원고를 청탁하거나 모집된 원고 중에 선별하여 『우라키』에 수록했을
것으로 짐작된다.

1호(1925.9) : 「조선공업(朝鮮工業)의 역사적(歷史的) 연구(研究)」(경제학사 백일규
(白一圭)), 「과학(科學)의 일우(一隅)에서 찰오(察悟)한 종교(宗敎)의 일면
(一面)」(시카고대학 장세운(張世雲)), 「과학(科學)으로 엇은 금일(今日)
의 인생관(人生觀)」(남가주대학 한치관(韓稚關)), 「과학(科學)의 가치(價
値)」(이학사 이병두(李炳斗)), 「화학여행담(化學旅行談)」(일리노주립대
학 김정은(金正殷))

2호(1926.9) : 「진화론(進化論)을 시인(是認)하여야할가」(문학사 시카고 대학 조희염
(曺喜炎)), 「과학(科學)과 이상계(理想界)」(이학사 연희전문학교 한치관
(韓稚關)), 「수은(水銀)을 금(金)으로 변질(變質)케 함이 가능(可能)한가」
(태평양대학 허규(許奎)), 「대여류수학자(大女流數學者) 카발네브스키
전(傳)」(이학사 시카고 대학 장세운(張世雲) 발역(拔譯)), 「결핵병(結核
病)」(경성회생병원장 의학박사 윤치형(尹治衡)), 「의학(醫學)과 민중(民
衆)」(뉴욕정형외과병원 이용설(李容卨)), 「세계(世界)의 면화종류(綿花
種類)와 산출급조선(産出及朝鮮)」(뉴쌔드포드 직조학교(織造學校) 이
경화(李敬華)), 「고무공업(工業)과 인조(人造)고무의 발달(發達)」(켄터
키 웨슬리안 대학 김형남(金瀅楠))

3호(1928.4) : 「수리학(數理學)의 기초적(基礎的) 개념(槪念)의 현대혁명(現代革命)」
(시카고 대학 장세운(張世雲)), 「과학적(科學的) 연구(研究)의 기초(基礎)」
(뜌북 대학 김진억(金鎭億))

4호(1930.6) : 「무선전(無線電)의 원론(原論)」(철학박사 조응천(曺應天)), 「인종차이
(人種差異)와 성장(成長)」(공중위생박사 송복신(宋福信)), 「조선(朝鮮)을
산업화(産業化)하자」(뉴욕주 씨라큐스 대학 화학공업부 최황(崔晃))

5호(1931.7) : 「본국(本國)의 의학계(醫學界)(의료계(醫療界))에 대(對)하야」(서북대학

의과 김유삼(金裕三)), 「물질(物質)을 구성(構成)한 원자(原子)에 대(對)한
이야기」(장세운(張世雲)), 「음식(飮食)과 건강(健康)」(최선행(崔善行))

6호(1933.3) : 「카스믹 레이(Cosmic Rays)의 신학설(新學說)」(미쉬간 대학 최규남(崔奎
南)), 「수학(數學)의 유래(由來)와 기임무(其任務)에 대(對)한 일고(一考)」
(시카고 대학 장세운(張世雲)), 「전시(電視)(Television)」(인디애나 대학
조응천(曹應天)), 「미국의학교제도(米國醫學校制度)와 그 내용(內容)」
(버지니아 주립대학 최제창(崔濟昌))

7호(1936.9) : 「빽테리오페-지의 성상(性狀)(Nature of Bacteriophage)」(이계원(李桂
元)), 「숫자상(數字上)으로 본 미국의계(米國醫界)의 현상태(現狀態)」(인
디애나 주립의과대학병원 의학박사 김창수(金昌洙))

이상에서 살펴보았듯이 장세운은 유학생회 편집부장으로 『우라키』 발간을
준비하는 과정에서 적극적으로 활동하였다. 비록 그가 편집부장을 맡고 있을
때 『우라키』 창간호가 발행되지는 못했지만, 자연과학 분야 편집위원으로
『우라키』 창간호 발행에 적극 참여하였다. 또한 시기에 따라 편집위원이 변화하
는 가운데서도 장세운만이 유일하게 계속 『우라키』 편집위원으로 참여하면서
자연과학 분야를 담당하였다. 장세운은 자연과학 분야 편집위원으로써 수학,
물리학, 화학 분야는 물론 무선전(無線電), 전시(電視, Television), Bacteriophage
등 당시 최첨단 과학기술 분야를 한인들에게 소개하기 위해 노력하였다.

4. 맺음말

연희전문은 1915년 학교 설립 때부터 수물과를 비롯한 과학기술 관련 학과를
설치하고, 교육 체계와 교육 시설을 정비하는 가운데 보다 체계적인 과학기술
교육을 진행하였다. 한국인만을 대상으로 한 근대 과학에 대한 고등교육 기관이

전무했던 20세기 전반에 연희전문에서 이루어진 과학교육은 서양 근대 과학기술을 수용하는 통로였고, 과학기술 인력을 배출하는 저수지였다. 본고는 이와 같은 역할을 한 연희전문 수물과를 졸업한 이들의 행적을 복원하기 위한 일환으로 준비되었다. 하지만 식민지 조선의 청년 장세운이 어떤 생각을 가지고 미국 유학을 가서 대학에서 수학을 전공하며, 미주지역 유학생 단체인 북미대한인유학생회의 이사장·회장·부회장 등으로 활동했을까라는 의문에 대한 답은 제시하지는 못했다. 이 문제는 장세운의 북미대한인유학생회 활동과 그의 현실인식과 이념 등에 대한 검토를 통해 추후에 다시 확인할 기회를 갖고자 한다. 이하에서는 본고의 내용을 정리하는 것으로 맺음말에 대신하고자 한다.

장세운은 1919년 연희전문 수물과를 제1회로 졸업하였다. 그는 연희전문에서 베커, 밀러, 루퍼스, 이치시마, 이노익 등에게서 영어, 대수, 물리, 해석기하, 물리화학, 기계제도, 미적분, 측량, 역학, 전기공학, 건축, 미분방정식, 전기화학, 동역학, 전기공학, 공장기계, 천문학 등의 교과목을 배웠다. 그리고 1919년 졸업과 동시에 'assistant teacher'라는 직책을 부여받고 연희전문 교원으로 활동하였다. 연희전문 수물과를 졸업 후 2년 동안 교편을 잡고 또한 정동교회 전도사로 활동하던 장세운은 수학을 공부하기 위해 1921년 9월 미국 유학을 떠났다.

미국으로 유학을 떠난 장세운이 처음 간 곳은 위스콘신주 애플턴에 위치한 로렌스 대학이었다. 1921년 미국으로 유학을 떠난 장세운은 연희전문에서의 학력을 인정받아 로렌스 대학에서 1년만인 1922년에 득업사(B.A.)의 학위를 받고, 시카고 대학 연구과에 입학하여 수학 전공으로 1924년 학사위(M.A.)를 받았다. 그리고 곧바로 시카고 대학 연구과에서 박사과정을 밟았다. 1930년대 초까지 시카고 대학에 적을 두고 있던 장세운은 어떤 이유에서인지 모르지만 시카고 대학에서 박사학위를 받지 못하고 노스웨스턴 대학으로 학교를 옮겼다. 그리고 미국으로 유학을 떠난 지 17년 만인 1938년 이곳에서 수학 전공으로 박사학위를 받았다.

장세운은 대학에서 학업을 계속하는 가운데 미주지역 한인유학생회 활동에 적극적으로 참여하였다. 북미대한인유학생회 회장, 이사장 등을 역임하며 유학생회에서 활발하게 활동한 것이다. 1923년 6월 26일부터 시카고에서 열린 제1회 북미대한인유학생대회에서 이사로 선출되었고, 유학생회 기관지 발간을 책임진 편집부장에 뽑혔다.

장세운은 유형기·김도연·김활란·오천석·황창하 등과 함께 종교철학부, 사회과학부, 교육부, 자연과학부, 문예부, 기사부 등의 분야를 나누어 맡아 잡지 발행을 준비하였다. 잡지 발간을 총 책임진 편집부장 장세운은 자신의 전공 분야인 자연과학 분야도 담당하기로 하였다. 이들은 기관 잡지의 이름을『우라키(THE ROCKY)』로 결정하였고, 1924년 2월 중에 발행할 계획을 세웠다. 하지만 『우라키』발간을 위한 원고 모집과 비용 마련이 순조롭지 못하였다.

1924년 6월에 열린 제2회 북미대한인유학생대회에서『우라키』발간 문제가 다시 논의되었다. 여기서 지난 1년간『우라키』발간을 위해 힘쓴 장세운의 뒤를 이어 오천석이 신임 편집부장으로 선임되었다. 장세운은 이전과 마찬가지로 자연과학 분야를 계속 담당하기로 하였고, 다른 편집위원들도 자신이 맡고 있던 분야를 계속 책임지기로 하였다.

여러 우여곡절을 겪으며 발행이 계속 미뤄지던『우라키』는 마침내 1925년 9월 26일자로 창간호가 발행되었다. 이후 1936년 9월호까지 모두 일곱 번 발행되었다. 7호까지 발행되는 동안 편집책임자와 편집위원은 많은 변화를 겪었다. 하지만 장세운은 창간호부터 제7호까지 편집에 참여하였고, 자신의 전공인 자연과학 분야를 담당하였다. 이처럼 장세운은 유학생회 편집부장으로 『우라키』발간을 준비하는 과정에서 적극적으로 활동하였고, 자연과학 분야 편집위원으로『우라키』창간호 발행에 참여하였다. 또한 이후에도 장세운은 시기에 따라 편집위원이 변화는 가운데서도 지속적으로『우라키』편집위원으로 참여하면서 자연과학 분야를 담당하였다. 그리고 자연과학 분야 편집위원으로서 수학, 물리학, 화학 등 기초과학 분야는 물론 당시 최첨단 과학기술 분야를 한국인들에게 소개하고자 노력하였다.

참고문헌

| 자료 |

『동아일보』
『매일신보』
『조선일보』
『신한민보』
『우라키』

| 저서 |

연세과학기술100년사 편찬위원회, 『연세 과학기술 100년사 1·2』, 연세대학교 대학출판문
　　화원, 2015.
연세학풍사업단·김도형 외, 『일제하 연세학풍과 민족교육』, 혜안, 2015.
연세대학교 국학연구원 편, 『미주 한인의 민족운동』, 혜안, 2003.

| 논문 |

김희곤, 「북미유학생잡지 『우라키』 연구」, 『경북사학』 21, 1998.
박성래 외, 『한국 과학기술자의 형성 연구 2 : 미국유학 편』, 한국과학재단 최종보고서,
　　1998.
이상의, 「일제하 미국유학생의 자본주의 근대화론과 노동관」, 『역사교육』 119, 2011.
장규식, 「1900~1920년대 북미 한인유학생사회와 도산 안창호」, 『한국근현대사연구』 46,
　　2008.
장규식, 「일제하 미국유학생의 근대지식 수용과 국민국가 구상」, 『한국근현대사연구』
　　34, 2005.
장석원, 「북미 유학생의 내면과 미국이라는 거울 – 북미 유학생잡지 『우라키』 – 」, 『상허학
　　보』 8, 2002.
전찬미, 「식민지시기 연희전문학교 수물과의 설치와 정착」, 서울대학교 석사학위논문,
　　2010.
홍선표, 「일제하 미국유학연구」, 『국사관논총』 96, 2001.

동아시아 '대학'의 역사와 활용

일제하 관립전문학교(官立專門學校)의
운영 기조와 위상 변화
― 제1차 · 제2차 조선교육령 시기
'서울대학교 전신학교(前身學校)'를 중심으로 ―

1. 머리말

일제강점기 고등교육은 해방 후 한국 고등교육의 역사적 기반이 되었다는 점에서 긍정적이든 부정적이든 주목할 대상이다. 그리하여 연세대학교나 고려대학교와 같이 일제강점기를 거쳐 오늘날에도 면면히 학통이 이어지는 대학의 경우, 학교사에서 중요한 시기로 인식하고 적극적으로 검토함으로써 교사 편찬의 차원을 넘어 학술 연구로 이어지고 있다.[1]

반면에 서울대학교와 같이 1946년 여러 관립전문학교와 경성(제국)대학이 통합하여 '개교(開校)'한 경우에는 앞에서 언급한 대학교와 달리 개별 단과대학 차원에서 관심을 가지고 관립전문학교의 역사를 학교사에 반영하였지만 서울대학교 차원에서는 이를 아예 간과하거나 '전사(前史)' 정도로 처리하여 왔다. 물론 최근에 이에 대한 반성으로서 서울대학교 총동창회를 중심으로 한성사범학교(漢城師範學校)와 법관양성소(法官養成所)의 설립 연도인 1895년을 개교 기원으로 삼으려는 노력들이 경주되고 있다.[2] 그러나 이러한 노력 역시 기원을

---

1) 근래의 대표적인 성과는 다음과 같다.
    김균·이헌창 편, 『한국 경제학의 발달과 고려대학교』, 고려대학교출판부, 2005 ; 연세학풍사업단·김도형 외, 『일제하 연세학풍과 민족교육』, 혜안, 2015.
2) 임광수 엮음, 『정통과 정체성 ― 서울대학교 개교 원년, 왜 바로 세워야 하는가 ―』, 삶과 꿈, 2009 ; 서울대학교 평의원회 편, 『「개교원년」 조정에 관한 연구』, 2010.

각각 달리하는 단과대학 소속 구성원들의 정체성 인식 차이로 말미암아 개교 기원에 대한 논란을 증폭시키고 있다. 그래서 본고는 이러한 논란에서 벗어나기 위해 '서울대학교 전신학교(前身學校)'라는 애매모호한 용어를 사용하고자 한다.3)

하지만 이들 관립전문학교는 일제가 조선 통치와 수탈 시책에 필요한 인력들을 양성하기 위해 설립된 고등교육기관이며 후신학교들이 오늘날 한국 고등교육에서 차지하는 비중이 큰 학교라는 점에서 일제의 고등교육시책을 전문학교 운영과 관련하여 이해하기 위해서는 일제하 관립전문학교의 설치 배경과 운영 실태를 구체적으로 검토하여야 한다. 다만 이런 제반 문제를 종합적으로 해명하기 위해서는 개별 학교에 대한 기초 연구가 축적되고 정리될 필요가 있는 까닭에 이 과제는 후일을 기약하는 대신에 일제의 관립전문학교 전반에 대한 운영기조를 다루고자 한다.4) 따라서 본고에서는 서울대학교 전신학교를 중심으로 일제의 관립전문학교 전반에 대한 운영 기조를 검토하는 한편 이러한 관립전문학교의 시기별 위상 변화를 논급하고자 한다. 즉 일제 강점 초기에 설정된 조선총독부의 관립전문학교 운영기조는 학교 재정과 정원 관리의 차원에서 어떠하였으며 그러한 운영 기조가 두 차례에 걸친 조선교육령 공포와 맞물려 어떻게 바뀌어갔는지 그리고 운영 기조의 변경을 초래한 요인이 무엇인지 나아가 이 과정에서 관립전문학교의 위상과 성격이 어떻게 변화되었는지를 구명하고자 한다.

---

3) '前身學校'라는 용어는 1972년 서울대학교 1945년 관립전문학교의 이력과 졸업생 현황을 조사한 『本校前身學校槪況調査』(서울大學校 學籍科, 1972)에 의거하여 붙인 명칭이다.
4) 현재 교사 편찬 차원에서의 서술은 물론 개별 관립전문학교에 대한 연구가 점차 늘어나고 있다. 그러나 관립전문학교 전반에 대한 총괄적인 접근은 아직 초보적인 수준에 머무르고 있다.

2. 제1차 교육령 시기(1911~1921) 관립학교 운영 기조와 위상의 설정

1) 1910년대 전반(前半) 고등교육시책(高等教育施策)의 방향과 전신학교(前身學校) 운영 기조

(1) 고등교육시책의 방향

일제가 1910년 8월 대한제국을 강점한 뒤 1911년 「조선교육령」을 제정할 때 궁극적으로는 한국인의 일본인화에 목표를 두면서도 '시세(時勢)와 민도(民度)'를 내세워 고등교육은 도외시한 채 오로지 한국인의 초등교육과 실업교육에 중점을 두었다. 이른바 내지연장주의(內地延長主義)보다는 점진적(漸進的) 동화주의(同化主義)의 실현에 초점을 맞추면서 차별교육을 실행하고자 하였다. 1910년 당시 학무과장이었던 구마모토 시게키치(隈本繁吉)는 '교화의견서(敎化意見書)'에서 '조선인' 교육의 기본 방침을 다음과 같이 밝히고 있다.

> 조선민족의 교육에서 시설해야 할 것은 (……) 당분간 주로 초등교육 및 직업교육으로 충분함을 분명히 할 것. (……) 초등교육은 주로 일본어를 보급하는 기관으로 급진적으로 하는 것을 피하고 오로지 옛 그대로 민도에 상응하는 간단한 것으로 시설한다. (……) 직업교육은 초등교육을 이어받아 그것을 완성하는 것으로 한다. (……) 초등교육 이외의 교육시설은 그들의 생업에 직접 관계되는 것에 한해 착실 온건한 교육을 주도록 하여 제국통치하에서 행복한 생활을 향락하게 하는 방향으로 그들을 지도하는 것이 중요하다. 일부의 동화론자와 같이 일본처럼 여러 종류의 고등한 학교를 주어 문화의 급격한 발달을 꾀하는 것은 그들을 더욱 생활난으로 빠지게 하고 나아가 제국의 화평을 해하기에 이른다.[5]

---

[5] 『植民地 朝鮮教育政策 史料集成』(영인본) 69, 別集, '敎化意見書', 大學書院, 1990. 이와 관련하여 강명숙, 「일제시대 제1차 조선교육령 제정과 학제 개편」, 『한국교육사학』 31-1,

일제는 내지연장주의에 입각하여 고등교육을 실시하기보다는 점진적 동화주의에 입각하여 보통교육·실업교육 위주의 차별적 교육을 실시하고자 했음을 보여준다.

그리하여 1911년 8월 23일에 발표된 제1차 「조선교육령」에서는 동화 정책을 표방하면서도 시세(時勢)와 민도(民度)의 차이를 이유로 보통교육과 저급실업교육에 역점을 두었다. 그것은 본국과 한반도의 농공분업 체제의 실현이라는 전제 속에서 조선을 일본의 단작농업지대(單作農業地帶), 즉 원료 공급지대로 설정하고 이에 필요한 인력들을 양성하고자 하였기 때문이다.[6] 당시 학무과장을 역임했던 유게 코타로(弓削幸太郎)는 이른바 식민지 교육에 대한 일반적인 지침과 설명에 앞서 다음과 같이 조선의 역할을 강조하였다.

　　식민지를 영유하는 목적은 식민지로부터 본국에 필요한 원료를 용이하게 또는 유리하게 공급하거나 본국제품의 확실한 판로를 얻기 위한 것이다.[7]

이에 따르면 조선은 원료 공급지로서의 역할을 수행하기 위해 농업을 비롯한 1차 산업에 중점을 둔 반면에 일본은 공업제품을 생산하는 데 중점을 두었던 것이다.

이러한 방침은 조선총독부 자체의 방침이기도 하거니와 일본 본국의 지침에서 비롯되었다. 당시 일본 내각과 제국 의회 유력자의 주요 의론을 전하는 『신한민보』의 보도에 따르면 다음과 같다.

2009, 18~19쪽 ; 仲林裕員(나카바야시 히로카즈), 「1910년대 조선총독부의 통치논리와 교육정책－'동화'의 의미와 '제국신민'화의 전략」, 『韓國史研究』 161, 2013, 212~215쪽 참조.

6) 鄭然泰, 「1910년대 일제의 農業政策과 植民地 地主制－이른바 「米作改良政策」을 중심으로－」, 『韓國史論』 20, 1988, 417~427쪽 ; 김근배, 「日帝時期 朝鮮人 과학기술인력의 성장」, 서울대학교 박사학위논문, 1996, 129쪽 ; 朴芝媛, 「1910년대 일제의 중등 농업학교 운영과 조선인 졸업생의 진로」, 『歷史教育』 130, 2014, 162~170쪽.

7) 弓削幸太郎, 『朝鮮の教育』, 自由討究社, 1923, 2쪽.

같은 식민지로 말할지라도 혹 자본을 다져 공업을 일으킬 공업 식민지도 있으며 혹은 본국에 물품을 발매할 상업 식민지도 있으나 조선은 다만 농업식민지에 지나지 못하니 고로 농업 식민지에 대하여는 고등교육을 베풀 필요가 없으며 조선인민은 다만 좋은 농민이 되게 하였으면 넉넉하며 농업상 지식만 있었으면 그 외에 한문이나 혹 고등 학술은 필요치 아니할 뿐만 아니라 도리어 극해가 될 줄 믿노라.[8]

또한 일제의 통치방침을 대변해 온『매일신보』는 농업학교 설립을 주장하면서 다음과 같이 그 배경을 보도하고 있다.

시이(是以)로 각종(各種) 요지(要地)에 농업학교(農業學校)를 설치(設置)하고 혹은 모범장(模範場)을 설(設)하여 차(此)를 일반농업자(一般農業者)에게 유시지도(誘示指導)할 뿐 안이라 일변(一邊) 농법(農法)(업(業)-필자 주)졸업자(卒業者)로 하여금 장려지도(奬勵指導)케 하나니, 범농업학교(凡農業學校)를 졸업(卒業)한 자(者)는 기소학(其所學)을 실지(實地)에 시(試)하고 우(又)는 외타몽매(外他蒙昧)한 농부(農夫)를 지도(指導)함이 즉(卽) 본직(本職)이라 할지오 (……) 여시즉(如是卽) 자금(自今) 이후(以後) 조선(朝鮮)은 농산국(農産國)의 본성(本性)을 발휘(發揮)하여 부력(富力)을 증진(增進)하리니 근자(近者)에 일가희(一可喜)할 소식(消息)을 문(聞)한즉 내지신호항(內地神戶港)의 모상회(謀商會)는 조선신미이천석대(朝鮮新米二千石袋), 삼정물산회사(三井物産會社)는 제석정백미오십대(除石精白米五十袋)를 미국(美國)으로 수출(輸出)하였다 하는지라 (……) 고(故)로 일언폐지왈(一言蔽之曰) 조선(朝鮮)의 금융(金融)을 원활(圓滑)케하랴면 외자(外資)의 수입(輸入)을 망(望)치 안이치 못할지오 외자(外資)의 수입(輸入)은 즉 정수(精粹)한 미곡(米穀)을 수출(輸出)함에 재(在)하다할지오, 정수(精粹)한 미곡(米穀)을 조제(調劑)하랴면 농업졸업자(農業卒業者)가 일반국민(一般國民)을 선위지도(善爲指導)함에 재(在)하다 하노라.[9]

8)『신한민보』 1911.8.9.

여기서 조선총독부가 일본의 미곡 수요와 대외 수출에 부응하기 위해 무엇보다 조선 농법을 개량하고 미곡 생산을 증대시키는 데 필요한 농업 교육에 중점을 두었음을 확인할 수 있다.

반면에 일제는 근대개혁기 한국 정부가 설립하여 고등교육의 주축으로 삼아 운영해 온 기존 관립학교의 위상을 낮추거나 학교 자체를 폐교시켰다. 이는 유게 코타로가 다음과 같이 펼친 언설에서 단적으로 드러난다.

> 식민지 교육은 우선 본국어(일본어-필자 주) 보급을 주로 하고 고등교육을 피해 실업교육으로 그쳐야 한다. (……) 이와 같은 설의 근거 이유는 식민지 인민의 자각을 막는 데 있다.10)

즉 일제는 한국인들이 자주적(自主的)인 인민(人民)으로서의 자각(自覺)과 대일(對日) 경쟁력(競爭力) 강화(强化)를 원천적으로 봉쇄하기 위해 고등교육을 받을 수 있는 기회를 박탈함으로써 일제의 순량한 국민으로 육성하고자 했던 것이다.

우선 일제는 법학교와 성균관, 관립외국어학교를 폐지하였다.11) 또한 관립사범학교는 '학통(學統)의 분립(分立)'을 피하고 '경비(經費)의 절약(節約)'을 꾀한다는 명분으로 폐지하고 대신에 경성고등보통학교 임시교원양성소(1911)를 설치하였으며 궁극적으로 동교 사범과 설치로 매듭지었다(1914).12) 농상공학교는 조선교육령 공포를 전후하여 일반 실업학교가 아닌 부속학교로 격하시켰다.13) 예컨대 관립농림학교는 조선총독부 권업모범장 부속 농림학교로 격하되었으

---

9) 『매일신보』 1914.12.13.

10) 弓削幸太郎, 앞의 책, 2쪽.

11) 임광수 엮음, 앞의 책, 146~147쪽.

12) 안홍선, 「경성사범학교의 교원양성교육 연구」, 서울대학교 석사학위논문, 2004, 13~20쪽.

13) 임광수 엮음, 앞의 책, 142~145쪽.

며(1910), 농상공학교(1904)는 농상공부 관립공업전습소(1907)를 거쳐 조선총독부 중앙시험소 부속공업전습소(1912)로 전환되었다.[14] 의학교 역시 대한의원 부속의학교(1909)를 거쳐 조선총독부 의학강습소로 격하되었다(1910).[15] 이 점에서 1910년대 전반(前半)에는 실상 전문학교가 거의 없는 셈이다. 다만 법학교(1909)에서 전환된 경성전수학교(1911)는 학제 내 전문학교는 아니지만 여타 실업학교와 달리 입학 자격을 "고등보통학교를 졸업자 또는 이와 동등 이상의 학력을 가진 자"로 규정함으로써 이미 전문학교 '수준'의 교육을 행하는 학교로 인정받고 있었다.[16] 무엇보다도 경성전수학교 학생들을 식민지 법제 확립과 법률 집행의 실행자 그리고 조선인의 순응, 의무를 이끌어 낼 당사자로 양성하고자 했기 때문이다.

한편, 일제의 이러한 고등교육시책에 대한 한국인들의 불만은 적지 않았다. 해외에서 발행되던 신문으로서 당시 조선 국내의 소식을 전하던 『신한민보』와 『신한국보』, 『권업신문』 등은 총독 데라우치가 '한국인에게 고등교육이 필요없다', '농업식민에 필요한 교육만 할 것', '영국은 인도인에게 고등교육을 시켜 문제가 됨', '일본인 교사 왈 우리가 한인을 알라고 가르치는 것이 아니라 어리석게 하고자 함'이라고 보도하여 일제의 이른바 우민화(愚民化) 방침을 신랄하게 비판하였다.[17]

(2) 전신학교 운영기조

일제는 1910년 전후 이러한 고등교육 방침을 세우자 전신학교 운영을 통해

---

14) 정인경, 「일제하 경성고등공업학교의 설립과 운영」, 『한국과학사학회지』 16-1, 1994, 33~41쪽.
15) 서울대학교병원 병원역사문화센터, 『사진과 함께 보는 한국 근현대 의료문화사 1879~1960』, 웅진지식하우스, 2009, 85쪽.
16) 『朝鮮總督府官報』, 1911.10.20, 「朝鮮總督府令 제115호 京城專修學校規定」 ; 『매일신보』 1916.1.1. 이와 관련하여 金皓娟, 「일제하 경성법학전문학교의 교육과 학생」, 한양대학교 석사학위논문, 2011, 11쪽 참조.
17) 『신한민보』 1910.9.21 ; 『신한국보』 1911.1.3 ; 『권업신문』 1912.8.21.

이러한 방침들을 구체적으로 실행하기 시작하였다. 이러한 실행은 당시 전신학교 운영에 필요한 경비의 배정과 학생·직원 정원에서 잘 드러났다. <표 1>은 일제가 고종 강제 퇴위를 눈앞에 둔 1907년 이래 1915년까지 전신학교에 투입한 경비와 학생, 교직원 정원의 현황을 보여준다.

〈표 1〉 1907~1915년 전신학교 경비, 학생수, 교직원 현황

경비 단위 : 원(圓)

학교 / 연도	농림학교	전수학교	공업전습소	의학강습소	동양협회전문학교 경성분교
1907	24,552 (63/7)		136,224 (66/19)	5,885 (46/7)	
1908	40,346 (82/7)		85,974 (124/25)	7,816 (33/7)	
1909	63,639 (101/14)	25,980 (138/21)	61,467 (178/26)	10,204 (73/5)	
1910	42,052 (94/12)	25,980 (116/23)	75,028 (68/23)	19,110 (105/4)	
1911	34,675 (94/12)	15,681 (64/19)	76,751 (68/23)	(111/40)	10,080 (14/43)
1912	31,955 (101/12)	22,500 (67/18)	99,551 (74/23)	(126/36)	12,995 (15/14)
1913	31,117 (112/14)	21,140 (113/17)	66,530 (55/26)	(140/45)	11,844 (28/13)
1914	31,498 (106/14)	20,800 (143/16)	? (55/26)	(171/47)	10,256 (35/11)
1915	28,454 (105/12)	20,800 (141/16)	66,020 (89/37)	(234/32)	9,356 (13/17)

출전 : 『조선총독부통계연보』 각 연도.
비고 : 괄호 안의 수치는 각각 한국인 학생수와 교직원을 가리킴. 다만 동양협회전문학교(東洋協會專門學校) 경성분교(京城分校) 학생(學生)은 모두 일본인임. 이 학교는 관립학교는 아니지만 1922년 관립 경성고등상업학교의 전신학교라는 점에서 '전신학교'에 포함시킴.

부속농림학교(농림학교)의 경우, 1910년 이전에 이미 시설비가 투입된 까닭에 이후에 커다란 변동이 보이지 않는다.[18] 입학자 역시 1910년 이후 점차

230

증가하여 100여 명에 이르고 있다.

경성전수학교(전수학교)의 경우, 경비가 매년 들쑥날쑥이지만 대체로 증가 추세에 있으며 한국인 학생 역시 1914년에 140명을 넘을 정도였다. 그런데 이들 한국인 학생은 법학(法學)뿐만 아니라 상학(商學)도 전공한다는 점에서 일제는 경성전수학교 교육을 통해 상업전공자도 육성하고자 했음을 추측할 수 있다.[19] 당시 경성전수학교의 교과목을 보면 상업 관련 과목이 상당수 포함되었던 것이다.[20] 이는 농상공학교가 폐교되어 한국인 상업 전공자가 배출되지 않는 상황에서 고육지책으로 취한 운영방침으로 보인다.

그 밖에 공업전습소는 학생정원과 무관하게 1912년에 개축(改築)과 증축(增築) 을 위해 32,011원이 투입되면서 전체 경비가 증가하였다.[21] 의학강습소는 통계 미비로 운영경비를 추산할 수 없지만 입학자가 급속하게 증가하고 있음을 확인할 수 있다. 이들 전문학교의 학생은 일제가 하급기술자 내지 최소한 의료 인력 확보 차원에서 정원을 점차 늘린 것으로 추정된다. 특히 이들 학생은 동양협회 전문학교 경성분교를 제외하고는 전원 한국인으로 충원되고 있다는 점에 주목할 필요가 있다.

반면에 1907년 10월 1일 동양협회 회장 가쓰라 타로(桂太郞)가 조선 통치에 필요한 엘리트를 양성하기 위해 통감부 보조 아래 동양협회전문학교(東洋協會專 門學校) 동경본교(東京本校)의 분교(分校)로서 경성부 대화정 1정목에 설립한

---

18) 1909년에 新營費와 設備費로 각각 28,098원과 902원이 투입되었다. 이에 관해서는 朝鮮總督府水原高等農林學校 편, 『朝鮮總督府水原高等農林學校一覽』, 1931, 117~119쪽 참조.

19) 1921년 경성전수학교 교장 吾孫子 勝은 사립경성고등상업학교가 관립경성고등상업학 교로 전환되어 한국인 학생이 입학할 수 있다는 점을 예견하면서 경성전수학교 법학 전공학생들이 더 이상 경제·상업 관련 과목을 배우지 않게 되어 대단히 만족할 것임을 강조하였다(『매일신보』 1921.2.22).

20) 『朝鮮總督府官報』, 1915.4.1, 「朝鮮總督府令 제26호 京城專修學校規定」에 따르면 총 3년 동안에 경제원론 4시간, 商事要項, 은행론, 기타 응용경제학 5시간, 재정학 2시간을 수강해야 했다.

21) 『매일신보』 1912.4.7.

경성분교는 일본인만 입학하는 학교인데 1915년 농림학교의 경비가 학생 1인당 270여 원인 데 반해 이 분교의 경비는 720원 가량이었다.[22] 조선총독부의 매년 지원 규모는 확인할 수 없지만 1912년의 경우, 총경비 12,995원 중에서 7,000원을 조선총독부에서 지원할 정도였다. 이러한 비율은 여타 일본인 사립학교의 경우에 비해 월등히 높다. 일제가 경성분교를 조선 침략과 통치에 필요한 엘리트를 육성하는 데 투자를 아끼지 않고 있음을 짐작할 수 있다.[23]

2) 1910년대 후반(後半) 고등교육 시책의 변화와 전신학교의 개편

(1) 고등교육시책의 변화

조선총독부의 이러한 전신학교 운영기조는 1910년대 후반으로 들어오면서 조정되기 시작하였다. 당시 일제가 척식 정책을 추진하는 과정에서 일본인 이민자들을 일본 척식의 향도자(嚮導者)로 활용하기 위해 이들의 이민을 장려하였지만 이들 자녀가 진학할 학교가 매우 부족한 상태임을 절감하기에 이른 것이다.[24] 더욱이 총독 데라우치가 "조선의 식민정책을 위한 시정방침은 하나인 통일 정치 아래 식민지 조선을 일본인의 이주지화하는 것"이라고 표명한 바가 있기 때문에 일본인 자녀의 상급학교 진학 문제는 매우 심각하였다.[25] 당시 일본인 이민자의 증가에 따른 자녀의 급증으로 인해 이들 자녀가 입학할 소학교

---

22) 동양협회 전문학교 본교에서는 조선으로 상급생 중에서 지망자를 파견하여 반년 내지 1년간 공적 또는 사적 업무에 종사케 하여 척식의 향도자로 육성하고자 하였다. 동양협회전문학교 경성분교에 관해서는 朝鮮總督府 內務部 學務局, 『朝鮮教育要覽』 1915년 12월, 111쪽 ; 京城高等商業學校, 『京城高等商業學校一覽, 昭和9-14년도』, 1939, 3~4쪽 ; 조선총독부, 『朝鮮總督府施政年報』, 1912, 423~424쪽 ; 『동아일보』 1920.5.16 참조.
23) 동양협회 전문학교는 사립학교임에도 불구하고 동경외국어학교, 동경고등공업학교, 동경고등상업학교, 동경제국대학 등과 마찬가지로 정부에서 학비를 대여해 주었다. 이에 관해서는 帝國靑年指導會 編, 『官費貸費入學案內』, 明進堂書店, 1913, 43쪽 참조.
24) 弓削幸太郎, 앞의 책, 275~276쪽. 이와 관련하여 김한종, 「제2차 조선교육령 시기 日鮮共學 정책과 조선인의 반응」, 『湖西史學』 48, 2007, 259쪽 참조.
25) 강만길 외, 『일본과 서구의 식민통치 비교』, 선인, 2004, 25쪽.

와 중학교가 부족한 데다가 중학교 졸업생이 진학할 고등교육기관이 매우 부족하였던 것이다.[26] 이에 일제는 1912년에서 1913년에 걸쳐「조선공립소학교 관제」를 비롯하여「조선공립고등여학교관제」,「조선실업전습학교관제」 등의 제 규칙 관제를 발포하거나 일본인 학교를 증설함으로써 일본인 교육제도의 기반을 구축하고자 한 데[27] 이어 1914년에 관립전문학교 설치를 둘러싼 논의를 진행하면서 경성전수학교를 제외한 각 관립전문학교에 일본인 학생이 진학할 수 있는 여건을 조성하고자 하였다.

또한 1915년을 전후하여 언더우드 등 미국 선교사 계열이 대학 설립을 시도하자 조선총독부는 인가 시점을 늦추면서 교육 헤게모니를 장악하고 유지 관리하기 위해서는 선제적으로 전문학교 설립을 공식화할 필요성을 절감하였다.[28] 당시 이들 선교사 계열은 1910년대에 들어와 서울에 세속주의적 교육을 지향하는 기독교대학을 설립하려 하였고 드디어 1915년에 이러한 노력이 가시화되는 반면에 일제는 조선에 대학은 물론 전문학교 등 명실상부의 고등교육기관을 여전히 설립하지 못하였기 때문이다.

마지막으로 일제는 학자금의 낭비를 막는다는 명분으로 한국인의 일본유학을 억제하고자 하였다. 그러나 실상은 한국인 학생이 일본이나 중국, 미국 유학 등을 통해 독립의식과 혁명 사상에 접할 것을 우려하였다.[29] 특히 한국인

---

26)『매일신보』1913.1.3. 이와 관련하여 정재철,「일제하의 고등교육」,『한국교육문제연구』5. 중앙대학교 한국교육문제연구소, 1988, 8쪽 참조.

27) 趙美恩,「조선교육령과 재조선 일본인 교육제도」,『歷史教育』125, 2013, 74~75쪽.

28) 언더우드의 대학 설립 과정에 관해서는 이성전,『미국선교사와 한국근대교육 : 미션스쿨의 설립과 일제하의 갈등』(서정민, 가미야마 미나코 [공]옮김), 한국기독교연구소, 2007 ; 정선이,「1910년대 기독교계 고등교육의 특성－숭실과 연희전문으로 중심으로－」,『교육사학연구』19-2, 2009 ; 정준영,「식민지의학교육가 헤게모니 경쟁 : 경성제대 의학부의 설립과정과 제도적 특징을 중심으로」,『사회와 역사』85, 2010, 207~211쪽 ; 최재건,『언더우드의 대학 설립－그 이상과 실현』, 연세대학교 출판문화원 2012 ; 김도형,「언더우드의 교육 활동과 '화충의 연세학풍' 전사」,『일제하 연세학풍과 민족교육』(연세학풍사업단·김도형 외), 혜안, 2015 참조.

29)『매일신보』1913.2.26 ;『매일신보』1914.7.28 ;『매일신보』1916.5.3.

유학생들은 피지배 민족으로서 일본에서의 일상생활을 영위하는 과정에서 차별을 받는 것은 물론 양 지역 학제상의 차이를 이유로 상급학교 본과로의 입학이 허용되지 않았다. 왜냐하면 조선에서의 학제가 보통학교 4년-고등보통학교 4년으로 편제된 반면에 일본에서의 학제는 심상소학교 3년-고등소학교 3년-심상중학교 3년-고등중학교 3년으로 편제되어 있었기 때문이다. 그리하여 일제는 한국인 학생들을 되도록이면 조선 국내에서 수학케 함으로써 한국인들의 고등교육 욕구를 충족시키는 동시에 한국인 학생을 통제하고자 했던 것이다. 1911년에 제정된 「조선총독부(朝鮮總督府) 유학생규정(留學生規定)」은 이를 단적으로 말해준다.[30] 이후 한국인 일본 유학생은 일제의 이러한 통제와 여론 조성으로 인해 급격히 감소된 나머지 1913년에 682명이었지만 1915년에는 607명, 1917년에는 658명에 불과하였다.

따라서 일제는 일본인 이민자 자녀들의 진학 요구를 충족시키면서도 개신교 선교사 계열의 고등교육기관 설립 요구 및 한국인 유학생 문제를 체제 내로 흡수하기 위해서 전문학교에 대한 기존의 방침을 조정하고자 하였다. 먼저 경성전수학교, 총독부의원 부속 의학강습소, 중앙시험소 부속공업전습소를 전문학교로 개편할 계획을 수립하였다.[31] 이어서 1914년 12월 전문학교 위원회(專門學校委員會)를 조직하여 활동하였다. 여기에는 의학전문학교위원 6명, 전수학교위원 5명, 고등공업학교위원 6명을 두고 학교별 위원회를 구성하였다.[32] 그리고 이러한 위원회의 수차례 토론과 의결을 거친 뒤 일본인 입학문제가 본격적으로 거론되었다.[33] 그 결과 총독 데라우치는 1915년 3월 24일 다음과 같은 훈령을 통해 관립전문학교로의 승격을 공식화하였다.

---

30) 박찬승, 「1910년대 渡日留學과 留學生活」, 『역사와 담론』 34, 2003, 116~117쪽.
31) 『매일신보』 1914.11.4. 1910년대 관립전문학교 제도 형성에 관해서는 조은진, 「1910~20년대 조선의 관립전문학교 학제 형성과 운영」, 『韓國史論』 61, 2015 참조.
32) 『매일신보』 1914.12.18.
33) 『매일신보』 1915.1.20.

조선(朝鮮)에 재(在)한 현행(現行)의 교육제도(敎育制度)로는 보통교육(普通敎育)은 보통학교(普通學校), 고등보통학교(高等普通學校) 및 여자고등보통학교(女子高等普通學校)에서, 실업교육(實業敎育)은 실업학교(實業學校)에서, 전문교육(專門敎育)은 전문학교(專門學校)에서 차(此)를 시(施)함을 본체(本體)로 하고 전문학교(專門學校)에 관(關)하여는 기(旣)히 조선교육령(朝鮮敎育令)으로 대체(大體)의 방침(方針)을 정(定)하였으나 기(其) 세칙(細則)에 지(至)하여는 보통교육(普通敎育)의 발달(發達)을 대(待)하여 차(此)를 설(設)하기로 하였더니 금칙(今則) 보통교육(普通敎育)의 시설(施設)이 기(其) 진보(進步)와 공(共)히 법률(法律), 경제(經濟), 의술(醫術) 공업(工業), 농림(農林) 등에 관한 전문교육(專門敎育)을 시(施)하는 학교(學校)에 적용(適用)할 규정(規定)을 설(設)할 필요(必要)를 인(認)하고 전문학교규칙(專門學校規則)을 발포(發布)하여 써 조선인(朝鮮人)의 자제(子弟)로 하여금 고등(高等)의 학술기예(學術技藝)를 수득(修得)하여 국가(國家)에 유용(有用)한 지능덕성(智能德性)을 함양(涵養)케 함을 기(期)하니 차(此) 취지(趣旨)에 의(依)하여 총독부(總督府)에서는 민도(民度)의 진경(進境)과 시세(時勢)의 요구(要求)에 감(鑑)하여 필요(必要)한 전문학교(專門學校) 설치(設置)의 계획(計劃)을 수(樹)하여 근(近)히 기(其) 실행(實行)에 착수(着手)코자 하니 또 민간(民間)에서 경영(經營)코자 하는 차종(此種)의 학교(學校)는 기초(基礎)가 최(最)히 견고하고 상당(相當)한 설비(設備) 및 교원(敎員)이 유(有)함이 아니면 도저(到底)히 기(其) 효과(效果)를 수(收)치 못하므로써 사립전문학교(私立專門學校)의 설치(設置)는 특(特)히 그 유지에 감(堪)할 재산(財産)이 유(有)한 법인(法人)에 한(限)한 것으로 정(定)하니라.[34]

일제는 이전까지만 하더라도 '시세와 민도'의 차이를 들어 전문학교의 필요성을 인정하지 않다가 이때는 '민도(民度)의 진경(進境)'과 '시세(時勢)의 요구(要求)'에 비추어 전문학교로의 승격을 정당화하였던 것이다. 다만 사립전문학교의 설치에 대해서는 매우 엄격한 요건을 제시하고자 했음을 보여준다. 이날은

---

34) 『朝鮮總督府官報』 1915.3.24. '總督 寺內正毅의 훈령'. 이와 관련하여 『전문학교 설치에 관한 훈시요령 송부의 건』(1916.4.18, 국가기록원 소장) 참조.

경성법학전문학교 건물

바로 「전문학교규칙」을 부령 제26호로 공포하는 날이었다.[35] 이어서 예산
확보 문제와 일본 본국과의 조율 문제로 1년을 연기한 끝에 1916년 4월 1일
칙령 제80호로 「전문학교관제(專門學校官制)」를 공포하였다.[36] 다만 소요되는
예산과 기간 등 여러 측면에서 관립전문학교를 신설하기보다는 기존의 개별
학교를 전문학교 단계로 지정하여 승격시키고자 하였다. 아울러 「조선총독부
전문학교 관제」 제10조에 "조선총독은 필요가 인정되는 경우 전문학교 또는
부속공업전습소에 일본인을 수용하고 전문교육 혹은 실업교육을 할 수 있다."라
고 규정하고 있듯이 형식상 고등교육이 시작되는 동시에 일본인 중심의 전문학
교 교육이 시작되도록 여건을 조성하였다.[37] 그 시발은 경성의학전문학교와
경성공업전문학교여서 1916년부터 이미 일본인이 학생 총수의 3분의 1 이내에
입학할 수 있도록 조정하였다.[38]

　전수학교의 경우, 기존의 「전수학교규정(專修學校規程)」이 폐기되고 1916년

35) 『朝鮮總督府官報』 1915.3.24. 「專門學校規則」 ; 『매일신보』 1915.4.7.
36) 『朝鮮總督府官報』 1916.4.1. 「朝鮮總督府 專門學校官制」.
37) '전문학교관제'가 『施政三十年史』(1940)에서는 '내지인 교육편'에 수록되어 있다는
　　점에서 전문학교 교육이 일본인 위주의 교육임을 암시한다고 하겠다.
38) 『매일신보』 1916.4.21 ; 『매일신보』 1916.7.19 ; 朝鮮總督府醫院, 『朝鮮總督府醫院二十年
　　史』, 1928, 52쪽.

경성의학전문학교 건물

4월 1일 「총독부령 제26호 경성전수학교규정(京城專修學校規程)」이 공포되었다.[39] 규정 제1조 2항에서 볼 수 있듯이 국헌(國憲)을 중히 여기며 국법(國法)을 복종할 것이 강조되었음에서 전수학교의 존립 이유를 찾고 있다. 다만 학교명은 바뀌지 않고 4월 15일 개교식을 거행하였다.[40]

다음 조선총독부 부속의학강습소는 1916년 4월 1일부로 경성의학전문학교로 승격시켰다. 학교의 소관 부서는 기존의 내부 위생국이 아니라 학무국이 되었고 총독부령 제27호로 「경성의학전문학교규정(京城醫學專門學校規程)」과 동시에 훈령으로 「경성의학전문학교 교수상 주의를 요하는 사항」이 공포되었다.[41]

이어서 경성의학전문학교는 4월 20일 개교식을 거행하였다.[42] 그러나 명분 상으로는 '조선교육의 발달 결과', '보통학교 졸업자의 진학 희망 고려', '조선인의 성질과 풍토를 잘 아는 의사 양성 필요' 등을 내걸었지만 실제로는 후술하는 바와 같이 재학생 중에서 일본인이 차지하는 비율이 점차 증가하고 있어 일본의 입학난(入學難)을 완화하기 위한 조치로 비쳤다. 1916년 당시 일본인은 지원자

---

39) 『朝鮮總督府官報』 1916.4.1, 「京城專修學校規程」.
40) 『매일신보』 1916.4.12.
41) 『조선총독부관보』 1916.4.1.
42) 『매일신보』 1916.4.20.

67명 중 25명이 입학한 데 비해 한국인은 지원자 261명 중 50명만 입학하였다. 일본인 학생의 합격률이 37.3%인 데 반해 한국인 학생의 합격률은 19.2%에 지나지 않았다.[43] 그러나 실제 이들 일본인 학생의 80%는 졸업 후 일본으로 돌아가길 원하여 조선 내 의사 수요를 충족시키지 못했다.[44] 더욱이 조선총독부 는 경성의학전문학교의 설립으로 더 높은 수준의 교육을 제공할 수 있는 것으로 선전하였으나 일본 국내 의학전문학교 교직원 수에 비하면 1/10도 안되었다.[45] 심지어 교수 3인, 조교수 1인을 의전 의학강습소에서 임시로 변통하더라도 교원 수를 그대로 유지하는 수준에 지나지 않았다. 더욱이 경성의학전문학교에 는 부속병원이 없어 학생들은 임상실습은 물론 임상강의도 조선총독부의원에 서 받았다.

한편, 경성의학전문학교에 입학한 일본인은 5년제 중학교를 졸업하였고 한국인은 4년제 고등보통학교를 졸업하였으므로 학제에 대한 일본인 입학생들 의 불만이 상당하였다. 이 때문에 1918년에는 관제를 개정하여 일본인 입학생을 위한 '특별의학과(特別醫學科)'를 설치하기도 하였다. 나아가 한국인은 조선 내 개업을 위한 총독부 면허만 주어진 반면, 일본인들은 의학사 칭호와 함께 문부성 면허가 주어지는 등 공공연한 차별이 이루어졌다.[46] 이는 1922년 조선교 육령의 개정으로 고등보통학교가 5년제가 되고 특별의학과가 폐지되기 전까지 지속되었다.

조선총독부 중앙시험소 역시 여타 관립전문학교와 마찬가지로 1916년 4월 1일부로 경성공업전문학교로 승격하였다.[47] 경성공업전문학교는 '조선공업 의 유일한 기관'으로서 수업 연한이 예과 1년, 본과 3년이었다. 이어서 경성공업

---

43) 『매일신보』 1916.7.19.

44) 『동아일보』 1924.1.13 ; 『동아일보』 1929.3.10.

45) 朴潤栽, 「韓末·日帝 初 近代的 醫學體系의 形成과 植民 支配」, 延世大學校 박사학위논문, 2002, 193~194쪽.

46) 위의 논문, 192~193쪽.

47) 『朝鮮總督府官報』 1916.4.1, 「京城工業專門學校規程」.

전문학교는 4월 25일 개교식을 거행하였다.[48] 그러나 승격 취지에서 "교수(敎授)는 헛되이 고원(高遠)한 학리(學理)에 달림이 없이 간명(簡明)을 위주하고 실지에 유용한 지식을 교수함과 함께 기능의 습숙에 효의(效意)하여 실습을 숭상하고 실험을 중히 하여 응용자재(應用自在)케 함을 기할 것"라고 언명하고 있듯이 고급과학기술자보다는 하급기술자 양성에 중점을 두고 있음을 확인할 수 있다.[49]

끝으로 부속 농림학교는 여타 관립학교와 달리 1918년 4월 1일 칙령 제48호로 농림전문학교로 승격되었으며 권업모범장 소관에서 학부 소관으로 이관되었다.[50] 당시 예산 사정으로 승격이 늦어진 것으로 보인다. 이 역시 경성의학전문학교, 경성공업전문학교와 마찬가지로 전문과를 설치하여 일본인 학생이 입학할 수 있는 길을 터주었다.

(2) 전신학교 운영기조

일제가 기존의 전신학교를 전문학교로 승격시키는 가운데 경비, 학생 및 교직원 정원 등에서 변화들이 나타났다. 이는 일본인 학생수의 증가와 경비 증액에서 두드러졌다. <표 2>는 일제가 1916년 「전문학교관제」를 제정한 이래 1922년 제2차 조선교육령 직전까지 배정한 경비와 학생·교직원의 현황이다.

수원농림전문학교(농림전문)의 경우, 일본인 학생이 1917년에 7명이 입학한 이래 점차 늘어나 1920년대에 가면 20명 전후로 증가하고 있음을 확인할 수 있다. 다만 1920·1921년에 학생수의 변동이 없음에도 불구하고 경비가 급증한 것은 당시 산미증식계획(産米增殖計劃), 면작장려계획(棉作奬勵計劃), 잠견증수계획(蠶繭增收計劃) 등의 농업기반 조성 계획과 관련하여 시설 투자를 늘린 결과로 보인다. 예컨대 운동장을 없애고 동식물 실험실 97평, 화학실험실 99평을 비롯하여 양잠실, 부장(釜場), 돈사(豚舍), 계사(鷄舍) 및 빙고(氷庫) 등을 들 수

---

48) 『매일신보』 1916.4.20.
49) 『매일신보』 1916.4.13.
50) 『朝鮮總督府官報』 1918.4.1.

<표 2> 1916~1921년 전신학교 경비, 학생수, 교직원 현황

경비 단위 : 원(圓)

	농림전문	전수학교	경성공전	경성의전	경성고상	사범학교
1916	24,670 (102/18)	20,800 (120/9)	78,116 (107 : 91/43)	? (204 : 25/41)	10,250 (18/24)	
1917	26,954 (65 : 7/17)	19,866 (129/10)	80,150 (108 : 125/62)	22,739 (194 : 48/42)	8,650 (18/17)	
1918	25,917 (52/17)	20,157 (137/9)	99,107 (109 : 109/95)	30,336 (197 : 70/45)	12,531 (50/20)	
1919	32,442 (48/19)	20,381 (110/10)	189,635 (79 : 106/54)	106,302 (141 : 93/45)	21,385 (85/21)	
1920	167,424 (17 : 22/17)	30,983 (107/12)	314,282 (71 : 125/93)	134,573 (166 : 97/45)	84,000 (80/28) 사립고상	
1921	133,306 (17 : 22/18)	51,043 (132/11)	255,163 (88 : 130/66)	112,975 (204 : 112/60)	69,232 (162/26)	235,676 (74 : 105/29)

출전 : 『조선총독부통계연보』 각 연도.
비고 : 괄호 안의 수치는 각각 한국인 학생수, 일본인 학생수와 교직원을 가리킴. 겸은 관계 기관의 직임을 겸무함을 가리킴.
경성고상은 경성고등상업학교의 약칭이다. 1907년 10월에 한성에 설치된 동양협회전문학교(東洋協會專門學校) 경성분교(京城分校)(1907)가 1918년 동양협회경성전문학교로 변경되었으며 1920년 5월에는 동양협회와 분리되어 사립경성고등상업학교로 개칭되었다. 이에 관해서는 조선총독부 문서과, 『朝鮮』 85, 1922.3, 325쪽 참조.

있다.[51] 또한 교지(校地)도 약 24정보로서 4정보에 달하는 시설·건물 부지와 기타 20정보에 이르는 학습·실습원이 갖추어졌다. 그리고 면적이 큰 연습림의 경우, 별도로 1919년도에 전라북도에서 국유림 2,916정보를 인수하고 민유지 4정보를 매수하여 산림 묘목을 생산하고 학생들의 임업실습에 공여할 수 있었다. 그리하여 1919년에 토지건물과 물건가격이 134,202원에 불과하였지만 1920년과 1921년에는 각각 145,568원과 167,145원에 이르렀다.[52]

---

51) 서울대학교 농과대학 수원농학80년사편찬위원회 편, 『수원농학80년사』, 1986, 31~32쪽 ; 구자옥, 「서둔벌의 근대농학 교육과 과학기술 전개」, 『농업사연구』 9-1. 2010, 109쪽.
52) 조선총독부, 『조선총독부통계연보』 1922년판, 53쪽.

경성공업전문학교(경성공전)의 경우, 전문학교로 승격하자마자 1917년 일본인 학생수가 한국인 학생수를 넘어서는 동시에 경비와 교직원이 급속하게 증가하고 있다. 이는 일본인 학생수의 증가에서 비롯되었다. 이후 일본인 학생이 지속적으로 증가하는 반면에 한국인 학생은 70~80명대에 머물고 있다. 아울러 1919년에 교실을 비롯한 학교 시설에 대한 많은 투자가 이루어졌다.[53]

경성의학전문학교(경성의전) 역시 일본인 학생이 1916년 입학한 이래 그 수가 늘어나고 있다. 비록 일본인 학생수가 한국인 학생수를 넘어서지 않았지만 그 차이가 점차 줄어들고 있다. 그리고 1919년과 1920년에 경성공업전문학교와 마찬가지로 부지 구입 및 시설투자가 이루어졌다. 그 결과 여타 전문학교와 달리 당시 조선총독부의원 구내에 있었던 부속의학교를 활용하지 않고 새롭게 부지를 선정하여 신축할 수 있었다.[54] 다만 경성사범학교의 경우는 제2차 교육령 개정과 관련되어 있어 2장에서 다루기로 한다.

끝으로 동양협회전문학교 경성분교는 1918년에 인력 수요의 증가로 동양협회와 분리된 데 이어[55] 1920년에 사립 경성고등상업학교로 전환하는 동시에 일본인 학생의 정원이 급증하는 가운데 조선총독부의 지원이 대폭 증가하고 있다. 특히 1921년에는 학생 정원이 이전 해에 비해 배로 증가한 162명에 이르러 여타 전문학교에 못지않은 학교로 발돋움할 수 있게 되었다.

일제의 이러한 운영기조는 1921년 9월 13일 문부성고시로써 문부성령 전문학교령(1919년) 제10조에 입각하여 전문학교에 준할 학교로 경성전수학교, 경성공업전문학교, 수원농림전문학교가 대만고등상업학교, 대만상업전문학교, 대만농림전문학교, 여순공업학당 등과 더불어 준전문학교(準專門學校)로 지정됨으로써 명실상부한 전문학교로 승격할 수 있는 전기를 맞았다.[56]

---

53) 1910년대 후반에 그려진 경성공업전문학교 교실 설계도를 비롯한 각종 설계도면의 다수가 국가기록원에 보존되어 있다.
54) 서울대학교병원사 편찬위원회,『서울대학교병원사』, 서울대학교병원, 1993, 193~196쪽.
55) 『매일신보』1918.6.5.

3. 제2차 교육령 시기(1922~1937) '일선공학(日鮮共學)' 방침의 전면화와 관립전문학교 위상의 강화

1) '일선공학(日鮮共學)' 방침의 전면화와 전신학교 운영의 방향

1919년 3·1운동 이후 일제는 이른바 문화정치를 전면에 내세웠다. 특히 교육제도에서 이른바 내지연장주의(內地延長主義)를 실현하겠다고 선전하였다. 이는 '일시동인(一視同仁)'의 기치 아래 한국인과 일본인을 동등하게 대하겠다는 의사의 표현이었다.[57]

우선 일제는 3·1운동 이전과 달리 조선의 시세진보(時勢進步)에 걸맞은 학제 개혁을 언급하며 교육령을 개정할 움직임을 보였다. 첫 조치가 보통학교와 고등보통학교의 학년을 일본의 소학교 및 중학교와 같은 정도로 연장하였다. 4년제였던 보통학교의 연한을 6년으로 하는 한편, 일본의 전문학교와 연결시키기 위해 4년제였던 고등보통학교에는 2년 이내의 보습과를 두도록 하였다.[58] 이러한 조치는 교육령을 전면 개정하기 이전에 조선과 일본의 학제 단계를 맞추기 위한 정지 작업으로, 수업연한을 늘리는 정도의 부분 개정이다.

일제는 이러한 기초 위에서 고등교육을 강화하기 위해 대학을 설립하고자 하였다. 이러한 시도 역시 내지연장주의의 일환이었다. 여기에는 하라 다카시(原敬) 수상, 문부상, 조선총독, 관동부총독(關東府總督)의 요구와 일본 제대교수(帝大敎授)들의 건백서가 작용하였다.[59] 여기서도 '내선인 융화'가 강조되었다.

또한 일본 본국의 이러한 고등교육 강화 노력에 연계되어 경성상공회의소를

---

56) 『매일신보』 1921.9.15.
57) 강명숙, 「일제시대 제2차교육령 개정과정 연구」, 『교육사상연구』 23-3, 2009 ; 나카바야시 히로카즈, 「조선총독부의 교육정책과 동화주의 변천」, 연세대학교 박사학위논문, 2015, 104~112쪽.
58) 朝鮮總督府 學務局, 「朝鮮敎育要覽」, 1926, 17쪽.
59) 『매일신보』 1920.3.5.

비롯한 한국인 자산가층도 전문학교생들이 유학하지 않고 공부할 수 있도록 기존의 전문학교를 대학으로 승격해 줄 것을 건의하였다.[60] 특히 구미유학으로 말미암아 위험사상에 노출되는 것을 우려하였다. 그리하여 이들 한국인 자산가층은 경성에 대학을 설립할 것을 요구하였는데 이는 기존의 경성의학전문학교, 경성공업전문학교, 수원농림전문학교의 대학으로의 승격을 의미하였다. 조선총독부도 이러한 방향에서 검토하기 시작하였다.

그러나 조선총독부는 바로 가시적인 조치로 나아가지 않았다. 이에 전문학교의 위상이 일본 전문학교와 동등해질 수 없었다. 이러한 양상은 당장 학교명에서 단적으로 드러났다. 경성전수학교의 경우, 여타 전문학교와 달리 명칭 자체에 '전문'이라는 명칭이 들어가 있지 않았다. 그래서 경성전수학교 1, 2학년 학생들은 1920년 10월 20일부터 교명 변경과 교칙 개정을 요구하며 동맹휴학을 벌였다.[61]

일제 내각도 조선교육령 개정을 위해 임시조선교육조사위원회(臨時朝鮮敎育調査委員會)를 설치하면서 이에 유의하였다.[62] 여기에서는 보통학교의 연한을 연장하여 일본소학교와 균형을 맞추고자 하였다.[63] 또한 조선교육의 독립을 의미하는 것이라 하여 조선대학, 전문학교, 중소학교 등 각급 학교의 통일을 기하고자 하였다.[64] 그리고 경성전수학교의 교명 변경과 교칙 개정에도 관심을 기울였다.[65] 이러한 요구는 학교측도 마찬가지였다. 그 결과 이러한 노력은 1922년 개정된 「조선교육령」에 이어서 공포된 「경성법학전문학교규정」으로 마무리되었다.[66] 아울러 사립경성고등상업학교를 관립경성고등상업학교로

---

60) 『매일신보』 1919.9.19.
61) 『매일신보』 1920.10.23.
62) 임시교육조사위원회의의 배경, 규정, 구성과 활동 등에 관해서는 朝鮮總督府 文書課, 「臨時敎育調査委員會」, 『朝鮮』 85, 1922 ; 강명숙, 「일제시대 제2차 조선교육령 개정 과정 연구」, 『교육사상연구』 23-3, 2009, 32~38쪽 참조.
63) 『매일신보』 1921.1.12.
64) 『매일신보』 1921.4.23.
65) 『매일신보』 1921.2.22.
66) 『朝鮮總督府官報』 1922.4.1, 「京城法學專門學校規程」.

전환하면서 한국인 학생의 입학을 부분적으로 허용하는 한편 경성전수학교는 법학전문학교로 승격하는 가운데 일본인의 입학생을 허용하는 방식을 예고했다.[67] 그것은 일제로서도 일본인 학생들의 진로와 연계하면서 '일선공학'을 적극 시도하겠다는 속셈에서 나타났다.[68] 일제의 이러한 방침 변경은 조선교육령의 전면개정으로 나타났다.

일제는 1922년 2월 4일 칙령 제42호로「조선교육령」을 공포하였다.[69] 제2차 조선교육령의 가장 큰 특징은 조선의 '학제연장(學制延長)'을 시도하였다는 점이다. 이를 위해 일제는 제1차 조선교육령 제1조였던 '조선에서의 조선인 교육은 본령에 의한다'는 조항을 개정 이후 '조선에서의 교육은 본령에 의한다'는 조항으로 변경하였다. 즉 조선교육령이 적용되는 범위가 조선인이라는 민족에 한정된 것이 아니라 조선에 거주하는 일본인도 포함되었던 것이다. 이는 조선 내에서 한국인과 일본인의 학제 간 차이를 없애고, 일본 본국과 동일한 학제를 운영할 것임을 의미하였다.

그러나 제2조와 제3조에서는 다시금 '국어를 상용하는 자'와 '국어를 상용하지 않는 자'로 나누어 보통교육을 실시하는 것으로 규정하였다. 표면상으로는 일본 학제의 연장을 내세우면서도 실제로는 초등과 중등교육 단계에서 별도로 학제를 운영하고자 했던 것이다. 결국 조선에서의 학제는 제1차 교육령 시기와 마찬가지로 한국인 위주의 보통학교-고등보통학교와 일본인 위주의 소학교-중학교로 분리하여 운영하였다. 다만 제2차 조선교육령에서는 고등보통학교에 두었던 보습과를 폐지하고 수업연한을 중학교와 동일하게 5년(여자고등보통학교 4년)으로 변경하여, 형식상으로는 일본의 상급교육기관과 바로 연결될 수 있도록 하였다. 임시교육조사위원회에서도 전문학교와 관련하여 다음과 같이

---

67)『매일신보』1921.2.22.
68) 제2차 교육령 시기 일제의 일선공학 정책에 관해서는 김한종,「제2차 조선교육령 시기 일선공학 정책과 조선인의 반응」,『호서사학』48, 2007 참조.
69)『朝鮮總督府官報』1922.2.6,「勅令 제19호 朝鮮敎育令」.

입학 자격 조건을 조정하였다.

> 7조 전문학교에 입학할 수 있는 자는 수업연한 4년의 고등보통학교를 졸업한 자였던
> 것을 5년의 고등보통학교를 졸업한 자로 바꿀 것[70]

이러한 규정은 초중등교육이 '내지'에 준거한다는 것을 기본으로 내세우면서도 '특례'를 인정하는 방식을 취하며 사실상 한국인의 교육은 이전 교육령 시기와 마찬가지로 일본인과 구별된 반면에 전문교육은 '내지'의 제도에 의거하고 '내선공학(內鮮共學)'도 인정하는 방향에서 '연장'을 위한 제도적 장치를 실제로 마련하고자 했음을 보여준다.[71] 특히 임시교육조사위원회에서는 다음과 같이 실업학교와 전문학교 이상은 일선공학을 하는 방안을 제시하였다.

> 실업학교, 사범학교, 전문학교, 대학 예과 및 대학에서는 내선인(內鮮人) 공학(共學)
> 을 행한다.[72]

이어서 상위법령인 조선교육령이 전면 개정되면서 전문학교와 관련된 규정도 변경되었다. 「조선교육령」 제12조에 따르면 전문학교는 「전문학교령」에 의한다고 밝히고 있다. 여기서 말하는 전문학교령은 1903년 일본 본국에서 칙령으로 공포된 「전문학교령」을 지칭한다.[73] 다만 칙령의 내용 중에서 문부대신이 맡아야 할 직무를 조선총독이 대신 맡는 것으로 하였다. 이는 제1차 조선교육령 시기에 조선 내 전문학교는 조선총독부에서 별도로 공포한 「전문학교관제」 및 「전문학교규칙」에 따라 운영되었던 점과는 확연한 차이가 있다.

---

70) 조선총독부 문서과, 앞의 글, 332쪽.
71) 『매일신보』 1921.5.7.
72) 조선총독부 문서과, 앞의 글, 339쪽.
73) 가타기리 요시오·기무라 하지메 외, 『일본 교육의 역사 : 사회사적 시각에서』(이건상 옮김), 논형, 2011, 162~163쪽.

조선 내 전문학교가 일본「전문학교령」의 직접 적용을 받는다는 것은, 적어도 법령상으로는 조선의 전문학교가 일본의 전문학교와 학제상 동등한 위치를 점한다는 것을 의미하였다. 그 결과 제1차 교육령 시기에는 조선총독부에서 별도로 공포한「전문학교관제」및「전문학교규칙」에 의거한 반면에 제2차 교육령 시기에는 일본의「전문학교령」에 근거하여 법학, 의학, 공업, 농림, 상업의 다섯 분야에서 관립전문학교가 지정 정비되어 이른바 5관립전문학교체제가 형성되기에 이르렀다.

2) 전신학교 운영 기조

일제는 1922년 제2차 조선교육령 공포를 전후하여 이른바 일선공학체제(日鮮共學體制)로 돌입함과 동시에 명실상부한 전문학교체제를 구축하면서 전신학교의 경비, 학생 및 교직원 정원을 대폭 조정하기 시작하였다. 이는 일본인 학생의 입학 정원과 매우 밀접하였다. <표 3>은 일제가 1922년 제2차 교육령 제정 이래 1938년 제3차 교육령 제정 직전까지 전신학교에 배정한 경비와 학생·교직원의 현황이다.

<표 3> 1922~1937년 전신학교경비, 학생수, 교직원의 현황

경비 단위 : 원(圓)

	고농	법전	고공	의전	고상	경사	경여사
1922	89,704 (43 : 67 /23)	49,483 (129 : 3 /12)	151,658 (46 : 53 /50)	111,499 (205 : 148 /59)	90,000 (0 : 197 /25)	370,044 (21 : 303 /30)	
1923	132,430 (58 : 106 /22)	55,844 (163 : 5 /12)	148,182 (37 : 81 /51)	88,110 (227 : 181 /51)	146,683 (17 : 193 /42)	370,951 (33 : 384 /34)	
1924	115,808 (59 : 130 /18)	55,301 (157 : 15 /10)	147,402 (40 : 81 /44)	87,536 (192 : 198 /58)	83,134 (29 : 211 /39)	267,616 (54 : 462 /49)	
1925	86,681 (63 : 117	57,001 (118 : 34	124,822 (43 : 75	95,664 (119 : 161	89,782 (33 : 213	334,580 (235 : 557	

연도							
	/28)	/11)	/42)	/65)	/36)	/73)	
1926	101,987 (67 : 104 /34)	61,156 (116 : 46 /16)	137,494 (92 : 60 /60)	83,538 (133 : 219 /78)	101,372 (33 : 213 /41)	332,975 (146 : 648 /51)	
1927	128,346 (74 : 94 /55)	73,902 (115 : 60 /14)	156,618 (48 : 116 /58)	102,651 (105 : 235 /74)	110,334 (32 : 192 /44)	328,030 (161 : 619 /62)	
1928	134,926 (56 : 95 /50)	61,849 (127 : 63 /15)	154,862 (39 : 138 /61)	296,104 (101 : 250 /105)	108,710 (38 : 195 /45)	327,283 (174 : 585 /58)	
1929	149,711 (56 : 104 /60)	65,928 (130 : 68 /14)	90,597 (31 : 147 /50)	303,704 (93 : 253 /111)	126,194 (45 : 212 /43)	313,582 (186 : 576 /49)	
1930	135,289 (53 : 115 /47)	59,189 (130 : 68 /14)	150,456 (28 : 152 /55)	292,152 (94 : 253 /66)	106,930 (41 : 220 /24)	288,042 (194 : 572 /41)	
1931	117,062 (53 : 126 /38)	53,124 (132 : 59 /13)	126,744 (30 : 157 /49)	307,157 (93 : 252 /34)	96,535 (47 : 225 /18)	271,807 (214 : 559 /45)	
1932	113,298 (46 : 135 /47)	49,192 (133 : 52 /12)	118,775 (32 : 155 /45)	317,177 (87 : 253 /46)	118,775 (45 : 222 /22)	152,280 (211 : 563 /34)	
1933	132,214 (58 : 144 /23)	49,983 (138 : 37 /14)	120,840 (33 : 155 /33)	318,008 (70 : 265 /40)	92,187 (52 : 226 /36)	293,683 (283 : 669 /40)	
1934	110,882 (55 : 152 /22)	49,288 (138 : 52 /11)	123,834 (40 : 143 /21)	328,067 (68 : 255 /43)	91,853 (40 : 143 /21)	247,150 (417 : 683 /45)	
1935	106,927 (49 : 157 /38)	50,260 (141 : 48 /12)	121,227 (49 : 147 /33)	350,473 (76 : 257 /39)	92,689 (58 : 231 /23)	237,890 (236 : 627 /44)	119,044 (205 : 140 /17)
1936	244,636 (57 : 156 /36)	53,512 (149 : 54 /13)	121,227 (64 : 141 /29)	359,746 (78 : 250 /111)	95,940 (61 : 230 /25)	240,619 (247 : 665 /46)	146,735 (364 : 234 /27)
1937	271,818 (63 : 168 /42)	143,360 (155 : 49 /14)	156,851 (66 : 156 /35)	392,415 (88 : 252 /129)	97,199 (65 : 230 /24)	336,469 (275 : 833 /50	361,772 (273 : 272 /34)

비고 : 괄호 안의 수치는 각각 한국인 학생수 : 일본인 학생수와 교직원을 가리킴. 경사와 경여사는 각각 경성사범학교와 경성여자사범학교의 약칭. 고농의 경우는 1933년부터 는 부속실업보습, 교원양성소 포함

측량 실습하는 수원고등농림학교 학생들

　수원고등농림학교(고농)의 경우, 1920년에는 경비상에서 커다란 변동이 보이지 않은 반면에 교직원 정원이 1927년에 들어와 크게 증가하였다.[74] 조선총독부가 교직원이 부족하여 수업은 물론 실험실습이 어렵다는 학교측과 학생들의 요구를 수용하였기 때문이다.[75] 이후 1933년을 제외하고는 경비의 변동이 별로 없다가 1930년대 후반에 들어오면 경비가 증가하였다. 1936~1937년에 교사(校舍)와 도서관을 신축하였을 뿐더러 각종 시설물을 보강한 결과로 보인다.[76] 이러한 노력은 일본인 학생의 증가에 따른 교사 신축의 필요성이 높아졌기

74) 『昭和2年度 豫算槪算書』(국가기록원 소장), ‘大正16年度豫算槪算書提出의 件’.

75) 『매일신보』 1926.7.14.

76) 서울대학교 농과대학 수원농학80년사편찬위원회 편, 앞의 책, 328쪽 ; 조선총독부, 『水原高等農林學校敷地盛土工事仕樣書』(1936), 『수원고등농림학교부속교원양성소관사기타전등공사』(1936), 『수원고등농림학교부속교사증축기타공사설계도』(1937) 등 국가기록원 소장 기록물 참조. 특히 1936년 조선총독부특별예산에 수원고등농업학교 2년 繼續 新營事業이 포함되어 있다(『동아일보』 1935.8.23 ; 1935.12.31).

248

때문이다. 1937년 수의축산학과를 증설하면서 교육시설 투자가 증가하면서 더욱 그러하였다.[77] 이는 시간이 점차 흐를수록 일본인 위주의 선발로 굳어지고 있는 현상과 매우 밀접하였다. 1922년에 한국인 학생과 일본인 학생의 비율이 1 : 1.5였는데 1937년에 가면 1 : 2.6으로 벌어지고 있다. 아울러 이 기간에 학교경비는 3배 이상으로 증가하였다. 결국 학교 경비의 이러한 급증은 교육시설 등 여타 요인도 작용하였겠지만 기본적으로 일본인 학생수 증가에 따른 교육비 확충의 결과라 하겠다.

경성고등공업학교(경성공업전문학교의 후신, 고공)의 경우도 고농과 마찬가지로 한국인 학생수와 일본인 학생수의 비율이 1 : 1.16에서 1 : 2.3으로 바뀔 정도였는데 학교경비는 수원고등농림학교의 경우와 달리 별로 변함이 없다. 이러한 양상은 일제가 조선을 원료공급지로 설정하고 농업부문을 확충하고자 한 반면에 일본인 학생이 증가함에도 불구하고 일본공업과 경쟁하지 않도록 하기 위해 공업기술을 발전시키지 않으려 한 시책에서 비롯된 것으로 보인다. 이에 1934년 당시 경성상공회의소에서는 기계과, 도안과 등 학과 신설의 시급함을 지적하고 일본 고등공업학교의 3분의 1 내지 2분의 1 수준의 교수 충원상태를 비판할 정도였다.[78] 특히 학생당 1년 경비 300원은 공업기술교육을 감안하고 일본 본국 동종 학교와 비교할 때 매우 빈약하다고 지적하였다.[79]

경성법학전문학교(법전)의 경우, 법전 건물이 광화문에서 청량리로 이전되는 1937년을 제외하고는 학교경비는 거의 변동없이 유지되는 반면에 한국인 학생수와 일본인 학생수의 차이가 점차 줄어들고 있다.[80] 일본 본토 출신들 중 법전에 대한 지원자가 증가하자 이를 적극 수용한 결과로 보인다. 그럼에도 여전히 '조선인학교'로 불리고 있다.[81] 그러나 일제는 학교경비에서 볼 수

77) 서울대학교 농과대학 수원농학80년사편찬위원회 편, 앞의 책, 328쪽 ;『동아일보』 1937.12.25.
78) 京城商工會議所,『朝鮮工業基本調査概要』, 99~107쪽.
79) 위의 글, 106쪽.
80) 서울대학교 法科大學同窓會,『서울대학교 法科大學百年史 1895~1995』, 2004, 146쪽.

생리학 실습을 하는
경성의학전문학교 학생들

있듯이 한국인을 하급사법행정관리로 활용하면서도 투자는 매우 인색하였다. 아울러 지원자 대비 입학 실상을 들여다보면 일본인 학생은 입학률이 10%인 데 반해 한국인 학생은 25%에 지나지 않았다.[82]

경성의학전문학교(의전)의 경우, 이 기간에 학교경비가 무려 3.5배 증가한 반면에 한국인 학생과 일본인 학생의 비율은 1 : 0.72에서 1 : 2.86으로 바뀌었다. 15년 사이에 한국인과 일본인의 재학생수가 역전되었을 뿐더러 격차 역시 늘어났다. 그 결과 1927년 이래 경비가 증가하기 시작하였다. 물론 시설 투자도 경비 증가의 요인이었다. 예컨대 1928년 경성의학전문학교는 처음으로 자체 부속의원을 부설하기에 이르러 이 해에 경비가 급증하였다. 그러나 이러한 부속 병원이 일본인 학생의 증가와 매우 밀접하다는 점에서 일본인 위주의 학교 운영이 이러한 시설 투자를 더욱 증가시킨 요인으로 추정된다. 그리고 이들 일본인 중 많은 수가 일본에서 시험을 치러 합격했다. 1933년의 경우, 합격자 84명 가운데 한국인 학생이 단 12명인 데 반해 일본에서 건너온 학생이 63명으로 70% 이상을 차지하였다.[83] 그리하여 일부 재조선 일본인마저 경성의학전문학교를 동경(東京)으로 옮기고 문부성 예산으로 지출하는 것이 조선총독부의 '용비절약상 합리적(冗費節約上 合理的)'이라고 지적하였다.

경성고등상업학교(고상)의 경우, 1923년부터 한국인 학생이 처음으로 입학하면서 이른바 일선공학의 취지를 살리고자 하였음을 확인할 수 있다. 그러나 1923년도에만 경비가 급증하였고 이듬해인 1924년에는 예전의 금액으로 회귀한 것으로 보아 한국인 학생의 증가보다는 1923년에 학교 시설의 추가 설립에서

81) 『동아일보』 1937.12.20.
82) 『조선일보』 1928.3.30.
83) 『동아일보』 1933.3.26.

비롯된 것으로 보인다. 그러나 이후 경비가 별로 증가하지 않았다. 이 역시 일본인 학생이 압도적으로 많은 학교임에도 불구하고 경성고등공업학교와 마찬가지로 일본 본국의 상업과 경쟁하지 않도록 투자를 제한한 것으로 보인다.

경성사범학교(경사)의 경우, 같은 기간에 학생수의 비율이 1 : 14.4에서 1 : 3.03으로 변하면서 양 민족의 격차가 대폭 줄어들었다. 그것은 1929년 조선총독부가 사범학교정비라는 이름으로 분산식 사범교육에서 집중식 사범교육으로 전환하면서 한국인 위주의 도립사범학교를 폐지하자 이에 따른 한국인 교사의 공백을 메우기 위해 한국인 학생 정원을 늘린 것으로 보인다.[84] 그러나 이처럼 학생정원이 크게 증가하였음에도 불구하고 학교경비는 오히려 감소하였다. 이러한 양상은 일제가 저비용으로 많은 교사를 양성하고자 했음을 보여준다. 사범교육의 열악화 방향을 잘 보여준다고 하겠다.

반면에 1935년 4월 1일에 경성사범학교의 여자 연습과와 부속여자보통학교의 학생을 이관받아 설립된 경성여자사범학교(경여사)는 당시 국내 유일의 여자초등교사 양성기관이었기 때문에 교사 수급을 위해 애초부터 한국인 여학생이 일본인 여학생보다 많았다.[85] 그러나 1937년에는 일본인 학생수가 한국인 학생수에 근접하기에 이른다. 이는 이후 전자가 후자를 넘어설 가능성을 예고한다. 실제로 1940년에는 일본인 여학생이 563명인 데 반해 한국인 여학생은 477명에 지나지 않았다.[86]

전신학교로 대표되는 관립전문학교들의 경비 증가율은 이처럼 한국인 학생수의 증가율과 반비례하고 있는 반면에 일본인 학생수의 증가율과는 비례하고 있다. 그 밖의 학교 경비가 별로 증가되지 않는 학교는 졸업생의 종사 분야가 일본 본국의 종사 분야와 경쟁되는 학교이다.

---

84) 『동아일보』 1929.1.18.

85) 강영미, 「日帝時代 官公立 普通學校 한국인 여교원의 양성과 사회의 인식」, 고려대학교 석사학위논문, 2007, 20~23쪽.

86) 조선총독부, 『조선총독부통계연보』 1940년판, 275쪽.

요컨대 제2차 교육령 시기에 일제는 '서울대학교 전신학교'를 관립전문학교로 승격시켰으나 본국-조선의 농공분업체제를 전제로 하여 고등교육시책을 강구하되 이를 뒷받침하는 일본인 학생 위주의 학사운영 기조를 취했다.

3) 한국인의 일제 전신학교 운영 기조에 대한 반응과 동향

일제의 이러한 전신학교 시책은 당장 일본인들의 입학경쟁률보다는 한국인들의 입학경쟁률을 높였다. 『동아일보』는 다음과 같이 한국인의 입학률 현황을 보도하였다.

> '많아도 3할 5푼 (……) 고상은 겨우 1할 7푼' : 시내와 수원의 6개 관립전문학교 조선인 입학률을 볼 때, 법전의 7할 가량이 최고로, 대개가 3할 가량 밖에 모집.[87]

당시 한국인 학생들이 일본인 학생들에 비해 다수 지원함에도 불구하고 입학률이 매우 낮았던 것이다. 특히 지원자수를 통해 비교할 때 한국인 학생은 지원자의 10%만 입학할 수 있는 반면에 일본인 학생은 지원자의 10%만 입학하지 못하였다.[88] 그리하여 『동아일보』를 비롯한 한국인 언론들은 한국인 학생이 겪는 이러한 입학난의 원인을 제2차 조선교육령에서 찾았다. 즉 제1차 조선교육령과 제2차 조선교육령을 다음과 같이 비교하였다.

> 조선인 학생의 관전 입학난 : 대정 11년도(1922)까지는 조선인을 위한 시설이라고 할 수 있을 정도로 조선인 학생이 많았으나, 조선교육령 개정 후, 법전의 경우를 제외하면 입학자의 대다수가 일본인이 되어 조선인 입학률이 격감.[89]

---

87) 『동아일보』 1928.4.2.
88) 『동아일보』 1930.3.20.
89) 『동아일보』 1929.12.22.

제2차 교육령 시기의 한국인 입학률이 제1차교육령 시기에 비해 훨씬 떨어졌음을 지적하고 있다.

따라서 한국인 언론들은 일본인 학생들이 본국에서의 입학난을 피해 조선에 들어왔음을 비판하면서 '조선인(朝鮮人) 본위(本位)'의 관립전문학교 운영을 주장하였다.[90] 즉 본국에서 오는 일본인 학생의 입학을 제한할 것을 주장하였다.[91] 이른바 학교면로주의를 주창하였다. 나아가 '조선인 학생과 전문학교, 진정한 기회균등을 달라'고 요구하였다.[92] 이러한 요구는 언론기관에 그치지 않고 한국인 전반의 정서였다. 당시『동아일보』는 "조선에 있는 전문이상학교가 조선인의 자제를 교육하는 기관이 아니오 주로 일본인의 자제를 교육하는 기관의 감(感)이 있다"고 보도하였다.[93]『조선일보』역시 "사실에 있어서 일본인만을 수용하는 기관에 지나지 못하였다"고 비판하였다.[94] 그리고 당시 이른바 일선공학의 허구를 다음과 같이 비판하였다.

> 공학(共學)이란 미명하에서 사실상으로 조선인의 입학은 제한을 당하고 있으며 무차별의 외식하(外飾下)에 중대한 차별대우를 하고 있는 것이 금일의 조선의 전문이상교육과 실업교육의 현실의 정책이다.[95]

일제가 일선공학(日鮮共學)을 통해 전문학교의 내실화를 이끌었다고 주장할 수 있지만 결국 한국인 학생에 대한 차별을 전제로 펼친 고등교육 시책이었음을 지적하고 있는 것이다.[96] 나아가 조선인 본위의 교육방침이 배제된 채 한국인

---

90)『동아일보』1928.9.30.
91)『동아일보』1931.2.25.
92)『동아일보』1929.2.22 ; 1931.2.14.
93)『동아일보』1931.3.15.
94)『조선일보』1927.4.14.
95)『동아일보』1931.3.15.
96)『조선일보』는 1927년 1월 18일 기사에서 이런 현상을 '共學制 美名下 入學은 極難'이라고 비판하였다.

학생들은 이른바 교육내지연장주의(敎育內地延長主義)에 희생되고 있다고 판단하였다.97)

심지어 이들 언론은 한국인 입학자가 적은 것은 민족별로 비율을 정한 내규 때문이라는 의구심을 표명하였다.98) 그 밖에 일제 경찰이 한국인 입학지원자의 신원을 조사하여 '불령적(不逞的) 경향(傾向)'을 가진 한국인 자제는 입학을 불허한다고 의심하기에 이르렀다.99)

심지어 1936년 7월에는 동아일보 주최로 입학난 문제를 둘러싼 좌담회가 열리기도 하였다.100) 이 자리에 참석한 김준연(金俊淵), 이여성(李如星), 김상용(金尙鎔) 등은 전문학교와 대학 입학시 한국인에 대한 차별을 지적하고 자유경쟁으로 공정하게 선발할 것을 요구하였다. 당시 한국인 입학비율은 경성법학전문학교, 경성의학전문학교, 경성고등공업학교, 수원고등농업학교, 경성고등상업학교의 경우, 각각 74.2%, 27.5%, 30.3%, 32.3%, 19.1%였다. 경성법학전문학교만 제외하고는 30% 가량 내지 그 이하였다. 이에 한국인 학생들은 일제의 불평등 대우를 예상하여 지원을 미리 단념하기까지 하였다.

나아가 한국인 언론들은 입학제도의 모순을 지적하였다. 즉 이들 언론 보도에 따르면 당시 한국인이 부담했던 조세액에 비해 관립학교 한국인 입학자수가 일본인 입학자수에 비해 매우 적다는 것이다.

> 즉 관립학교라는 것은 그 경비가 소위 국세로 납세하는 돈 중에서 나오는 것이니 국세의 비례를 조금 해석을 하여보자. 소위 국세로 납입된 금액을 14년도의 예산에 의하여 보면 총액이 44,740,000원 가량이오 그 중에 일본인편에서 납세한 것이 1,428,462원이오 조선인측에서 납세한 것이 43,308,645원이니 일본인과 조선인의

---

97) 『동아일보』 1931.12.2.
98) 『동아일보』 1930.3.11 ; 1931.3.15.
99) 『동아일보』 1931.2.14 ; 1931.3.15.
100) 『동아일보』 1936.2.7.

비례를 보면 조선인은 국세로 일본인보다 약 30배 이상을 납세하는 터이니 일본인은 조선인에 비하여 30분의 1일 못되는 것이다. 그러므로 만일 국세를 내는 비례로 즉 조선인이 국세를 내는 정도와 일본인이 국세를 내는 정도에 따라 각각 그에 상당한 학생을 교육시킨다 하면 관립학교에서는 반드시 조선인 학생이 일본인 학생보다 30배 이상이 되는 형편에 있어서야 상당할 것이다.[101]

이 내용을 표로 나타내면 <표 4>와 같다.

<표 4> 1925년 민족별 국세납입액과 관립학교 학생수

	한국인	일본인	합계	비고
관립학생수	792(100)	5,593(700)	6,385명	한국인을 기준으로 비율 산정
국세납입액	43,308,645원(100)	1,428,462원(3)	44,740,000원	

출전 : 『동아일보』 1926.8.16.
비고 : 괄호 안 수치는 한국인과 일본인의 해당 항목 비율

결국 이처럼 조세액과 비교하여 양 민족의 비중을 따져보면 한국인 1인에 대해 일본인 218명이 관립학교에 재학 중인 셈이다. 나아가 관립학교만 일본인이 그 분에 넘치는 금전 즉 한국인 측에서 납세하여 당연히 한국인을 위하여 쓸 금전을 한국인을 위하여 쓰지 아니하고 일본인 교육을 위하여 쓰는 금전이 매년 772,918원 내외의 거액에 달하였다. 당시 『동아일보』는 이를 두고 "부당한 이득을 매년 772,000여 원을 탈취하는 것"이라 비판하였다. 그리하여 한국인 일부 언론에서는 경성제국대학을 포함한 고등교육기관에서는 한국인 학생이 전체 학생에서 50% 이상 차지할 수 있도록 조치를 취할 것을 요구하였다.[102]

또한 일본인 본위의 경성제국대학 설립 이후 전문학교의 우수 교직원들이 대학으로 이동하고 시설물 투자와 더불어 재외연구원 파견을 비롯한 교직원

---

101) 『동아일보』 1926.8.16 사설.
102) 『동아일보』 1931.3.15.

처우가 열악해졌다. 1927년 당시 5개 관립전문학교 1년 경비는 5만원에서 12만원 사이였는데 평균 경비액으로 환산하면 1개 일본인 중학교 경비와 차이가 없었다.103)

이에 조선총독부는 일선공학의 취지를 내세워 경성고등상업학교의 동경시험장(東京試驗場)을 철폐하여 본국에 거주하는 일본인의 입학을 제한하고자 하였다.104) 이 역시 당시 한국인들의 입학난을 해소해야 한다는 여론이 비등한 가운데 일제가 취한 고육지책이었다.

한편, 한국인 학생들은 일제의 차별적인 학사운영에 반발하여 '조선인 본위'를 주장하는 학생운동을 전개하였다. 특히 일제의 '일선공학' 방침으로 민족별 비율이 역전된 수원고등농림학교의 경우, 한국인 학생들의 저항 의식이 점차 제고되었다.105) 『조선일보』는 제2차 조선교육령 직후인 1923년 5월 일제의 '일선공학' 시책이 시행되는 가운데 고농에서 벌어진 일본인들의 차별대우를 다음과 같이 비판하였다.

> 조선인 학생일동은 오래 학교에 대하여 적고 큰 불평과 일본인 학생에 대한 악감정이 한두 가지가 아니라는데 제일 그학교는 조선인을 본위 삼는 학교이건만은 지금 현상으로 보면 조선인 본위라 하는 것보다 차라리 일본인 본위라 하겠으며 그 이유는 현금 재학하는 학생의 수가 일본인이 조선인의 3배 이상 이상이 된다 하며 목하 조선사회에서 농림계에 종사하고자 희망하는 자가 다수임도 불구하고 도리어 수험자가 적음은 또한 학교의 방침이 일본인을 본위삼을 뿐만 아니라 그 얼마나 조선인에게 대한 태도가 가랭성하면 그러하냐 함이요 둘째는 기숙사

---

103) 『조선일보』 1927.6.19.

104) 『동아일보』 1923.1.29 ; 1923.4.11.

105) 수원고등농림학교 학생들의 저항의식과 학생운동에 관해서는 박환, 「1920년대 수원고등농림학교 학생비밀결사 : 건아단과 조선개척사를 중심으로」, 『수원문화사연구』 2, 수원문화원, 1998 ; 장용경, 「'사건'을 통해서 본 일제하 수원고등농림학교 학생들의 의식세계」, 『수원의 종교와 교육』 참조.

설비에 관한 것이니 즉 현재 조선인 학생을 수용하는 소위 동료(東寮)라 하는 기숙사와 일본인 학생들을 수용하는 기숙사 즉 서료(西寮)와 비교하면 그 설비가 소양(霄壤)의 차가 있는지라 이것만 보아도 학교 당국자가 그 얼마나 조선인 학생을 차별하는지 충분히 증명할 수 있고 또는 일본인 학생 학생의 기숙사인 서료에 조선인 학생을 무리하게 강제로 입사케 함이니 그리하는 내막의 이유는 일본인 학생기숙사와 조선인 기숙사의 설비가 전기와 같이 한번 보아도 얼른 알게 되었으므로 학교 당국자는 각 참관자에게 대하여 조선인 학생과 일본인 학생간에 차별을 두지 아니 한다고 표방하는 구실을 삼고자 강제로 입사케 함이라더라.[106]

여기서 민족별 정원, 기숙사 차별 등에서 보이는 일제의 민족 차별이 제2차 조선교육령에 의한 '일선공학' 공작 속에서 이루어졌음을 확인할 수 있다. 나아가 이러한 차별은 같은 공간에서 겪는 문화 갈등과 연계되면서 더욱 부각되었다.

그러나 한국인 학생들의 이러한 시정 요구에도 입학과 대우의 차별은 여전하였다. 1934년 수원고등농림학교의 경우, 일본 본토 출신 학생은 합격자 비율이 70%인 데 반해 한국인 학생은 30%에 머물렀다.[107] 더욱이 한국인들의 생활수준 하락으로 자연스럽게 지원을 단념하는 학생들이 증가하면서 한국인 학생들의 입학경쟁률은 더욱 하락되어 갔다. 한국인 학생들은 경제적 어려움으로 실력이 있음에도 시험조차 응시할 수 없는 처지로 몰리고 있었던 것이다.

4. 맺음말

일제는 1910년 8월 대한제국을 폐멸시킨 뒤 곧이어 1911년 시세(時勢)와 민도(民度)의 차이를 내세워 제1차 조선교육령을 제정·공포함으로써 교육시책

---

106) 『조선일보』 1923.5.10.
107) 『동아일보』 1936.2.8.

의 기본 방향이 수립되었다. 점진적(漸進的) 동화주의(同化主義)에 입각한 차별적 교육정책의 실행이었다. 한편, 일제는 조선을 이른바 농공분업체제(農工分業體制)에 편입시킨다는 방침 아래 한반도를 원료공급지대로 설정하고 농림업을 비롯한 원료생산 산업을 진흥시키되 상공업을 본국과 경쟁되지 않는 수준으로 제한하기 위해 보통교육 및 농업교육과 저급 기술 교육에 중점을 두었다.

따라서 고등교육 시책 역시 일제의 이러한 통치 방침에 근간을 두고 고등교육을 억제하는 방향에서 이른바 서울대학교 '전신학교(前身學校)' 개편·운영에 적용되었다. 일제가 1910년 강점을 전후로 하여 기존의 대한제국 정부가 근대 고등교육기관으로 육성하려 했던 관립전문학교를 일개 부속 실습학교로 격하시키고 한성사범학교를 폐교시킨 것은 이 때문이었다. 그들은 한국인 학생이 고등교육을 통해 자주적인 인민으로서 자각하고 학문상·산업상에서 일본 본국의 학생과 경쟁하려는 노력을 최대한 억제하고자 했던 것이다. 1903년 일본 본국에서 제정된 「전문학교령(專門學校令)」이 적용되지 않은 것은 이를 단적으로 말해준다.

그러나 일제의 이러한 고등교육 시책 방향은 1910년대 중반에 이르러 난관에 봉착하였다. 무엇보다 척식(拓殖)의 향도자(嚮導者)로 내세웠던 일본인 이민자의 자녀 진학 문제가 긴급한 현안으로 떠올랐기 때문이다. 일본인 이민자의 지속적인 증가와 안정적인 정착에는 자녀들의 교육 여건 확보 여부가 무엇보다 중요했던 것이다.

또한 1910년대 중반 개신교 선교사 계열의 고등교육기관 설립 노력은 일제 당국을 자극하였다. 일제로서는 통치의 정당성을 확보·유지하기 위해서는 선교사 계열과의 교육헤게모니 경쟁에서 앞서나가야 했다.

끝으로 혁명사상을 쉽게 접할 수 있는 한국인 유학생의 증가는 일제로서는 경계해야 할 사안으로서 철저하게 통제하는 데는 무리가 따랐다. 비록 일제가 한국인의 유학을 억제하려고 하였지만 오히려 한국인의 반발을 초래할 따름이었다.

이에 일제는 1910년대 중반을 고비로 이러한 제반 문제를 체제 내로 포섭하면서 일본인 학부형의 요구를 적극 반영하기 위해 고등교육 시책의 방향을 조정하였다. 그것은 부속 실습학교나 다름없었던 전신학교를 준전문학교(準專門學校)로 승격시키는 것이었다. 비록 조선과 일본의 학제 차이로 인해 일본의 전문학교령을 여전히 적용받지 못했지만 전수학교를 제외하고는 입학 자격과 학교 명칭이 바뀌었다. 그리하여 1916년 이래 기존의 부속농림학교, 부속공업전습소, 부속의학강습소에서 각각 수원농림전문학교, 경성공업전문학교, 경성의학전문학교 등으로 승격되었다. 그러나 이러한 전환은 일본인 학생의 입학을 허용함을 의미했다. 그리하여 수원농림전문학교, 경성공업전문학교 등의 경우, 일본인 학생수가 각각 1920년과 1921년에 한국인 학생수를 초과하였다. 이는 1920년대 '내선공학(內鮮共學)'의 기치 아래 일본인 위주의 고등교육기관 운영을 예고하였다.

이후 3·1운동과 한국인의 교육열 속에서 일제가 내지연장주의에 입각하여 제정한 제2차 조선교육령은 한국인 보통교육의 확산, 고등보통학교의 증가와 더불어 명실상부한 전문학교의 탄생을 가져오는 계기가 되었다. 즉 준전문학교에 머물러 있었던 여러 전신학교가 일본의 전문학교령을 적용받는 전문학교로 승격되었다. 수원고등농림학교, 경성법학전문학교, 경성고등공업학교, 경성의학전문학교 등의 관립학교는 이를 잘 말해준다. 그리고 일본인만이 입학할 수 있었던 동양협회 전문학교 경성분교가 사립경성고등상업학교를 거쳐 '내선공학(內鮮共學)'의 기치에 걸맞게 한국인도 입학할 수 있는 관립경성고등상업학교로 전환하기에 이르렀다. 또한 이들 전신학교는 학교 경비의 증가와 교직원의 증원을 통해 내실을 기하면서 그 위상을 높여갔다.

그러나 이러한 전신학교는 교육내지연장주의(敎育內地延長主義)에 입각하여 일선공학을 실현하고 일본인 위주의 고등교육체제를 구축하는 데 일익을 담당하였다. 경성법학전문학교를 제외한 나머지 전신학교는 1917년 경성공업전문학교를 시작으로 일본인 학생수가 한국인 학생을 넘어서더니만 1924년에 이르면 경성의학전문학교마저 일본인 학생이 한국인 학생수보다 많기에 이르렀다. 이러한 수치는 일본인 학생들이 전신학교의 혜택을 다수 누리면서 수적 우위에 근거하여 한국인 학생을 사회적·문화적으로 차별할 수 있게 되었음을 의미하였다. 물론 경성사범학교는 애초부터 일본인 학생의 절대 우위에서 개교하였기 때문에 말할 나위도 없다. 그리하여 전신학교는 여타 각급 학교에 비해 한국인 본위의 학교가 아니라 일본인 본위의 학교임을 여실하게 보여주었다.

따라서 한국인 여론은 일본인 본위의 관립전문학교 운영 기조를 거세게 비판하였다. 특히 『동아일보』를 비롯한 한국인 여러 신문들은 한국인 학생의 입학률이 지원자수에 비해 매우 낮음을 맹렬하게 비판하면서 민족별 조세 부담의 비율에 따른 민족별 입학률을 제정할 것을 요구하는 한편 졸업 이후 대다수가 일본으로 돌아가는 본국 출신 일본인 학생의 입학을 제한할 것을 주장하였다. 즉 이들 신문은 일선공학(日鮮共學)의 허구를 지적하면서 '조선인(朝鮮人) 본위(本位)'의 관립전문학교 운영을 주장하였다.

또한 한국인 학생들도 학교 현장에서 차별적인 학사 운영에 반발하여 '조선인 본위'의 학교운영을 요구하는 학생운동을 전개했다. 특히 일제의 일선공학 방침으로 민족별 비율이 역전된 수원고등농림학교의 한국인 학생들은 민족별 학생 정원을 비롯하여 기숙사 차별 등의 문제를 제기하면서 동맹휴학에 들어가곤 하였다. 물론 일제 당국은 농림 진흥의 필요성과 한국인 학생들의 시설 개선 요구에 따라 학교시설을 신축하거나 개축하기도 하였다. 그러나 일제의 일본인 본위의 학교 운영은 좀처럼 개선되지 않았다. 오히려 일본인 학생의 비율은 매년 증가하였을 뿐더러 민족별 차별 역시 강화되어 갔다.

일제는 이러한 기조 위에서 1937년 7월 중일전쟁을 일으킨 뒤 곧이어 1938년 3월 제3차 「조선교육령」을 제정·공포하였다.[108] 이에 따라 '국체명징(國體明徵)', '내선일체(內鮮一體)', '인고단련(忍苦鍛鍊)'이 3대 교육방침으로 제시된

---

108) 『조선총독부관보』 호외, 1938.3.4, 「칙령 제103호 조선교육령」.

가운데 1938년 3월 학무국장 시오바라 도키사부로(鹽原時三郎)가 "종래 내규적으로 시행하여 오던 전문학교의 조선인모집제한 철폐를 비롯하여 교육각반에 의식적 내선차별을 엄중 주의하여 교육령개정정신이 위반되지 않도록 부단의 명심을"한다고 언명하면서 한국인과 일본인 간의 차별이 철폐될 것임을 강조하였다.[109] 그러나 관립전문학교 학생수를 보면 민족차별은 결코 사라지지 않았다. 1938년에는 5개 관립전문학교 학생 전체에서 한국인 학생의 비율이 34.0%에서 1942년에는 26.2%로 격감하였다.[110] 비록 사범학교 등의 일부 '전신학교'에서 양 민족간의 차이가 줄어들기 하였지만 그것은 민족말살을 위한 교육정책을 밀고 나가기 위해 교사 양성을 강화하는 데 불과하였다. 오히려 학교 경비가 감소됨으로써 인력 양성의 질은 훨씬 떨어졌다.[111] 한편, 1939년에 군수품 광산자원 확보에 필요한 인력을 양성하기 위해 경성고등공업학교 광산과가 본교에서 분리되어 오늘날 서울대학교 공과대학으로 연결되는 경성광산전문학교(京城鑛山專門學校)로 승격·설립되었다.[112] 관립전문학교의 위상이 더욱 높아졌음을 말해준다. 그러나 이 학교 민족별 학생수를 보면 1938년에는 한국인 학생과 일본인 학생이 각각 147명, 119명이었지만 1942년에는 각각 95명, 174명으로 역전되었다.[113] 관립전문학교의 위상은 높아졌지만 한국인 대다수가 바랐던 '조선인 본위'의 고등교육은 더욱 멀어져 갔던 것이다.

---

109) 『조선일보』 1938.3.18.
110) 조선총독부, 『조선총독부통계연보』 1938년판, 280쪽 ; 『조선총독부통계연보』 1942년판, 222쪽.
111) 제3차·제4차 조선교육령 시기 일제의 관립전문학교 운영 기조에 관해서는 별고로 다룰 예정이다.
112) 『조선총독부관보』, 1939.4.28, 「조선총독부령 제65호 경성광산전문학교규정」.
113) 조선총독부, 『조선총독부통계연보』 1938년판, 280쪽 ; 『조선총독부통계연보』 1942년판, 222쪽.

참고문헌

| 자료 |

『권업신문』
『신한민보』
『매일신보』
『신한국보』
京城高等商業學校, 『京城高等商業學校一覽, 昭和9-14년도』, 1939.
『昭和2年度 豫算槪算書』
帝國靑年指導會 編, 『官費貸費入學案內』, 明進堂書店, 1913.
『朝鮮敎育要覽』
『朝鮮總督府官報』
『朝鮮總督府施政年報』
『조선총독부통계연보』
朝鮮總督府 文書課, 「臨時敎育調査委員會」, 『朝鮮』 85, 1922.
朝鮮總督府 水原高等農林學校 편, 『朝鮮總督府水原高等農林學校一覽』, 1931.
朝鮮總督府醫院, 『朝鮮總督府醫院二十年史』, 1928.
朝鮮總督府 學務局, 「朝鮮敎育要覽」, 1926.
『植民地 朝鮮敎育政策 史料集成』(영인본) 69, 別集, '敎化意見書', 大學書院, 1990.

| 저서 |

가타기리 요시오·기무라 하지메 외, 『일본 교육의 역사 : 사회사적 시각에서』(이건상
　　옮김), 논형, 2011.
弓削幸太郎, 『朝鮮の敎育』, 自由討究社, 1923.
강만길 외, 『일본과 서구의 식민통치 비교』, 선인, 2004.
서울대학교 농과대학 수원농학80년사편찬위원회 편, 『수원농학80년사』, 1986.
서울대학교병원사 편찬위원회, 『서울대학교병원사』, 서울대학교병원, 1993.
서울대학교병원 병원역사문화센터, 『사진과 함께 보는 한국 근현대 의료문화사
　　1879~1960』, 웅진지식하우스, 2009.
서울대학교 평의원회 편, 「「개교원년」 조정에 관한 연구」, 2010.
임광수 엮음, 『정통과 정체성 - 서울대학교 개교 원년, 왜 바로 세워야 하는가 - 』, 삶과
　　꿈, 2009.

| 논문 |

강명숙, 「일제시대 제2차 조선교육령 개정 과정 연구」, 『교육사상연구』 23-3, 2009.

강영미, 「日帝時代 官公立 普通學校 한국인 여교원의 양성과 사회의 인식」, 고려대학교 석사학위논문, 2007.

구자옥, 「서둔벌의 근대농학 교육과 과학기술 전개」, 『농업사연구』 9-1, 2010.

김근배, 「日帝時期 朝鮮人 과학기술인력의 성장」, 서울대학교 박사학위논문, 1996.

金皓娟, 「일제하 경성법학전문학교의 교육과 학생」, 한양대학교 석사학위논문, 2011.

김한종, 「제2차 조선교육령 시기 日鮮共學 정책과 조선인의 반응」, 『湖西史學』 48, 2007.

나카바야시 히로카즈, 「1910년대 조선총독부의 통치논리와 교육정책 – '동화'의 의미와 '제국신민'화의 전략」, 『韓國史研究』 161, 2013.

나카바야시 히로카즈, 「조선총독부의 교육정책과 동화주의 변천」, 연세대학교 박사학위논문, 2015.

朴潤栽, 「韓末·日帝 初 近代的 醫學體系의 形成과 植民 支配」, 延世大學校 박사학위논문, 2002.

朴芝媛, 「1910년대 일제의 중등 농업학교 운영과 조선인 졸업생의 진로」, 『歷史敎育』 130, 2014.

박찬승, 「1910년대 渡日留學과 留學生活」, 『역사와 담론』 34, 2003.

박환, 「1920년대 수원고등농림학교 학생비밀결사 : 건아단과 조선개척사를 중심으로」, 『수원문화사연구』 2, 수원문화원, 1998.

안홍선, 「경성사범학교의 교원양성교육 연구」, 서울대학교 석사학위논문, 2004.

장용경, 「'사건'을 통해서 본 일제하 수원고등농림학교 학생들의 의식세계」, 『수원의 종교와 교육』(수원시사편찬위원회편, 2014).

鄭然泰, 「1910년대 일제의 農業政策과 植民地 地主制 – 이른바 「米作改良政策」을 중심으로 – 」, 『韓國史論』 20, 1988.

정인경, 「일제하 경성고등공업학교의 설립과 운영」, 『한국과학사학회지』 16-1, 1994.

정재철, 「일제하의 고등교육」, 『한국교육문제연구』 5, 중앙대학교 한국교육문제연구소, 1989.

조은진, 「1910~20년대 조선의 관립전문학교 학제 형성과 운영」, 『韓國史論』 61, 2015.

베이징 대학의 학술사적 위치와
'교사(校史)' 박물관의 역할

　베이징 대학(이하 줄임말은 '북대'로 한다)은 무술변법의 산물이다. 바로 그 때문에 근대 중국 운명의 상징이자 중국 부흥의 희망이었다. 따라서 베이징 대학은 일반적인 학교가 아니다. 근대 중국의 학술뿐 아니라, 사상과 정치와도 밀접한 관계를 가진 것이다. 베이징 대학은 그 특별한 위치와 비범한 역사로 인해 중국 근현대사에서 중요한 자리를 차지하고 있다. 관방에서도 베이징 대학의 학교사(學校史)의 형성과 해석을 중시하지만, 베이징 대학 스스로도 일찍부터 학교사를 구축하고자 노력해왔다. 개교기념 행사를 거행할 뿐 아니라 5·4운동을 기념하고, 아카이브(당안관)와 교사관(校史館)을 건립하여 북대와 근대 중국의 관계를 부각시켰다. 이외에 학자들 역시 베이징대학사 연구를 중시하여 대량의 논저가 발표되었다. 본문에서는 근현대 중국에서의 베이징 대학 발전 과정에 대해 소개하고, 베이징 대학의 학과 구성과 학술적 공헌, 학교사의 구성, 기념 및 학술 연구 등의 상황에 대해 소개하고자 한다.

1. 베이징 대학의 건립과 발전

　중국이 청일전쟁에서 패한 이후, 지식인들은 잇달아 변법유신을 요구했는데, 그 핵심은 과거제 폐지와 학교의 부흥이었다. 당시 량치차오(梁啓超)는 이렇게 강조했다. "변법의 기본은 인재를 육성하는 데에 있다. 인재를 흥성하게 하는 것은 학교를 세우는 데 있고, 학교를 세우는 것은 과거제를 변화시키는 데에 있다."[1] 그렇게 세워진 경사대학당(京師大學堂)은 학교부흥의 조류 속에 설립된 최고단계의 학당이었고, 또한 당시 유일한 국립대학이기도 했다.

1869년, 형부좌시랑 리돤펀(李端棻)은 조정에 제출한 「학교를 보급하길 청하는 접(請推廣學校折)」에서 처음으로 "경사대학"을 설립하기를 정식으로 제안했다.[2] 1898년 캉유웨이(康有爲)가 다시금 광서제에게 "경사에 대학을 세우기로 논의한 지가 몇 년이나 되었으니, 마땅히 빨리 세우도록 독촉해야 할 것입니다. 훌륭하게 세워 만국을 바라보아야 할 것입니다."[3]라고 했다. 1898년 6월 11일 광서제는 「명정국시조(明定國是詔)」를 반포하여 "경사대학당으로서 각 행성(行省)을 이끌도록 해야 하니 반드시 가장 먼저 세워야 한다."라고 정식으로 결정하였다.[4]

그러나 경사대학당이 세워진 지 얼마 되지 않아 무술정변이 발발했다. 신정(新政)의 모든 조치가 폐해졌으나 대학당만은 남게 되었다. 1900년에는 베이징이 8국 연합군에게 점령당한 경자사변이 일어났다. 경사대학당 교사(校舍) 역시 러시아, 독일군대가 차례로 점거하여 상당한 파괴되었다. 경자사변이 끝난 뒤, 청정부는 다시 신정을 추진하고, "학문을 부흥하고 인재를 육성하는 것이 현재의 급무"라고 규정하였다. 이에 정부는 1902년 1월 10일 경사대학당을 재건하도록 명하고, 장바이시(張百熙)를 관학대신(管學大臣)으로 임명했다. 장바이시는 학교의 체제를 다시 정리하면서 우선 예비과를 두어 본과에 대비하도록 하고, 그밖에 속성과를 사학관(仕學館)과 사범관(師範館)으로 나누어 설치하여 관직에 있는 자와 공을 세운 자를 불러 입학토록 했다.[5] 같은 해 10월 14일

---

1) 梁啓超, 「論變法不知本原之害」, 『飮冰室合集』(第1冊), 中華書局, 1989, 10쪽.
2) 「刑部左侍郎李端棻奏請推廣學校折」, 北京大學校史硏究室編, 『北京大學史料』第一卷, 北京大學出版社, 1993, 21쪽.
3) 「康有爲請開學校折」, 『北京大學史料』第一卷, 26쪽.
4) 「光緖二十四年四月二十三日爲擧辦京師大學堂上諭」, 『北京大學史料』第一卷, 43쪽.

입학시험을 거행하여 사학관에서는 36명의 학생을 받고, 사범관에서는 56명의 학생을 뽑았으며, 11월 25일에 사학관과 사범관은 다시 학생 90명을 뽑았다.[6] 12월 17일에는 입학식을 거행하여 정식으로 개학을 했는데, 이 날이 베이징 대학의 개교기념일이 되었다. 1904년 5월 6일에는 진사관이 개학을 하였는데, 사학관이 여기에 통합되어 그 학생들 역시 진사관에 병합되었다.

1904년 관학대신(管學大臣)이 총리학무대신(總理學務大臣)으로 바뀌면서 전국 학무를 총괄하게 되었다. 경사대학당에는 따로 감독을 두었는데, 총감독으로는 장형자(張亨嘉)를 임명하여 대학당 사무를 전관케 하였다. 이 해에, 대학당은 예비과 제1반 학생을, 사범과 제2반 학생을 모집했고, 속성과 학생 중에서는 47명을 선발하여 서양 각국과 일본으로 유학을 보냈다. 1905년 경사대학당은 덕승문(德勝門) 바깥쪽에 부지를 선정하여 일곱 개 과(科)의 대학 교사를 건설할 준비를 시작했고 또 와요(瓦窯)에는 농과대학 교사도 짓고자 했으나, 1911년 신해혁명이 발발하면서 미완성으로 남았다.

1906년 첫 번째 진사관 학생들이 졸업했다. 1907년에는 진사관이 해산되어 정법학당(政法學堂)으로 바뀌었다.[7] 1907년 3월 13일에는 사범관의 첫 번째 졸업생들이 배출되고, 1909년에도 206명의 졸업생이 배출되었다. 사범관은 이 반 학생들이 졸업한 직후 대학당으로부터 독립하여 우급(優級) 사범학당을 설립하였는데, 이것이 오늘날의 베이징 사범대학이다. 1909년 대학당 예과에서도 132명이 졸업했다. 예비과는 고등학당으로 이름을 바꾸고 계속 대학당의 일부로 남았다.[8] 이와 동시에 분과(分科)대학 준비에 들어가 1910년 3월 30일 의과 외에 기타 7개 분과대학이 모두 정식으로 신입생을 모집했는데 첫 번째 모집학생은 400여 명이었다.[9]

5) 「欽定京師大學堂章程」, 『北京大學史料』 第一卷, 88~90쪽.
6) 蕭超然等編 : 『北京大學校史(1898-1949)』(增訂本), 北京大學出版社, 1988, 21쪽.
7) 앞의 책, 22쪽.
8) 앞의 책, 26쪽.
9) 앞의 책, 26쪽.

차이위안페이

신해혁명 이후에 1912년 2월 15일 위안스카이(袁世凱)는 옌푸(嚴復)를 경사대학당의 총감독으로 임명하고, 5월 1일 교육부에 영을 내려 경사대학당을 국립 베이징 대학교로 개명하도록 하고, 대학당 총감독을 대학교장으로, 각과 감독은 학장으로 개명하도록 하며 옌푸는 계속 교장으로 두었다.[10] 이 시기 베이징 대학은 경비가 부족하였으므로 옌푸는 하는 수 없이 과목을 병합하고 기구를 간소화하며 인원을 삭감했다. 1912년 7월, 베이징 국민정부의 교육부는 경비문제와 베이징 대학의 운영이 원활하지 않은 점을 핑계삼아 폐교를 제기했으나 학생 및 교직원들의 완강한 반대로 인해 그만두었다. 1913년 교육부는 다시 베이양 대학(北洋大學)을 베이징 대학에 합병할 것을 제기하고 또한 베이징 대학의 공과(工科)를 베이양 대학에 편입시키고 베이양 대학의 법과를 베이징 대학에 편입시키고자 하였으나 베이징 대학의 교수와 학생들의 강한 반대로 인해 실현하지 못하였다. 이러한 압력에 부딪혀, 옌푸 역시 일찍이 분과와 대학 개량 방법의 초안을 만들었고,[11] 후임자인 허위스(何燏時) 역시 교무 개선을 제안하면서 경비를 삭감하고 줄였으나,[12] 모두 확실한 성과를 내지는 못했다.

1916년 12월 26일 교육부는 차이위안페이(蔡元培)를 국립 베이징 대학의 교장으로 임명했다. 차이위안페이는 부임한 후 단호히 개혁을 추진하여 교육독립을 제창하고, 교수가 학교를 다스린다(敎授治校)는 관리체제를 세웠다. 1919년

---

10) 「敎育部總長呈荐任大學校校長等文」, 『北京大學史料』 第二卷, 北京大學出版社, 2000, 3쪽.
11) 蕭超然 等編, 앞의 책, 38쪽.
12) 「署北京大學校長何燏時呈懇維持大學并准立予罷斥文并批」, 『北京大學史料』 第二卷, 北京大學出版社, 2000, 5쪽.

에는 「내부조직시행장정(內部組織試行章程)」을 제정했는데, 여기서는 평의회가 입법을 하고, 행정회의가 행정을, 교무회의가 학술을, 총무처가 사무를 담당하도록 했다. 그 중 교무회의는 유럽 대학의 제도를 모방하고 총무처는 미국의 시정제도(市政制度)를 본 딴 것이었다. 평의회와 행정회의는 베이징 대학이 처음으로 만든 것이었다.13) 평의회와 교무회의 회원은 교수가 상호 추천하는 방식으로 뽑고, 민주주의를 채택했다. 행정회의와 각 상설 위원회 회원은 교장이 추천하고 평의회에서 통과시키는 것으로, 민주와 효율을 동시에 추구했다. 총무장과 총무위원은 교장이 위임하는 것으로, 효율주의만을 채택했다. 쟝멍린(蔣夢麟)은 이를 두고 베이징 대학의 이러한 새로운 조직체계는 구미 두 대륙 대학체제의 우수한 점을 융합시켜서 효율과 민주가 병존할 수 있게 하였으니, 학술에서는 민주를 중시하고 사무에서는 효율을 중시했다고 평했다.14) 학술사상 측면에서 보면 차이위안페이는 "사상자유, 포괄적인 허용(兼容幷包)"를 주장하여 베이징 대학을 신문화운동의 요람이자 5·4운동의 발상지로 만들었다. 초기 공산당 인물 중에도 베이징 대학 학생과 교직원이 적지 않다. 1921년 중국공산당이 성립된 후, 베이징에 집행위원 지부를 하나 두었는데, 그 당원 역시 주로 베이징 대학에 집중되어 있었다.

본과에 학과를 설치할 때 차이위안페이는 독일 대학의 체제를 따르자고 주장하였다. 즉 문과와 이과를 확장하고 상과(商科)를 줄이자는 것이었다. 공과는 베이양 대학으로 편입시키고 법과는 분리시킨 뒤 단독의 단과대학으로 성립시키고자 하였으나 실현되지 못하였다. 그래서 베이징 대학은 문, 이, 법 3과가 남고, 문, 이 양과가 주축이 되었다.

베이징 대학의 교과과정에는 상식교육이 관철되도록 하였고, 교과간의 교차를 제창했으며, 선택과목 제도를 확대하여 학생들이 필수과목 외에 다른 과의 교과과정까지 포함하여 자유롭게 교과를 선택할 수 있도록 하였다. 학생 모집에

---

13) 「北京大學新組織」, 『北京大學史料』 第二卷第一分冊, 81쪽.
14) 앞과 동일.

1917년 베이징 대학

는 평민교육을 주장하여 학생의 자격, 출신을 보지 않고 성적의 우열을 중요한 기준으로 삼는 비교적 엄격한 학생 모집제도를 운영하였다. 1920년에는 처음으로 여학생을 받아들여 남녀공학을 시행하기 시작했다. 이는 중국 대학에 바람을 일으켜, 다른 학교에서도 잇따라 여학생을 받아들이기 시작했다. 차이위안페이가 교장을 맡은 10년 간 베이징 대학이 이룬 장족의 발전은 이후 베이징 대학 발전의 기초가 되었고, 명실상부한 중국 최고의 학부가 되도록 만들었다.

1927년 7월 20일 베이징 정부를 장악한 봉계군벌(奉係軍閥)은 베이징 대학을 해체하고 베이징의 9개 국립고등학교를 경사대학교로 합병하기로 결정하였다. 이에 정부는 8월 6일 경사대학교 성립을 선포하고 교육부에서는 「국립경사대학교조직강요(國立京師大學校組織綱要)」를 반포하였다. 베이징 대학 문과대학과 이과대학을 경사대학교 문과와 이과로 바꾸고, 베이징 대학 법학대학원을 베이징 법정대학과 합병하여 경사대학교 법과로 만들어 "법과 제2원"으로 개칭하였으며, 베이징 대학의 연구소 국학문(國學門)을 국학연구관으로 고쳤다. 이 시기에 학교 도서들이 다량 분실되고 학술단체들이 해산되었으며, 국학연구관은 마비상태가 되었다. 1928년 6월 북벌군이 베이징에 진입하고 봉계군대가 관동으로 퇴각하자 베이징 대학의 학생과 교직원들은 「북대복교선언(北大復校

宣言)」을 발표하고 각반 대표는 복교운동 위원회를 조직하는 등 복교운동을
진행하기 시작했다.

　일찍이 1921년 9월에 차이위안페이는 「교육독립의(教育獨立議)」를 발표하며
프랑스식 대학구제(大學區制)를 주장한 바 있었다. 당시 북대와 다른 고등학교는
차이위안페이의 교육독립 주장을 지지하였으나, 1928년 난징국민정부가 실제
로 대학구제를 실행하려 했을 때, 북대 학생들은 결사적으로 저항했다. 난징국민
정부는 교육부를 대학원(大學院)으로 개칭하여 전국을 몇 개의 대학구(大學區)로
나누고, 매 구 안에 국립대학을 하나씩 설립하려고 하였다. 베이핑(北平)에서
대학구제를 실행할 때, 차이위안페이는 그와 북대의 특별한 관계를 고려하여
베이징 대학이라는 이름을 회복하도록, 즉 경사대학교를 바로 베이징 대학으로
개명하기를 주장하였으나, 이페이지(易培基)가 리스쩡(李石曾)의 지지 하에 중화
대학(中華大學)으로 바꾸자고 주장했다. 6월 19일 정식으로 리스쩡이 중화대학
의 교장으로 임명되고, 리수화(李書華)가 부교장으로 임명되었다. 리스쩡은
샤오쯔성(蕭子升), 리성장(李盛章) 등을 베이징으로 보내 전(前)국립학교 9개를
접수하게 했다. 북대의 교사와 학생들은 북대를 중화대학에 편입하는 것에
완강히 반대하여 리스쩡이 북대를 접수하는 것을 저지했다. 8월 16일 난징정부
는 다시 베이핑대학구 설립을 결정하여, 중화대학을 베이핑 대학으로 개명하고
북대의 문과와 허베이(河北) 대학 문과를 합병하여 베이핑 대학 문학원(文學院)으
로 하고, 이과는 단독으로 베이핑 대학 이학원으로 하며, 법과는 베이징 법정대
학·허베이 대학 법과·톈진(天津) 법정 전문학교를 합병하여 베이핑 대학 법학원
을 만들어, 법대의 옛 터에 설립하겠다고 계획하였다. 또한 전 북대 3원은
베이핑 대학 문과와 이과의 예과로 하고, 전 북대 연구원은 국학연구소로
고쳐 베이핑 대학의 직속으로 두고자 했다. 이러한 개조방안은 북대 교사와
학생들의 격렬한 저항에 부딪혔다. 학생들은 북대 회복위원회를 조직하여
스스로 학교를 관리하였으며, 복교단·구교결사대(救校敢死隊)·무력호교단(武力
護校團)을 조직하여 학교를 보위하였다. 교직원들은 학업유지회를 조직하여

각 계(係)의 학회를 회복시켰다. 10월 20일에는 자발적으로 개학하여 학업을 유지했다. 1928년 12월 베이핑 당국이 무력으로 북대를 접수하려는 시도가 실패한 후, 1929년 초 난징국민정부 교육부는 북대 교사·학생들과 협의를 시도하여, 북대를 베이핑 대학 북대학원으로 개조하되, 대외적으로는 계속해서 국립 베이징 대학교의 명칭을 사용하고, 내부 구조는 바꾸지 않기로 결정했다. 1929년 3월 11일, 북대는 다시 개학했다. 6월 17일, 난징국민정부가 대학구제 폐지를 선포하자 북대의 학생과 교직원들은 베이핑 대학으로부터 철저히 벗어나 독립하기를 주장하였다. 이에 8월 6일 난징국민정부는 정식으로 베이핑 대학 북대학원을 국립 베이징 대학으로 바꾸기로 결정했다.

북대 교사(校舍)는 본래 3원 5재(3院5齋) 및 음악 교습소 등 9개 건물이 있었는데, 경사대학교 시기에 제4재와 음악교습소가 폐지되어 북대 복교 후에는 3원 4재만이 남았다. 제1원은 한화위엔(漢花園)에 위치하여 문과 계열이 이 자리에 세워졌다. 제2원은 마션먀오(馬神廟)에 자리하여, 이과 계열이 이 자리에 세워졌다. 제3원은 베이허옌(北河沿)에 있는데, 법과와 연구소 국학문이 이 자리에 있었다. 4재는 네 곳의 학생 기숙사로, 800여 명을 수용할 수 있었다.[15]

1930년 12월 쟝멍린이 북대 교장으로 부임하여 북대 행정과 교학제도를 미국식으로 개조하였다. 그는 후스(胡適)를 다시 북대로 불러 문과원장을 맡도록 하고, 미국 유학생들을 대규모로 초청하여 교학을 담당하도록 하면서 1931년부터는 교수 전임제도를 시행하였다. 그는 북대 교학과 학과 연구의 발전을 적극적으로 추동하였으나, 9·18사변이 발생한 후 학생운동이 고양되고, 교학질서 역시 영향을 받게 된다. 1933년부터 사그라드는 듯 했던 학생운동은 1935년 화베이(華北)사변 때 다시 일어나 유명한 '12·9운동'이 발발하였다. 그러나 북대의 교학과 학술 수준은 이 시기에도 큰 진전을 이루었다. 북대는 중화문화교육기금회와 합작하여 도서와 기구를 구매하고, 전문 지식을 갖춘 교수들을

---

15) 蕭超然 等編, 『北京大學校史(1898-1949)』(增訂本), 251쪽.

연구교수로 초빙하여 일반 교수보다 조금 후한 대우를 해 주었다. 그러나 학교 밖에서 겸직하는 것을 금지하고 교학과 학술 연구에 전념하도록 했으며, 교수 휴가제도를 제정했다. 연속으로 5년 간 일한 경우 1년의 휴가를 청해 연구할 수 있도록 하고 교수가 휴가기간에 외국 혹은 국내 각지에서 연구할 수 있도록 자금 및 보조 인력을 지원하였다. 교수가 휴가 1년간 연구를 하지 않으면 봉급의 반을 주고, 반년인 자는 전액을 주며, 한 차례 쉰 후 연속 5년간 일한 자는 다시 휴가를 쓸 수 있도록 했다.16) 비록 이 제도는 조건의 제한으로 인해 모두 실행되진 못했으나 북대 학술 연구의 분위기는 점차 농후해지고 학술적인 성과도 얻게 되었다.

1937년 7월 노구교(盧溝橋) 사건이 발발한 뒤, 베이핑은 순식간에 함락되고 북대는 명령대로 남쪽으로 이동하였다. 8월 25일에는 일본 헌병이 북대에 진입하여 일본군이 북대 제2원과 후이러우(灰樓) 새 기숙사에 주둔했고, 다른 교사는 지역유지회의 관리에 들어갔다. 1937년 말에 괴뢰 화베이(華北) 정무위원회 교육부는 베이징 대학이 베이핑에 남겨둔 숙사 등 일부 기초시설들을 이용하여 괴뢰 국립 베이징 대학을 설립하였다. 1937년 10월, 북대는 남으로 이동하여 후난성(湖南省) 창사(長沙)에 이르렀고, 칭화 대학(淸華大學), 난카이 대학(南開大學)과 연합하여 창사 임시대학을 조직하여 10월 25일 정식으로 개학하고 11월 1일부터 수업을 시작했다. 1938년 1월 창사 임시대학은 다시 윈난성(雲南省) 쿤밍(昆明)으로 옮기기로 결정하고, 4월 2일 정식으로 시난(西南) 연합대학으로 개명한 후 5월 4일 수업을 시작했다. 3개교는 여전히 행정과 교학 조직 체계를 유지하고 있었고, 전쟁 전에 입학한 북대 학생들은 연합대학에 들어갔어도 계속 북대 학적을 유지하는 것으로 하고 졸업할 때에는 북대 졸업증서를 수령할 수 있었다. 1939년 8월 북대 연구원이 회복된 후에는 연합대학에 소속되지 않게 되었고, 입학한 연구생들 역시 북대 학적에 속하게 되었다. 그러나 그

---

16) 蕭超然 等, 308쪽.

숫자는 매우 적었고 1946년 북대가 복원되었을 때 연구생은 총 20여 명에 지나지 않았다.[17]

항일전쟁 승리 후, 북대와 칭화, 난카이 3개교는 1946년 5월 시난 연합대학교를 해체하고 본교로 복귀하였다. 북대 학생과 교직원은 차례로 베이핑으로 돌아와 10월 10일 정식으로 개학했다. 괴뢰 국립 베이징 대학 등 베이핑 각 괴뢰 대학의 학생들은 심사를 거쳐 각자의 지원에 맞춰 각 국립대학으로 분산 배치되었다. 임시대학 학생 중 일부가 베이징 대학에 들어갔고, 북대는 괴뢰 베이징 대학을 접수했다. 북대가 원래 가지고 있던 문, 이, 법 3학원 외에 공, 농, 의 3개 학원이 증설되어 이 시기 북대는 6개의 학원, 33개의 학계가 있었고 또한 중문과 아래 도서관학 전수과(專修科), 역사과 아래 박물관 전수과를 부설하였다.

1949년 2월, 중공군대가 베이핑으로 들어왔다. 2월 28일 베이핑시 군사접관위원회(軍事接管委員會)에 속해있는 베이핑시 문화접관위원회는 북대에서 접관(接管) 및 개조 문제를 상담했다. 3월 1일 베이핑시 문화접관위원회는 인원을 파견하여 북대에 진주토록 하고, 5월 4일 새로운 교무위원회 성립을 선포하면서 접관공작이 완결되어, 5월 9일 문화접관위원회 연락원이 북대에서 철수했다. 1952년 6월 신정부는 전국적으로 대규모의 고등학교원계통 정리 작업을 시행하여, 북대는 성내에서 전 옌징 대학 부지인 옌위엔(燕園)으로 옮겨가고, 확장 공사를 시행하였다. 10월 4일 신 북대가 옌위엔에서 개학식을 거행했다.

원계(院系) 조정 이후, 북대는 학원 1학년을 없애고 학교(學校), 학계(學係) 양급 관리 체제를 시행한다. 전공설치, 교학계획, 교학대강, 교학방법 및 교재 등 각 부문이 전반적으로 소련의 대학을 모방한 것이었고 그 중에서도 모스크바 대학의 모델을 따랐다. 1954년 10월 교육부는 베이징 대학과 기타 5개 대학을 전국 중점대학으로 결정했다.[18] 북대 교수와 학생의 규모는 급속도로 확대되었

---

17) 蕭超然 等, 336쪽.

18) 王學珍 等 主編, 『北京大學紀事』, 北京大學出版社, 2008年 第2版, 581쪽.

으나 경비가 부족하고 정치적 방해가 매우 커서 교학질서와 과학연구는 종종 타격을 입었다. 문화대혁명 기간 위태로운 상황에 처했을 때에는 공농병(工農兵) 학생을 모집하여 겨우겨우 유지해나갔다. 1977년 대학입학시험이 회복되어 교학질서가 회복되고 과학 연구 사업 역시 점차 진전되었다. 개혁개방의 조류 속에서 북대는 주로 미국 등 서방의 저명한 대학을 본떠 꾸준히 각종 개혁 조치를 진행하였다.

2. 베이징 대학의 학과발전과 학술 공헌

경사대학당의 설립목적은 위로는 태학(太學)의 정통을 계승하고 아래로는 새로운 학문을 세우는 시초가 되고자 하는 것이었다. 처음으로 과문(科門)제도가 도입되었고, 분과대학을 설립하여 각 분과대학별로 교학 행정을 조직했다. 처음에는 경학과(經學科), 법정과, 문과, 격치과(格致科), 의과, 농과, 공과, 상과 등 8개 과를 설치하였으며, 경학과는 주역, 상서 등 11문(門)으로 다시 나누었고, 정법과는 정치, 법률의 2문으로, 문학과는 중국사학, 만국사학, 중국문학 등 9문, 의과는 의학, 약학 2문, 격치과는 산학, 성학(星學), 물리학, 화학, 동식물학, 지질학의 6문, 농과는 농학, 농예화학, 임학(林學), 수의학의 4문, 공과는 토목공학, 기계공학, 조선학, 조병기학(造兵器學), 전기학, 건축학, 응용화학, 화약학, 채광학과 야금학의 9문, 상과는 은행 및 보험학, 무역 및 판운학(販運學), 관세학 3문으로 나누어서,[19] 총 8과 46문이었다. 그 취지는 「명정국시조」에서 제시한 바와 딱 맞다. "성현의리의 학문으로서 그 근본을 수립하고, 또한 반드시 서학의 실무에 딱 들어맞는 것을(부합하는 것을) 널리 취해야 하며, 강학(講學)에 힘을 써서, 공허하고 소략하며(空疏) 낡아빠지고 황당무계한(迂謬) 폐단으로부터 구

---

19) 「大學堂章程」, 『北京大學史料』 第一卷, 97쪽.

베이징 대학의 학술사적 위치와 '교사(校史)' 박물관의 역할 275

제해야 한다. 항상 쓸모없음(無用)이 유용하게 변화하는 것을 (추)구해, 경제 변화에 능통한 재주를 이루어야 한다."20)

1902년 장바이시는 경사대학당 회복의 명을 받고, "대학당 안에서 마땅히 법제는 상세해야 하고 빠짐이 없어야 하며(철저해야 하며) 규모는 원대해야 한다. 뿐만 아니라 법제는 학술을 하는 사람의 마음과 특히 크게 관련되어 있으며, 또한, 오주만국(五洲万國)이 모두 지켜보고 있는 바이다."라 하여 학교의 체제를 다시 정리하였다. 우선 예비과를 두어 본과에 대비하도록 하였다. 장바이시는 미국에 사신으로 간 흠차대신이 수집한 컬럼비아 대학, 예일 대학, 펜실베이니아 대학 등 13개 대학의 교육과정의 서목을 참고하여「흠정학당장정(欽定學堂章程)」제정을 주관했다. 여기서 "경사대학당의 설치로 충군애국을 불러일으키고 지혜를 트이게 하며, 실업을 진흥시키고자 한다. 금번의 유지(諭旨)를 따라, 추세와 방향을 바로잡고, 통재(通才)를 양성하여, 전체 학문의 강령(綱領)으로 삼는다."21)라고 했다. 대학당을 대학예비과, 대학전문과, 대학원 3급으로 나누고, 예비과는 정과(政科)와 예과(藝科)로 나누어, 경사(經史)와 정치, 법률, 통상(通商), 이재(理財) 등을 정과에 속하도록 하고, 성(聲), 광(光), 전(電), 화(化), 농(農), 공(工), 의(醫), 산(算) 등을 예과에 속하도록 했다. 예비과 학생은 3년이면 졸업하여 시험에 합격하면 대학 본과로 올라갈 수 있었다.

대학의 분과는 정치, 문학, 격치, 농학, 공예, 상무와 의술 7개과로 나누도록 했고, 정치과는 다시 정치학, 법률학의 2목(目)으로 나누었다. 문학과는 경학, 사학, 이학, 제자학, 장고학(掌故學), 사장학(詞章學), 외국언어문학의 7목, 격치과는 천문학, 지질학, 고등산학(高等算學), 화학, 물리학, 동식물학의 6목, 농학과는 농예학, 농업화학, 임학, 수의학의 4목, 공예과는 토목공학, 기기공학, 조선학, 조병기학(造兵器學), 전기공학, 건축학, 응용화학과 채광야금학의 8목, 상무과는 부계학(簿計學), 산업제조학, 상업언어학(商業言語學), 상법학, 상업사학(商業史

20)「光緒二十四年四月二十三日爲擧辦京師大學堂上諭」,『北京大學史料』第一卷, 43쪽.
21)「欽定京師大學堂章程(光緒二十八年十一月)」,『北京大學史料』第一卷, 87쪽.

學), 상업지리학의 6개 목, 의술과는 의학, 약학의 2목으로 나누어 총 7과 35목이 되었다.[22]

그밖에 속성과를 설치하여 사학관(仕學館)과 사범관(師範館)으로 나누고 관직에 있는 자와 공을 세운 자를 불러 입학토록 했다.[23] 1903년에는 또한 의학실업관을 설립했다. 또한 진사관에서 진사들에게 새로운 과목을 공부하도록 했으며, 1904년에는 의학실업관이 의학관으로 바뀌었다. 또한 1903년 5월에 동문관(同文館)을 대학당에 편입시켜, 역학관(譯學觀)으로 개편하고 8월에 영국, 러시아, 프랑스, 독일, 일본 5개국의 어문 전공과 학생을 모집했다.[24] 경사대학은 또한 역서국(驛書局)을 설립해 서방의 관련 과목과 자료 번역을, 편서처(編書處)를 두어 국학 관련 교재 편집을 책임지도록 했으며,[25] 중학당과 소학당도 부설하였다.

1903년 6월 27일 광서제는 유를 내려, "경사대학당은 학술 인재의 근본인데, 관계가 중요하니, 장즈동(張之洞)을 보내 장바이시, 롱칭(榮慶)과 함께 만나 현재 대학당 장정의 일체 사무를 어떻게 실행할 것인가 착실히 상의해서 정하도록 하라."[26]고 명령했다. 이에 장즈동은 장바이시, 롱칭 등과 함께 「대학당장정(附通儒院)」을 수정하였다. 여기서 대학당을 각 학술과 기술을 갖춘 인재가 임용되기에 충분하도록 만드는 것을 목표로 한다고 하고, 학교를 설립한 종지(宗旨)를 "충효를 근본으로 삼고, 중국 경사(經史)의 학문을 기초로 삼아서, 학생들의 심술(心術)을 순수하고 올바름으로 돌아가게 한 이후에 서학(西學)의 그 지혜와 지식이 스며들게 하여, 그 예능(藝能)을 익혀서, 반드시 훗날 인재가 되어, 각자 적합하게 실제 사용되어, 국가에서 통재(通才)를 양성하고 삼가 유폐(流弊)를 막으려는 뜻에 우러러 부합하게 해야 한다."[27]고 밝히고 있다. 대학당 내에는

22) 앞의 글, 88~89쪽.
23) 「欽定京師大學堂章程」, 『北京大學史料』 第一卷, 88~90쪽.
24) 蕭超然 等編, 22쪽.
25) 蕭超然 等編, 18쪽.
26) 「重訂學堂章程」, 舒新城 編, 『近代中國教育史料』 第二冊, 上海中華書局, 1928, 4쪽.

경학, 법학, 문학, 의과, 격치, 농과, 공과와 상과로 8분된 분과대학을 설치하고, 분과대학은 각각 몇 개의 문(門)을 설치해서 학생들이 하나의 문을 전공하도록 했고,[28] 또한 대학원을 통유원(通儒院)으로 고쳐 중국 학술의 진보를 추동하고 발명과 새로운 이론으로 책을 낼 수 있으며, 새로운 기계를 만들어 백성들이 이용하는 데 이익이 되는 효과를 거두고자 함을 종지로 삼았다. 1909년에 분과대학을 주비할 때 실제로 개설한 것은 경학, 법학, 문학, 격치, 농과, 공과와 상과 7개 분과대학이었다.

1912년 5월 옌푸가 경사대학당을 국립 베이징 대학교로 고친 이후 문과, 법과, 상과, 농과와 공과가 설치되었고, 각과에는 새로운 교학계획을 제정하여 과문(科門)제도를 보완하였으며,[29] 또한 교사의 선발에 집중하여 교사가 학술 연구를 할 것을 제창하고, "고등교육기관을 졸업하였고 또한 학문에 조예가 깊으며 다른 데에 마음이 없는 사람이면, 봉급에 우대를 하고, 한편으로는 가르치게 하고, 동시에 스스로 해당 과목을 연구하도록" 초청하여, "이렇게 몇 해가 지나면 우리나라의 학업의 독립을 기대할 수 있고 발달의 기회로 나아갈 수 있"기를 기대했다.[30] 옌푸가 주관하던 기간, 북대 과문제(科門制)의 학과체계가 공고해졌으며 동시에 베이징 대학이 일정한 독립적인 학술 연구를 수행할 수 있는 특색을 갖게 되었다. 이로써 베이징 대학은 현대 교육체계의 기초를 닦게 된다.

차이위안페이는 베이징 대학의 교장을 계승한 이후 학과체제를 개혁하여 현대적 교육체계를 건립하였고, 교학과 학술 수준은 날로 제고되었다. 차이위안페이는 베이징 대학을 예과, 본과, 연구소의 3급으로 나누고, 그 중 예과를 다시 갑을 양 부로 나누었다. 예과갑부는 제1학조인 수학계와 물리학계, 제2학조

27) 「重訂學堂章程」, 舒新城 編, 『近代中國敎育史料』 第二冊, 上海中華書局, 1928, 4쪽.

28) 「大學堂章程(附通儒院)」, 『北京大學史料』 第一卷, 97~98쪽.

29) 「民國元年所訂之大學制及其學科」, 『北京大學校史(1898~1949)』(增訂本), 38쪽.

30) 蕭超然 等編, 『北京大學校史(1898-1949)』(增訂本), 北京大學出版社, 1988, 38~39쪽.

인 화학계, 지질학계와 생물학계로 진급할 수 있었다. 예과 2부는 제4학조인 중국문학계, 동방문학계, 러시아문학계, 영국문학계, 프랑스문학계와 독일문학계, 제5학조인 사학계, 법률학계, 경제학계와 정치학계로 승급할 수 있었다. 갑을 양부의 예과생은 모두 제3학조인 철학계, 심리학계와 교육학계로 승급할 수 있었다.[31] 1924년 학조 방식은 취소되었지만 갑을 양부 예과생은 여전히 원래의 규정대로 상응하는 학계로 승급했다.

본과의 학과를 설치할 때 차이위안페이는 독일 대학의 체제를 채용하여 문과와 이과를 확장하고 상과를 폐지하며 공과를 베이양 대학으로 편입시키자고 주장하였다. 법과는 분리시킨 뒤 단독의 전문대학으로 성립시키고자 하였다. 그러나 이 계획은 실현되지 못하였고, 북대에 문, 이, 법 3과가 남고 문, 이 양과가 그 주축을 이루게 되었다. 또한 원래의 과문제를 고쳐 독립된 학계(學係)로 만들었다. 각 학계는 독립된 학과 문류(門類)의 교학 기능을 가지고 또한 일정한 자치권을 가질 수 있도록 했다. 학교 전체로 봤을 때 중국언어문학계, 사학계, 수학계 등 14개의 학계가 있었다. 1924년에는 교육학계와 동방문학계를 증설했으며, 1925년에는 생물학계가 생겼고, 1925년에는 철학계 심리학문의 기초 위에 다시 심리학계가 생겨나 학교 전체가 18개 학계로 증가하게 되었고, 다시 5개 조(組)로 나누어, 제1조는 수학계, 천문학계, 물리학계, 제2조는 화학계, 지질학계, 생물학계, 제3조는 철학계, 교육학계, 심리학계, 제4조는 중국문학계, 영국문학계, 프랑스문학계, 독일문학계, 러시아문학계로, 제5조는 사학계, 경제학계, 정치학계, 법률계로 나누었다. 1932년 북대는 문학, 이학, 법학의 3개 학원을 설치하고 그 뒤에 공학원과 농학원을 증설하여 학교와 학원과 학계의 3급제를 구성했다.

"심오한 학술을 가르치고 석학과 비범한 인재를 키워내"기 위해 경사대학당이 성립된 초기에 대학원이 세워졌고 이는 후에 통유원으로 바뀌었다. 차이위안

---

31) 앞의 책, 191쪽.

페이가 교장이 된 후 다시 연구소로 바뀌어 연구소는 각 학계 본과의 3학년 이상의 학생 및 졸업생이 한 가지 전공의 전문지식을 공부할 수 있는 곳으로, 후에는 대학원생 제도로 발전했다.[32] 1917년 베이징 대학은 가장 먼저 문과연구소를 세우고, 1918년 이과, 법과 역시 차례로 연구소를 세웠다. 문과연구소 산하로 음운, 형태, 훈고, 문자자유(文字孶乳), 시문곡사(詩文曲詞), 소설, 문학사 등 과목으로 나눠 전문적으로 학술연구를 하고 새로운 학술연구의 규범을 수립했다. 문과연구소 내에는 방언조사회와 어음악률 실험실을 세웠는데, 그 중 방언조사회는 중국어 음운, 어법, 어휘에 대해 규범화 연구를 진행한 중국 최초의 학술 기구이다. 이러한 작업은 현대 중국어 규범화에 기초적인 공헌을 하였다.[33] 최초의 문과 연구생인 뤄창페이(羅常培), 웨이젠꽁(魏建功), 쩡텐팅(鄭天挺), 저우쭈모(周祖謨)와 같은 사람들은 후에 베이징 대학의 교수가 되었는데 이들은 현대 중국의 저명한 학자이기도 하다.[34]

1921년 12월 베이징 대학은 「국립 베이징대학연구소 조직대강(國立北京大學研究所組織大綱)」을 공포하고 원래 있던 연구소를 개편, 학교급의 연구소를 설치하여, 교장이 소장을 겸임하도록 하고, 졸업생들이 계속해서 전공 학술 공부를 할 수 있는 곳으로 만들었다. 자연과학, 사회과학, 국학 및 외국어 문학의 4문을 설치할 계획을 세웠다. 연구소는 "엄격히 들어오고 엄격히 나간다"는 방침 하에 학생을 모집하여, 연구소에 들어갈 수 있는 학생은 소수정예였고 또한 비교적 높은 수준의 학술 능력이 요구되었다. 연구생이 연구소에 있는 기간 동안의 학습, 주제선정은 모두 학생 본인과 지도교수의 결정에 의거하도록 했다. 상당히 긴 기간 동안 북대연구소에는 오직 국학문(國學門)만이 설치되어 있었으나,[35] 연구소는 확고한 학과제도로 자리 잡았고 연구생(대학원생) 교육

32) 『北京大學史料』 第二卷, 82쪽.
33) 馬越 編著, 『北京大學中文系簡史』, 北京大學出版社, 1998, 8~9쪽.
34) 馬越 編著, 28쪽.
35) 北京大學考古學系 編 : 『北京大學考古學系四十年 1952~1992』, 22쪽.

의 기초를 닦았으며 또한 북대 학술연구 발전을 촉진했다.

이 시기 베이징대학연구소 국학문은 수많은 연구성과를 낳았다. 1925년 류푸(劉復, 劉半農이라고도 함)가 쓴『한어자성실험록(漢語字聲實驗綠)』, 즉『사성 실험록(四聲實驗錄)』이 파리 국립동방언어학교수 궈안(郭安) 박사의 저작『샘어 족의 동사제(塞米語族之動詞制)』와 함께 1925년 프랑스 최고 문예학상인 푸르네 상을 받았다.[36] 베이징 대학의 교수들도 광범위하게 국제적 학술활동에 참여하 였다. 예를 들어 타오뤼공(陶履恭)은 만국 교육회에 초청받았고,[37] 리쓰광(李四 光)은 러시아 레닌그라드 과학원 2백년 기념행사에 참가하였으며,[38] 후스는 태평양 학술토론회에 출석했고,[39] 쟝멍린은 필리핀에서 동아교육회의에 출석 했다.[40] 또한 베이징 대학은 세계 여러 나라 학자들과 정계 요인들도 초청하여 강연회를 열었다. 프랑스 양원 외국 정치위원인 샬레 박사가 "프랑스와 과학"을 강연하고, 듀이도 "사회철학과 정치철학", "교육철학"에 대해 강연했으며,[41] 러셀은 철학, 종교 등의 문제에 대해, 미국의 생어는 "생육절제" 문제를 강의했 고,[42] 일본 도쿄제국대학 교수 이치무라 산지로(市村瓚次郎)도 북대에서 "환경과 문화의 관계를 논한다—양진 남북조 불교학의 영향을 예증으로"를 강의했다.

1904년 경사대학당 시기 속성과 학생 중 47인이 서양 각국과 일본으로 유학을 간 바 있었다. 파견 유학생과 귀국한 유학생들을 흡수하여 교수를 맡도록 한 것은 베이징 대학 학술 발전에 중요한 조치였다. 특히 쟝멍린은 북대의 교장을 맡았던 동안 수많은 미국 유학생들에게 학교에서 교직을 맡도록 초청했고, 또한 교수들이 쉬는 기간에 해외 혹은 국내 각지에서 학술 연구를

36)「劉夏敎授得1925年伏爾內獎」,『北京大學日刊』第一七一八号, 1925年 6月 12日.
37)「本校布告」,『北京大學日刊』第一百一十八号, 1918年 4月 22日.
38)「致李四光先生」,『北京大學史料』第三卷, 2309쪽.
39)「胡适昨离平赴美出席太平洋學術討論會」,『北平晨報』, 1933年 6月 12日.
40)「蔣夢麟昨离平赴菲出席東亞敎育會議」,『北平晨報』, 1934年 12月 6日.
41)「杜威博士講演之時間地点广告」,『北京大學史料』第二卷 第三分冊, 北京大學出版社, 2000, 2312 쪽.
42)「校長啓事」,『北京大學日刊』第一〇〇号, 1922年 4月 18日.

하는 데 도움을 주기도 하였다. 북대 경제학계의 경우가 바로 귀국유학생들의 주관 아래 만들어지고 또 발전해온 것이다. 1910년부터 1949년 사이 경제계의 16명의 학과 책임자들은 거의 전부 해외 유학경력이 있으며, 교육모델과 지식체계 방면에서도 서방 경제학의 영향을 깊게 받았으며, 서방 경제이론과 영문 교학도 중시하였다. 1916년 마인추(馬寅初)가 경제학문 주임으로 취임한 후, 직접 은행학, 화폐학, 재정학, 보험학, 교역소(交易所), 외환론(彙兌論) 등 응용경제학과정을 개설했다.[43] 연구생 양성을 강화하고 학술 연구를 추동하기 위해 1932년 베이징대학교 연구소를 확대하여 베이징대학연구원을 세우고 교장이 원장을 겸임하였다. 구 연구소 국학문은 문사부(文史部)로 고치고, 자연과학부와 사회과학부를 증설하면서 연구생교육을 확대하였다. 1932년 문사부에서 12명의 신입생을 모집했고, 자연과학부에서는 3명, 사회과학부에서는 10명의 신입생을 모집했다.[44] 1934년 6월에는 3부를 각각 문과연구소, 이과연구소, 법과연구소로 바꾸고 문, 이, 법 3원 원장이 각각 3개 연구소 소장을 겸임하는 것으로 하면서 연구생 교육이 정규화에 접어들게 되었다. 교내 학생과 교수는 적극적으로 학술연구에 임하여 계간 『國學』, 계간 『社會科學』, 계간 『自然科學』 등 학술 간행물이 창간되기도 하였다.

시난 연합대학 시기 북대는 경제적 곤란과 환경의 비루함으로 학생과 교사들의 생활이 어려웠으나 교학의 수준은 유지하려고 했고, 일부 학과의 연구 역시 계속해서 진행되었으며 수많은 인재를 양성했다. 1939년 8월 북대는 연구원을 회복시키고 연구생을 모집했다. 1946년 북대가 복원되었을 때 재학 중인 연구생은 20여 명이었다.[45]

---

43) 張亞光, 陳博凱 :『近代歸國學生与北京大學經濟學科的發展 1898-1937』,『經濟科學』2012年 第2期.
44) 蕭超然 等編,『北京大學校史(1898-1949)』(增訂本), 305쪽.
45) 앞의 책, 336쪽.

후스와 베이징 대학 방문객들

　1946년 복원 후, 베이징 대학은 문, 이, 법, 농, 의 6개 학원을 세우고 그 아래 33개 학계를 두었으며 중문계 아래에는 도서관학 전수과(專修科), 사학계 아래에는 박물관 전수과를 부설하였다. 교장인 후스는 10년 내로 북대를 번듯한 대학으로 만들어서 영미 보통 대학의 수준을 따라잡고자 하는 원대한 포부가 있었다.[46) 그러나 국공내전과 학생운동의 영향을 받아, 후스의 목표는 실현되지 못했고, 연구는 주로 인문학과에 집중되었는데, 문과연구소에서는 고고학과 문헌자료 정리 작업을 다양하게 시행했다. 자연과학 방면에서 북대는 이학원, 공학원, 농학원과 의학원의 우수한 전문가들이 과학연구 작업을 전개하기도 했으나 눈에 띄는 학술적 성과는 얻지 못하였다.

　1949년 중공은 베이징 대학을 접관한 이후 학과 조정을 진행하였다. 1949년 6월 화베이(華北) 고등교육위원회가 북대 교육계 해산을 선포했고, 건축계

---

46)『北大夏員紀略(手稿)』, 1946年, 北京大學檔案館藏, 轉引自 蕭超然,『北京大學校史』, 406쪽.

역시 신입생을 더 이상 받지 않게 되었다. 8월에는 중파(中法) 대학 의학원이 북대 의학원에 병합되었고, 푸런(輔仁) 대학 농예계가 북대 농학원으로 편입되었다. 9월 베이양 대학 건축계가 북대 건축계로 편입되었고, 북대 농학원은 북대에서 분리되어 화베이 대학, 칭화 대학의 농학원과 합병되어 베이징 농업대학으로 재조직되었다. 12월 북대 의학원은 위생부 관할로 들어갔다. 1951년 중파 대학이 해소되어 수리계 이외의 모든 계가 북대로 편입되었다.

1952년 6월 신정권은 전국적으로 대규모의 대학 원계조정(院系調整)을 실시하였는데, 북대 의학원은 북대에서 완전히 분리되어 베이징 의학원이 되었고, 지질계도 북대에서 분리되어 베이징 지질학원이 되었으며 북대 공학원은 칭화 대학에 편입, 칭화 대학과 옌징 대학의 문, 이, 법학과 교수들은 북대로 편입되었다. 원계조정 이후 북대는 문, 이 양과를 주로 하는 종합대학이 되어, 인문과학, 사회과학과 기초 자연과학 방면에서 중국 내 최강의 교학과 연구 실력을 갖추게 되었다. 예를 들어 원계조정 당시, 전국 모든 대학 철학계가 북대 철학계로 합병되어, 북대 철학계는 국내 유일의 철학계가 되었다. 몇 년 후 국내 몇몇 대학교들이 점차 철학계를 회복시켰다. 몇몇 새로운 학과는 북대에서 가장 먼저 진흥하기도 했는데, 예를 들어 역사학에서 세계사, 고고학이 발전하면서 북대는 그 선도적인 역할을 맡게 되었다.

이후 북대는 국가건설의 필요에 기반을 두고 일부 새로운 응용학과를 증설하기도 했는데, 1955년 북대가 물리연구실을 세운 것이나, 1958년에 물리연구실의 기초 위에 원자력계를 성립시키고, 1960년에 기술물리계로 고쳐 핵과학자들을 배양한 것이 그러한 경우이다. 1965년 북대 화학계는 중국과학원과 합작하여 전 세계 최초로 인공적으로 소 인슐린 결정을 합성해내는 중요한 과학적 성과를 거뒀다. 개혁개방 이후에는 경제학, 관리학과 법학 등 사회과학이 진전을 이루었고, 동시에 공학과 의학을 창설하면서 기초 자연과학연구를 강화하였다. 2000년 4월 베이징 의과대학이 북대에 편입되어 베이징 대학 의학부로 개명하고, 2005년 원자력학과 엔지니어링학계를 기반으로 공학원이 세워졌고 또한 농학원 건설 준비를 하였다. 현재 북대는 학과상 이학부, 정보 및 엔지니어링학부, 인문학부, 사회과학부와 의학부 5개 학부로 나누어져 있으며, 수십 개의 교학과 과학연구원계 및 학술연구 기구를 보유하고 있으며, 그 중 철학, 중국언어문학, 외국언어문학, 중국사, 세계사, 고고학, 정치학, 예술학이론, 수학, 물리학, 화학, 역학, 지구물리학, 기초의학, 약학과 간호학 등의 학과가 중국 내 최고를 자랑하고 있다.

3. 베이징 대학의 학교사(學校史) 형성, 기념과 학술연구

1) 베이징 대학 당안관(檔案館)과 학교사 자료 소장

베이징 대학은 설립 초기부터 문서당안(기록) 소장을 중시했다. 1958년 11월 베이징 대학 당위원회 사무실 내에 베이징 대학 당안실을 설립하고, 문서당안의 수집 및 보관을 전문적으로 담당하도록 했다. 1982년 12월 당안실이 종합 당안실로 승격되고, 1985년 7월에는 또 종합당안실 내에 과학기술당안과와 문서당안과를 설치했다. 1993년 4월 종합당안실이 베이징 대학 당안관으로 이름을 바꾸고 그 안에 계속 과학기술당안실과 문서당안실을 두었다.[47]

1999년, 베이징 대학이 관리체제 개혁을 진행하면서, 당안관은 학교 직속기구가 되어 학교당안업무를 하는 관리기구이자 영구보존 책임 및 학교당안 이용 서비스를 제공하는 사업기구가 되었다. 안에는 문서당안, 과학기술 당안과 기술당안의 3개 당안실을 두었다. 2000년 당안관은 내부 기구를 조정하여 관리이용 사무실, 수집 지도(指導) 사무실과 기술편집연구 사무실을 새로 설치했다.[48] <베이징대학 당안관리 실시방법(北京大學檔案管理實施辦法)>, <베이징

---

47) 『北京大學年鑒』編委會, 『北京大學年鑒(1999)』, 北京大學出版社, 2000, 235쪽.
48) 『北京大學年鑒』編委會, 『北京大學年鑒(2001)』, 北京大學出版社, 2002, 336쪽.

베이징 대학 당안관

대학 당정 관리 당안 정리의 절차와 조건(北京大學党政管理檔案立卷的步驟与要求)> 등 17개 항목의 관리방법을 차례로 제정하였다. 2000년에는 원래 있던 17개 항목의 관리제도를 기초로 <베이징대학 인물당안 징집, 보관 임시 방법(北京大學人物檔案征集, 歸檔暫行辦法)>도 제정했다.[49)]

2001년에는 소장당안의 범주를 새로 구분하여 당안범주에 포함되지 않는 재료는 자료보존으로 구분하고, 인물당안과 실물당안 두 가지 새 범주를 추가했다.[50)] 2002년, 당안관은 다시 "문서", "과학연구", "문과과연(文科科硏)", "학적" 등의 당안관리 실시세칙을 수정하여 당안 정리 개혁을 적극적으로 추진, 당안 수집 지도 작업을 강화했다.[51)] 2003년, 당안관은 소장자료의 최적화와 풍부함의 상호 결합, 당안수집과 당안징집의 상호 결합, 일상업무와 전문징집의 상호

49) 『北京大學年鑒』編委會, 『北京大學年鑒(2001)』, 北京大學出版社, 2002, 336쪽.
50) 『北京大學年鑒』編委會, 『北京大學年鑒(2002)』, 北京大學出版社, 2003, 321쪽.
51) 『北京大學年鑒』編委會, 『北京大學年鑒(2003)』, 北京大學出版社, 2004, 276쪽.

결합을 유지함을 원칙으로 점차로 북대만의 특성이 있는 당안 수집의 체계를 건립하기 시작했다.

현재 베이징 대학 각 학부와 연구원은 제도에 근거하여 정기적으로 당안을 상부에 올리도록 되어있다. 이과 과학연구항목 과제조(課題組) 정리 제도 역시 형성되어 있어서 북대와 관련 있는 인원들도 개인 당안을 맡겨 보관할 수 있다.52) 당안관 스태프는 "단순하게 정리하고, 지도(指導)를 우선에 둔다"는 원칙에 근거하여 각 보존 당안 단위에 깊게 들어가 당안 스태프를 겸직하고 있는 사람들에게 업무 지도를 진행하고, 문건자료 정리부문에서 먼저 예심을 하고, 당안관에서 접수하기 전에 예심을 하고, 접수한 후에 다시 심의하는 "삼심제"를 통해 "데이터입력, 검사, 수집, 종합" 네 과정의 엄격한 심사를 진행하여 베이징 대학에 보존하는 당안의 질을 확보한다. 이를테면 2003년에는 당안관에서 각 분야, 당정관리, 학적, 과학연구, 기초공사 등을 포함한 분야의 일반 업무 당안이 총 3,899권(건), 그밖에 학적카드가 12,351장, 사진 1,528장, 필름 1,150장, 레이저디스크 9장 외에도 리시엔린(李羨林), 린경(林庚), 저우셴경(周先庚), 탕위에(唐鉞), 자오리하이(趙理海), 거리푸(葛利普), 왕쟈인(王嘉蔭) 등 교수의 인물당안자료 총 1,639권(건)을 접수했다. 일상 업무 외에도 2003년 사스(SARS)와 같은 돌발사건이 일어났을 때에는, 「베이징대학의 사스 예방과 치료 업무 중 형성된 문건자료 및 보존에 대한 통지(關於北京大學在防治非典型肺炎工作中形成的文件材料及時歸檔的通知)」를 특별히 기초(起草)하여, 확실히 "사스자료"의 보존 범위, 보존 조건과 보존시간을 규정함으로써 비상시 만들어진 당안자료를 완벽히 보존하였다.

베이징 대학 당안관 소장 당안은 1898년부터 시작하여 베이징 대학, 시난 연합대학, 옌징 대학, 베이핑 대학, 괴뢰 베이징 대학으로 나누어진 5개의 전종(全宗)이 있다.53) 2000년 12월 말까지 당안관고에 보존된 당안은 종이로

---

52) 『北京大學年鑒』編委會, 『北京大學年鑒(1999)』, 北京大學出版社, 2000, 235쪽.
53) 앞과 같음.

된 당안 62,031권, 사진(필름 포함) 60,297장, 녹음녹화테이프 1723개, 기본도(底圖) 3190장, 자료 1004권(책)으로, 이 자료들이 당정, 과학연구, 기본건설, 설비, 인물, 학적, 출판, 회계, 미디어, 상품, 고인(故人), 자료 등 12개의 문류(門類)로 나뉘어져 있다. 그 중 청조 당안이 162권, 민국시기 당안이 13,799권, 1949년 이후 당안이 48,070권이다.[54] 2000년에 당안관은 5대 전종의 역사당안 및 1949년 이후 일부 당안을 차례로 정리하여 안권(案卷)목록 및 일부 전인목록(全引目錄), 전문주제목록, 전문주제카드, 가치의 대소에 근거해서 이용률이 높은 당안을 46종의 전문주제 검색 공구로 편제하였다. 2003년에는 계속해서 "문화대혁명" 이전 당안과 일부 개혁개방전 당안을 정리했다. 1949년 이전의 베이징 대학(경사대학당 포함), 시난 연합대학, 괴뢰베이징 대학, 베이핑 대학, 옌징 대학의 5대 전종의 문서당안 안권(案卷)목록은 이미 모두 컴퓨터에 입력되었고, 옌징 대학학생 학적당안과 베이징 대학의 1981~1995년 졸업생학적당안의 전문주제검색 데이터베이스 역시 이미 수립되어 현재 각류 당안의 원문서의 스캔과 레이저디스크 저장 작업을 하는 중이고, 일부 귀중한 역사당안자료와 사진은 이미 스캔을 거쳐 레이저디스크로 보존되었다.[55]

북대 당안관이 소장한 문서당안은 베이징 대학의 100년간의 창건, 변천, 발전, 건설의 역정을 반영하고 있고, 그 중에는 극히 귀중한 것들도 있다. 예를 들어 가장 이른 시기의 「흠정경사대학당장정」, 1906년 경사역학관여지학(京師譯學館輿地學)강의록, 1907년 경사대학당 제1차 운동회 기록 및 졸업 증서 비치견본 등이 있다. 이외에도 대량의 귀중한 사진이 있는데, 1903년 경사대학당 중요 교직원 단체사진, 1920년 베이징 대학 초기 입학 여학생 단체사진, 베이징 대학 '마르크스학설연구회' 회원 단체사진, 베이징 대학 학생의 '5·4운동', '12·9운동', '12·1운동', 1947년 화베이학생 베이핑지구 반 기아, 반 내전 운동 참가 사진 등이 그 예이다.[56]

---

54) 『北京大學年鑑』編委會, 『北京大學年鑑(2001)』, 北京大學出版社, 2002, 336쪽.
55) 앞과 같음.

당안관은 교내 각 기관이나 관련 인원들뿐만 아니라 일반 학술연구자들에게도 당안 이용 서비스를 제공한다. 당안관에는 개방 검정(檢定) 그룹을 설치하여 개방할 당안에 대한 심사를 책임지고 있다. 현재 1949년 이전 당안은 기본적으로 이미 모두 개방하여 열람 가능하고, 1949년 이후 당안은 부분적으로 개방하여 열람할 수 있다. 2003년에 당안관 방문 이용자는 연인원 1366명, 이용 당안은 6399권 차인데, 그 중 편사수지(編史修志)가 1798권 차, 일 관련 조사가 3913권 차, 학술연구가 500권, 제공한 복사물이 6505장, 누적 방문인원은 95,000명(연인원)이다.[56] 현재, 북대당안관의 매년 이용량은 중국 내 중등 당안관과 맞먹는다.

2) 학교사기념과 교사관(校史館)

1998년 북대는 교사관을 건립하기로 결정하고, 1999년 말에 건설을 시작하였다. 최초의 직원은 교사관주비소조와 중공 북대위원회 당사 교사연구실에서 온 인원으로 구성되었고, 부교장 허팡촨(何芳川)이 관장을 겸임했다. 2001년 9월 1일 교사관이 낙성되고, 2002년 5월 4일 정식으로 개관했다.

교사관 건축면적은 3100평방미터, 지상1층, 지하2층으로 되어 있고 다섯 개의 크고 작은 전시홀이 있으며, 또한 사무실과 도서자료실, 귀빈실, 소장품고, 선물 서비스부 등도 갖추고 있다. 내부 구조로는 사무실, 연구실, 자료실에 7명의 인원이 편제되어있고 현재는 겸직인원 2인이 더 있으며 임시 고용인원 12명이 있다. 일상 업무는 주로 학교사 전람, 학교사연구 및 문물 징집, 보관과 전시 등이 있다. 교사관이 성립될 때 역사학계는 그 계에서 보관하던 '국립베이징 대학관인(國立北京大學關防)' 보새(寶璽)를 정식으로 교사관에 기증했다.

교사관은 크게 베이징 대학 교사진열(校史陳列)과 베이징 대학의 걸출한 인물 전시의 두 부분으로 나뉜다. 교사진열은 북대의 정신전통과 학술전통의

---

56) 앞과 같음.

57) 『北京大學年鑑』編委會, 『北京大學年鑑(2001)』, 北京大學出版社, 2002, 306~307쪽.

베이징 대학 교사관

두 가지 주된 줄기를 부각시킨 것으로, 그 내용은 경사대학당시기, 국민정부 초기, 5·4운동 전후, 1930년대, 시난연합대학시기, 복귀 후의 베이징 대학, 신정권 성립에서 문화대혁명 이전의 17년, 문화대혁명시기와 개혁개방 이후의 9단계로 나누어져 있고, 전시된 사진 및 도표가 800여 점, 실물 440여 점, 전시 길이는 400여 미터이다.

베이징 대학의 걸출한 인물 전시에는 북대가 배출한 217명의 걸출한 혁명가, 사상가, 이론가, 과학자, 교육자의 생애와 사진이 전시되어 있다. 이외에 베이징 대학의 개교기념일에 맞춰, 혹은 시난 연합대학과 옌징 대학을 기념하기 위해 특별 전람을 하기도 하고, 이외에 베이징 대학과 교류하는 대학에 임시로 전람 장소를 제공하기도 하며, 북대 역사상 유명한 교수에 대해 "서생의 본색 학자의 기품(書生本色學者風範)" 시리즈 전람을 열기도 한다. 교사관 참관은 신입생 교육의 정규 내용으로, 교사관은 바로 "국가 대학생의 문화적 소양 교육의 기지"인 것이다. 또한 동창을 방문하거나, 손님을 방문하거나, 학교를 참관하는 사람들에게 중요한 장소 중 하나이기도 하다. 직원과 학생 자원자들이 참관자들에게 해설을 제공하고 교사관에서는『베이징대학교사관 전람 길잡이(北京大學校史館展覽導讀)』를 펴내어 기본적인 전람에 대한 소개를 참관자들에게 제공한다. 또한 교내외 저명한 학자들이 교사관에서 "베이징대학교사 시리즈 강좌"를 진행하기도 하며 베이징 대학 방송국과 신문사에서 강좌 내용을 소개한다.

교사관연구실은 전문적인 북대 학교사 연구기구로, 주요 업무는 첫째, 학교사 자료의 정리, 편집 및 출판이다. 이미『베이징대학사료(北京大學史料)』4권 6책, 칭화 대학·난카이 대학과 연합하여 편집 출판한『국립시난연합대학사료(國立西南聯合大學史料)』6권(1898~1948)과『국립시난연합대학 도사(國立西南聯合大學圖史)』, 옌징 대학교우회와 합작하여 편집 출판한『옌징대학사료 선편(燕京大學史料選編)』이 나와 있다. 귀중한 살아있는 사료들을 구하기 위해 사료관에서는 구술사의 수집, 정리와 연구도 진행하고 있다. 둘째, 학교사의 출판과 연구이다. 『베이징대학기사(北京大學紀事)(1898~1997)』,『베이징대학교지(北京大學校志)』, 『베이징대학도사(北京大學圖史)(1898~2008)』,『북대재녀(北大才女)』등 학교사 저작을 출판했으며,『북대영웅(北大英烈)』제1집,『간추린 북대영웅(北大英烈簡介)』,『북대에서 싸운 공산당 인물(戰鬥在北大的共産黨人)』,『리다자오 연표 장편 (李大釗年譜長編)』등의 북대 당사(黨史)저작과『베이징대학교사연구논저목록색인(北京大學校史研究論著目錄索引)』을 편하여 내기도 했다. 또한 각 원계(院系)와 합작하여 원계사료의 정리와 원계사 연구도 진행한다. 이외에 베이징 대학 교육사의 사료 정리와 연구작업에도 참여하여『베이징 고등학교 영웅(北京高等學校英烈)』,『베이징시 고등교육지(北京市高等教育志)』,『베이징시 고등학교 문헌 자료 선편(北京市高等學校文獻資料選編)』(解放前部分) 등도 편찬했다.

(3) 북대학교사 연구

1980년대 초, 베이징 대학은 학교사 편찬위원회를 조직하여 전문적으로 학교사 편찬을 책임지게 하고『베이징대학 60년(초고)』를 완성했으나 정식으로 출판하지 못했다. 1981년에 상하이 교육출판사에서 샤오차오란(蕭超然), 사젠쑨 (沙健孫), 저우청언(周承恩), 량쭈(梁柱)가 함께 『베이징대학교사(北京大學校 史)(1898~1949)』를 출판했다. 이 책은 1949년 이전의 북대학교사를 처음으로 체계적으로 소개한 저작이다. 1988년 샤오차오란, 저우청언, 량쭈, 양원셴(楊文 嫻), 사젠쑨은 다시 원서를 수정증보하여 베이징대학출판사에서 증정본을 출판 하였다.[58]

후에 베이징 대학 정치학과 행정관리계 교수 샤오차오란이 여기에 기초하여 베이징대학당안관소장 당안자료 및 『일간 베이징대학(北京大學日刊)』, 『국립베 이징대학교사략(國立北京大學校史略)』 등의 자료를 이용하여 『베이징대학교사 (北京大學校史)(1898~1949)』를 편찬했고, 1988년 베이징대학출판사에서 정식 으로 출판했다. 이는 비교적 이른 시기의 학교사 저작이고 베이징 대학의 이전 50년간의 역사를 서술한 것으로, "책에는 북대의 영광스러운 혁명 전통을 집중하여 소개했다. 신문화운동, 5·4운동, 마르크스주의의 전파와 중국공산당 의 창건 및 그 이후 당의 영도 하에 '12·9' 등의 운동에 공헌한 것 등이 이에 속한다. 또한 북대의 민주적인 학교운영, 과학연구의 중시, 학술연구의 자유를 수호한 우수한 전통을 소개했다."[59] 따라서 학교사의 시기 구분에서도 중국혁명 사와 중공당사의 영향이 비교적 크다. 제1장은 베이징 대학교의 전신인 경사대 학당의 역사, 제2장은 민국초기의 베이징 대학, 제3장은 5·4운동 전후의 베이징 대학, 제4장은 1921년의 중국공산당의 성립에서부터 시작하여 국민혁명의 실패까지이고, 제5장은 1927년에서 1937년 국공내전시기의 학교사이며, 제6장 은 항일전쟁시기 창사(長沙) 임시대학과 시난 연합대학시기의 역사 및 국공내전 시기의 학교사로 학교 내 진보세력과 반동세력의 투쟁을 두드러지게 그려내며, 북대가 애국, 진보, 학생운동의 중심임을 강조하고 있다. 북대의 애국적인 교사와 학생이 시종 시대의 전선에 세워지며, 인민의 혁명투쟁과 긴밀하게

---

58) 蕭超然 等編, 『北京大學校史(1898~1949)』(增訂本), 北京大學出版社, 1988.
59) 앞의 책, 간략한 내용.

연계, 호응하였다는 것이다. 북대 중문계 교수 첸리췬(錢理群)도 북대 학교사와 관련된 문장을 많이 발표하였고 이것이 이후『북대를 논한다(論北大)』(廣西師範大學出版社, 2008)라는 책으로 종합되어 나왔다. 이 책은 엄격한 의미에서는 학교사연구서라기보다 평론집으로 북대 백 년의 광명과 흑암, 영광과 치욕을 조명하면서 베이징 대학의 정신을 돌아보고 중국 현시기 대학교육에 대해 따져 묻고 있다.

1996년 북대 정치학계와 행정관리계(현 정부관리학원) 교수 량쭈가『차이위안페이와 베이징대학(蔡元培與北京大學)』(北京大學出版社, 1996)을 출판했다. 이 책은 차이위안페이가 베이징 대학교장을 맡았던 시기의 개혁과 신문화운동 및 5·4운동에 일으킨 영향을 종합하고 연구, 소개하면서 "금세기 초 그는 베이징 대학에서 개혁을 진행했는데 그 의의는 이미 한 학교의 범위를 벗어난 것으로, 이러한 방면에서 체현된 대학교육의 사상과 그 중요한 작용은 우리가 잘 총결하고 연구할만한 가치가 있는 것이다."라고 밝히고 있다.[60] 천핑위엔(陳平原), 쩡용(鄭勇)이 편찬한『차이위안페이를 회고한다(追憶蔡元培)』(三聯書店, 北京大學出版社, 2009)에는 각 시기 관련 인사들의 차이위안페이에 대한 회고가 수록되어있다. 차이위안페이 외에도 리다자오, 후스, 푸쓰녠(傅斯年)과 옌푸 등의 인물연구 역시 북대 학교사와 밀접한 관계를 갖고 있다. 상펑캉(桑逢康)의 『북대에서의 후스(胡適在北大)』(文化藝術出版社, 2007), 류샤오훙(劉筱紅)과 진커(金珂)의『탁월함을 추구하고 자유를 수호한다 – 베이징대학교장 후스(追求卓越, 堅守自由 – 北京大學校長胡適)』(山東敎育出版社, 2012), 경윈쯔(耿雲志)의『후스 신론(胡適新論)』(中國人民大學出版社, 2010), 이주셴(易竹賢)의『후스전(胡適傳)』(湖北人民出版社, 2005)과 주원화(朱文華)의『후스평전(胡適評傳)』(靑島出版社, 2007)과 같은 책들은 대부분의 편폭을 후스가 북대에서 한 활동에 대해 쓰고 있다. 중국차이위안페이연구회와 중국리다자오연구회의 비서실 역시 베이징 대학에

---

60) 梁柱,『蔡元培与北京大學』, 北京大學出版社, 1996年版, 306쪽.

자리잡고 있다.

베이징 대학 도서관에서도『베이징대학도서관 소장 후스의 미발행 편지와 일기(北京大學圖書館藏胡適未刊書信日記)』(淸華大學出版社, 2003) 등의 자료집을 편집 출판했다. 각 원계에서도 일부 원계사 자료집과 원계사 저작을 출판했는데, 일부는 이미 정식출판이 되어 있고 일부는 비공식 출판물이다. 예를 들어 베이징 대학 역사학계에서 편찬한『베이징대학 역사학계 약사(北京大學歷史學係簡史)』는 아직 정식 출판되지 않았다. 역사학계는 또한『그 때 젊었던 우리들-베이징대학 역사계 동우회의 회고록(那時我們正年輕-北京大學歷史學係友回憶錄)』도 편집 출판했는데, 현대교육출판사(現代敎育出版社)에서 정식출판했다. 이들 책은 모두 계(係) 건립 105주년을 맞이하여 편집한 것이다. 베이징대학교우회에서 편집출판한『북대 세월(北大歲月): 1946~1949』(北京大學出版社, 2013)은 교우들의 회고록과 약간의 연구논문을 수집해 실었다. 천핑위엔(陳平原), 샤샤오홍(夏曉紅)이 편집한『북대 옛일(北大舊事)』(三聯書店, 2003)은 1952년 원계조정 이전의 북대에 관한 기술과 회고의 글을 수집했다. 샤오차오란(蕭超然) 주편의『우뚝 솟은 학교-유명인과 북대(巍巍上庠百年星辰-名人與北大)』(北京大學出版社, 1998)에서는 쑨쟈나이(孫家鼐), 옌푸, 짱쓰짜오(章士釗), 차이위안페이, 쟝멍린, 후스, 루쉰(魯迅), 마인추, 마오쩌둥(毛澤東), 저우언라이(周恩來), 덩샤오핑(鄧小平) 등 68명의 걸출한 인물과 북대의 이야기를 서술했다. 이 책과 원루민(溫儒敏), 리셴위(李憲瑜) 편의『북대풍의 베이징대학 학생 간행물 백년 작품선(北大風北京大學學生刊物百年作品選)』(北京大學出版社, 1998), 베이옌(北硏), 수런(樹人) 주편의『북대 백년 옛 사진(北大百年老照片)』(國家行政學院出版社, 1998) 등은 모두 1998년 북대 100년 개교기념기간에 출판된 것이다.

총짱(叢璋), 야다(亞達), 궈쩐(國眞) 등은 문화대혁명시기 북대 역사회의(歷史會議) 자료를 정리하여『옌위엔 풍운록-북대 문혁기억 자료휘편(燕園風雲錄-北大文革回憶資料彙編)』(비정식출판)을 편집했다. 편자는 문화대혁명 전에 북대의 학생으로 입학한 북대 문혁의 경험자이자 피해자이다. 그는 북대에서 문혁기간

발생한 수많은 사건이 여전히 기억에 생생하므로 교우들에게 서둘러 문혁을 기억하는 글을 쓰고 문혁 자료를 수집하길 제안한다. 교우들이 기억하고 연구를 개진하는 데 도움이 되게 하기 위해 그들은 일부 관련 글을 정리해서 이 책을 편집하여 모두에게 참고가 되길 바란다고 한다.[61] 이 책은 베이징 대학 문화대혁명시기 역사의 중요한 자료집이다.

베이징대학교사관(北京大學校史館) 연구실 소속 스태프들도 특정 주제의 학술연구를 진행하여 관련된 학술잡지에 자신의 연구성과를 발표하는데, 이것이 북대 교사연구의 전문적인 대오이다. 교사관 자료실은 또한 이미 베이징 대학 도서관 교사관의 분관으로 발전했다. 소장도서자료는 대외에 개방하여 열람하게 하고 독자들의 조사와 전문 연구주제에 대한 자문을 제공한다. 교사관의 학교사 전문 연구인원 외에도 석사와 박사들로부터 주요 연구성과가 배출되고 있는데, 몇몇 학위논문은 북대 학교사를 연구의 대상으로 삼고 있다. 베이징 대학 당안관 소장의 청말과 민국기 당안은 기본적으로 전부 개방열람이기 때문에 청말과 민국시기의 베이징 대학은 교사연구의 중점이 되고 있다. 후샤오청(胡少誠)의 『조기 북대의 관리 모델과 실천(1898~1937)-대학권력의 변화의 시각에서 고찰(早期北大的治理模式與實踐(1898~1937)-以大學權力演化爲視角的考察)』은 북대 관리체제의 변천을 고찰하고, 북대의 교수치교(敎授治校)의 전통을 부각시켰다.[62] 징니(敬妮)의 『1910년대의 중국대학교육변혁시론-베이징 대학을 중심으로 고찰(試論1910年代的中國大學敎育變革-以北京大學爲中心的考察)』은 학교체제, 교학관리, 교사관리, 학생관리 등의 방면에서 1910년대 북대를 대표로 하는 중국대학의 제도변혁과 이것이 민국 중후반기 대학교육의 신속한 발전에 기여한 공헌을 고찰했다.[63] 또한 교장 등 주요 대학관리자의 시각에서

61) 叢璋·亞達·國眞編, 『燕園風云彔-北大文革回憶資料匯編』, 前言, 2012年 8月.
62) 胡少誠, 『早期北大的治理模式與實踐(1898~1937)-以大學權力演化爲視角的考察』, 北京大學 歷史學系博士論文, 2009.
63) 敬妮, 『試論1910年代的中國大學敎育變革-以北京大學爲中心的考察』, 湘潭大學歷史學院碩士論文, 2008.

각 시기 대학의 관리제도와 교장의 역할을 고찰한 경우도 있다.[64] 양씽둥(楊興東)의 박사논문은 베이징 대학 대리교장이었던 푸쓰녠(傅斯年)에 대해 집중 연구하면서 대학을 교장이 리드한다고 하는 특성과 대학 변혁 사이의 관계에 대해 토론했다.[65] 쉬샤오씨(徐曉颯)의『홍바오더와 차이위안페이 대학개혁 사상과 실천의 비교(洪堡德与蔡元培大學改革思想与實踐之比較)』는 차이위안페이의 북대 개혁을 배경으로 홍바오더(洪堡德)와 차이위안페이 두 교육자의 대학구조의 사상과 실천에 대해 비교했다.[66] 저우예리(周夜黎)의『차이위안페이의 대학 관리 사상 연구(蔡元培的大學管理思想研究)』와 천천(陳岑)의『차이위안페이의 북대 학풍 관리 연구 (蔡元培的北大學風管理研究)』는 차이위안페이의 대학관리사상과 학풍관리 사상을 전문적으로 고찰하고 베이징 대학의 관련 제도 구축과 학풍형성에 대해 보다 깊은 이해를 도모했다.[67]

베이징 대학의 각 학과 발전사 역시 중요한 연구대상이다. 두쉬에쟈오(杜雪嬌)의 석사논문은 청말과 민국시기 베이징 대학과 중앙대학, 칭화 대학 심리학계의 역사를 고찰하면서 심리학과의 교과과정의 설치와 학과발전을 분석했다.[68] 왕잔(王展)의 석사논문은 베이징 대학 언론연구회(新聞研究會)의 역사를 정리하고 신문연구회가 언론학과(新聞學科) 건립에 발휘한 중요한 작용을 탐색했다.[69] 북대 교내 기구와 각 단체 역시 학위논문의 연구대상이다. 교내기구에 대해서는 평민야학, 평민학교, 평민교육 강연단 등이 모두 논문으로 연구가 되었다.[70]

64) 陳志偉,『中國大學校長角色演變研究－以北京大學爲例』, 中南大學, 高等教育學, 2008, 碩士論文 ; 程斯輝,『中國近代大學校長研究』, 華中師范大學, 敎育史, 2007, 博士論文.

65) 楊興東,『大學校長領導特質与大學變革研究－基于北大代校長傅斯年的个案分析』, 山東師范大學, 敎育經濟与管理, 2010, 碩士論文.

66) 徐曉颯,『洪堡德与蔡元培大學改革思想与實踐之比較』, 河南大學, 敎育史, 2006, 碩士論文.

67) 周夜黎,『蔡元培的大學管理思想研究』, 湖南師範大學, 高等敎育學, 2012, 碩士論文 ; 陳岑,『蔡元培的北大學風管理研究』, 西南大學, 高等敎育學, 2014, 碩士論文.

68) 杜雪嬌,『近代國立綜合性大學心理學科課程設置研究(淸末～1937)－以北京大學, 中央大學, 淸華大學爲个案』, 浙江師範大學, 敎育史, 2012, 碩士論文.

69) 王展,『多重視野中的北京大學新聞學硏究會』, 安徽大學, 新聞學, 2007, 碩士論文.

70) 韓冰,『北京大學平民學校研究』, 河北大學, 高等敎育學, 2014, 碩士論文 ; 耿珊珊·韓冰,『北京大

교사와 학생 서클 조직에 대해서는 학생 서클 연구가 비교적 많다. 리하오취엔(李浩泉)의 박사논문『민국시기베이징대학 학생 서클활동 연구(民國時期北京大學學生社團活動研究)』가 민국시기 북대학생들 서클 발전의 역사, 조직기구와 활동 정황을 체계적으로 고찰하고 민국시기 북대 학생 서클활동의 역사적 배경을 생생히 재현했다.[71] 장샤오리(張小莉)의 석사논문은 1917년에서 1927년 사이 북대학생서클의 상황을 전문적으로 고찰하여 북대 학생 서클에서 나타난 다양성, 애국성, 개방성, 포용성, 창조성, 민주성, 독립성 및 학생서클이 학생들에게 미친 영향을 두드러지게 표현했다.[72]

4. 맺음말

베이징 대학은 근대 중국 변혁의 중요한 구성 부분이다. 중국 근대 정치의 형세가 여러 차례 변화함에 따라 베이징 대학의 운명 역시 기구했다. 성립된 지 얼마 되지 않아 8국 연합군의 베이징 침략으로 인해 한 차례 휴교하고 전란이 그친 뒤에야 회복될 수 있었다. 신해혁명 후에는 베이양 정부에서 또다시 휴교를 계획했으나 교수와 학생들이 결사반대하여 이루어지지 않았다. 겨우겨우 유지해나가고 있었으나 경비문제로 인해 발전 속도는 더뎠다. 1917년 차이위안페이가 북대의 총장이 되고난 뒤 단호하게 개혁을 진행하여, 북대는 명실상부한 중국 최고의 학부가 되었다. 1927년 봉계군벌(奉系軍閥)이 또 베이징 대학을 폐지하고 베이징의 아홉 개 국립대학을 징스 대학교(京師大學校)로 합병 하기로 결정하였다. 북벌군이 베이징에 들어온 뒤 북대의 교수와 학생들의

學平民學校研究』, 河北大學, 高等教育學, 2014, 碩士論文 ;『國民性啓蒙的継承与創新－北京大學平民教育講演團与早期馬克思主義大衆化』, 西南交通大學, 馬克思主義理論, 2011, 碩士論文,

71) 李浩泉,『民國時期北京大學學生社團活動研究』, 華中師范大學, 教育史, 2012, 博士論文.

72) 張小莉,『1917-1927年北大學生社團研究』, 中南大學, 高等教育學, 2005, 碩士論文.

복교운동 역시 좌절을 맞이하였다. 난징국민정부는 대학구제를 추진하면서 베이징 대학 역시 베이핑 대학으로 병합하려 하였지만 북대 학생과 교수의 강한 저항을 받아 마지막에는 북대가 복교되었다. 이후 베이징 대학은 폐지의 위기를 다시 마주하지는 않았으나 1937년에는 어쩔 수 없이 남쪽으로 옮겨 칭화 대학, 난카이 대학과 함께 시난 연합대학을 구성하였고, 그 후 1949년 접관과 1952년 원계조정을 겪었고 그 이후에도 계속된 정치운동을 경험했다. 문화대혁명 가운데에서 다시 한 차례 학생 모집을 중단하였다가 1977년에 와서야 정상으로 돌아올 수 있었다.

베이징 대학의 발전 과정에는 곡절이 가득하여 베이징 대학의 학과 발전에도 큰 제약이 있었다. 처음 경사대학당이 과문제를 시행하여 8과와 42문으로 나누었으나 실제로는 전혀 제대로 설립을 할 수 없었다. 1902년 경사대학당이 회복된 뒤에는 7과 35목을 설치하고자 했으나 처음에는 예비과만을 설치했고 1909년이 되어서야 본과를 열었다. 경학, 정법, 문학, 격치, 농과, 공과와 상과 7개 분과대학을 설치하고 후에는 문과, 법과, 상과, 농과와 공과 5과로 바뀌었다. 차이위안페이가 교장을 맡은 시기에는 상과와 공과를 폐지하고 문과, 이과, 법과의 3과만을 두고 3개 학원과 18개 원계로 나누었다. 1946년 복원 이후 괴뢰 베이징 대학을 병합했기 때문에 다시 공학원, 농학원과 의학원이 생겨나서 6개 학원과 33개 학계로 나뉘었다. 1952년 원계조정 후 다시 문, 이 양과만이 남고 그 후 점차로 발전하여 현재는 문, 이, 법, 공, 의 등 여러 학과를 포함하는 종합대학이 되었다.

베이징 대학은 학생과 교수들의 여러 차례의 노력 속에 이어져올 수 있었으며 따라서 베이징 대학의 학생과 교수는 학교의 역사를 매우 소중히 여긴다. 게다가 북대의 사회적 지위는 5·4운동으로 인해 매우 높아졌다. 1949년 이후에는 중국 마르크스주의의 전파와 중국공산당의 연원과의 관계로 인해 특수한 정치적 지위도 갖게 되었다. 개교기념일 또한 경사대학당 사학관과 사범관의 입학전례 기념일인 12월 17일에서 5·4운동기념일인 5월 4일로 바뀌었다. 오늘날 베이징 대학은 당안관을 두고 전문적으로 학교사 자료 수집, 보관의 책임을 지고 있으며, 교사관을 두어 교사전람을 개최하고 관내에는 연구실을 설치해 교사자료 정리와 교사연구 작업을 전문적으로 맡고 있다. 이외에도 베이징대 학교사는 이미 국내외 학술연구 대상 중 하나가 되어 이에 관련한 수많은 논저가 세상에 나와 있다.

참고문헌

| 자료 |

『北平晨報』
『北京大學日刊』
舒新城 編, 『近代中國敎育史料』 第二冊, 上海中華書局, 1928.
『北京大學史料』 第一卷, 北京大學出版社, 1993.
『北京大學史料』 第二卷, 北京大學出版社, 2000.
『北京大學年鑒』 編委會, 『北京大學年鑒 1999~2003』, 北京大學出版社.
北京大學考古學系 編, 『北京大學考古學系四十年 1952~1992』.

| 저서 |

馬越 編著, 『北京大學中文系簡史』, 北京大學出版社, 1998.
蕭超然等編, 『北京大學校史(1898~1949)』(增訂本), 北京大學出版社, 1988.
梁啓超, 『論變法不知本原之害』, 『飮冰室合集』(第1冊), 中華書局, 1989.
梁柱, 『蔡元培与北京大學』, 北京大學出版社, 1996年版.
王學珍 等 主編, 『北京大學紀事』, 北京大學出版社, 2008年 第2版.

| 논문 |

張亞光·陳博凱, 『近代歸國學生与北京大學經濟學科的發展 1898~1937』, 『經濟科學』 2012年
    第2期.
叢璋·亞達·國眞編, 『燕園風云彔－北大文革回憶資料匯編』, 前言, 2012年 8月.
李浩泉, 『民國時期北京大學學生社團活動硏究』, 華中師范大學博士論文, 敎育史, 2012.
程斯輝, 『中國近代大學校長硏究』, 華中師范大學博士論文, 敎育史, 2007.

胡少誠, 『早期北大的治理模式與實踐(1898~1937)－以大學權力演化爲視角的考察』, 北京大學歷史學系博士論文, 2009.

敬妮, 『試論1910年代的中國大學教育變革－以北京大學爲中心的考察』, 湘潭大學歷史學院碩士論文, 2008.

耿姍姍, 『國民性啓蒙的繼承与創新－北京大學平民教育講演團与早期馬克思主義大衆化』, 西南交通大學碩士論文, 馬克思主義理論, 2011.

杜雪嬌, 『近代國立綜合性大學心理學科課程設置研究(淸末~1937)－以北京大學·中央大學·淸華大學爲个案』, 浙江師范大學碩士論文, 教育史, 2012.

徐曉颯, 『洪堡德与蔡元培大學改革思想与實踐之比較』, 河南大學碩士論文, 教育史, 2006.

楊興東, 『大學校長領導特質与大學變革研究－基于北大代校長傅斯年的个案分析』, 山東師范大學碩士論文, 教育經濟与管理, 2010.

王展, 『多重視野中的北京大學新聞學研究會』, 安徽大學碩士論文, 新聞學, 2007.

張小莉, 『1917~1927年北大學生社團研究』, 中南大學碩士論文, 高等教育學, 2005.

周夜黎, 『蔡元培的大學管理思想研究』, 湖南師範大學碩士論文, 高等教育學, 2012.

陳岑, 『蔡元培的北大學風管理研究』, 西南大學碩士論文, 高等教育學, 2014.

陳志偉, 『中國大學校長角色演變研究－以北京大學爲例』, 中南大學碩士論文, 高等教育學, 2008.

韓冰, 『北京大學平民學校研究』, 河北大學碩士論文, 高等教育學, 2014.

오가와라 히로유키(小川原宏幸)

일본에서의 대학사 편찬사업의 과제
―도시샤 대학(同志社大學)을 중심으로―

1. 머리말

도시샤 대학(同志社大學)은 창립 140년을 맞았다. 일본의 수도가 막부 말기 보신전쟁 (戊辰戰爭)의 흔적이 남아 있는 도쿄(東京)로 천도(遷都)한 후인 1875년, 구도(舊都)인 교토(京都)에 설립된 도시샤 영학교(英學校)를 기원으로 하는 일본에서 보기 드물게 긴 역사를 가진 학교이다. 해외도항이라는 국금(國禁)을 범하고 에도(江戶)시대 말기 미국에 건너간 창립자 니이지마 조(新島襄, 1843~1890)는 1888년에 「도시샤 대학 설립의 취지(旨意)」를 일본 전국에 공표하여 사학(私學) 교육의 특성을 고창하고, 덕육(德

그레이스 교회가 도시샤 대학에 기증한 니이지마 조(新島襄) 초상화 (도시샤 대학 제공)

育)을 기본으로 하는 자유교육을 표방하며 대학설립운동을 전개하였다. 인지도는 정치가 오쿠마 시게노부(大隈重信, 1838~1922)[와세다 대학(早稻田大學)]나 계몽주의사상가 후쿠자와 유키치(福澤諭吉, 1835~1901)[게이오기주쿠 대학(慶應義塾大學)]보다 낮지만, 일본의 대학 설립자로서는 확고한 지위에 서 있다.

도시샤 대학 치원관(致遠館)
(도시샤 대학 제공)

또한 2013년에는 일본의 공영방송국 NHK의 대하드라마에서 니이지마 조의 부인 니이지마 야에(新島八重, 1845~1932)의 생애를 다루기도 하여 학생과 기업인 등의 직접적인 이해 관계자뿐만 아니라 전국적으로도 도시샤의 이름이 널리 알려지게 되었다.1) 도시샤 영학교 창립 당시, 고등교육기관은 관립대학 한 곳(현재의 도쿄대학)만이 있던 상황에서, 니이지마가 목표로 한 것은 자유·자립의 정신을 가진 인물을 육성하는 '민(民)'의 학교의 확립이었다. 그러한 생각이 1888년 「도시샤 대학 설립의 취지」로 표현되면서 대학설립운동으로 전개되었다. 니이지마가 세상을 떠난 후인 1912년에 전문학교령에 기초하여 도시샤 대학 탄생이라는 결실을 거두었다. 그 후 1945년 일본의 패전을 거쳐 1947년 신제(新制) 대학으로 개편되어 현재에 이르렀다.

이와 같이 고등교육기관으로서 일본 유수의 역사를 가지는 도시샤 대학은 자신의 역사를 어떻게 파악하고 또 앞으로의 활동을 어떻게 전망하고 있는가. 본고에서는 도시샤 대학이 종래 대학사 편찬사업을 어떻게 진행했는지, 또한 어떤 과제를 가지고 있는가에 대하여 검토하고자 한다. 마지막으로 앞으로의 대학사 편찬사업의 모습을 전망해보고자 한다.

---

1) 일본 동부, 특히 간토(關東) 지방에서 오래 생활한 필자의 개인적 경험으로 말하면 도시샤 대학의 지명도는 기본적으로 일본 서부에 한정된 것 같다. 일본 서부에서는 '關關同立'[간사이 대학(關西大學), 간사이가쿠인 대학(關西學院大學), 도시샤(同志社大學), 리츠메이칸 대학(立命館大學)]은 유명 사립대학이라는 평가를 받고 있지만, 도쿄를 중심으로 하는 간토 지방에서는 별로 통용되지 않는다. 필자는 도시샤 대학에 부임하게 되었을 때 주위에서 어디에 있는 대학이냐는 질문을 받아서 당황한 경험이 이러한 모습을 반영한다.

2. 변해가는 대학사 편찬사업의 위상

'대학사지(大學史誌)'라고 할 때 사람들이 떠올리는 것은 어떤 것인가. 그 대학의 연혁과 유래, 창립자와 건학에 관여한 사람들의 생각, 혹은 각계에서 활약하는 졸업생들의 소개 등이 가장 일반적일 것이다. 즉 대학사지라는 것은 그곳에 소속되어 있거나, 이전에 소속되었던 사람들이 자신의 대학을 '자랑스럽게' 느낄 수 있는 현창적(顯彰的) 기념물로서 자리잡고 있다. 따라서 대부분의 사람들에게 있어 대학사지라는 것은 쓸모없는 물건과 같은 이미지가 강한 것은 아닐까. 예를 들어 대학과 관련된 식전행사에서 대학사지를 배포해도, 일부 관계자를 제외하면 이를 제대로 읽을 사람은 거의 없을 것이며, 건학정신에 관해서는 살짝 엿보지도 않을 것이라고 추측된다. 역사연구자의 한 사람인 필자도 몇 종류의 대학사지를 소장하고 있지만, 이는 예를 들어 해당 대학 출신자의 이력이라던가 총력전체제 말기의 학도병 출진의 동향, 혹은 식민지관료의 양성과의 관련성이라고 하는 개별적·구체적인 연구의 테마에 관련하여 수집한 것이지, 대학의 연혁과 건학정신 등에 특별한 관심이 있었던 것은 아니었다. 또한 후술할 바와 같이 일본의 교육사 연구에 있어서 그 역사적 경위, 즉 연구대상이 초·중등교육에 편중되어 대학을 중심으로 한 고등교육은 관심대상이 아니었다. 이러한 상황을 종합하여 생각해보면 교육사의 전문가가 아닌 이상, 대학사지 자체를 직접적인 연구대상으로 하는 것은 거의 없었을 것이다. 즉 대학의 현창이라는 명백한 목적을 가진 대학사지는 자신의 정체성 형성에 있어 대학을 특별한 위치에 놓는 사람들에게만 의미가 있었고, 연구자들 중에서도 교육사 등 특별한 목적을 가진 사람들 이외에는 의미가 없는 것이었다. 부끄러운 일이지만, 필자 자신도 출신대학의 대학연혁사와 건학정신 등에 대해 배운 경험도 없으며 정식으로 조사해본 적도 없다. 물론 대학안내서와 같은 홍보지류에서 대학의 연혁과 건학정신 등을 살펴본 적은 있지만, 역사학적인 검증에 기초한 것은 거의 아니었다고 말할 수 있을 것이다.

간토 지방의 어떤 유명 사립대학의 사례를 보면, 25년 정도 전에 사료집 유형의 100년사를 편찬한 이후 비주얼에 무게를 둔 사진집 유형의 기념지를 업체에 의뢰하여 5년 내지 10년에 한번 소위 '~주년 사업'으로 편찬하였는데, 교내에서도 그러한 사업을 의문시하는 목소리가 나오고 있다고 한다.[2] 이러한 목소리는 스스로 행해온 대학사 편찬사업을 자기비판한 것이지만, '~주년 사업'으로 주어진 예산을 얻을 수 있음에도 불구하고 광고지 수준을 벗어나지 못한 인쇄물이 계속 발행되고 있는 현실이 존재하는 모습을 여실히 보여준다. 이러한 과제가 대학사 편찬사업에 있어서 일반적으로 존재한다는 것을 우선 직시하지 않으면 안 된다.

다른 한편으로 대학사 편찬사업을 둘러싼 외부환경이 크게 변화하고 있다. 최근 대학인증평가제도에서의 질적 보증을 확보하기 위해 각 대학은 자기점검 및 평가를 하고 있다. 그리고 이를 통해 개혁과 개선을 위한 질적 보증 시스템을 구축하도록 강력하게 요구받고 있다. 바로 이 가운데에서 대학사지의 위상이 달라지고 있는 것이다. 대학의 다양화가 일단락이 되고, 특히 2018년도 문제라고 불리는 18세 인구의 저하가 눈앞에서 일어나면서 대학의 도태와 재편이 시작되고 있다. 이러한 움직임 가운데 학위의 질을 어떻게 보증할 것인가라는 문제가 생겼고, 설치기준의 엄격화를 포함하여 대학의 질적 표준화를 요구하는 경향이 급속도로 강화되고 있다. 그중에서도 대학교육의 국제화·유동화가 진행되면서, 질적 보증 시스템의 정비는 일본 대학의 국제적 신뢰성을 유지하기 위해서도 불가결의 과제가 되었다. 그러나 대학 설치기준 및 대학원 설치기준에 따른 설치심사 및 인증평가라는 종래의 질적 보증으로는 불충분하다는 지적이 있었다. 이에 따라 앞으로는 대학 스스로의 책임으로 대학의 여러 활동에 대한 자기점검·평가를 수행하고, 그 결과에 기초하여 개혁·개선에 노력하는 그런

---

2) 세토구치 류이치(瀬戸口龍一), 「대학사 편찬사업의 의의와 역할을 생각한다(大學史編纂事業の意義と役割を考える)」, 『나고야대학 대학문서자료실 기요(名古屋大學 大學文書資料室紀要)』 23, 2015.

작업을 통해서 대학의 질을 스스로 보증할 수 있는 '내부 질적 보증 시스템'을 구축할 필요성이 제기되고 있다. 이러한 '내부 질적 보증 시스템'을 적절하게 기능하기 위하여 교육활동의 데이터베이스화가 추진되고 있으며, 그 일환으로 '기초데이터의 조직적, 계속적 수집·관리'와 '대학문서의 보존·활용', 아울러 '대학연혁사의 편찬'이 주목되게 된 것이다.[3] 즉 앞으로의 대학사 편찬사업은 단지 대학의 현창이라는 목적만으로는 불충분하다는 것이다. 대학에 관련된 데이터를 축적·보존하고 그 공개 등을 겨냥하는 것이 대학의 사회적 공공성을 담보하기 위해 꼭 필요하며, 대학사 편찬사업이 그 역할의 중요한 일익을 담당하는 것이 요청받게 되었다.

그러면 앞으로 대학사 편찬사업은 어떻게 진행되어야 하는가. 도쿄 대학(東京大學)과 릿쿄 대학(立敎大學) 그리고 도요 대학(東洋大學) 등 다수의 대학사 편찬사업에 관여해 온 일본 근대교육사 연구자인 테라사키 마사오(寺崎昌男)는 대학사 편찬사업에 다음의 세 관점을 도입하는 것이 필요하다고 지적하였다. 즉 ①'건학 이념'을 역사학적으로 확인할 필요성, ②대학사 편찬사업을 통한 정체성 형성, ③자교 교육의 기초작업이라는 세 가지가 그것이다.[4] 이하에서는 테라사키의 제언을 바탕으로 앞으로 필요한 과제를 필자 나름대로 전개해보고자 한다.

①과 관련해서는 단순히 창립자가 제창한 '건학 이념'을 고증하기에 머물지 않고, 변화하는 국가와 사회와의 관계 속에서 대학이 어떤 진로를 선택하고

3) 재단법인 대학기준협회(財団法人大學基準協會), 『신 대학평가시스템 가이드북 - 2011년도 이후 대학평가 시스템 개요(新大學評価システムガイドブック - 平成23年度以降の大學評価システムの槪要)』.
대학기준협회는 학교교육법이 제정된 1947년에 설립되었다. 회원으로 있는 대학이 주체적으로 대학의 질을 향상하기 위한 기준을 설정하며, 이에 따라 각 대학이 제시하는 이념과 목적의 실현을 위해 조직과 활동을 항상 검증하고, 대학의 충실화와 향상을 촉구하는 것을 목적으로 한다.

4) 테라사키 마사오(寺崎昌男), 「대학연혁사 편찬의 효용을 생각한다 - 특색의 확인, 정체성의 양성, 그리고 자교 교육(大學沿革史編纂の効用を考える - 特色の確認, アイデンティティの釀成, そして自校教育)」, 『나고야대학 대학문서자료실 기요(名古屋大學 大學文書資料室紀要)』 23, 2015.

또 선택하지 않았는가라고 하는 대학의 연혁을 역사학적 방법으로 해명하고, 그러한 연혁사적 관점에서 '건학 이념'을 다시 파악하는 작업이 필요하다. 건학정신을 말했던 당시의 시대배경을 내재적으로 이해하고, 이를 시대에 구속되는 성격을 가지고 있는 것으로 파악하는 것이다. 현재 대학이 껴안고 있는 문제의 타결을 시도하기 위하여 건학정신을 자의적으로 이끌어내는 것과 같은 시대착오에 빠진 대학사 편찬사업은 이러한 입장에서 가장 멀리해야 하는 것이다.

②는 대학사 편찬사업을 통해 이에 관여한 사람들로 이루어진 학술적 커뮤니티를 구성하고, 정체성 형성과 함께 대학교육을 시야에 넣은 교육사를 구축하는 것이다. 후자에 관해 말하자면, 일본교육사는 종래 소학교 교원 양성기관인 사범학교(전후에는 대학 교육학부)에서 형성되어왔기 때문에 대학사는 그 범위 밖에 놓이는 경향이 강하였다. 즉 일본 교육사에서 대학사는 예외적인 범주에 속하였고 연구의 필요성이 강하게 인식되게 된 것은 근년에 들어서이다. 그러나 일본은 1960~1970년대를 거치면서 대학진학률이 급증하고 대중교육사회에 진입하였다. 게다가 저출산이 진행되는 작금에 있어서는 대학수용정원이 대학 입학희망자수를 밑돌아, 좋아하는 곳을 골라서 갈 정도로 학생 전체가 대학에 진학하는 것이 가능해진 소위 대학 전입시대(全入時代)가 도래하였다. 이러한 일본사회의 변화 가운데 대학의 위치가 어떻게 변화하는가라고 하는 문제를 구조적으로 검토하는 것이 필요하다. 이를 위해서는 사회학 등 인접영역의 식견(知見)을 포함한 종합적인 대학사를 구축하는 것이 요구된다.

③은 연혁사의 적절한 편찬작업이 자교 교육을 실시하기에 유용하고 학생의 정체성 양성에 도움이 된다는 점이다. 대학으로서는 입학생이 학교에 대한 애착을 가지도록 일방적으로 건학정신 등을 주입하는 '입학식 축사'와 같은 교육을 실시하고 있다. 그러나 입학시험의 편차를 기준으로 대학을 서열화하는 인식이 강한 일본에서는 학생이 건학이념에 공명하여 대학에 대한 애착을 가지고 입학하는 사례는 오히려 드물며, 특히 사립대학에서는 그러한 경향이

강하다. 대학에서 1학년생을 대상으로 행하는 앙케이트 조사에서도 '건학의 정신과 이념'을 본교 지망이유에 드는 학생은 결코 많지 않다.[5] 우연히 입학하게 되었을 뿐인 대학에서 갑자기 고상한 건학정신을 들어도 대부분의 학생은 공감할 수 없을 것이고 반발하는 학생도 있을 것이다. 이러한 학생들에게 그 대학이 어떤 유래로 창립되었는가라고 하는 것뿐만 아니라, 어떤 교육을 실시해 왔고, 부정적인 측면도 포함하여 어떠한 역사를 걸어왔는지를 연혁사로 부터 피드백을 준다면 학생들은 자신의 위치와 소재 그리고 소속감을 확인할 수 있을 것이다. 고결한 부분과 함께 눈을 가리고 싶어지는 부끄러운 부분도 시야에 두고 비판적 역사학의 관점에서 전체적인(等身大) 자교교육을 행하는 것 자체가 사회에 통용되는 대학인을 양성할 수 있을 것이다. 이러한 사회적 공공성이라는 관점에서 대학사 편찬사업을 다시 생각하는 작업이 필요하다.

3. 도시샤 대학의 대학사 편찬사업과 교육

그러면 도시샤 대학은 어떠한 대학사 편찬사업을 진행해 왔는가. 현재 도시샤 대학에서는 2004년 인문과학연구소의 도시샤 사사(社史) 자료실에서 독립한 도시샤 사사 자료센터를 중심으로 대학사 편찬사업을 진행하고 있다. 원래는 1963년 학교법인 도시샤 본부에 설치된 도시샤 사사 사료편집소가 도시샤 창립 100주년사업의 일환으로서, 『도시샤 백년사』(통사편 1·2, 자료편 1·2, 1979) 및 『니이지마 조 전집』(전 10권, 1983~1996)을 간행하게 되었을 때, 그 편찬기관으로서 사사 자료실이 1983년에 설치되었다(또한 '~주년 간행물'은 창립 80년, 90년, 100년에 간행되었다). 사업이 일단락된 후에도 조직 변경을 거치면서 자료수집과 기초자료의 편찬 간행을 실시하고 있다. 이러한 출판물로

---

5) http://clf.doshisha.ac.jp/investigation/investigation.html

도시샤 대학 전경(도시샤 대학 제공)

는『현대어로 읽는 니이지마 조』(2000),『도시샤 산맥―113명의 프로필』(2003),
『니이지마 조의 편지』(2005),『니이지마 조 교육종교논집』(2010),『니이지마
조 자전』(2013),『니이지마 야에 관련 서간집』(2014) 등이 있다. 또 인터넷에
공개되어 있는 니이지마 유품고 자료를 비롯하여 니이지마 구저(舊邸) 문고,
소센안(蘇仙庵) 문고 등을 관리하고 있으며, 창립 이래의 도시샤 제학교(諸學校)
관계자료를 수집, 정리, 활용하며 도시샤 사(史)의 토대작업을 진행하고 있다.
그리고『니이지마 연구』(연간, 1954~)와『도시샤 담총』(연간, 1981~) 등의
출판, 해리스(Harris) 이화학관 도시샤 갤러리에서의 전시, 공개강연회 개최와
중학생, 고등학생, 학부 및 대학원생의 세 부문에서 실시하는 니이지마 조
또는 도시샤의 역사를 주제로 하는 현상논문의 심사 및 표창 등 도시샤의
역사와 건학 이념의 보급·계발활동을 널리 실시하고 있다. 또한 사 자료센터에서
는 현재 2025년의 창립 150주년을 겨냥하여 이러한 편찬물을 편찬할 논의가
진행되고 있다.

그렇다면 대학사는 도시샤 대학에 있어서 어떻게 가르쳐지고 있는가. 도시샤 대학 학생은 2005년도 이후 개설된 '도시샤 과목군(科目群)'이라 불리는 과목에서 대학연혁사를 배우고 있다. '도시샤 과목군'은 '기독교주의', '자유주의' 그리고 '국제주의'라는 도시샤 대학의 세 가지 교육이념을 바탕으로, 교양(liberal arts) 교육의 전통 아래 실시되는 전교 공통 교양교육과목 중 하나로서 매년 스무 개 전후의 강의로 구성된다. 이들 과목은 도시샤 설립 당시부터 설치되어 있던 기관인 신학부의 소속교원이 주로 담당하고 건학정신과 기독교에 관해서 가르친다. 2015년도 봄 학기에 개설된 '건학정신과 기독교'라는 수업의 실라부스를 한 예로 들면 그 개요는 다음과 같다.[6]

> 도시샤 대학은 일본의 기독교주의 대학의 대표일 뿐만 아니라 전국의 많은 대학들 중에서도 가장 역사가 긴 대학 중 하나입니다. 1875년에 니이지마 조가 많은 협력자의 원조를 받아서 '도시샤 영학교'[남학교(男學校)]를 창립한 이래, 일본 근대사 가운데 많은 인재를 배출하였습니다. 이 과목에서는 도시샤가 어떤 경위를 거쳤으며, 어떠한 사람들에 의해, 또 무엇을 목적으로 창립되었는지를 배웁니다. 도시샤 대학에 입학한 지 얼마 안 되는 1학년생도, 혹은 이미 대학생활을 보내온 상급생도, 도시샤 대학에서 공부하는 이상 모교의 역사와 독자성을 최저한도 정도는 알고 있어야 미래의 생활에 대한 귀중한 지침을 얻을 수 있을 것입니다.
> 수업의 주제는 크게 나눠서 두 가지입니다. 먼저 전반기에서는 니이지마를 비롯한 창립자들의 동향과 사상을 다룹니다. 특히 니이지마의 교육·종교사상을 핵심으로 하는 '건학정신'을 분석하고 검증합니다. 후반기에서는 '건학정신'의 또 다른 기반인 기독교를 다룹니다.

수업의 내용은 '니이지마 조의 생애', '도시샤의 창립과 니이지마 조의 협력자

---

6) https://syllabus.doshisha.ac.jp/html/2015/02/102001052.html

들', '니이지마 조의 교육사상과 도시샤 건학정신', '니이지마의 종교활동과 신앙', '도시샤에서 배운 사람들', '현대인과 종교', '성경이란 어떤 서적인가', '구약성서', '예수란 누구인가', '신약성서의 사상', '세계에 보급된 기독교'이다. 기독교에 관한 다양한 지식과 함께 건학자의 생애와 교육이념을 중심으로 배울 수 있게 구성되어 있다.

다른 과목의 구성도 위의 내용과 거의 동일하며, 이러한 기독교 및 건학자라고 하는 두 기둥에 대한 이해가 본교에서의 대학연혁사 교육의 특징이라고 할 수 있다. 이는 거꾸로 말하면 도시샤 대학의 연혁에 있어서 건학에 관련된 초기 도시샤 이외의 내용에 대해서는 '도시샤 과목군'에서 교육이 이루어지지 않고 있다는 것을 의미한다. 이는 도시샤 대학에 있어서 건학정신이 무엇보다도 중요시되고 있다는 것을 의미한다.

앞에서 언급한 '건학의 정신과 기독교'는 2015년에는 이마데가와(今出川), 교타나베(京田辺) 두 곳의 캠퍼스에서 12개 클래스가 개강되어 4000명에 가까운 학생이 등록하였다. 본교의 학생수가 한 학년당 6600명 정도임을 고려하면, 60%가 넘는 학생이 이 과목을 배우는 셈이다. 그리고 대학에서는 이 과목을 이수하지 않은 부속고교로부터의 내부진학생을 포함하면, 실제의 수자는 보다 많아지기 때문에 선택과목으로 있으면서도 준 필수과목과 같은 위치가 부여되고 있다. 그러나 다른 한편으로는 대학에 대해 '대학의 건학 정신과 이념', '대학의 역사·전통'을 배우고 싶다고 적극적으로 희망하는 학생의 앙케이트의 집계는 10% 미만이다.[7] 이 앙케이트에 답한 것은 거의 동시기에 '건학의 정신과 기독교'를 이수한 학생들이라고 추측되며, 대학사(大學史)에 대한 학생의 관심이 낮다는 것을 엿볼 수 있다. 수업의 내용에 직접 관련된 앙케이트 결과가 아니기 때문에 가볍게 판단을 내릴 수는 없지만, 대학과 학생 사이의 대학사에 대한 의식의 차이(齟齬)를 보여준다고 말할 수 있을 것이다.

---

7) http://clf.doshisha.ac.jp/investigation/investigation.html

'도시샤 과목군'에서 건학정신을 찬양하고 초기 도시샤의 역사를 중시하는 경향, 바꿔 말하면 1912년 이후 및 1920년 이후의 대학의 역사를 경시하는 경향은 사사 자료센터가 간행하는『도시샤 담총』의 게재논문의 경향에서도 분명히 알아 볼 수 있다.[8] 2001년의 제21호부터 금년도의 제35호까지 15년 동안에 게재된 41편의 논문 중, 초기 도시샤에 관한 논문이 최소한 28편을 차지한다. 한편, 전문학교령 및 대학교령 공포에 의한 대학 개교 후에 관련된 논문은 손에 꼽을 정도이고, 1930년대 이후의 도시샤 대학에 관한 논문은 한 편도 없다.『도시샤 백년사』는 통사편의 절반 정도를 대학 개교 후의 역사로 구성했지만, 대학사 편찬사업을 개관해 보면 1912년의 대학 개교 후의 100년사 는 상대적으로 경시되어 있다고 말할 수밖에 없다.

4. 맺음말을 대신하여 :
도시샤 대학의 대학사 편찬사업의 전개를 위하여

이처럼 앞에서 정리한 대학사 편찬의 의의에 비추어 볼 때, 도시샤의 대학사가 전체적인 역사상을 그려 왔는지 매우 의문이다. 초기 도시샤에 관한 연구를 한층 더 축적해서 건학자의 정신을 서술하는 것도 물론 중요하지만, 그것보다 더 중요한 것은 개학 이후의 교육의 역사를 전체적으로 그리는 것이다.『도시샤 백년사』가 다룬 것과 같이 전시하에서의 권력과 우익으로부터의 공격 및 이에 따른 기독교주의, 혹은 자유주의 후퇴의 역사, 학도병 출진의 역사를 다룰 필요가 있다. 또한 신제 대학으로 개편 후 그 이전 시기의 체제화되었던 역사를 어떻게 총괄하였는가, 혹은 그렇지 못하였는가를 정리하여야 한다. 여기에 더해 1960년대 말 이후 학원분쟁 하에서의 도시샤 대학의 모습을 어떻게 위치지

---

8) http://archives.doshisha.ac.jp/publication/dansou/new.html

을 것인가, 예를 들어 선배 도시샤 대학생들은 스스로 살아간 시대에 저항하면서 어떻게 고뇌하였는지 이후 탐구할 필요가 있다.9) 또 교육에 있어서도, 도시샤 대학이 140년간 걸어온 역사를 체계적으로 가르치지 않고 건학자 니이지마 조와 주위 사람들을 개괄적으로 설명하는 식의 수업구성은 결코 바람직하지 않다. 약간 비판적인 표현을 쓴다면, 대학사 편찬과 교육활동에서 초기 도시샤를 신격화하면 할수록 현재 도시샤에서 배우는 학생들의 공감을 얻는 것은 더 어려워질 것이다. 예를 들어 전시통제기와 학원분쟁 등의 시대에 있어서 정권, 대학당국, 지역 등 다양한 요인에 구속되어 있는 도시샤 대학생이 무엇을 생각하고 행동하였는가를 밝힘으로서 여러 개의 도시샤사를 겹쳐서 보는 대학사 교육이 필요하다. 그것이야말로 도시샤라고 하는 배움의 장에 모인 학생들의 정체성을 형성할 때의 핵심이 될 것이다.

마지막으로 사족이지만, 한일관계사 연구자로서 필자의 관심분야인 한반도와의 관계에 있어서의 도시샤대학사 편찬사업이 가지고 있는 과제를 지적하고자 한다. 먼저 도시샤에 관한 연혁사 중에서 세심한 주의를 기울인『도시샤 백년사』에서도 교토 및 도시샤에 많이 있었던 조선인 학생10)에 대한 언급이

---

9) 2013년 9월에 도시샤 대학 인문과학연구소가 개최한 국제학술심포지엄『자장으로서의 동아시아』의 일환으로 진행된 컨퍼런스「미션 고등교육사의 가능성」의 제3부 '전시 도시샤사 재고 : 세계사·지역사의 가운데에서의 연쇄구조'에 있어서 고마고메 다케시(駒込武)와 다나카 토모코(田中智子)가 전시체제기의 도시샤 대학을 둘러싼 상황을 검토하였다. 고마고메는 전시기 도시샤 대학에서 일어난 '카미다나 사건(神棚事件)'과 '국체명징논문게재거부사건' 등 일련의 사상탄압사건에 대해서 도시샤 대학만이 아니라 식민지 및 내지의 유사사건과 시대상황과의 관련성의 가운데서 파악하고,『도시샤 백년사』와 지금은 고전적 위치를 차지하고 있는『전시하 저항의 연구(戰時下抵抗の研究)』(도시샤대학인문과학연구소, 1968) 등에 비판적 분석을 가하였다. 다나카는 학내자료를 소개하면서 현지 재계와 교토에 사령부를 두었던 제16사단과의 관계, 그리고 교토제국대학이라고 하는 관립학교와의 관련 등, 교토라는 지역사의 문제로서 전시 도시샤 역사를 묘사하는 가능성을 제창하였다(고마고메 다케시,「전시 도시샤사 재고 : 제국사의 시점으로부터(戰時同志社史再考 : 帝國史の視点から)」, 다나카 토모코,「전시도시샤사 재고 : 운영주체의 분석으로부터 戰時同志社史再考 : 運營体制の分析から)」,『기독교사회문제연구(キリスト敎社會問題硏究)』62, 2013).

10) 1940년의 교토시 재주 조선인은 52,034명이었다. 다카노 아키오(高野昭雄),『근대도시의

312

거의 없다. 물론『도시샤 백년사』가 간행된 1979년의 조선사연구의 수준을 생각한다면『도시샤 백년사』의 한계는 어쩔 수 없다. 그러나 이후 진행될 것으로 예상되는 대학사 편찬사업에서는 현재의 조선사연구에 기초할 것이 기대된다. 최근에는 1995년 시비(詩碑)가 건설되기도 한 윤동주와 정지용을 중심으로 한 도시샤와 한반도와의 관계가 자주 취급되게 되었다. 그것 자체는 바람직한 일이지만, 지금과 같은 상황이 계속되면 도시샤의 조선인 학생들 중에서 윤동주나 정지용과 같은 한 개인의 생애를 분리시킨 에피소드와 같은 역사서술이 되지 않을까 걱정이 된다. 그런 식이 아니라 왜 도시샤 대학에 윤동주 등을 포함한 많은 유학생들이 있었는지를 구조적으로 이해할 수 있게 서술해야 할 것이다. 또 한 예로 윤동주를 다룰 때에도 전시체제기의 통제에 의한 도시샤 대학의 변질이 유학생에 어떠한 의미를 주었는가라는 문맥에서 말할 수 있어야 한다. 그러기 위해서는 일본의 조선 식민지배를 언급해야 하며 도덕적 차원을 떠나 도시샤 대학이 이에 관련되어 있는 것에 대해 생각해야 할 것이다.

이러한 유학생의 역사를 그리기 위해서는 도시샤 대학이 가지고 있는 다수의 사료가 필요한데, 대학사 편찬은 사료발굴의 좋은 계기가 될 것이라고 기대된다. 한 예로 아시아·태평양전쟁 말기에 도시샤 대학도 많은 조선인 학도병들을 배출하였는데, 이와 관련된 연구를 진행시키기 위해서도 대학사 편찬사업과의 연계가 필요하다. 필자는 이전에 조선인 학도병의 실태를 체계적으로 밝힌 『조선인학도출진』(이와나미(岩波) 서점, 1997)의 저자인 강덕상으로부터, 이 책에서 사용된 학적부 등 몇 가지 사료는 해당 대학의 대학사 편찬사업 당시 열람한 것이라고 들은 적이 있다. 개인정보의 문제 때문에 전면적인 게시는 곤란하지만, 대학사 편찬에 있어서 가능한 범위에서 사료를 공개하면서 거기에서 밝혀진 역사적 사실을 반영한 대학사가 기대된다.

형성과 재일조선인(近代都市の形成と在日朝鮮人)』, 인문서원(人文書院), 2009, 12쪽.

참고문헌

財団法人大學基準協會, 『新大學評価システムガイドブックー平成23年度以降の大學評価システムの概要』.

高野昭雄, 『近代都市の形成と在日朝鮮人』, 人文書院, 2009.

瀬戸口龍一, 「大學史編纂事業の意義と役割を考える」, 『名古屋大學大學文書資料室紀要』 23, 2015.

寺﨑昌男, 「大學沿革史編纂の効用を考えるー特色の確認, アイデンティティの醸成, そして自校教育」, 『名古屋大學大學文書資料室紀要』 23, 2015.

필자 소개 가나다순

연구책임 및 편집

김도형 연세대학교 사학과

필 자

김도형 연세대학교 사학과

김태웅 서울대학교 역사교육학과

오가와라 히로유키(小川原宏幸) 도시샤 대학 글로벌지역문화학부

왕위안주(王元周) 베이징 대학 역사학계

이현희 연세대학교 의사학과

정용서 연세대학교 사학과

최재건 연세대학교 한국기독교문화연구소

황금중 연세대학교 교육학과

실 무

이원규 연세대학교 박물관 학예실